BLENDED TEACHING COMPETENCY

IN THE ERA OF DIGITAL INTELLIGENCE

MODEL AND DEVELOPMENT

数智时代
混合教学胜任力

模型与发展

廖宏建／著

復旦大學出版社

序 言

混合教学旨在融合在线学习与课堂学习的双重体验，凸显创新教学流程、提高学习参与度、促进深度学习等张力，是我国高校对数智时代教育需求的必然回应与选择。然而，已有大量研究表明，混合教学新范式应然与实然间的龃龉预示着教师正面临新的职业挑战。无论是从共时性还是从历时性视角考察，在混合教学作为一种“数字劳动”形式且不断走向复杂、灵活和智能的语境下，教师所需的教学能力不再是线性的、僵化的“问题—解决”式能力，而是在目标上统合教学绩效和职业幸福感，在成分上囊括认知与非认知特征的非线性、灵活变化的能力。在此背景下，本书对教师混合教学胜任力模型构建、混合教学胜任力发展两个核心问题先后进行了研究，主要内容如下。

一、教师混合教学胜任力模型构建实证研究

首先，基于教育叙事研究视角，使用行为事件访谈法对来自全国 16 所高校的 31 位混合教学教师开展访谈，基于开放式编码构建了胜任力初步模型。其次，基于循证研究视角，使用学习分析方法，通过对样本课程 1 216 名学习者约 43.28 万条学习行为数据、150 名参与者的 1 807 份追踪数据的分析，对指向深度学习体验的关键教学行为进行了识别，丰富胜任力初模。最后，通过德尔菲-层次分析法(Delphi-AHP)对初模进行再次优化和验证，并编制胜任力词典。

在概念结构上，教师混合教学胜任力模型由 5 大核心概念、13 大主概念、29 项具体胜任力特征构成，囊括认知和非认知特征、主讲教师和辅导教师岗位序列；胜任力词典定义了 29 项胜任力特征的含义，从探索、发展、专业、卓越层级描述了其行为特征；在逻辑结构上，形成了胜任力特征—教师角色—扩展探究社区(COI)三者之间的映射关系。

二、教师混合教学胜任力发展实践研究

一是基于复杂学习和转化学习相关理论,构建了面向认知类胜任力发展的五要素六阶段模式(简称为"5C6S"模式)。"5C6S"模式由经验、批判性反思、关系、新实践、情境支持五个核心要素,设置触发事件、胜任困境、批判性反思、理性对话、新实践、参考框架转化六个关键阶段组成。该模式强调通过质疑、反思性实践、理性对话来实现认知图式重构和原有参考框架更新,以解决胜任困境。通过跨校教学团队的研修活动和情境化评估验证了"5C6S"模式的有效性。

二是以胜任力特征"自我调节"为例探索非认知胜任力发展模式。具体以影响自我调节类型形成的核心要素"复原力"为对象,基于扎根理论对经历逆境却表现优异的教师的29份访谈文本开展分析,构建基于资源关系的混合教学教师复原力发展模式(简称为"RRRiBT"模式)。"RRRiBT"模式反映了教师复原力是双向的个人—环境关系构建及交互的结果,同时说明复原力是如何被个人和环境的资源和挑战所塑造的这一实质过程。实证研究结果表明"RRRiBT"模式对发展混合教学教师复原力具有有效性。

值得说明的是,本研究是基于一线教师和专家素材构建的,在研究数据的收集过程中,研究者没有直接询问他们认为优秀的混合教学教师最理想的特征是什么,而是询问面对混合教学困境他们做了什么。因而,该胜任力模型是以适应情境为首要目的的,反映了教师根据所嵌入的情境而策略性地采取相应教学行为的实践现象。情境胜任力探析了在完美"应然"和不完美"实然"之间,教师是如何在混合教学实践中构建自己的教学行为的,它萃取的不是教师理想化的最佳实践观点,而是他们在混合教学具体环境条件下的专家角色实践状态。脱离情境因素而抽象出的胜任力模型,或许符合社会期许的美好特征,但可能缺乏实践价值。将受访者个人经历和成长经验置于特定的混合教学情境下,通过研究者和受访者的话语构建,试图审视受访者所思所想,并做实用抽象,以实现普遍与特殊之间的反思平衡,使得胜任力模型能兼顾原则一般性与情境敏感性。这种平衡和兼顾能使情境胜任力得以有效实践,并有可能突破教学理论与教学实践的鸿沟,促进教学发展。

本书较系统深入地阐述了教师成功开展混合式教学所需的核心胜任力特征,使得在混合教学情境中教师对深度学习的影响变得可见,有助于真正打开混合学习的暗箱,推动学习从暗箱隐喻转向靶向隐喻。同时,本书设计和开发的基

于胜任力模型的教学能力发展模式，强调胜任力发展的情境性、复杂性、实践性，承认教师学习经历的主体性和过程动态的变化性，有利于破除工业社会技术理性视角下“缺陷—培训—掌握”的发展方式，在实践中有助于推动由“教师专业发展”向“教师持续专业学习与发展”理念的转变，以期对一线教师开展混合教学能力评估、教师专业发展、教学绩效考核等实践活动具有一定的指导和借鉴意义。

目 录

第一章 导 论

未来的教育模式将是线上与线下相融合的模式。未来已来，在混合教学实践中，教师教学范式及其行为正在发生深刻的变化，教学不再是技术与教学方法的简单叠加，而是一种面向更加灵活的、复杂学习环境的技术与教学的融合性创新，混合教学能力也正成为教师专业化发展体系中新的重要内容。本章作为本书的开篇，对研究背景、研究问题、核心概念、研究内容、研究思路与技术路线、研究方法等进行了概述。

第一节 研究背景

一、混合教学是高校对数智时代教育新需求的必然回应与选择

十年前，倡导优质、开放、大规模、完全在线理念的在线课程——慕课(MOOCs)在我国落地生根后，成就了一番新的教育景象和教育生态。随后慕课等在线课程中出现的“高辍学率、浅层次学习”等质量危机[①]，促使人们思考将其与校园面对面教育相融合，混合式学习重获新生，并再次走进教育研究者和实践者的视野。如今，混合式教学在高校实践中凸显了创新教学流程、提高学习参与度、促进深度学习等张力，得到了广泛的应用和推广。

由于混合式学习的灵活性、易获取性及技术融合满足了人们的学习需求，在国内国际，教育规划者和政策制定者也普遍承认，应该推动混合式教学的发展，以应对学习趋势的变化。从联合国教科文组织的“教育 2030 行动框架”到中国

① 廖宏建，刘外喜．高校 SPOC 有效学习影响因素实证分析[J]．电化教育研究，2017，38(5)：64—70．

的《"十四五"数字经济发展规划》，都体现出混合教学已经由疫情之初的"应急"需求，明确转变为支撑个人、社区、机构、区域社会经济发展"长期规划性"的终身学习体系的核心特征。全球新冠疫情对人类生活、学习空间和行为方式也带来了深刻影响，加速了高等教育的变革，教学范式也从疫情期的"紧急线上教学"转变为"常态化的混合教学"①。

美国高等教育信息化协会（EDUCAUSE）最近发布的《地平线报告：教与学版》，提出了六项将对高等教育教学产生重大影响的关键技术与实践：用于学习分析的人工智能、用于学习工具的人工智能、混合学习空间、混合/远程学习模式主流化、微认证、混合/远程教学的教师发展。其中三项与混合教学有关。美国高等教育信息化协会小组成员评估认为，"混合/远程教学的教师发展"（Professional Development for Hybrid/Remote Teaching）对学生学习效果的影响最大，失败的风险比较小，成本也比较低。换言之，"投资时间和资源以确保教师接受培训并具备有效参与混合和远程教学的能力，可能是高校可以做出的最容易和回报最高的决定之一，它可能会在改善学生体验和提高学习效果方面产生最大回报"②。

混合教学旨在融合在线学习与课堂学习的双重体验，为学习者创建连贯、灵活、丰富的学习体验，以达成更高效、高质的学习效果，为高校提供一种从工厂式的集中教育转移到创新教育的模式，是我国高校对数智时代教育新需求的必然回应与选择。

二、应然与实然间的教学实践差距预示着教师面临新挑战

混合教学通过双线混融达其应然：以学习者为中心，通过系统设计实现线上线下最佳协同，构建一种具身性、情境性、参与性、沉浸性的学习情境。混合教学情境旨在实现差异化和个性化教学，促进自主学习和发展，创建混合学习文化，促进学习投入和实现深度学习。在线上学习环境中，学习者能有效地运用数字技术认知工具，采用多样化的自我调节和社会调节策略实现自定步调的自主学习、集体节奏调适的协作学习；教师能通过循证研究和分析为学习者提供个性

① Sharma L., Shree S. Exploring the online and blended modes of learning for post - COVID - 19: A study of higher education institutions [J]. Eduction Sciences, 2023, 13(2): 142 - 153.

② Ebner M. 2022 EDUCAUSE Horizon Report|Teaching and Learning Edition [R], 2022.

化、针对性的教学指导;在线下学习环境中,教师通过创设真实问题情境以促进学习者知识的内化、迁移及应用。在线上线下有效衔接和转化的学习体验中,实现师生真实情感的交流、隐性知识的发掘、认知发展与社会身份认同的统一,达成学习者获得深度学习体验、教师获得职业幸福感的目标。

然而,在混合教学实践中也出现了一些突出的问题,比如工作量陡增,支持有限,缺乏能力、信心和时间实施混合教学等,这些问题导致教师工作压力大幅上升,从而面临新的职业挑战。赵淑容教授等①对来自中国10所大学的123名教师受访者进行了问卷调查。调查分析结果表明,混合教学已被教师们广泛认可,但他们面临工作量增加、缺乏信心和能力准备在线活动和实施混合学习的困难。还有研究表明,教师在混合教学上所花的精力比以往常规教学更多,备课压力和工作负担也更大。② 赵健基于罗萨(Rosa)的社会加速批判理论,分析了信息技术与教师负担的关系,认为信息技术的发展将造成教师负担短期减轻、长期增加的必然趋势。③ 混合教学是一种富技术教学环境下的"数字劳动"(Digital Labor)形式,教师的劳动条件、工具、性质都融入了数字化基因。一方面,短期内教师在承担因掌握各种技术工具而增加工作时间带来的"显性负担"后,确实可以从重复讲解、成绩统计、进度督促等低价值劳动中释放出来;但另一方面,从长期来看,教师还需要承担混合教学新范式所蕴含的"隐性负担",比如花更多的精力来参与随时随地的互动和答疑,探索线上线下最佳协同的学习设计重构,提供促进学习投入的学习支持等。"隐性负担"是教师面临的更大的挑战,也是更深的负担之源。教师需要新的"适应性能力"来应对这种挑战,否则不仅可能影响教学绩效,也可能会导致工作压力增加、满意度降低,甚至工作倦怠,最终影响教师的职业幸福感。

三、混合教学语境下教师教学能力由扩展转向重组

大数据、云计算、移动互联、人工智能等新一代数智技术的发展极大丰富了

---

① Zhao S., Song J. What kind of support do teachers really need in a blended learning context? [J]. Australasian Journal of Educational Technology, 2021,37(4):116-129.

② 克莱西·拉潘塔,卢卡·博图里,彼得·古德伊尔等.正确处理技术、教学法和新常态三者关系:后新冠疫情时代高等教育的挑战[J].中国远程教育,2022(3):26—41,77.

③ 赵健.技术时代的教师负担:理解教育数字化转型的一个新视角[J].教育研究,2021,42(11):151—159.

“在线”的内涵，能很好地满足学习者的“教学存在”与“认知存在”需求，正在渗透、倒逼、消解工业革命时期传统课堂所构建的统一化封闭式教学，取而代之的是开放式大规模个性化定制教学。在线教学逐步取代课堂基本知识的传授，而课堂则成为知识互动、体验、应用迁移的场所，更多地满足“社会存在”的需求，二者相互补充。在这种混合教学实践中，教师教学范式及其行为正在发生深刻的变化，教学不再是技术与教学方法的简单叠加，而是一种面向更加复杂学习环境的技术与教学的融合性创新，所需的教学能力也不是在线教学能力与课堂面授教学能力的简单组合。“双线混融教学”，正在“悄无声息”地改变甚至取代教师原本“一切都在掌控之中”的教学模式。[①] 在这一语境下，任何一种模式化的教学能力（教学行为）的研究成果对实践的指导都显得蹩脚。庆幸的是，近年来已有学者关注到了这一问题，并开展了针对混合教学语境下的教学能力结构及发展研究，并取得了初步成果，比如国内的冯晓英、王晶心等学者和团队开展了混合教学胜任力模型相关研究，国外开始出现了关于混合教学能力框架的研究。但这方面的研究还处于起步阶段，与课堂教学、在线教学胜任力研究相比，研究团队和成果数量明显偏少。在研究内容上，一方面，偏重于对知识、能力、技术等认知特征的关注，对影响职业幸福感的非认知特征关注较少[②]；另一方面，尽管胜任力模型研究已陆续出现，但胜任力模型应用，尤其是如何将胜任力模型转化为教学能力、完成从“胜任力”到“胜任感”转化的相关研究还明显滞后。

为构建有效的混合教学胜任力模型及发展模式，以帮助长期以课堂教学为主的教师在混合教学中获得成功，除了需要把握混合教学内涵和价值诉求外，还必须破除对传统教师专业发展的路径依赖，破除混合教学胜任力等于课堂教学胜任力和在线教学胜任力简单相加的“扩展”思维，而是基于“重组”视角，挖掘其重组、融合后独特的、关键的胜任力特征，并基于教师持续专业学习和发展（Continuing Professional Learning and Development, CPLD）理念设计和开发胜任力发展模式。

---

① 迈克尔·桑基，张永胜，肖俊洪. 以教学创新引领技术应用[J]. 中国远程教育，2020(5)：46—53，77.

② Kunter M., Baumert J., Blum W., et al. Cognitive activation in the mathematics classroom and professional competence of teachers: results from the COACTIV Project [M]//Andrea P., Patricia W. Mathematics Teacher Education. New York: Springer, 2013.

第二节 研究问题

一、问题的提出

根据对混合教学发展的时代背景、教师面临的现实挑战、教师混合教学能力重组需求等的分析，以及通过文献梳理后针对当前相关研究与实践的不足，本研究提出"数智时代教师混合教学胜任力模型构建与发展"这一核心命题，并分为两个问题对其进行研究：问题一，教师混合教学胜任力是什么？回答这一问题，需要萃取胜任因子构建教师混合教学胜任力模型。问题二，如何发展教师混合教学胜任力？回答这一问题，需要构建混合教学胜任力发展模式并在实践中检验其效果。

上述两个问题具有先后逻辑关系，问题一是基础性研究，问题二是基于问题一的实践性研究，反之又验证和丰富问题一的研究结论；两者形成教师混合教学胜任力发展理论逻辑与实践逻辑的辩证统一。

（一）研究问题一：教师混合教学胜任力是什么

围绕问题一，主攻以下两个具体研究问题。

子问题一：混合教学胜任力的关键特征是什么？如何构建胜任力模型？

首先，教学绩效是考量教学胜任力的首要标准。教学绩效标准主要围绕教学或学习绩效而定，以教学质量为导向，把学生成绩、学业发展等作为评估变量。那么，教学绩效标准下的胜任力包含哪些维度？有哪些关键特征？

其次，组织心理学将职业幸福感确立为成功教学实践的第二个标准[①]，且有文献研究表明，在线或混合教学作为一种数字劳动形式，给教师带来的压力和挑战可能会降低职业幸福感[②]，但教师职业幸福感在教学胜任力中较少被考虑和

---

① Cognitive activation in the mathematics classroom and professional competence of teachers: results from the COACTIV Project [M]//Andrea P., Patricia W. Mathematics Teacher Education. New York: Springer, 2013.

② Weibenfels M., Klopp E., Perels F. Changes in teacher burnout and self-efficacy during the COVID-19 pandemic: interrelations and E-learning variables related to change [J]. Frontiers in Education. 2022, 6(1): 1-9.

被认真对待。影响教师职业幸福感的关键胜任力特征是什么?这个问题应在胜任力模型构建中予以特别考察和关照。

最后,行为事件访谈法是胜任力模型构建的基础性方法,它通过对绩效优秀者开展访谈和编码,提取关键行为特征,具有成本低、效率高等优势,但在研究者与受访者互动、访谈文本解读、编码归类等过程中不可避免地存在主观判断等局限。混合教学情境的独特性,比如丰富的教学行为数据,能否提供教育叙事之外的循证研究方法,以提高胜任力模型的效度和可解释性?

子问题二:构建的混合教学胜任力模型是否有效?

模型的有效性需要在大规模样本中接受检验和验证。当前研究主要从内容效度(专家检验)和构想效度等方面进行验证。有学者提出需要丰富教学胜任力验证方法,比如使用外部变量对胜任力模型进行验证(效标关联效度验证)。混合教学绩效最终要反映学习者有意义、有深度的学习体验,那么,是否可以构建有意义、有深度的学习表征框架和测量变量,开展效标关联效度验证?此外,胜任力具有情境性,胜任力模型中胜任力特征项的要义是什么?这需要结合混合教学情境对其进行释义。

(二) 研究问题二:如何发展教师混合教学胜任力

胜任力模型包括认知类胜任力特征(如知识、技能等),也包括非认知类胜任力特征(如特质、动机等)。两类胜任力特征的发展方式存在一定的差异性。对于认知类胜任力特征,更倾向于通过培训、指导、反思性实践等方式获得,而对于非认知类胜任力特征,更倾向于通过理解、采纳、承诺、实践等方式获得。因此,围绕问题二,主攻以下两个具体研究问题。

子问题三:对认知类胜任力特征,有效的发展模式是什么?

研究这个问题,需要分析当下教师专业发展的现状及存在的问题,并借鉴情境学习、复杂学习、转化学习等相关理论,主要通过演绎的方法构建符合认知类胜任力发展特点的模式,这个模式应回答如何将胜任力特征和访谈案例转化为学习内容及复杂学习内容如何分解、学习者如何学习(学习过程)、学习如何与反思性实践沟通、如何进行情境化评估等问题。

子问题四:对非认知类胜任力特征,有效的发展模式是什么?

选取对教学绩效和教师职业幸福感产生显著影响的非认知类胜任力特征,主要使用归纳法,通过访谈经历逆境却表现优异、在混合教学实践中获得较高教学质量和感知较强职业幸福感的教师,对访谈内容进行类属—核心类属—关联类属三级编码,从中归纳非认知胜任力发展的要素及逻辑,构建非认知胜任力发展模式。

二、核心概念界定

(一) 混合教学

本研究中混合教学指基于在线课程的学习(Online Learning, OL)与校园课堂面授教学(Classroom Instruction, CI)相结合的教学模式。强调在线学习和面对面学习高度融合,个性化在线教学逐步代替课堂基础知识的传授,而课堂则成为知识互动、体验、应用迁移的场所,二者相互补充,为学习者创建连贯、灵活、丰富的学习体验,以达成高效、高质的学习效果。

(二) 胜任力与胜任力模型

本研究采用斯宾塞(Spencer)的定义[①],胜任力即能将某一工作(或组织、文化)中表现优异者与普通者进行区分的个人潜在的、深层次的特征,包括态度、动机、价值观、领域知识、认知或行为技能等。该定义中的胜任力具有以下特征:关联特定的工作情境,具有动态性;能区分工作绩优者与绩平者;可量化、可描述、可预测。"模型"是用以分析问题的概念、数学关系、逻辑关系和算法序列的表示体系。胜任力模型是指达成绩效目标的一系列不同胜任力要素的结构化组合,是胜任力特征要素的总和,主要包括三个要素,即胜任力特征的名称、胜任力特征的定义和行为指标的等级描述。

(三) 混合教学胜任力

本研究中混合教学胜任力指决定优质混合教学绩效和教师职业幸福感的稳定胜任特征。本研究根据教育数字化转型和数字化教学新特征,将优质教学绩效和职业幸福感同时纳入成功混合教学的考查标准,通过识别能够带来优质绩效和职业幸福感的一般心理特征和情境化教学行为表现,侧重于从微观教学过程研究和构建教师混合教学胜任力。

---

① Spencer L. M., McClelland D. C. & Spencer S. Competency Assessment Methods: History and State of the Art [M]. Boston: Hay-McBer Research Press, 1994.

三、研究意义

本研究试图基于胜任力理论、混合学习理论，在厘清混合教学价值诉求、成功混合教学特征的基础上，通过质性研究和量化研究相结合，构建教师混合教学胜任力模型，以探索混合教学情境中获得高绩效和职业幸福感所必需的深层次胜任力特征的组织结构；并基于复杂学习、转化学习等学习理论，通过演绎法和归纳法分别构建适合认知类胜任力特征和非认知类胜任力特征的教学胜任力发展模式，解决从胜任力到胜任力感的转化。本研究具有以下理论和实际应用价值。

（一）在理论层面，构建混合教学情境下的教师胜任力模型及词典，丰富新时期教师专业化发展的内容，促进教师专业化发展的理论创新

教师专业化发展体系正随着技术的融入发生着深刻的变革，教师胜任力特征也在不断更新。混合教学是“互联网/AI＋教育”思维范式的一种具体实践，是信息技术与教学深度融合的核心表现。构建新时期混合教学胜任力模型，有利于破除“教育＋信息技术”狭隘思维中单纯技术工具论指导下教师教学能力发展的局限，是在大数据、移动互联、人工智能、学习分析等技术驱动下学习环境走向混合、智能、灵活、复杂的语境中，扎根教学现场，基于真实教学问题，研究和思考有效教学的本质及实践性知识体系后，对与之相适应的教师教学能力的核心要素、行为特征、发展模式等关键问题做出的创新性回应，能丰富新时期教师专业化发展的内容，促进教师专业发展理论创新。构建的混合教学胜任力发展模式，期望能为高校教师持续专业学习和发展提供理论参考。

（二）在实践层面，本研究的理论成果可为混合教学能力评估、教师专业发展与培训、效果评估等提供操作框架，促进混合教学实践的深入发展

本研究的实践价值在于解决混合教学情境下教师教学能力发展中的三个核心问题，即“发展什么”“如何发展”“发展效果如何”。

以混合教学优质绩效为导向，通过实证研究，从结构和内容上构建胜任力模型，在结构上包含通用胜任力特征、鉴别胜任力特征及岗位序列胜任力特征，在内容上包含每一特征项的分等级定义、行为描述等；并通过大规模分层抽样调查对胜任力模型的科学性和有效性进行验证。可靠的胜任力模型可作

为教师混合教学能力培训的直接和核心内容的依据，胜任力发展模式包括如何将胜任力模型（词典）、访谈案例等转化为学习任务，解决“培训什么”的问题。

基于复杂学习、转化式学习、学习迁移等理论设计胜任力发展模式，突出胜任力发展的“情境性”“迁移性”“反思性”“统合性”等特征，划分从认知到行动的操作和发展阶段，强调教师实践共同体的参与和认知图式重构；在教师培训实践中进行评估和干预，迭代胜任力发展模式。这些研究成果可为“如何发展胜任力”提供可供参考的操作框架。

借鉴柯氏四层评估模型理论（Kirkpatrick Model），从学习者的反应评估、学习评估、行为评估、效果评估四个层次对胜任力发展的效果进行评价，并开发情境化评估工具，为胜任力“发展效果如何”提供可资借鉴的指标框架。

总之，本研究期望通过对上述两大问题的研究，能基于真实教学问题，思考有效混合教学的本质及实践性知识体系后，对与之相适应的教师教学胜任力核心特征、有效发展模式等关键问题做出创新性回应。本研究成果期望能够丰富和发展教学胜任力理论、教师专业持续学习和发展理论，在实践层面为教学管理部门、教师教育与评估中心、教师个人有效开展混合教学、评估混合教学能力、发展混合教学能力等方面提供理论依据和参考。

第三节 研究设计

一、研究目标与内容

（一）研究目标

1. 构建教师混合教学胜任力模型，编制胜任力词典。通过对混合学习发展的历时性考察，厘定混合教学的内涵与教学价值诉求；结合教育数字化转型背景下教师数字劳动中面临的技术负担和压力，将教学质量和职业幸福感同时纳入考察成功混合教学的标准，为胜任力模型构建提供依据。通过行为事件访谈法（BEI）、学习分析法（LA），将教育叙事研究与基于数据的循证研究相结合，萃取胜任力因子，构建囊括认知特征和非认知特征、主讲教师和辅导教师岗位序列的教师混合教学胜任力模型，编制胜任力词典。

2. 构建教师混合教学胜任力发展模式。通过分析教学胜任力发展特征，基于复杂学习、转化学习等学习理论和资源保护理论，分别设计和构建针对认知类和非认知类胜任力的发展模式。通过选取若干胜任力特征开展实践研究，对胜任力发展模式进行验证和优化，提高发展模式的普适性和可操作性。

(二) 研究内容

本研究围绕“教师混合教学胜任力模型构建与发展”这一核心问题，分为两项内容进行先后关系的研究，研究内容一为“萃取胜任因子，构建胜任力模型”，研究内容二为“教师混合教学胜任力发展”。针对本章第二节提出的四个子问题，本研究试图通过六项实证研究来探究和回答。研究内容及其与研究问题的对应关系如图 1－1 所示。

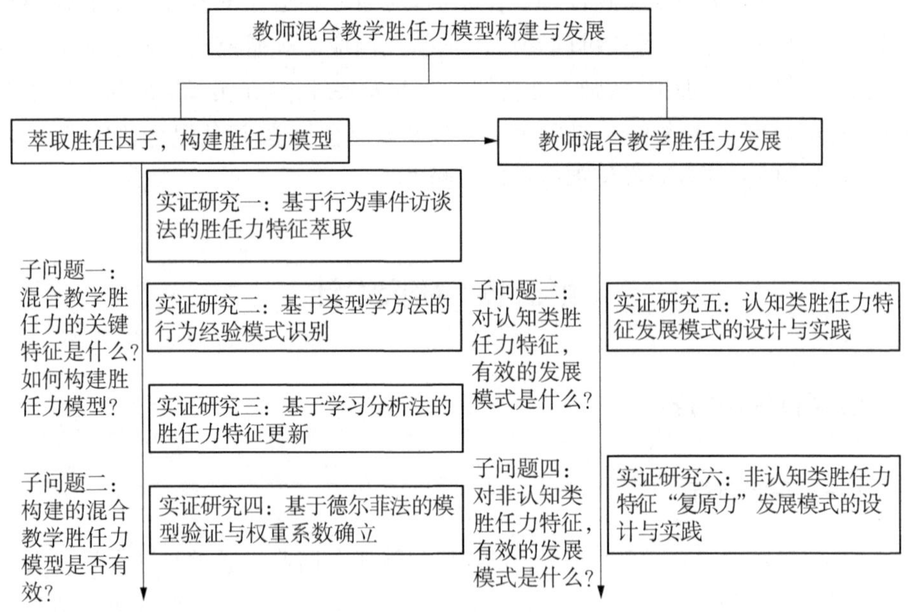

图 1－1　研究内容及其关系

研究内容一：萃取胜任因子，构建胜任力模型

研究内容一的框架如图 1－2 所示，完整的混合教学胜任力模型构建，由四项实证研究组合完成。

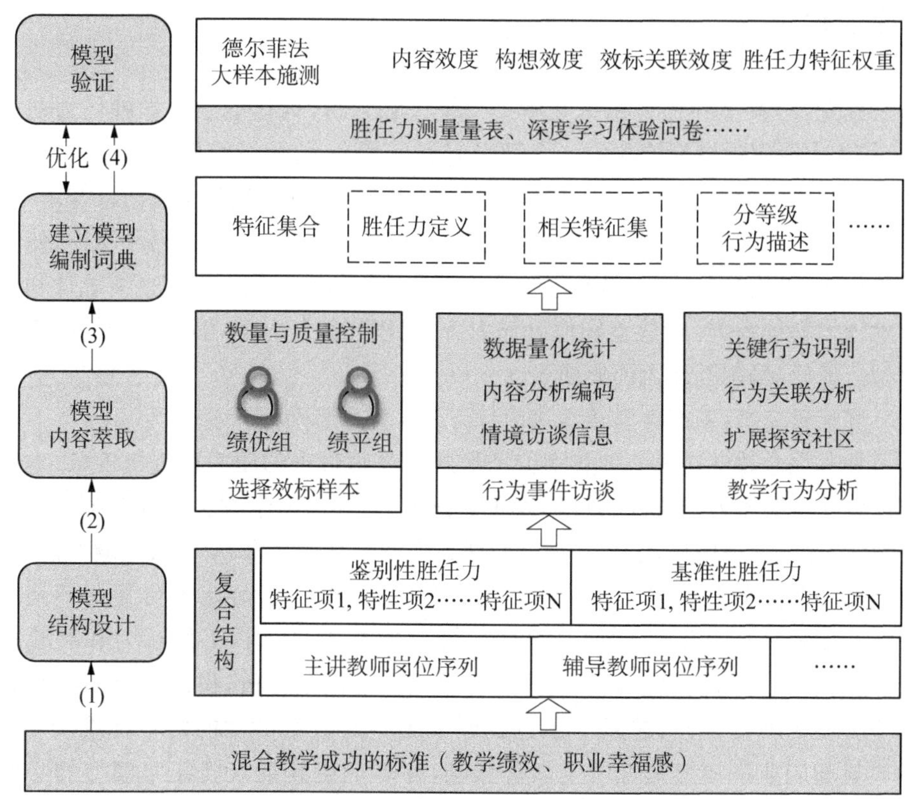

图 1－2　胜任力模型构建研究框架

实证研究一：基于行为事件访谈法的胜任力特征萃取

（1）混合教学成功的标准分析

其一，分析混合学习的发展历程，从中厘定混合教学的价值诉求，以深度学习体验为导向，分析优质混合教学质量的特征及表征。其二，针对混合教学作为一种典型的数字劳动形式给教师带来的技术负担与压力现象，特别考虑了组织心理学研究传统中有关教学成功的第二个标准：教师职业幸福感。将教学质量和职业幸福感同时纳入成功教师的考察标准。

（2）胜任力模型结构设计

根据混合教学中的角色定义、教师职能分析，设计复合式的胜任力结构，在岗位序列上包含主讲教师、辅导教师等，每一岗位包含通用胜任力特征和鉴别性胜任力特征。参考哈佛大学、皇后大学、威尔克斯大学等及英国文化委员会等教育机构制定的词典，设计本研究中词典的具体结构，包含名称定义、相关特征集、行为等级描述等。

(3) 胜任力模型内容萃取

首先,对教学胜任力相关文献进行统计和分析,构建混合教学胜任力初始集,作为本研究中模型构建的一个逻辑起点。其次,使用行为事件访谈法,在全国随机抽样不少于30名(包含绩优组和绩平组)混合教学教师构成访谈样本,对访谈文本进行编码并计算编码信度系数、编码相关系数,检验编码可靠性;使用平均频次、平均等级分数、最高等级分等多个计算值对绩优组和绩平组统计和分析胜任力特征差异,构建鉴别性胜任力、岗位序列胜任力等,形成初步的胜任力模型。最后,编制胜任力词典初稿。

实证研究二:基于类型学方法的行为经验模式识别

针对混合教学作为一种数字劳动形式给教师带来的压力和负担现象,本研究以成功应对压力和挑战的教师为研究样本,使用类型学方法识别教师应对混合教学挑战的"适应性能力"并纳入胜任力模型。具体而言,从非认知能力视角,将教师所需要的"适应性能力"具体化为"自我调节"概念,认为自我调节是一个人在职业环境中适应性地预算个人资源的能力,使用"工作行为和经验模式"量表工具对高校混合教学教师进行调查和潜剖面分析,得出具有不同自我调节类型的教师子群,进而考察自我调节类型对教学成功的两个标准——教学质量和职业幸福感是否产生显著影响,并验证将其纳入胜任力模型的必要性和合理性。

实证研究三:基于学习分析法的胜任特征更新

鉴于行为事件访谈法(Behavioral Event Interview, BEI)存在样本量小、结果受编码者一致性水平影响、被访谈者自报告的教育叙事方式可能带有主观判断等局限,使用基于数据的学习分析法(Learning Analysis, LA)进一步识别教师关键教学行为特征,补充和丰富胜任力模型,基于学习分析法的研究框架如图1-3所示。通过量化分析对促进学习者达成有意义、有深度的学习体验的关键教学行为进行分析,对在行为事件访谈阶段未能明朗的影响机制、内在联系做进一步探索,以期深化胜任力特征内涵,改进和优化其操作性定义、行为等级描述等。

实证研究四:基于德尔菲-层次分析法的胜任力模型验证与权重系数确立

使用德尔菲法对胜任力模型进行再次优化;依据胜任力词典,编制教师混合教学胜任力调查问卷、混合学习情境下的深度学习测量量表等工具,从内容效度、构想效度、效标关联效度对胜任力模型进行验证。使用层次分析法(AHP)

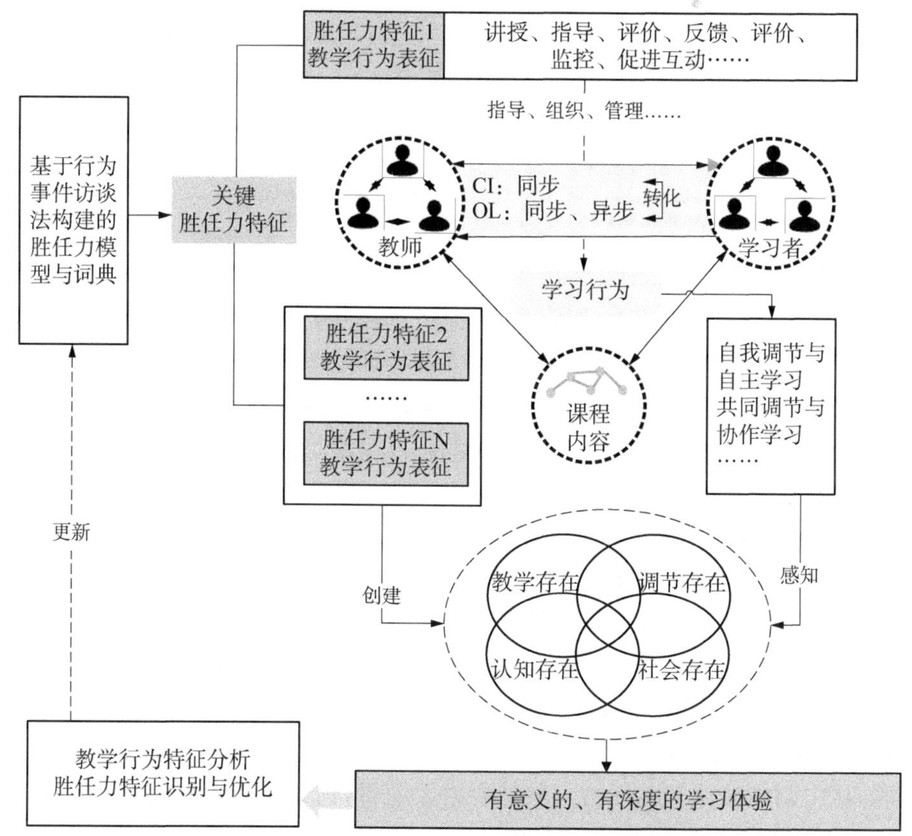

图 1-3　基于学习分析的胜任力模型优化研究框架

确立胜任特征权重。基于上述研究结果，采用定性和定量相结合的方法取舍最终的胜任力特征，构建胜任力模型，并完善胜任力分级词典。

研究内容二：教师混合教学胜任力发展

研究内容二的任务主要是研究和设计基于胜任力模型的混合教学能力发展模式并开展实践。研究内容框架如图 1-4 所示。

实证研究五：认知类胜任力特征发展模式的设计与实践

分析胜任力发展的情境化、复杂性、亲历性、迁移性等特征，基于转化学习、复杂学习等学习理论，主要采用演绎的方法，构建认知类胜任力发展模式，重点研究如何将胜任力特征和案例转化为学习内容、复杂学习内容如何分解、学习者如何学习（学习过程与学习机理）、学习如何与反思性实践沟通、如何进行情境化评估等。以某项胜任力特征为例开展实践研究，设计和开发情境化评估工具，验

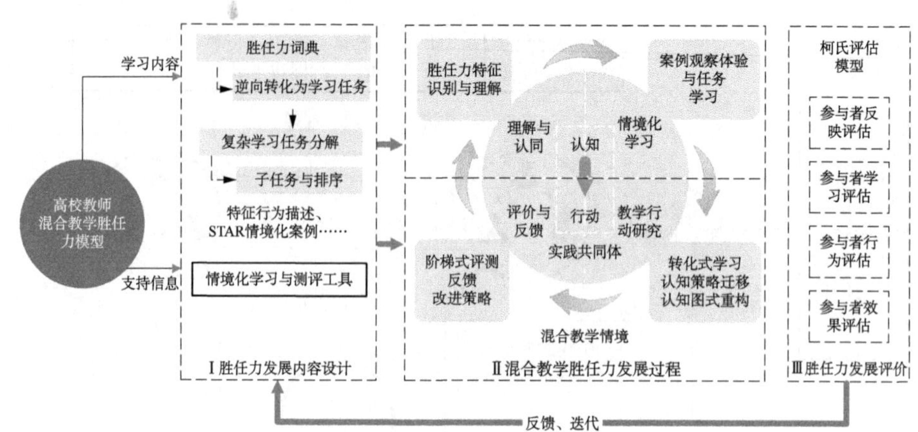

图 1－4　混合教学胜任力发展研究框架

证和优化胜任力发展模式。

实证研究六：非认知类胜任力特征“复原力”发展模式的设计与实践

以复合胜任力特征“自我调节”为例，探索构建非认知类胜任力特征发展模式。具体以影响自我调节类型形成的核心要素“复原力”为例，主要使用归纳法，通过访谈那些经历逆境却表现优异、在混合教学实践中获得较高教学质量和感知较强职业幸福感的教师，对访谈内容进行“类属—核心类属—关联类属”三级编码，从中归纳非认知胜任力发展的要素及逻辑，构建非认知胜任力发展模式。以复原力发展为例开展实践研究，验证和优化发展模式。

对实证研究二中参与“自我调节”的样本进行追踪研究，比较样本在采用教育干预(参加复原力发展项目)和未干预(未参加复原力发展项目)条件下“自我调节”类型的转化情况及差异，为教师胜任力发展提供更详尽的经验数据。

二、研究思路与方法

(一) 研究思路

本书研究思路和技术路线如图 1－5 所示，以混合教学情境(S)⟷胜任力(C)的双向转化过程为总体思路开展研究。研究过程包括：自下而上的胜任力提取、自上而下的胜任力发展。具体过程可表示为：混合教学情境(S)—胜任力模型(CM)—混合教学情境(S)—发展胜任力(AC)。研究阶段可以大致分为：现状调研—理论设计—实证研究—实践应用。

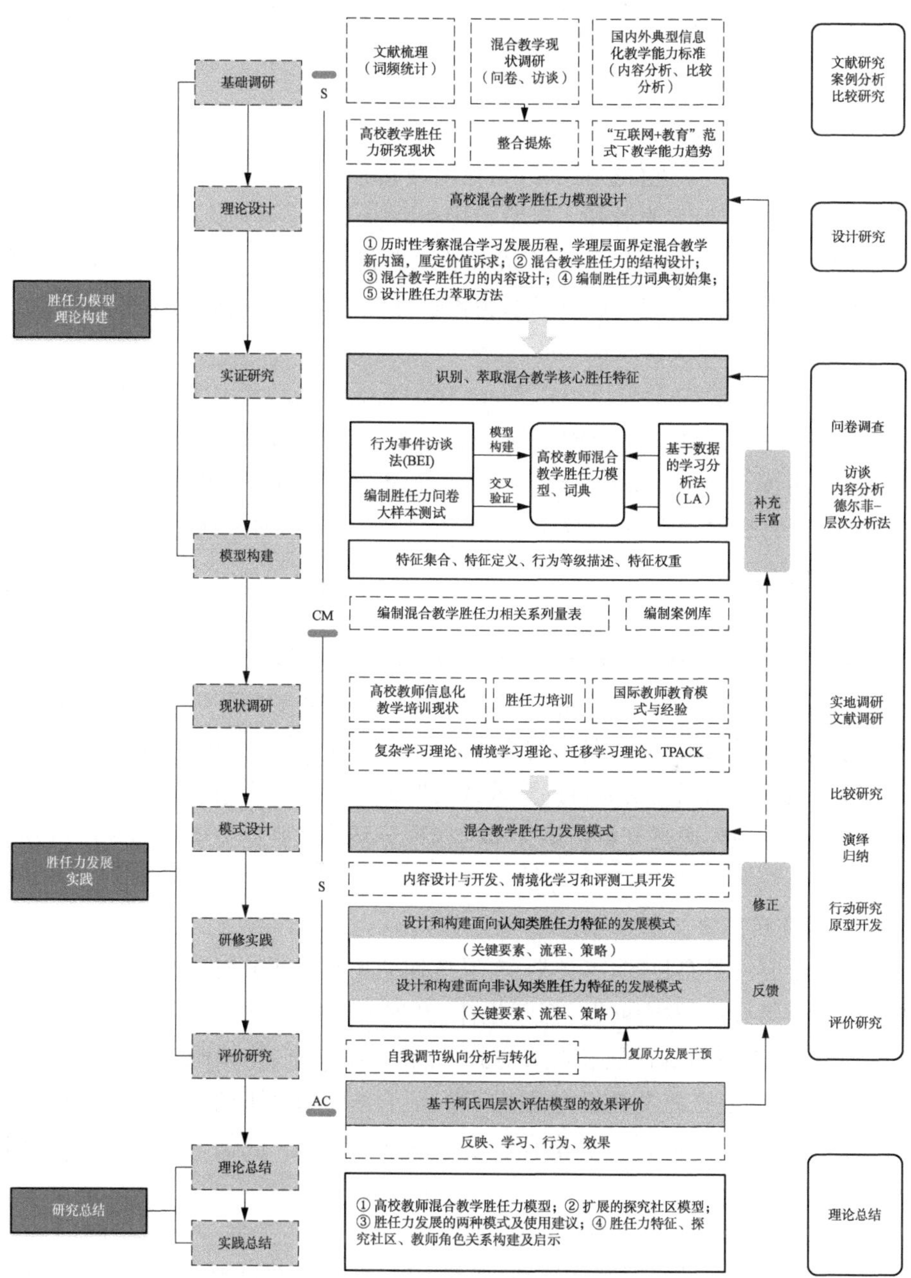

图 1－5 研究思路与技术路线

(二) 研究方法

1. 文献研究法

对混合教学、教学胜任力、国内外典型教学能力标准、高校教师信息化教学能力发展等相关文献进行整理、分析、比较、归纳,厘清高校教学的价值诉求与绩效。一方面,为本研究中胜任力模型结构和内容设计提供理论框架,统计已有研究成果中相关胜任力特征词频,形成起始词典;另一方面,总结高校教师信息化教学能力培养中的有效模式及问题,为构建胜任力发展模式提供前期理论基础。

2. 行为事件访谈法

行为事件访谈法(Behavioral Event Interview, BEI)为本研究的核心方法之一。具体采用"STAR"法(情境、任务、行动、结果)叙述关键混合教学行为事件,并使用探测技术(probing technique)深入询问、了解事件,从而较全面和深入地挖掘出数据背后教师拥有的潜在的深层次特征。访谈对象区分绩优组和绩平组,总数不少于 30 人。

3. 内容分析法

内容分析法是对收集的资料、数据、文本内容进行客观、系统和定量描述的研究方法,具有客观、方便、经济等优点。内容分析法在本研究中主要用于对所获得的文献资料、调研中所获得的文本资料等进行分析。调研中所获得的文本资料数据包括采用问卷所获得的开放式问题的数据和采用情境访谈所获得的数据等。本研究主要通过分析访谈文本内容来分别构建胜任力模型和胜任力发展模式。

4. 调查研究法

调查研究法是有目的、有计划、有系统地搜集有关研究对象的现实状况或历史状况的材料,借以发现问题、探索规律、开展研究的一种方法。本研究中按照研究任务、调查对象的性质和调查方式,分为文献调查、访谈调查、问卷调查、个案调查等;编制混合教学胜任力调查问卷、混合学习情境下的深度学习测量量表等系列调查工具,对胜任力模型有效性、自我调节类型、胜任力发展模式效果等进行验证和修正。

5. 德尔菲法和层次分析法

德尔菲法是一种反馈匿名函询法,其大致流程是:在对所要预测的问题征得专家的意见之后,进行整理、归纳、统计,再匿名反馈给各专家,再次征求意见,再集中,再反馈,直至得到一致的意见。其有三个明显区别于其他专家预测方法的特点，即匿名性、多次反馈、小组的统计回答。本研究中使用德尔菲专家咨询法修正和优化胜任力模型。层次分析法（AHP）是一种层次权重决策分析方法，本研究使用该方法来确立胜任力模型中的胜任力特征权重系数。

6. 评价研究法

评价研究法是一种应用性研究类型，目的在于精确评定某项计划的具体方案是否达到了预期效果。评价研究可以在方案实施之前或实施之后进行，可为制订、修正、选择方案或计划提供可靠的依据。本研究中，主要使用柯氏四层次评估模型开发情境化评价工具，对教师混合教学胜任力发展模式的效果进行评价，依据评估结果修正和完善胜任力发展模式。

第二章 研究综述

混合教学胜任力内涵丰富，且根植于混合教学价值诉求、实践情境、胜任力本质内涵等土壤。为对混合教学胜任力进行本真追寻，本章回顾作为学术概念的胜任力内涵及教学胜任力研究演变过程，并从历时性视角审视混合学习发展历程与混合教学价值诉求；通过分析混合教学价值诉求及数字化教学背景下教师教学能力面临的现实挑战，为确立符合当下的混合教学成功的标准、后续构建胜任力模型奠定基础；对已有文献中论述混合教学相关的胜任力特征进行勾稽和整理，得到初始胜任力特征集，形成了本研究的起点。

第一节 “胜任力”内涵演变及模型构建

一、胜任力理论发展

“胜任力”一词由拉丁语演变而来，其含义为“适合的、适当的或合格的”。当“胜任力”与岗位职责关联时，是指员工了解如何在“正确的时间、正确的地点做正确的事情”①。

“胜任力”作为研究主题，始于管理学和心理学等学科，主要关注和研究职业社会中个人知识技能、行为与职业角色或绩效的关系。20 世纪初“管理科学之父”泰勒(F. W. Taylor)的“管理胜任力特征运动”(Management Competencies Movement)被普遍认为是胜任力特征研究的发端。他通过“时间—动作研究”

① Guttman E., Eisikovits Z., Maluccio A. N. Enriching social work supervision from the competence perspective [J]. Journal of Social Work Education, 1988, 24(3): 278 - 288.

(Time and Motion Study),将复杂的工作拆分成一系列简单的步骤,来识别不同工作活动对能力的要求。泰勒的这一思想对后来胜任力研究产生了深远的影响。20 世纪 70 年代,心理学家麦克莱兰(McClelland)首次采用了行为事件访谈方法调查了 50 名美国新闻署(USIA)官员,结果发现,带来优秀绩效的胜任力特征(competency)并非以往人们熟知的那些管理技能,而是"跨文化的人际敏感性、政治判断力和对他人的积极期待"等潜在的个性特征。[①] 根据这一结果,他提出应"为胜任而非为智力进行测验",主张用胜任力特征评估来代替传统的学绩和能力倾向测试,并提出了基于胜任力特征的有效测验的六个原则。麦克莱兰的工作被视为胜任力特征运动取代智力测量运动的一个发展关键点。

随后不同学者基于不同学科和研究视角,对胜任力概念进行了讨论和界定。总体而言,主要呈现出三种观点取向——行为观、特征观、综合观。行为取向观的持有者们认为胜任力是保证一个人胜任工作的外显行为,着重从外显的人的行为来研究胜任力,比如早期行为主义和功能派观点认为胜任力是一种具体的行为结果,个人功能(比如知识和技能的熟练运用)的行为表现,胜任力被定义为可以被观察到的行为。[②] 行为观倾向于从功能角度去理解胜任力,容易忽略专业内在反思、动机等对任务达成的影响。特征取向观认为胜任力是潜在的、持久的个人特征[③],强调胜任力是与一定工作或情景中的有效或优异绩效有因果关系的个体持久的潜在特征,着重从发现人的特征角度来研究人的胜任力。这些特征一般包括动机特质、自我概念、社会角色、技能、知识等。根据这些特征的外显程度,又可以将胜任力分为显性胜任力特征和隐性胜任力特征。综合取向观认为胜任力是个体特征和个体行为表现的综合。[④]

目前特征观取向的胜任力概念得到了较为广泛的认可和应用,但其对个人特征归纳为知识、技能、动机、自我概念等固有特征时,在面对不同职业和社会情境时往往存在趋同性问题[⑤],也即脱离具体情境的胜任力指标适合任何职业,是这些职业取得成功的共有特征,而不是针对某个特定职业或活动,在实践中共性

---

① McClelland D. C. Testing for competence rather than for "intelligence" [J]. The American Psychologist, 1973,28(1):1-14.

② 郝宁,吴庆麟. 创造力与能力、专长及胜任力关系评述[J]. 心理科学,2005(2):501—504.

③ Spencer L. M., McClelland D. C., Spencer S. Competency Assessment Methods: History and State of the Art [M]. Boston: Hay-McBer Research Press, 1994.

④ 莫寰. 女性创业胜任力的阶段特征及其与成长绩效的关系研究[D]. 杭州:浙江大学,2013.

⑤ 史天琪. 情境胜任力的生成机制[D]. 厦门:厦门大学,2020.

胜任力的实用性会大大降低。为此，有学者研究将情境纳入对胜任力的理解，如美国学者拉杜卡（LaDuca）①建议将胜任力理解为实践主体在职业情境中获得的、对特定系列社会情境的适配。斯坦托（Stanto）②尝试研究了胜任力与情境的关系模型，如图 2－1 所示，提出胜任力是在对情境理解和实践的基础上获得的，并在特定的情境中发挥作用，得到进一步的发展。胜任力与情境的关系研究表明胜任力具有动态性，是随着情境的变化而不断发展的，没有一成不变的胜任力；同时也强调了胜任力发展过程中实践主体与情境互动的重要性。

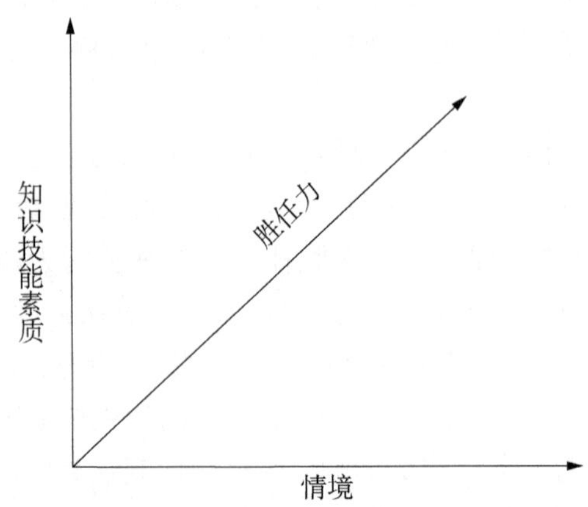

图 2－1　胜任力与情境的关系（改编自斯坦托，1989 年）

也有一些学者批评胜任力是一个模糊的概念，在一些文献中，“competence”与“competency”经常混用，比如麦克莱兰在“Testing for competence rather than for intelligence”一文的标题中使用“competence”，但在正文中也使用“competency/competencies”。国内有学者将“competence”翻译为“胜任力”，而将“competency”翻译为“胜任力特征”，且把“胜任力”理解为在岗位职责中取得优质绩效的标准或状态，是一种静态描述，而把“胜任力特征”理解为胜任的行为维度或特征，是一个动态过程。③

① LaDuca A. The structure of competence in health professions [J]. Evaluation & the Health Professions, 1980, 3:253－288.

② Stanto G. “Curriculum implication” [M]//J. W. Burke. Competency Based Education Learning. The Falmer Press, 1989.

③ 张晶. 基层党政领导干部胜任特征模型及其与工作绩效的关系[D]. 北京：中国人民大学，2007. 刘力为. 高等职业学校辅导员胜任力模型构建与提升策略研究[D]. 长春：东北师范大学，2022.

也有学者对胜任力与一般能力、素养等概念进行了讨论与廓清，认为能力是完成一项工作或任务所体现出来的综合素质，是个体对自身知识、能力的综合驾驭，能力强调的是个人具备某种知识和技能。[①] 素养是一种习惯或准备就绪的状态，或一个特定行为的倾向。能力与素养的区别在于素养不仅包括能力，还包括情感、态度、价值观等要素；而胜任力除了具备素养的特征外，还强调工作岗位情境和组织环境，即胜任力不是指所有的知识和技能，而是指在工作中使用并对工作绩效产生影响的知识、技能等。这些讨论与界定使得胜任力作为一个学术概念，其内涵和外延也越来越清晰，并在人力资源、教育、医疗、管理等行业和领域得到了延伸和应用。

目前得到普遍认可的是斯宾塞等提出的胜任力概念，指"能将某一工作（或组织、文化）中有卓越成就者与表现平平者区分开来的个人的潜在特征，它可以是动机、特质、自我形象、态度或价值观、某领域知识、认知或行为技能——任何可以被可靠测量或计数的并能显著区分优秀与一般绩效的个体特征"[②]。

总之，经过不同学科学者的努力，胜任力概念从一个现代心理学、管理学为理论框架的学科术语发展为一个综合性的学术概念。胜任力在理论构建上是由诸多要素全面整合而成的一个复杂系统，包括智力、认知技能、领域知识和策略、动机倾向、意志控制系统、个人价值取向、社会行为等，这个系统共同明确了满足某一特定专业职位所要求的前提条件[③]，并强调与情境的动态耦合过程，以及关注实践主体与情境的互动。

二、胜任力模型及构建方法

（一）胜任力模型

胜任力特征模型（Competency Model）是指某一特定的职位从业人员所应具备的胜任力特征要素的总和，即在该职位上与表现优异者的要求结合起来的

① 刘力为.高等职业学校辅导员胜任力模型构建与提升策略研究[D].长春：东北师范大学，2022.李晓杰.新时代高校辅导员核心素养培育研究[D].哈尔滨：哈尔滨师范大学，2020.

② Spencer L. M., McClelland D. C., Spencer S. Competency assessment methods: History and state of the art [M]. Boston: Hay-Mc Ber Research Press, 1994.

③ Weinert F. E. Concept of competence: A conceptual clarification [M]//Rychen D. S., Salganik L. H. Defining and Selecting Key Competencies. Ashland: Hogrefe & Huber Publishers, 2001:45 - 65.

胜任力特征结构。① 胜任力特征模型一般应包括三个基本要素，即胜任与特征的名称、胜任力特征的定义（指界定胜任力特征的关键性要素）和行为指标的等级（反映胜任力特征行为表现的差异）。

关于胜任力模型的概念，国内学者基本沿用国外胜任力模型——“冰山模型”“洋葱模型”和“一般胜任力模型”等。其中，“冰山模型”如图 2-2(A)所示，它将胜任力体系的六个层面分为外在表现和内在表现，外在表现包括知识和技能，这些容易测量且容易通过培训来改变和发展；内在表现包括社会角色、自我概念、特质与动机，这些不容易通过外界影响而改变，但对人的行为与表现起关键性作用。“洋葱模型”如图 2-2(B)所示，将胜任力体系描述成洋葱状，由外到内分为显质层、变质层和潜质层等三层，知识和技能为显质层；社会角色、自我概念、态度和价值观为变质层；特质和动机为潜质层。“洋葱模型”和“冰山模型”两者在本质上是一致的，区分了胜任力要素的层次关系、胜任力特征的外显性和内隐性。

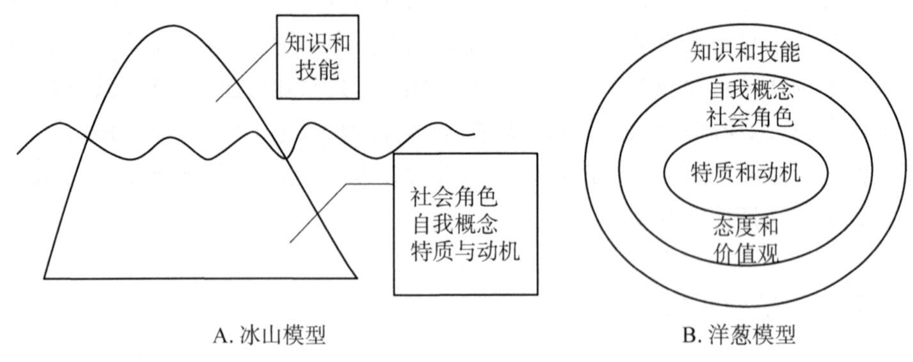

图 2-2 胜任力概念经典模型

关于胜任力模型的开发，目前已经形成了较为成熟的开发范式，主要包括“分析和定义绩效标准”“确定效标样本（甄选绩优员工与一般员工）”“获取有关胜任特征的数据”“分析数据资料构建模型”“模型的有效性验证”等五个阶段。

目前基于胜任力模型进行人力资源管理与开发的理念和实践在全球得到了推广，且具体应用领域较为宽泛，主要包括企业高层管理人员、专业技术人员、市

① 时勘. 胜任特征模型的理论与实践探索的新进展[C]//中国心理学会. 第十二届全国心理学学术大会论文摘要集，2009：692.

场销售人员、教育教学人员、医学从业人员等。

(二) 胜任力特征模型构建的方法学研究

纵观胜任力模型构建方法的发展历史，其基本原理其实就是通过各种技术性较强的手段辨别业绩优秀者和普通胜任者在知识技能、人格特点、态度、内驱力等方面的差异，并将发现的数据量化，从而形成可用来对照、判断胜任力及相应水平的可操作化的模型体系。以下为三种有代表性的胜任力模型构建方法。

1. 汇编栅格法(Repertory Grid Methods)。为了探索诊断生产活动的专家经验，先建立物理世界模型并呈现相关的问题情境，通过分析专家与物理模型所呈现的问题情境的交互作用过程，并记录专家在解决问题过程中的口语报告内容，应用模糊评判法和汇编栅格法对这些内容进行因果决策分析，建立反映专家解决问题的心理模型。该方法被用于后来的心智技能模拟培训法，在工业生产线的技术工人培训中取得显著效果。①

2. 行为事件访谈法。行为事件访谈法假设被访问者经历的一些关键事件会准确反映他们的胜任能力，采用开放式的行为回顾式探查技术，让被访谈者找出和描述他们在工作中最成功和最不成功的三件事，并详细地报告当时发生了什么。具体包括"S-T-A-R"，即当时情境(Situation)是怎样的？当时要完成的任务(Task)是什么？为完成任务采取了哪些行动(Action)？结果(Result)如何？然后，对访谈内容进行内容分析和编码来识别胜任力特征。该方法是目前得到公认的、使用频率最高且最有效的胜任力识别方法。② 行为事件访谈是建立胜任力特征模型不可替代的关键环节。

3. O* NET 工作分析方法(Occupational Information Network)。O* NET 法是一项由美国劳工部组织发起和开发的工作分析系统，吸收了多种工作分析问卷[如职位分析问卷(Position Analysis Questionnaire, PAQ)、通用度量问卷(Common-Metric Questionnaire, CMQ)等]的优点。它强调系统地收集工作相关信息的过程，能够将工作信息和工作者特征统合在一起，不仅是工作导向的职位分析和任职者导向的职位分析的结合，考虑了组织情境、工作情境的要求，而

---

① Shi K., Wang X.C. A research of psycho-simulation training on modern operators. Proceedings of the Second Afro-asian Psychological Congress [C]. Beijing: Peking University Press, 1993:156-159.

② 时勘. 基于胜任特征模型的人力资源开发[J]. 心理科学进展，2006(04):586—595.

且还能够体现职业的特定要求，常常与行为事件访谈法结合使用。

胜任力建模过程中还有其他一些收集数据的方法，如德尔菲法(Delphi)、问卷调查、胜任力核检表、小组焦点访谈(Focus Interview)、系统性多层次团体观察法(SYMLOG)等。

虽然学界对胜任力的内涵、胜任力模型的建构方法和模型效度验证存在争论，但胜任力模型作为组织提升其人力资源开发与管理水平的一种理性工具和制度基础，因其从组织战略实现角度对组织成员的个体行为给予了特别的重视，并倡导使用个性化的工具和方法来提升组织成员的核心竞争力，进而促进组织绩效的提升和整个社会的发展，在理论界和实践界都产生了深远的影响。

第二节 混合教学内涵及其价值诉求

一、混合教学发展历程回顾

为回顾混合教学发展历程，对 CNKI 库和社会科学引文索引(Social Science Citation Index, SSCI)进行检索，检索项为“主题”，关键词为“混合(式)学习/混合(式)教学/Blend Learning/Hybrid Learning/Blended Teaching”，时间为 2000 年年初至 2022 年年底，外文文献语种限定为“English”，对结果从研究主题相关性、重要性、学术规范性角度进行再筛选和精炼，共得到 712 篇研究文献。

从文献数量来看，呈现逐年增长的趋势；从发文地区来看，美国、英格兰、澳大利亚位居前三甲，我国也有重要贡献。从发文量和关注度来看，混合学习在国内几经沉浮，呈螺旋发展之势。为窥探混合学习沉浮背后的原因，本研究首先从历时性视角来分析其发展过程，试图归纳和总结其发展规律。对文献梳理后发现，混合学习的发展大致可以分为两个阶段。

(一) 启蒙与初步发展阶段(1999—2012)

学术界对“混合学习”(Blended Learning)的理解经历了由广义、泛化到狭义、细化的过程。有学者或从学习理论混合，或从教学媒体混合，或从教学模式混合等视角对“混合教学”进行定义，还有学者认为混合学习是将教学方法、模式、策略、媒体、技术等所有教学元素优化组合的融合性学习。弗里森(Friesen)[①]指出,宽泛的定义在早期可能使混合式教学获得较多学者的认同,但却不利于其发展;包罗万象的定义反而使其从实质上失去了成为一个独立概念存在的意义。2006 年,柯蒂斯·邦克(Curtis Bonk)等[②]在《混合学习手册》中,从系统论而非技术论视角重新定义了混合式学习的概念,认为混合学习是面对面教学和计算机辅助在线学习的结合,此后,国内外一般已收敛在"在线学习与线下面对面学习相结合"的定义上,这种界定在一定程度上避免了混合式学习研究领域的模糊化和泛化,具有较强的可操作性。然而,尽管其定义看起来简单直观,但它的实践应用却是复杂的。

国外在此阶段的研究中,出现了一些具有较大影响、引用率高的核心研究文献。研究领域主要集中在混合学习基础问题探讨、混合学习教学设计、混合学习实践个案及效果,主要面向高等教育。如阿斯登(Aspden)[③]、加里森(Garrison)等[④]对虚拟学习环境下学生参与和交互行为等基础问题进行了研究。结果表明,混合式学习环境确实有利于增强学生之间的联系,但学生在教室或虚拟学习环境中寻求高交互的灵活性是保证有效交互的关键。金斯和埃利斯(Ginns & Ellis)[⑤]用调查法探讨在校生在线课程的学习经验(认知、学习方法和学习成绩之间)与整个课程的学习经验之间的关系,扩展混合式学习的研究范围,为使网络学习经验更好地提高高等教育质量提供重要启发。2009 年美国教育部对 1996 年到 2008 年间在高等教育开展的有关面对面教学、混合学习、在线学习的实证研究进行元分析,其公布的大型调查报告表明:混合学习是最有效的学习方式,并指出混合学习产生的积极学习结果不应简单归因于媒体和技术的使用,因为这些混合情况通常包含了额外的学习时间和指导等因素。

---

① Friesen N. Report: Defining Blended Learning [EB/OL]. (2012) [2023 - 04 - 12]. http://learningspaces.org/papers/Defining_Blended_Learning_NF.pdf.

② Bonk C. J., Graham C. R., CROSS J., et al. The Handbook of Blended Learning: Global Perspectives, Local Designs [M]. Pfeiffer & Company, 2005.

③ Aspden L., Helm P. Making the connection in a blended learning environment [J]. Educational Media International, 2004, 41: 245 - 252.

④ Garrison D. R., Vaughan N. D. Blended Learning in Higher Education: Framework, Principles, and Guidelines [M]. San Francisco: Wiley & Sons, 2008.

⑤ Ginns P., Ellis R. A. Quality in blended learning: exploring the relationships between on-line and face-to-face teaching and learning [J]. Internet and Higher Education, 2007, 10: 53 - 64.

在混合教学设计方面，博辛(Bersin)[①]提出了混合学习设计应遵循“识别与定义学习需求、制订学习计划和测量策略、选择学习内容、执行计划并检验策略结果”四个环节，为教师设计混合式学习提供了基本的思路。

在这一研究阶段，学者们也提出了混合学习面临的挑战，包括混合环境中选择有效互动的灵活性、混合程度的把握、混合学习与开放资源的结合及降低师生负担等。金和柯蒂斯·邦克(Kim & Curtis Bonk)等[②]在对大量混合学习实践进行调查的基础上特别指出，混合式教学的教师培训问题是混合学习工作的最大障碍，只有通过有效的培训让教师弄清楚混合学习的内涵、实施方法，并提供案例，才能让他们有效运用混合学习开展教学。斯泰西和格比克(Stacey & Gerbic)认为，教师开展混合学习将会面临教学角色、社会性角色、课程管理角色与技术角色四大类挑战。[③]

在这一研究阶段，加里森和安德森(Garrison & Anderson)等人[④]共同创建的探究社区理论逐步形成，旨在通过发展认知存在、社会存在和教学存在及探究三大核心要素相互影响关系，来促进有意义学习和深度学习。其相关研究为理解高等教育的在线学习与混合学习提供了连贯、全面及基于经验的理论框架。

同期，国内的学者也对国际混合学习新思想进行了引入介绍、教学应用研究。例如何克抗[⑤]、李克东等[⑥]对混合学习的基本概念、基本原理、基本应用模式等进行了研究。何克抗认为混合学习是国际教育界(尤其是美国教育界)对“E-learning”的有益经验和反面教训的总结，反映了国际教育技术界关于教育思想与教学观念的大转变。李克东强调了混合教学中教师主导作用与学生主体地位的结合，混合学习研究的本质是对信息传递通道的研究。自 2006 年至 2012 年，国内混合式学习开始从概念辨析和理论阐述走向教学应用，技术研究占重要地位，聚焦于依赖网络学习以及网络资源的混合式学习支持服务研究，包括移动学

---

① Bersin J. The Blended Learning Book: Best Practices, Proven Methodologies, and Lessons Learned [M]. San Francisco: Jossey-Bass/Pfeiffer, 2004.

② Kim K-J., Bonk C. J., Oh E. G. The present and future state of blended learning in workplace learning settings in the United States [J]. Performance Improvement, 2008,47:5 - 16.

③ Stacey E., Gerbic P. Success factors for blended learning [C]//Conference of the Australasian Society for Computers in Learning in Tertiary Education. Deakin University: ASCILITE, 2008.

④ Garrison D.R., Anderson T., Archer W. The first decade of the community of inquiry framework: A retrospective [J]. Internet Higher Education, 2010,13:5 - 9.

⑤ 何克抗. 从 Blending Learning 看教育技术理论的新发展(上)[J]. 电化教育研究，2004(3)：1—6.

⑥ 李克东，赵建华. 混合学习的原理与应用模式[J]. 电化教育研究，2004(7)：1—6.

习、分布式学习、混合式学习方式的探索及学习资源环境的建设,基于模型的研究、效果分析等;学科及应用开始呈现广泛化与多元化。

(二) 高速发展与实践反思阶段(2012 年至今)

从 2012 年开始,慕课的发展浪潮席卷全球,其开放的教育理念、先进的教学设计思想,同发展过程中的高辍学率和浅层次学习等质量危机一道,促使学者们开展又一次反思与吸收,使得慕课等在线课程与校园教学相结合的混合式学习再次得到关注和重视,混合式学习研究变得多元与深入。这一时期的研究热点主要有以下几个方面。

(1) 混合学习模式及有效性研究

主要有基于慕课、"SPOC"(小规模私有在线课程,即 Small Private Online Course)、翻转课堂、微课或社交媒体开展混合教学实践研究。其中由慕课衍生的"SPOC"因其具有小众化、限制性、集约化、混合化等特征,彰显了其在创新教学流程和提升学习质量方面的张力。班纳德(Bernard)等人①为了更好地从技术整合课程视角理解高等教育中混合学习效果,对 2000 年至 2014 年间有关远程教育(DE)、在线学习(OL)、课堂教学(CI)、混合学习(BL)的 800 多项实证研究案例进行了元分析,结果表明就学生学习结果而言,混合学习(BL)要比传统的课堂教学(CI)高出三分之一的效应值。

(2) 促进有效混合学习的影响因素研究

可以划分为以下几个维度:①师生适应性与接受度。赵建民等人②的研究表明,相对优势、兼容性、易用性、感知行为控制、态度、主观规范、学校支持和传播渠道等对高校教师接受混合式教学有正向影响,任务技术适配对接受度具有调节作用,赵建民等人提出了开展常态化的教师混合式学习的培训对策。②交互行为。交互行为水平的高低对学习者知识建构和学习质量起着关键作用。基于这一观点,韩锡斌、马婧、程建钢等③基于学习分析的定量方法研究了教师群体教学行为与学生群体学习行为的内涵及其相互关系;在一些实证研

---

① Bernard R. M., Borokhovski E., Schmid R. F., et al. A meta-analysis of blended learning and technology use in higher education: from the general to the applied [J]. Journal of Computing in Higher Education, 2014, 26:87-122.

② 赵建民,张玲玉. 高校教师对混合式教学接受度的实证研究——基于 DTPB 与 TTF 整合的视角[J]. 现代教育技术,2017,27(10):67—73.

③ 韩锡斌,马婧,程建钢. 高校混合教学推动策略下师生群体行为关系分析[J]. 电化教育研究,2017,38(12):37—43.

究中,"参与度""及时反馈""资源生成度""反思行为""质量管理""知识共享"等被认为是主要影响因素。③学习与教学策略。在学习策略方面,基于案例的电子学习、自定步调的学习、小组协作学习等都被认为是有效的混合式学习策略。[①] 在教学策略方面,基于量规的同伴互评、基于问题解决的教学、运用脑相容(brain-compatible)教学策略设计混合教学材料[②]、团队教学(Team Teaching)策略[③]、探究社区策略等被认为是有效的教学策略,也是当前研究的热点。④混合课程设计。有学者开始强调学习不单单是认知和专业的发展,更强调学习者的社会交往和协作能力的发展,并提出了具身认知下的混合课程与环境设计。[④] 为此,"探究社区理论"模型逐渐成为混合学习及其课程设计与开发的有效模型。如加里森等人从2015年开始致力于在社区内部促进有效探究与培养元认知的策略,并从教育心理学视角开发和验证在线学习或混合学习中元认知能力量化策略工具。[⑤]

从上述有效混合学习的影响因素来看,即便是研究混合学习情境或框架,但研究重点仍然为在线部分,如学习临场感、学习交互行为等均是借鉴远程教育或在线学习理论进行探讨,对于线上学习(OL)与线下课堂学习(CL)相互作用机制及策略的研究显得非常不足。

(3) 混合学习的组织、实施

格雷厄姆(Graham)等人[⑥]基于美国高校的考察,对院校混合教改的组织进行了系列研究后提出了策略、组织和支持3个方面12个维度的措施,并根据措施由低到高的完善程度,划分了混合教改的三个实施阶段。波特(Porter)等[⑦]将

---

① Ellis R. A., Pardo A., Han F. Quality in blended learning environments-significant differences in how students approach learning collaborations [J]. Computers & Education, 2016, 102:90 - 102.

② Niekerk J. V., Webb P. The effectiveness of brain-compatible blended learning material in the teaching of programming logic [J]. Computers & Education, 2016, 103:16 - 27.

③ Crawford R., Jenkins L. S. Blended learning and team teaching: Adapting pedagogy in response to the changing digital tertiary environment [J]. Australasian Journal of Educational Technology, 2016, 33: 51 - 72.

④ 王靖,陈卫东.具身认知视角下的混合式学习本质再审视[J].远程教育杂志,2016,34(5):68—74.

⑤ Garrison D. R., Akyol Z. Toward the development of a metacognition construct for communities of inquiry [J]. Internet and Higher Education, 2013, 24:66 - 71.

⑥ Graham C. R., Woodfield W., Harrison J. B. A framework for institutional adoption and implementation of blended learning in higher education [J]. Internet and Higher Education, 2013, 18 (3):4 - 14.

⑦ Porter W. W., Graham C., Rspring K. Blended learning in higher education: institutional adoption and implementation [J]. Computers & Education, 2014, 75(3):185 - 195.

“组织”下的“模型”改为“基础设施”与“教师专业发展”。黄月、韩锡斌等[①]在格雷厄姆的框架上尝试从量化研究的视角考察高校混合教改效果与混合教改影响因素，但其结果缺乏从教师视角对混合教改措施实施效果的深入考量。

联合国教科文组织(UNESCO)在“院校混合教学能力提升”项目的成果中提出了院校混合教改的实施措施框架[②]，包括：愿景和规划、课程体系、教师专业发展、学生学习支持、网络基础设施、政策与学校组织架构、伙伴关系、研究与评估 8 个方面，据此划分了混合教改发展的 4 个阶段，即未考虑、应用、融合和变革阶段，并开发了院校自测特征表，供院校对自身所处混合教改阶段进行分析。

廖宏建等[③]构建了高校混合教学就绪指数，将抽象复杂的混合学习环境转化为具体可操作的指标，将量化指标形成评估报告，分析优劣因素，指导高校开展混合教学的准备和发展工作；张倩苇等[④]采用问卷调查法从认知、责任、心理、教学、技术、环境准备六个维度调查高校教师混合式教学的准备度，发现总体准备度情况一般，纯面授教学教师和混合式教学教师行为意向悬殊。冯晓英等[⑤]在格雷厄姆的理论基础上发展构建了混合式教学改革发展框架，将混合式教学改革划分为意向期、探索期、深化期三个阶段，并明确了每个阶段教师态度准备和能力准备的状态；通过调查全国共 25 个省、自治区、直辖市的教师准备度现状，发现教师的专门能力准备度仍然较低，仍处于混合式教学改革的意向期。遗憾的是，目前从教师微观视角探讨混合教学准备指数的研究仍然非常缺乏。

(4) 混合学习面临的新挑战

混合学习因其融合两种教学模式的复杂性，遇到了一些巨大的挑战，比如博伦斯(Boelens)等[⑥]认为在混合学习设计中面临“整合灵活性”“促进交互”“改进

---

① 黄月，韩锡斌，程建钢. 混合教学改革的阶段性特征与实施效果偏差分析[J]. 现代远程教育研究，2017(5)：69—77.

② Lim C. P., Wang L. Blended learning for quality higher education: Selected case studies on implementation from Asia-Pacific [EB/OL]. (2016)[2023-06-10] http://unesdoc.unesco.org/images/0024/002468/246851E.pdf.

③ 廖宏建，张倩苇. 高校混合教学就绪指数构建与评估应用[J]. 电化教育研究，2019，40(3)：59—67.

④ 张倩苇，张敏，杨春霞. 高校教师混合式教学准备度现状、挑战与建议[J]. 电化教育研究，2022，43(1)：46—53.

⑤ 冯晓英，吴怡君，庞晓阳等. 混合式教学改革：教师准备好了吗——教师混合式教学改革发展框架及准备度研究[J]. 中国电化教育，2021(1)：110—117.

⑥ Boelens R., Wever B. D., Voet M. Four key challenges to the design of blended learning: A systematic literature review [J]. Educational Research Review, 2017, 22:1-18.

学习过程”“营造高效学习氛围”四类挑战；国际在线教育研究报告《迎接数字大学：纵论远程、混合与在线学习》[①]梳理了混合学习研究与实践中涉及的核心问题与挑战：混合学习理论与实践之间存在断层；教师作为研究者的实践不足；依靠在线学习理论；教师作用的研究不足等。

事实上，研究表明，学习成果往往由教学实践的质量决定，而不是由课程中使用的工具和学习环境决定。[②] 在这个意义上，混合学习的核心要素之一是教学实践，它应该整合线上和线下部分，提供一个允许结构化互动的环境，并为正确使用技术提供条件，以实现学习目标。[③] 因此，考虑到技术与教学方法之间的复杂整合，必须重构、实施、评估混合学习场景。利马（Lima）等[④]通过比较混合学习和非混合学习情境下学生的学习投入水平，得出结论：技术工具的使用本身并不能确保参与和改进教学，教学实践才是决定性变量。

二、数智时代混合教学价值诉求

上文简要梳理了混合学习的发展历程，目的在于从其发展经历中分析其定义、发展动因、研究主题、阶段性挑战，从而提炼其核心内涵。混合教学是一个本土化概念，是混合学习概念在教学场域的投射。混合教学胜任力模型构建和发展的根基是混合教学的内涵及价值诉求。因而有必要从混合学习的发展历程及规律中提炼和把握混合教学的内涵和价值诉求，为本研究提供理论基础。

通过对混合学习发展历程的梳理，可以将其表示为图 2－3。图中横坐标表示线下物理学习空间的发展，纵坐标表示网络空间技术的发展，而混合学习作为网络虚拟空间和物理现实空间的连接，随着两种空间技术及形态的发展而发展。

---

① 韩锡斌，王玉萍，张铁道等. 远程、混合与在线学习驱动下的大学教育变革——国际在线教育研究报告《迎接数字大学》深度解读[J]. 现代远程教育研究，2015(5)：3—11，18.

② Arrosagaray M. V., González-Peiteado M., Pino-Juste M., et al. A comparative study of Spanish adult students' attitudes to ICT in classroom, blended and distance language learning modes [J]. Computers & Education, 2019, 134: 31－40.

③ Rasheed R. A., Kamsin A. & Abdullah N. A. B. Challenges in the online component of blended learning: A systematic review [J]. Computers & Education, 2020, 144: 103701.

④ Lima F. D. B., Laytert S. L. & Gomes A. S. Contrasting levels of student engagement in blended and non-blended learning scenarios [J]. Computers & Education, 2021, 172: 104241.

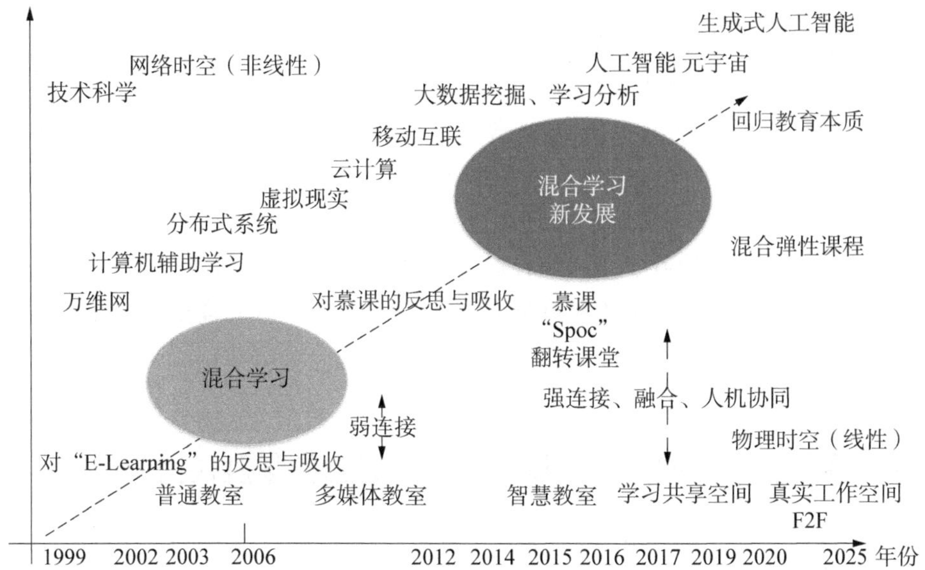

图 2-3　混合学习发展的历时性考察

上文分析了混合学习发展的两个阶段。第一个阶段主要是对"E-learning"的反思与吸收。2000 年年底,《美国教育技术白皮书》在经过全社会对"没有围墙的大学(网络学院)是否会取代有围墙的大学"这一观点进行激烈辩论后指出,"E-Learning 能很好地实现某些教育目标,但是不能代替传统的课堂教学","E-Learning 不会取代学校教育,但是会极大地改变课堂教学的目的和功能"。这为混合学习的首次兴起奠定了基础。第二个阶段主要是对慕课的反思与吸收。主要表现为对慕课学习质量(高辍学率、浅层次学习等)的反思,对开放、共享教学理念的吸收,以及移动互联网、云计算、大数据分析等网络空间技术和智慧型物理学习空间的发展,使得混合学习和混合教学迎来了新的发展。在两个空间的连接上由弱连接变为强连接,呈现虚实融合、人机协同等发展态势。

纵观混合学习的发展历程,可以发现:混合学习的两次发展均是以对在线学习问题的反思和优势的吸收为动力,呈螺旋上升之势,其核心思想是取两个世界最好的部分,这是对学习质量的追问和反思,是对教育本质的回归。人工智能等技术的发展使得"在线"的内涵极大丰富,对工业革命时代基于课堂构建的统一化封闭式教学形成倒逼和消解之势,取而代之的是在线和现场融合支持下开放式、个性化、大规模的定制学习。

在这个发展过程中，学界和实践界对混合教学的内涵和界定逐渐取得了共识，出现了一些具有代表性、广泛认可的定义，比如贝茨（Bates）将混合教学界定为“通过系统设计实现传统课堂教学与在线学习的最佳协同”①；史密斯认为混合教学是“为学习者创建一种真正高度参与的个性化的学习体验”等②。结合对混合学习历程的梳理和已有研究成果，本研究认为混合教学的价值诉求是吸收两个学习空间和两种教学方式的各自优势，实现高度融合、优势互补，为学习者创建有意义和有深度的学习体验，以达成高效、高质的学习效果。

第三节 研究起点：基于文献的混合教学胜任力特征集

一、文献回顾与统计

当前国内外直接研究混合教学胜任力的还较为鲜见。尽管混合教学能力不只是线上教学能力和线下教学能力的简单相加，但优秀的混合式教学是建立在专业的面对面教学和在线教学基础之上。因此，本研究基于已有研究成果，从这两类相关研究文献中寻求实证研究证据和支持性理论，并形成混合教学胜任力词典的初始特征集。

教学的本质是交互，格雷厄姆等③根据“学习者—人交互”和“人—学习内容交互”两个维度，以及是否有数字化技术介入，构建了混合教学交互类型矩阵，如图 2 - 4 所示。

图 2 - 4 和表 2 - 1 有助于澄清课堂教学、整合技术教学、在线教学、混合教学之间的联系与区别。很显然，混合教学整合了前三种教学模式所需的一般性教学能力。

---

① 托尼·贝茨. 数字化时代的教学：教与学设计指南[M]. 刘永权，武丽娜译. 北京：国家开放大学出版社，2016.

② D. 兰迪·加里森等. 高校教学中的混合式学习：框架、原则和指导[M]. 丁妍等译. 上海：复旦大学出版社，2019.

③ Graham, C. R., Borup J., Pulham E., & Larsen R. K - 12 blended teaching readiness: Phasel instrument development [J]. Journal of Research on Technology in Education, 2019, 51(3): 239 - 258.

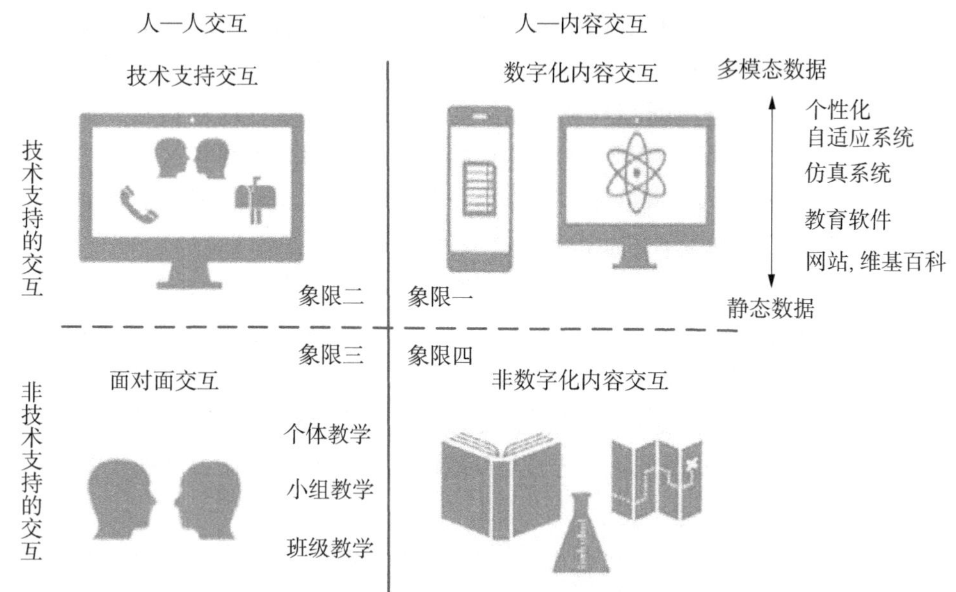

图 2-4 混合教学交互矩阵(改编自格雷厄姆,2017)

表 2-1 不同教学模式整合的一般教学能力描述

象限	能力描述	线下教学	整合技术的教学	线上教学	混合教学
象限一	具备使用数字工具和内容、处理自适应或个性化学习软件生成的实时数据能力		√	√	√
象限二	具备与学生进行在线互动或促进学生之间有意义的在线互动的技能;可以同步/异步、高保真/低保真方式进行			√	√
象限三	具备参与师生互动,以及在全班和小组活动中促进学生与学生互动的技能	√	√		√
象限四	具备使用和管理传统课堂教学材料的能力	√	√		√

在文献回顾和统计中,对线下课堂教学、整合技术教学、在线教学、混合教学能力相关文献进行了考察。在考察过程中,对文献的筛选过程遵循了以下原则:(1)契合性原则。依据混合教学定义中对线下教学部分的描述,即线下教学侧重于实施面向知识应用与迁移的合作性、互动性教学,本次统计除了一般性课堂教学能力外,主要考察和纳入了有关实施协作学习能力等方面的文献。(2)启发性

原则。尽管有些文献的研究对象不是高校,但与混合教学高度相关,是从大量混合教学实践中提炼出来的教学能力框架,对高校混合教学具有很好的启发性,也被纳入统计之列。(3)前瞻性原则。国际前沿研究,包括面向未来教育的教师胜任力、国际协会或国际组织颁布的教师标准等均被重点统计,尽管这些文件既没有将混合式教学、也没有将在线教学作为一种特定的教学模式,但在整合技术方面的标准和教师专业发展方面得到广泛应用或关注,也被纳入统计之列。

具体的文献筛选过程如下。对国内相关研究,以"教师胜任力/教学胜任力/教学能力""数字"与"胜任力""信息技术/ICT"与"胜任力"逻辑组合为关键词,检索对象为"主题",发表时间为 2000 年 1 月至 2022 年 12 月,对中国期刊全文数据库 CNKI 进行初步检索,再通过标题、关键词、摘要对内容相关性进行筛查,并结合上述三个筛查原则,最后选出与高校教师混合教学胜任力高度相关的论文共 20 篇。

对国外研究,以"teacher/teaching/digital competence/competencies"与"online learning/e-learning learning/blended learning"为检索主题词,发表时间为 2010 年 1 月至 2022 年 12 月,文献类型为"Article",对 WOS 数据库核心合集、Elsevier ScienceDirect 期刊数据库进行检索,再通过标题、关键词、摘要对内容相关性进行筛查,并结合上述三个筛查原则,最后选出与高校教师混合教学胜任力高度相关的论文 9 篇,通过滚雪球的方式获得 3 篇官方机构颁布的教师能力标准文件,共计 12 篇。

通过以上方法进行检索和筛选,共得到 32 篇代表性文献,其中基于线下课堂情境的有 10 篇,基于线上(远程)教学情境/混合教学情境的有 11 篇,与数字化教学相关的有 11 篇。其中博士学位论文 2 篇。对文献中提及的混合教学相关胜任力特征项梳理如表 2-2 所示。

表 2-2　既往文献中教师教学胜任力特征项梳理

研究者(年份)	教学情境	胜任力特征项
徐继红①(2013)	常规课堂教学能力结构模型	特质、态度、知识、技能、职业基本能力、微观教学能力、中观课程能力、宏观专业能力、设计、开发、利用、管理和评价

① 徐继红.高校教师教学能力结构模型研究[D].长春:东北师范大学,2013.

续　表

研究者(年份)	教学情境	胜任力特征项
牛端等①(2012)	常规课堂教学胜任力特征模型	创新、批判性思维、教学策略、专注、社会服务意识、逻辑分析能力、成就欲和尊重他人
严尧②(2013)	常规课堂教学胜任力	知识(学科基础知识、学科前沿发展知识、教育理论知识)、教学技能(教学设计、课堂教学、作业批改、课外辅导、教学评价、教学研究)、职业态度(热爱教学、治学严谨、诚实正直、尊重他人)、动机(自信、目标明确、社会责任感、奉献精神、创新能力、团队合作能力)
郝永林③(2015)	常规课堂教学胜任力	教学反思、教学领导力、应用新媒体技术能力、课后辅导学生、教学法知识、挑战学生学习目标、教学方法应用能力、尊重学生、表达能力、信任学生、教学认知能力、因材施教、课程更新能力
何齐宗等④(2015) 熊思鹏等⑤(2016)	高校教师教学胜任力	知识素养(教育知识、学科知识、通识知识)、教学能力(教学设计、教学实施、教学研究与改革)、职业品格(职业态度、职业情感、职业追求)、人格特质(自我特性、人际特性)
周榕⑥(2012)	远程教学胜任力	责任感、行业认知、信息素养、问题解决、团队协作、交互能力、操作性思维、自我效能、自我提升、讲授技能、学科素养、教学评价、媒体表达、课程设计、监控与支持、咨询与建议
颜正恕⑦(2015)	慕课教学胜任力模型	教学人格(责任心、自制力、诚实正直、自信心)、信息素养(信息技术与课程整合、信息技术工具使用、网络资源应用与开发)、晶体能力(慕课教育理念、教学设计和组织、教学创新、科教研、专业本体知识、慕课教学评价)、教学影响(质量关注、发展学生自学、服务意识)、教学互动(亲和力、倾听能力、表达沟通)、教学管理(团队合作、组织协调)

---

① 牛端,张敏强. 高校教师胜任力特征模型的构建与验证[J]. 心理科学,2012,35(5):1240—1246.

② 严尧. 高校教师胜任力模型的构建与初探[J]. 价值工程,2013,32(5):277—278.

③ 郝永林. 研究型大学教师教学胜任力建模——基于 41 份文本分析的理论构建[J]. 高教探索,2015(8):76—81.

④ 何齐宗,熊思鹏. 高校教师教学胜任力模型构建研究[J]. 高等教育研究,2015,36(7):60—67.

⑤ 熊思鹏,何齐宗. 高校青年教师教学胜任力的调查与思考[J]. 教育研究,2016,37(11):126—132.

⑥ 周榕. 高校教师远程教学胜任力模型构建的实证研究[J]. 电化教育研究,2012,33(11):86—92.

⑦ 颜正恕. 高校教师慕课教学胜任力模型构建研究[J]. 开放教育研究,2015,21(6):104—111.

续 表

研究者（年份）	教学情境	胜任力特征项
郝兆杰等[①]（2017）	翻转课堂教学胜任力模型	信息技术知识、信息加工能力、课程视频设计制作能力、信息化教学技能、学科专业知识教学能力、因材施教能力、教学评价能力、教学研究能力、协作能力、渊博知识、奉献精神
郭春才[②]（2012）	信息化教育环境下教师胜任力	媒介素养（设备使用、资源应用）、组织素养（人际交往、协调管理）、学习素养（个体学习、团队学习）、媒传素养（教学设计、课程整合）
崔慧丽[③]（2020）	高校青年教师教学胜任力	专业知识（教育知识、学科知识、通识性知识）、专业能力（课堂教学、教学设计与实施、教学监控与评价、教学研究与反思）、师德（爱国守法、教书育人、为人师表）、教学价值观（学生观、教学观）、教学个性特质（教学魅力特征、教学人际特征、教学内部动机、教学外部动机）
邱燕楠等[④]（2020）	双线混融教学胜任力	观念混融力（教学价值观、教学过程观、教学评价观）、方法混融力（衔接力、转化力、生成力）
廖宏建等[⑤]（2017）	SPOC 混合教学胜任力	专业知识、讲授能力、信息素养、成就动机、课程设计、评价素养、团队协作、互动维持、服务意识、质量监控、教学反思、持续改进、学习分析、混合教学策略、创新精神、灵活自适
赵忠君等[⑥]（2019）	智慧学习环境下高校教师胜任力	智慧教学意识、学教并重的教学理念、内驱型教学动机、智慧学习平台使用能力、智慧学习平台构建能力、智慧教学设计能力、个性化教学能力、智慧课堂教学能力、专业知识水平、教学效果评价能力、交流反馈及时行动能力、智慧教学缺口分析能力、智慧教学缺口弥补能力、自我效能感、自主学习能力

① 郝兆杰，潘林. 高校教师翻转课堂教学胜任力模型构建研究——兼及“人工智能＋”背景下的教学新思考[J]. 远程教育杂志，2017，35(6)：66—75.

② 郭春才. 信息化教育环境下教师胜任力研究[J]. 中国远程教育，2012(9)：65—69.

③ 崔慧丽，朱宁波. 高校教师教书育人楷模的角色类型和胜任力特征分析[J]. 当代教育科学，2020(3)：29—33.

④ 邱燕楠，李政涛. 从“在线教学胜任力”到“双线混融教学胜任力”[J]. 中国远程教育，2020，41(7)：7—15，76.

⑤ 廖宏建，张倩苇. 高校教师 SPOC 混合教学胜任力模型——基于行为事件访谈研究[J]. 开放教育研究，2017，23(5)：84—93.

⑥ 赵忠君，郑晴，张伟伟. 智慧学习环境下高校教师胜任力模型构建的实证研究[J]. 中国电化教育，2019(02)：43—50，65.

续 表

研究者(年份)	教学情境	胜任力特征项
郑旭东① (2019)	中小学教师数字胜任力	数字技术能力(工具应用、资源制作、资源管理、数字环境创设和数据素养)、数字教学能力(教学设计、教学组织、引导调节、教学评价和数字反思改进)、数字学习与创新(主动学习、教学研究、沟通协作、批判思维和数字创新创造)、数字价值与追求(技术认同、伦理道德、教学追求和数字社会服务)、基本人格特质
张艳丽② (2021)	智能教育教学胜任力模型	智能教育知识素养、教学能力(教学设计、课程讲授、组织能力、教学研究、教学评价、教学反思与教学管理等)、教师特质、职业素养(职业道德、职业态度以及职业意识等)、数字素养(信息素养、数据素养、数字内容创作、信息和通信技术(ICT)使用态度)
王晶心等③ (2022)	高校教师混合式教学胜任力	育人理念、变革意识、终身学习、混合教学情境的技术知识(BTK)、混合教学情境的教学法-内容知识(BPCK)、混合教学情境的技术-教学法知识(BTPK)、混合教学情境整合知识(BTPCK)、合作共享、教研融合
郭婉瑢等④ (2022)	“互联网+”时代混合教学胜任力	教学能力(混合式教学素养、混合式教学设计能力、混合式教学支持能力)、技术能力(技术与教学融合能力、数据思维与实践能力)、组织能力(混合式共同体建设能力、混合式教学组织与管理能力)
冯晓英⑤ (2021)	混合教学教师能力准备	教学理念、协作能力、自我发展能力、开展混合式教学的专门能力(混合式教学实施能力、混合式教学学科教学法知识)

① 郑旭东.面向我国中小学教师的数字胜任力模型构建及应用研究[D].上海:华东师范大学,2019.

② 张艳丽,张海,王以宁.高校教师智能教育教学胜任力模型的构建[J].佳木斯大学社会科学学报,2021,39(5):181—183.

③ 王晶心,王胜清,陈文广.基于TPACK的高校教师混合式教学胜任力模型研究[J].中国远程教育,2022(8):26—34.

④ 郭婉瑢,冯晓英,孙洪涛等.“互联网+”时代的教师混合式教学胜任力框架构建及指标体系研究——基于回溯定性建模法[J].现代远距离教育,2022(5):59—69.

⑤ 冯晓英,吴怡君,庞晓阳等.混合式教学改革:教师准备好了吗——教师混合式教学改革发展框架及准备度研究[J].中国电化教育,2021(1):110—117.

续 表

研究者(年份)	教学情境	胜任力特征项
范建丽等①(2022)	“大数据+”智能时代的教师“数智”胜任力	数智意识及观念、数智知识与技能、高阶数智思维能力、数智教/学应用能力、相关人格特质
坎德勒(Kaendler, 2015)②	在课堂上实施协作学习(ICLC)能力框架	专业知识、教师信念、规划能力、监控互动能力、支持互动能力、巩固小组工作能力、反思能力
奥利弗和斯托林斯(Oliver & Stallings, 2014)③	在线与混合教学能力	教学策略(混合元素与学习目标达成的契合度、差异化教学和个性化反馈、以学生为中心和协作策略、促发展社区和促进互动)、技术策略(模式与资源选择、发展技术技能支持教学法)
鲍威尔(Powell, 2014)④	iNACOL 混合式学习教师能力框架	理念(教学新视野、以变革和改进为导向)、素质(勇气、透明度、协作)、适应能力(反思、持续改进和创新、沟通)、技术能力(数据实践、教学策略、混合式学习体验管理、教学工具)
詹宁斯(Jennings, 2009)⑤	优化课堂气氛为核心的胜任力模型	情绪表达、沟通与解决问题、社会情感能力(SEC)、维护支持性师生关系、开展有效的课堂管理、实施社会情绪学习
联合国教科文组织(2018)⑥	教师 ICT 胜任力标准(ICT - CFT)	政策理解、政策运用、政策创新、基础知识、应用知识、知识社会技能、ICT 辅助教学、复杂问题解决、自我管理、应用、教导、转型、标准课堂、协作小组、学习型组织、数字素养、建立专业网络、锐意创新

① 范建丽，张新平. 大数据+智能时代的教师数智胜任力模型研究[J]. 远程教育杂志，2022，40(4)：65—74.

② Kaendler C., Wiedmann M., Rummel N., et al. Teacher competencies for the implementation of collaborative learning in the classroom: A framework and research review [J]. Educational Psychology Review, 2015, 27(3): 505 - 536.

③ Oliver K. M., Stallings D. T. Preparing teachers for emerging blended learning environments [J]. The Journal of Technology and Teacher Education, 2014, 22: 57 - 81.

④ Powell A. K., Rabbitt B., Kennedy K. iNACOL Blended Learning Teacher Competency Framework [DB/OL]. (2014 - 10) [2023 - 02] https://aurora-institute.org/resource/inacol-blended-learning-teacher-competency-framework/.

⑤ Jennings P. A., Greenberg M. T. The prosocial classroom: teacher social and emotional competence in relation to student and classroom outcomes [J]. Review of Educational Research, 2009, 79: 491 - 525.

⑥ United Nations Educational, Scientific and Cultural Drganization (UNESCO). UNESCO ICT Competency Framework for Teachers [M]. 3rd ed. Paris: UNESCO, 2018.

续　表

研究者(年份)	教学情境	胜任力特征项
国际教育技术协会（ISTE, 2017)①	教师数字素养的7个关键领域	承诺-持续的个人学习、数字领导力、数字公民、数字协作、数字学习环境设计者、有效的数字学习促进者和数字数据分析者
普勒姆和格雷厄姆(Pulham & Graham, 2018)②	K-12在线和混合式教学的通用能力	教学法、管理、评价、技术、教学设计、个人特质、改进及其他(共49项胜任力特征)
卢德维克沃斯卡(Ludwikowska, 2019)③	高等教育机构(HEIs)面向未来的教师胜任力清单(TCI)	激发学生的成就感,使用不同的教学方法提高学生的学习能力,培养学生的全球胜任能力,创造一个支持性的学习环境
艾莉（Ally, 2019)④	未来教育中数字化和在线教师胜任力(CPDT)	通用、个人特质、使用数字技术、开发数字化学习资源、整合学习资源、教学策略、评价学习、促进学习
法隆(Falloon, 2020)⑤	教师数字胜任力框架(TDC)	个人-专业胜任力(信息素养、战略性参与专业网络、持续专业学习的承诺)、个人-道德胜任力(个人安全健康与福祉,行使数字公民权,感知数字技术对人、社会和环境的影响)、个人-道德和个人-专业胜任力的整合
克里斯汀(Christine, 2017)⑥	欧洲教师数字能力框架(DigComp Edu)	专业承诺、数字化资源使用、数字化教学法、评估与反馈、赋能学习者、促进学习者数字胜任力

① International Society for Technology in Education. ISTE Standards for Educators [EB/OL]. (2018-01)[2023-02] https:/www. iste. orgresources/product? id=4027&format-Book&name=ISTE+Standards+for+Educators.

② Pulhame E., Graham C.R. Comparing K-12 online and blended teaching competencies: A literature review [J]. Distance Education, 2018,39:411-432.

③ Ludwikowsk A.K. Teacher competence inventory: An empirical study on future-oriented competences of the teaching profession in higher education in India [J]. Education+Training, 2019.

④ Ally M. Competency profile of the digital and online teacher in future education [J]. The International Review of Research in Open and Distributed Learning, 2019(20):302-318.

⑤ Falloon G. From digital literacy to digital competence: the teacher digital competency (TDC) framework [J]. Educational Technology Research and Development, 2020,68(3):2449-2472.

⑥ European Commission. European framework for the digital competence of educators: DigCompEdu [EB/OL]. (2017-10-12)[2023-03-10] https://op. europa. eu/pubication-detail/-/publication/fcc33b68-d581-11e7-a5b9-01aa75ed71a1/language-en/format-PDF/source-76732626.

续 表

研究者(年份)	教学情境	胜任力特征项
艾伦（Alan, 2022）①	可观察和可测量的通用教师胜任力框架(GTCF)	学习和教学过程、内容知识与教学、课堂管理、与利益相关者的有效沟通、职业发展与责任、评估和评价

说明：因篇幅所限，部分文献中只列出了一级或二级特征项。

对于上述 32 篇文献，从定性和定量两个方面进行了分析。

(一) 定性分析

1. 从研究发展过程来看，胜任力特征呈现了从“通用泛化”到“情境嵌入”的深入

在收集的 32 篇代表性文献中，大部分指标反映的是教师的一般性或通用性胜任力特征，但随着在线教学、混合教学、教学数字化转型的深入发展，对教师胜任力的研究凸显了“情境性”，胜任力特征项的描述得到细化，比如早期的“因材施教”特征项，在在线教学情境中明确为“教学监控”“个性化评价”“数据使用与解释”等更具体的特征。因此，若要探讨混合教学胜任力，情境是必须纳入考量的主要元素。没有对混合教学情境的理解，教师就可能不知道何时以及如何发挥知识和技能，也就可能无法在动态情境中进一步发展知识和技能。

2. 从特征项内容来看，存在重外显指标、轻内隐指标，且部分指标交叉重叠的现象

首先，大多数文献基于课堂教学能力，强调了诸如讲授能力、教学设计、教学法知识、教学方法、课堂管理等外显指标，而对教师自我概念、态度与价值观、个人特质与动机等内隐指标的关注不够；有些研究确立的特征指标并不具备可观察和可测量性，而胜任力模型中特定级别的绩效指标应该显示教师知道什么和能做什么，指标过多或过少都不宜用于有效评估教师胜任力。其次，有些指标不是高频词，但它们似乎是决定高校教师能否胜任混合教学的关键因素，如适应性、灵活与个性化、反思能力、持续改进等。这些低频指标或被偶尔提及的指标应在后续研究中加以关注和考证。最后，部分指标存在交叉重叠现象。比如信息和通信技术应用能力、信息素养、数字素养等，都可以归纳为数字技术胜任力；而教师持有的学生观、教学过程观、教学评价观、绩效观等均可以归纳为价值观；团队协

① Alan B. Determining generic teacher competencies: a measurable and observable teacher competency framework [J]. International Journal of Psychology Educational Studies, 2022, 9(02): 308 - 331.

作、合作精神等既是一种基础性的教学所需能力，也是一种个人特质，应加以区分。

（二）定量分析

由 2 名研究人员采用 0/1 编码（1 表示提及，0 表示未提及）对 32 篇文献中出现的教学胜任力特征进行频次计量统计，并依据混合教学内涵对含义相近的条目进行归纳合并。从频次统计结果来看，总共获得 40 项出现频率高于 4 的胜任力特征。

经典的胜任力冰山模型或洋葱模型根据胜任特征可被观察和衡量的特点，将其分为外显特征和隐性特征。外显特征包含知识与技能，具体分为学科专业知识、教学法知识、整合技术的教学策略知识、教学专业能力、教学组织与管理能力、技术能力等 6 类，它们属于看得见的表层特征，易于习得、发现和改变。隐性特征包括自我概念、个人特质与动机等，它们属于不易被感知和改变的深层次特征，却对外显行为起着决定作用，是区分优秀绩效和普通绩效的潜在关键因素。

根据胜任力的冰山模型，将这 40 项胜任力特征按照知识与技能、自我概念、个人特质与动机分为三类，如图 2-5 所示，图中每项特征旁的数字为统计频次。

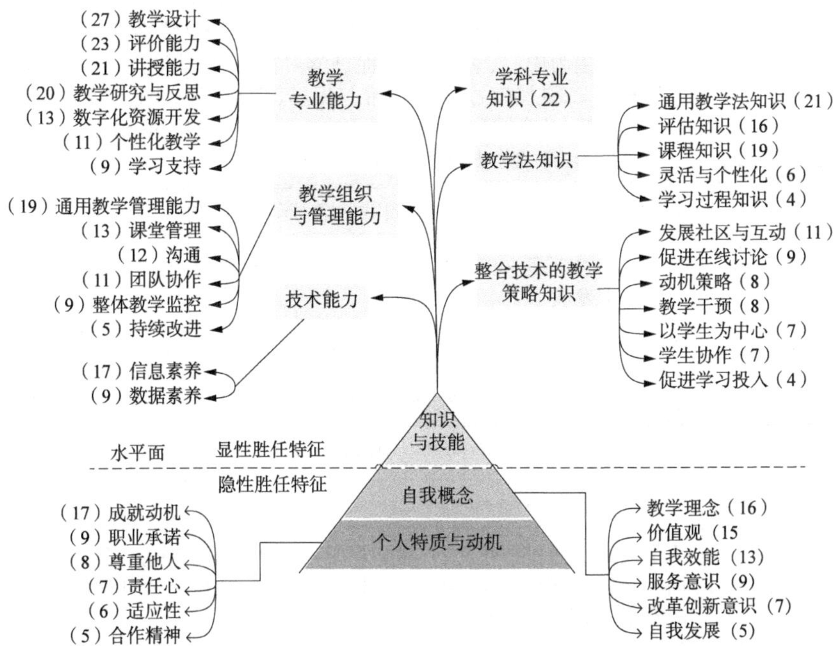

图 2-5 既往研究中混合教学相关胜任力特征的统计

二、胜任力词典初始特征集

(一) 基于文献分析的词典初编

综合上述定性和定量分析的结果,作者基于上述40项高频特征,进一步将同类特征合并(比如将信息素养和数据素养合并为数字素养,将促进在线讨论并入发展社区与互动),得到38项特征,建立了共计38个特征项的混合教学教师胜任力初始词典(Teacher Competence for Blended Teaching, TCBT),并依据混合教学情境,对词典中的每一项特征条目及等级参照已有文献进行了初步定义和描述,以便于理解和判断。该词典是本研究中胜任力模型构建的一个起点,但最终的胜任力特征集合、内涵、等级描述等并不受制于此。基于文献分析的混合教学胜任力词典编制示例如表2-3所示。

表2-3 基于文献分析的混合教学胜任力词典示例

<table>
<tr><td rowspan="6">混合教学胜任力</td><td rowspan="6">38项</td><td>知识与技能</td></tr>
<tr><td>学科知识、通用教学法知识、灵活与个性化、评估知识、课程知识、学习过程知识,发展社区与互动、动机策略、教学干预、以学生为中心、学生协作、促进学习投入,教学设计、数字化资源开发、讲授能力、教学研究与反思、评价素养、个性化教学、学习支持,课堂管理、整体教学监控、沟通、团队协作、通用教学管理能力、持续改进,数字素养</td></tr>
<tr><td>自我概念、态度与价值观</td></tr>
<tr><td>教学理念、价值观、自我效能、服务意识、改革创新意识、自我发展</td></tr>
<tr><td>特质与动机</td></tr>
<tr><td>成就动机、职业承诺、尊重他人、责任心、适应性、合作精神</td></tr>
<tr><td colspan="3">胜任力词典说明(示例)</td></tr>
<tr><td>胜任力特征名称</td><td colspan="2">17. 评价素养(Assessment Literacy, AL)</td></tr>
<tr><td>定义</td><td colspan="2">为了促进学习和自身发展,对学习活动及效果进行客观、公平、准确、全面、及时的评价,并就是否实现目标进行判断和反馈的过程中体现出来的意识、知识、能力等。</td></tr>
</table>

续 表

等级	等级定义与行为描述
等级 1(G1)	使学习者清楚学习目标,能理解、设计和运用形成性评价和总结性评价方法
等级 2(G2)	能分析线上线下各教学环节中量化和非量化的学习行为及结果数据,并对分析结果做出描述性的阐释
等级 3(G3)	交流与运用评价结果,向学习者提供及时、准确、富有建设性的反馈,并能为学习者提供差异化的评价和诊断,促进个性化学习
等级 4(G4)	践行“以评为学”理念,让学习者积极参与评价过程,使其反思自身的学习,使评价主体多元化,鼓励和监管同伴互评

(二) 不同教学情境下能力类型占比分析

混合教学并非线上与线下的简单组合,混合教学胜任力也绝非只是线下和线上教学能力的简单组合。巴伯(Barbour)等人①指出,现有的在线教学和面对面教学技能的重叠大多是表面的,深入研究表明,有效使用每种教学模式所需的许多技能是不同的。混合教学整合了这两种模式,更是如此。为此,笔者对上述基于文献构建的词典初稿进行了分析,具体分析每种胜任力特征所适用的教学情境,以此勾勒胜任力特征的分布情况。

参照本节图 2-4,创建了 4 个互斥代码来描述四种教学情境所需的能力类别,即使用 GE、OL/DL、F2F、BL 分别对应(a)通用教学、(b)在线/数字教学、(c)课堂教学,以及(d)混合教学所需的能力类别。

最初,两名编码者对胜任力词典初稿中的每项特征项编码为四个类别之一,编码者之间的一致性为 76%;对于有争议或不同意见的特征项,再回到该特征项所在原始文献上下文进行重新讨论,直到最终达成 100%的一致。四类教学情境所需的能力描述、统计结果如表 2-4 所示。

① Barbour M. K., Siko J. P., Gross E. A., & Waddell K. Virtually unprepared: Examining the preparation of K-12 online teachers [EB/OL]. (2014-12-05)[2023-03-09] https://www.igi-global.com/gateway/chapter/88148.

表 2-4 胜任力词典初稿中胜任特征分布统计

教学情境代码	定义	占比
通用教学(GE)	本类别中的能力可适用于任何模式的教学：在线教学、面对面教学或混合式教学(例如讲授能力、专业知识、通用教学法知识等)	46%
在线/数字教学(OL/DL)	本类别中的能力是针对在线环境或纯粹的数字技能(例如发展社区和促进互动、数字化资源开发等)	31%
课堂教学(F2F)	本类别的能力是专门针对现场环境的(例如课堂管理、使用课堂交互工具等)	9%
混合教学(BL)	本类别包括将现场和在线部分整合在一起的能力(例如，在线模式下使用互评和讨论板，同时在课堂现场模式下开展小组学习，以促进学生协作)	14%

统计结果表明，专门针对混合教学的胜任力特征只约占 14%，这说明了基于文献统计的胜任力词典初稿，未能有效地、较全面地挖掘和呈现混合教学所需的胜任力特征。

混合教学胜任力不仅包括对在线教学和线下教学各自能力的掌握，更体现在分别来自线上教学和线下教学的各种教学混合融通的能力，是实现“1+1>2”的能力，诸如邱燕楠等①学者将其具体描述为线上与线下教学之间的衔接力、转化力与生成力等。

因此，基于文献统计构建的混合教学胜任力词典初稿更偏向于一种通用教学能力，通用能力并不能为我们设计混合式教学的专业发展提供足够具体的指导。例如，在面对面环境中促进全班讨论所需的技能非常多，但它们不同于促进在线异步讨论的技能，也不同于将异步讨论与面对面讨论结合起来的技能。这要求本研究必须针对混合教学情境下的独特教学需求进一步开发更加具体的、情境化的胜任力模型，为混合教学教师的专业发展提供更适切的、具体的指导框架。接下来，本书分别从教育叙事研究和基于数据循证研究两个视角和两条行动路线，去分析、挖掘和呈现混合教学胜任力的深层次特征。

---

① 邱燕楠，李政涛. 从“在线教学胜任力”到“双线混融教学胜任力”[J]. 中国远程教育，2020，41(7)：7—15，76.

第四节 研究述评与启示

对教学胜任力和混合学习的文献梳理，对进一步深入研究混合教学胜任力发展具有以下几个方面的启示。

（一）混合教学价值诉求为胜任力模型构建奠定了基础

从对“E-Learning”的反思与吸收，到对慕课的反思与吸收，混合学习的发展境遇看似不同，实则具有一致性，都是在技术向教学不断深入渗透和融合的进程中，对学习质量的追问和反思，是对教育本质的求索与回归；混合学习的概念和内涵呈螺旋式上升发展，其核心思想是获取在线与非在线学习最好的部分，兼具物理时空的线性特征与网络时空的非线性特征，实现优势互补；其价值诉求是实现“1＋1＞2”；其本质更为逼近信息化时代学习的核心所在，即创造深层次和有意义的学习体验。明晰价值诉求有利于界定清晰、可量化的混合教学绩效，而优质教学绩效是胜任力模型构建的核心标准之一。

（二）混合学习的发展需要更丰富的混合教学理论支撑

随着云计算、物联网、移动互联、大数据挖掘与学习分析、人工智能等新一代信息技术不断向教育领域渗透，混合学习内涵和外延得到了极大丰富和扩充，尽管国内外学者在不同阶段从不同角度阐述了混合学习的定义、目标与价值，但混合学习作为一个相对年轻但快速发展的研究领域，尚未形成相对成熟的理论体系来有机整合实体和虚拟环境下的学习活动，而是继续过度地依赖在线学习理念，基于在线学习理论设计混合教学模式。对在线学习理论的依赖，在一定程度上造成了现有研究聚焦于学习者视角，但也在一定程度上忽略了教师对混合学习效果可见影响的研究。混合式教学是混合学习的本土化概念，因此混合学习常常与混合教学交叉使用，这也在一定程度上削弱了混合教学研究的独立性。已有大量研究表明，教学实践而非技术工具才是混合教学成功的决定性变量，而目前对混合教学理论的研究还相对落后。本研究期望通过在真实的混合教学实践中设计和构建教师混合教学胜任力模型，试图从混合教学能力发展的角度去丰富混合教学理论。

(三)教师成功应对混合教学挑战所需的能力结构的研究还相对缺乏

从有效混合教学的影响因素、面临挑战等视角来看,教师作为混合学习的实施者和组织者,在混合教学环境设计、技术运用、课程活动设计、在线课程教学与校园课堂面授教学结合的互动等诸多环节,对有效混合学习起到关键作用。现有研究或偏重于高校教师的通用性胜任力模型构建,或从数字化时代的宏观背景描述了教学能力标准框架,这些成果为教师混合教学能力勾勒了草图和方向;但对于教师作为研究者的实践、教师的作用机理、教师成功开展混合教学所具备的核心能力等方面的系统性研究还非常不足,这种不足表现为:其一,对教学数字化转型背景下成功开展混合教学的第二个标准——职业幸福感关注甚少;其二,对以质量为导向的认知能力特征关注居多,而对影响职业幸福感的非认知特征关注甚少。混合学习在提升教学质量方面的张力已经在实践中得到彰显,开展与之相适应的教师能力素养结构研究,尤其是从教学过程的微观视角来研究胜任力模型显得非常必要。相比课堂教学、在线教学而言,关于混合教学教师的优秀做法的研究及在发现、提炼和推广上所做的努力还远远不够,尤其是针对我国高校课堂教学文化环境的创新性的本土研究还很少。

(四)需要进一步结合混合教学情境,创新教学胜任力模型构建的方法

目前教学胜任力模型构建过于倚重行为事件访谈法。该方法是一种以教育叙事为主的质性研究方法,其局限在于研究者在对访谈文本理解、编码等过程中不可避免地存在主观判断,且对访谈者的故事讲述能力、编码者的编码公信力等要求较高。混合教学作为一种技术增强的学习环境,在教与学过程中记录和沉淀了大量的行为日志数据,为基于学习分析的胜任力模型构建提供了新的视角和有力工具。具体可以从师生互动行为数据中挖掘对有效学习行为产生影响的关键教学行为,并提炼这些行为特征来补充和丰富胜任力模型。此外,基于数据的量化研究,可以进一步探究胜任力特征和行为对有效学习的影响机制和效应值,弥补行为事件访谈法的不足,促进胜任力研究范式从经验走向科学、从教育叙事走向实证逻辑。但目前利用学习分析的方法构建胜任力模型的研究还很鲜见。

(五)亟须发展有效的胜任力发展模式,实现从"胜任力"到"胜任感"的转化

构建混合教学胜任力模型的价值在于发展教师胜任力,而胜任力发展是一

个复杂的学习和实践过程，具有情境性、亲历性、默会性、迁移性、转化性等特征，并非一系列简单技能的习得，需要研究有效的胜任力发展模式来实现这一学习过程。目前大量教学胜任力研究多聚焦于胜任力的结构建模和评估应用，对如何基于已构建的胜任力模型来发展教师能力的相关研究少之又少。目前在医学教育、职业教育等领域陆续开展了基于胜任力模型的师资发展项目，并取得了一些成果，可为进一步设计和开发具有一定普适性的、适合高校混合教学情境的胜任力发展模式提供参考；但胜任力模型如何转化为复杂学习任务、如何实现胜任力特征的迁移和转化、如何进行情境化评估等，仍是亟待解决的问题。

总而言之，一方面，混合教学情境在技术和理论驱动下不断走向复杂、灵活、智能，教师成功实施有效混合教学的核心要素、行为特征、标准框架在不断重构和发展，胜任力理论为此提供了新的研究视角、具体可行的研究方法。通过对混合教学胜任力特征的识别与构建，使得在混合教学情境中教师对深度学习的影响变得可见，有助于真正打开混合学习的暗箱，推动学习从“暗箱隐喻”转向“靶向隐喻”。另一方面，设计和开发基于胜任力模型的教学能力发展模式，强调胜任力发展的情境性、复杂性、实践性，承认教师学习经历的主体性和过程动态变化性，有利于破除工业社会技术理性视角下的“缺陷—培训—掌握”式发展，推动“教师专业发展”向“教师持续专业学习与发展”(Continuing Professional Learning and Development, CPLD)的理念转变。

混合教学胜任力模型构建：教育叙事研究

本章基于教育叙事研究视角，围绕研究问题一"教师混合教学胜任力是什么"下的子问题一"混合教学胜任力的关键特征是什么，如何构建胜任力模型"展开研究。首先厘定了混合教学胜任力内涵和模型构建的理论依据，识别了混合教学成功的两个核心标准；其次，通过行为事件访谈法和开放性编码萃取混合教学胜任因子，构建初步胜任力模型；最后，根据访谈线索，针对混合教学作为一种"数字劳动"给教师带来技术负担及治理现象，基于资源保护理论，使用类型学方法识别了混合教学教师应对挑战的四种自我调节类型，并论述了将其作为一种重要的非认知类胜任特征的必要性和合理性。

第一节 混合教学胜任力模型理论与设计

一、混合教学胜任力内涵

（一）混合教学胜任力概念

混合教学胜任力是指决定优质教学质量和教师职业幸福感的稳定特征，包括三个方面的含义：深层次特征、因果关系和效标参考。其一，深层次特征是指个体潜在的特征，能保持相当长一段时间，并能预示教师个体在混合教学工作任务中的行为或思考方式，包含深层的动机、特质、自我概念、态度或价值观及表层的知识和技能。其二，因果关系指胜任力能引起或预测行为和绩效。一般说来，动机、特质、自我概念、知识和技能等能够预测行为反应方式，而行为反应方式又会影响工作绩效和职业幸福感。其三，效标参考是指混合教学胜任力能够按照某一标准,预测效标群体的工作优劣,效标参考是胜任力定义中一个非常关键的内容。一项胜任力特征如果不能预测有效或卓越表现,则不能被纳入胜任力模型。

(二) 混合教学胜任力特征分析

1. 情境性

胜任力是个体特征(包含知识、技能)与事实的恰当结合而产生的,同时也发生在对情境的理解当中。若要探讨教学胜任力,教学情境是必须要纳入考虑的重要因素。没有对混合教学情境的理解,教师不仅可能不知道如何发挥他们的知识和技能,而且也可能无法进一步发展知识和技能以适应情境变化。

2. 综合性

从胜任力的本质来看,混合教学教师胜任力的本质是个体潜在深层次特征的组合。该组合不仅包括知识、技能等显性部分,还包括动机、态度、自我概念等内隐部分。这种组合不是某一项能力或素养的独立体现,而是一个综合体。

3. 区分性

混合教学胜任力是与有效和卓越表现有因果关系的个体潜在特征,具有区分绩优者和绩平者的作用;混合教学深入发展逐渐出现了岗位和角色细化分工,比如主讲教师、辅导教师岗位序列等,不同岗位角色的胜任力是有差异的。这些都体现出胜任力的区分性。

4. 可量化

教学胜任力的外显成分知识、技能等,一般可以通过学术测试来测量其程度大小或水平高低。内隐成分如态度、情感、动机等,虽然难以用一般测验或考试方式准确客观地呈现其程度,但可以通过心理学问卷、情境访谈、跟踪观察等方式对其进行分级量化。

5. 可学性、可塑性

胜任力与工作情境、岗位要求、组织环境等相关联,具有情境性和发展性,可以通过后天教育学习获得。同时胜任力是动态发展的,具有较强的可塑性。

二、模型构建的理论依据

(一) 胜任力理论

胜任力在理论构建上是由诸多要素全面整合而成的一个复杂系统,包括智力、认知技能、领域知识和策略、动机倾向、社会行为等,这个系统共同明确了满足某一特定专业职位要求的前提条件,具有与情境的动态耦合性。胜任力理论为本研究提供了研究思路和方法。其一,提供模型构建依据。混合教学胜任力情境模型描述了教学胜任力是个人素质特征、岗位要求、组织环境三者的交集,具有情境性和动态性,只有当某种能力特征与教师的专业行为,特别是成功教学之间存在经验性联系时,将该能力特征纳入胜任力模型才是合理的。其二,提供方法论指导,比如行为事件访谈法、模型内部验证法等可以为本研究提供基础性方法。但是不同方法各有利弊,需要结合混合教学情境、研究周期、客观条件等进行选择和优化。

(二)"TPACK"理论

整合技术的学科教学知识(Technological Pedagogical Content Knowledge, TPACK)理论框架包含三个核心要素,即学科内容知识(CK)、教学法知识(PK)和技术知识(TK),以及四个复合要素。该理论框架强调教师对信息技术的普遍使用转向对技术、内容、教学三者融合关系的理解和灵活教学决策能力的形成,以应用于各种复杂、综合的具体境脉。[①] 目前基于"TPACK"的混合教学能力构建研究还缺乏具体案例。虽然"TPACK"及相关评价量表是西方学者基于西方样本在西方社会文化背景下发展出来的,但其有关技术与教学融合的思想,为我们开展本土混合教学胜任力研究提供了理论指导。

(三)"COI"理论

探究社区(Community of Inquiry, COI)强调协作建构学习与批判性反思对话来实施教学,通过发展"教学存在""社会存在""认知存在"三个相互依存的要素,创建有意义和深层次的学习体验。[②] 近年来"COI"理论和框架不断得到发展和丰富,为在线学习和混合学习研究提供了独特的视角和方法。混合教学的价值诉求即在于为学习者提供深度学习体验。本研究基于混合教学情境扩展"COI",并将其作为有效混合教学的表征性框架。

---

① Herring, M.C., Koehler, M.J., & Mishra, P. Handbook of Technological Pedagogical Content Knowledge (TPACK) for Educators [M] (2nd edition). New York: Routledge, 2016.

② Akyol Z., Garrison D.R. The development of a community of inquiry over time in an online course: understanding the progression and integration of social, cognitive and teaching presence [J]. Journal of Asynchronous Learning Networks, 2008, 12:3-22.

三、混合教学成功的两个核心标准及识别

混合教学并非线上与线下的简单叠加,而是一种更加复杂灵活的学习环境下技术与教学的融合性创新。在这一语境下,“什么是成功的混合教学”这一问题进一步得到关注,并成为构建混合教学胜任力模型的前置问题。

学界对“成功”的混合教学开展了系列研究,总体而言,大致可以分为两大类。第一类是以教学质量为导向,把学生成绩、个性发展等作为结果变量,主要强调评估与课堂和学生相关的结果。第二类是以教师职业幸福感为导向,着重关注教师的健康和情感幸福、工作满意度,以及长期保持的绩效水平。当前对混合教学成功的研究主要集中在第一类,第二类研究较少受到关注和重视。尽管组织心理学已将职业幸福感确立为成功教学实践的第二个标准[①],但在教师能力模型中较少被考虑。事实上,混合学习作为一种技术增强的灵活性学习方式,给教师带来了因工作量陡增、支持有限、缺乏信心和经验等而导致的工作压力大幅上升等问题和挑战[②]。这些问题可能会导致职业倦怠,甚至削减职业奉献等,进而影响身心健康和教学绩效。

因此,本研究认为混合教学成功所需的能力是一个多维结构,既包括影响教学质量的专业知识等认知特征,也应该包括影响职业幸福感的非认知特征。在考量混合教学成功的标准时,应将教育学关注教学质量的研究传统和组织心理学关注职业幸福的研究传统同时纳入对成功教师的研究。这一考量有利于构建囊括认知和非认知特征的更全面的胜任力模型,从而超越了教师胜任力囿于认知特征(如教学知识、学科知识等专业知识、信念等)构建的传统,有利于改变目前倚重培养教师教学技能的局面,提倡在教学的社会和情感方面重视教师专业发展。

(一) 标准之一:混合教学质量

教学质量一直是评价成功教师的核心标准。围绕教学质量,混合教学的价

---

① Kunter M., Baumert J., Blum W., et al. Cognitive activation in the mathematics classroom and professional competence of teachers: results from the COACTIV Project [M]//Andrea P., Patricia W. Mathematics Teacher Education. New York: Springer, 2013.

② Zhao S., Song J. What kind of support do teachers really need in a blended learning context? [J]. Australasian Journal of Educational Technology, 2021, 37(4): 116 - 129. Antwi-Boampong A. Towards a faculty blended learning adoption model for higher education [J]. Education and Information Technologies, 2020, 25(3): 1639 - 1662.

值诉求是，通过系统设计实现传统课堂教学与在线学习的最佳协同为学生创建一种真正高度参与的个性化的学习体验，以达成高效、高质的学习效果。研究者团队梳理了国内外关于混合教学质量的分析或评价模型，从中归纳整合了影响混合教学质量（或有效混合教学）的三个核心维度及十二个教师行为特征。三个维度是：(1)通过线上线下活动设计和任务编排向学生提供认知挑战的程度；(2)通过监测学习过程、个人反馈和适应性教学提供学习支持的程度；(3)通过组织和管理学习过程（课程）提供良好学习节奏的程度。基于以上三个维度，成功的混合教学行为特征有：(1)同步异步协同的课程设计与组织；(2)最大限度地促进学习投入；(3)明确阐述课程结构、目标、同步异步模式的期望；(4)设置有挑战性的任务；(5)持续监测学习过程；(6)提供适时适当的反馈；(7)以清晰和结构良好的方式呈现信息；(8)促进参与有意义和复杂的讨论；(9)促进实践和应用；(10)教授混合学习策略；(11)维持探究并使其走向问题解决；(12)提供一个支持与信任的学习环境，形成社区凝聚力。近些年发表的相关研究表明，使用不同的调查方法和样本，许多个人教学特征都可以被归入上述三个核心维度，由此促进了对混合教学质量的系统研究。

然而，为了对混合教学质量进行表征或评价，需要一个简明的描述性模型，使教学实践的全部复杂性能够在模型的基本维度上得到描述。探究社区理论模型①发展相互依存的教学存在、认知存在、社会存在三要素，内核指向有意义、有深度的学习体验的创建，较好地契合了混合教学的价值诉求，已成为混合教学的研究范式。创建有意义、有深度的学习体验需遵循的主要原则，包括支持反思对话激活认知、持续有效的学习支持、组织管理学习等，均与上述影响混合教学质量的三个核心维度吻合。探究社区测量工具能检验学习者所感知的教学、认知、社会存在强度，只有学习者在感知的三种存在都比较高时，才会达到有意义的、有深度的学习体验。有意义、有深度的学习体验无疑是教师教学行为结果的表征，能间接反映学生所感知的教学质量。

（二）标准之二：职业幸福感

职业幸福感可以被定义为“对一个人工作的各个方面的积极评价，包括情

---

① Akyol Z., Garrison D.R. The development of a community of inquiry over time in an online course: understanding the progression and integration of social, cognitive and teaching presence [J]. Journal of Asynchronous Learning Networks, 2008, 12: 3 - 22.

感、动机、行为、认知和身心方面”①。压力、倦怠和低工作满意度等是职业幸福感的重要表征。将职业幸福感作为教师职业成功的标准尤为重要，因为对教师健康的研究表明，远不是所有的教师都能成功地应对他们的职业要求。②

混合教学作为一种技术融合的新教学范式，大幅增加了教师的工作量、工作压力和职业挑战度。教师只有对混合教学设计、混合教学实施、混合式学科教学法知识等方面做足了准备才能应对混合教学的挑战。③ 有研究表明，由于这方面的准备不足或缺乏能力与信心，混合教学客观上加重了教师的工作负担；相比常规教学，教师在混合教学课程设计上所花的精力比以往更多，备课压力也更大。在混合教学中，教师需要熟悉更多的学习平台，处理和组织更丰富宽泛的教学资源，掌握各类工具与学生随时随地互动和答疑，评价更多数字化形态的学生作品等。教师除了承担为掌握上述新技术、新技能而不断增加工作时间的“显性负担”，还需要承担花费更多的精力来探索技术本身蕴含的教学新范式的“隐性负担”，比如线上线下最佳协同的学习设计重构、基于数据分析的学习内容定制和学习体验的个性化组织、增加学习投入从而促进深度学习的支持策略等。“隐性负担”是教师面临的更大的挑战，也是更深的负担之源。教师如果不能很好地应对这种挑战，就必然要“自觉地”承担“不愿增加”的工作负担，从而遭受教育劳动的“异化”④，导致工作压力增加、工作满意度降低、情绪耗竭，甚至工作倦怠，最终影响教师的职业幸福感。因此，混合教学教师的职业幸福感理应得到更多的关注和研究，它是教师教学可持续发展的重要保障和不竭源泉。

职业幸福感的识别，当前主要从工作倦怠和工作满意度等方面来测量，并形成了成熟的测量和评价工具。工作倦怠一般包括情绪耗竭、工作疏离与无效能感等维度，其中“情绪耗竭”表示教师情绪耗竭程度、身心疲惫程度及压力大小。“工作疏离”表示教师对工作的热心程度，对工作意义的关心程度。“无效能感”

---

① Van Horn J., Taris T.W., Shaufeli W. B., et al. The structure of occupational well-being: a study among Dutch teachers [J]. Journal of Occupational and Organizational Psychology, 2004, 77(3): 365 - 375.

② Hascher T., Waber J. Teacher well-being: A systematic review of the research literature from the year 2000 - 2019 [J]. Educational Research Review, 2021, 34: 100411.

③ 冯晓英，吴怡君，庞晓阳等. 混合式教学改革：教师准备好了吗——教师混合式教学改革发展框架及准备度研究[J]. 中国电化教育，2021(1)：110—117.

④ 赵健. 技术时代的教师负担：理解教育数字化转型的一个新视角[J]. 教育研究，2021，42(11)：151—159. 柳海民，郑星媛. 教师职业幸福感：基本构成、现实困境和提升策略[J]. 现代教育管理，2021，378(9)：74—80.

表示教师对自己工作能力的评价、对于自己能够完成工作的期待程度等。工作满意度主要表示教师在教学实践中的自尊自重、成长与发展、受重视程度、独立思考与行动、工作保障、工作待遇、合作关系、工作贡献等因素。在本研究的行为事件访谈法(BEI)和学习分析(LA)部分,也主要以此为依据来识别混合教学教师的职业幸福感。

四、混合教学胜任力模型设计

构建混合教学胜任力模型的目的在于明确混合教学教师胜任力内涵、胜任力特征、胜任等级、行为描述等,为教师胜任力的评价与发展构建坚实的理论基础,在实践中提供指导框架。本研究中混合教学胜任力模型的设计包括结构设计和内容设计。

(一)结构设计

随着教育数字化转型和发展的不断深入,数字化教学工作领域得到了细分,与教学相关的新型角色也在不断增加,这些角色在不同程度上承担着不同的责任,具有不同的专业性和不稳定性,并与学生有着不同的接触,例如教育规划师、教学设计师、学习评价师、课程辅导人员等,而且这些不同的角色所需要的胜任力也具有差异。为构建适应不同岗位序列的胜任力模型,需要考虑模型的结构设计。

混合教学作为一种数字技术增强的新型教学方式,也正在改变传统课堂教学中教师单打独斗的局面。团队开课,甚至跨校协作开课现象日益增多且成为新常态。在学术研究中,团队协作开课也得到了关注,廖宏建等[①]通过对粤港澳大湾区高校的实地调查和访谈研究了高校混合教学就绪指数,提出"混合教学团队化程度(主讲、助讲、助教)、跨校混合教学团队建设"是反映高校混合教学文化的重要指标内容。对混合教学团队建设的关注体现了对团队中不同岗位序列的重视,比如主讲教师序列、辅导教师序列、课程负责人序列等。混合教学部分过程具有时空分离的特点,这对学生的自律能力、自我调节学习、共享调节学习方法的掌握提出了更高的要求,这个过程特别需要来自课程辅导团队的学习过程的支持。课程辅导团队在混合教学过程中的重要作用和地位日益凸显,并得到重视。

① 廖宏建,张倩苇.高校混合教学就绪指数构建与评估应用[J].电化教育研究,2019,40(3):59—67.

因而，在胜任力模型的结构设计上，本研究同时考虑和纳入主讲教师岗位序列和辅导教师岗位序列，并假设它们具有相同以及不同的胜任力结构。结构设计如图 3-1 所示。

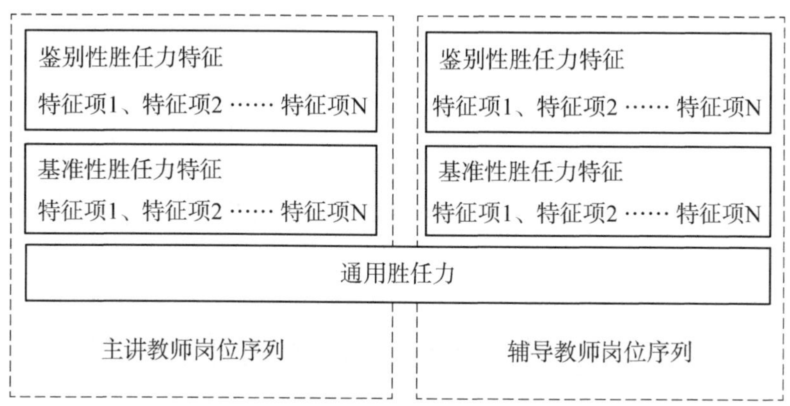

图 3-1　混合教学胜任力模型的结构设计

混合教学对主讲教师和辅导教师所要求的胜任力中存在基础性的、相同的部分，即为通用胜任力。在主讲教师岗位序列中，又存在两大类别，一类是基准性胜任力特征，即主讲教师共有的胜任力特征，是对主讲教师的基本性要求；一类是鉴别性胜任力特征，即能鉴别成功主讲教师（优秀绩效和高职业幸福感）和一般主讲教师的胜任力特征。同样地，在辅导教师岗位序列中，也存在基准性和鉴别性两大类胜任力特征。

（二）内容设计

混合教学胜任力模型内容设计是对结构设计中的胜任力特征所包含的内容进行厘定，确定内容框架。内容设计具体包括胜任力词典和模型可视化设计，如图 3-2 所示。胜任力词典包括胜任力特征项集合、名称、定义、行为等级描述（从低到高依次分为四级：探索、发展、专业、卓越）。胜任力模型可视化是为了清晰理解教师胜任力与混合教学核心价值的关系，基于胜任力词典，从逻辑结构组合、发展路径、混合教学价值诉求三个维度对模型的逻辑关系进行可视化设计。

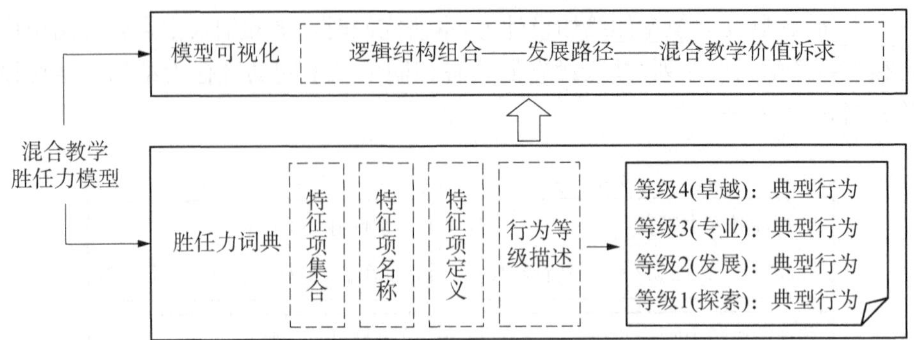

图 3-2 混合教学胜任力模型内容设计

第二节 基于行为事件访谈法的胜任力特征萃取

一、行为事件访谈法及其改进

如前文所述,胜任力反映了优异者个人潜在的、深层次的特征,具有关联特定工作的情境性、动态性。鉴于胜任力及教学本身的复杂性,本研究中混合教学胜任力的识别主要采用基于工作情境的行为事件访谈法(Behavior Event Interview, BEI)。"BEI"法是一种开放式的行为回顾式探查技术,它假设被访问者经历的一些关键事件会准确地反映他们的胜任能力。① "BEI"法对实践性强的教师具有很好的适切性,可以在较短时间内,通过情境化的语言描述和可观察的行为,较全面深入地揭示出教师拥有的潜在特质,并通过量化统计得到具有稳定性的结论,是构建教学胜任力模型的有效方法。这种方法在真实具体的教学行为中抽取、描述和界定胜任力特征,对指导设计教师培训活动具有较强的绩效导向性。

"BEI"法的一般性操作流程包括确定绩效标准、选择效标样本、获取效标样本有关的数据资料、分析资料并建立胜任力特征模型、模型验证等步骤。李永瑞等②认为要保证"BEI"法的科学性,必须同时满足三个条件:有足够的代表性样

① McCleliand, David C. Identifying competencies with behavioral-event interviews [J]. Psychological Science (Wiley-Blackwell), 1998, 9:331-339.

② 李永瑞,葛爽,王蔺茜. BEI 建构胜任力模型的局限性与改进措施[J]. 中国人力资源开发,2014(24):44—49.

本；访谈样本有故事且能讲故事；建模人员在建模经验上有公信力。并通过对已有“BEI”相关实证研究文献进行统计发现，大多数研究难以同时满足上述三个条件。为此，本研究从以下四个方面对“BEI”法进行改进、优化或补充：(1)借鉴文献中已公认的通用胜任力条目，将访谈重点转向挖掘通用胜任力之外的深层次胜任力特征，并通过二次访谈、阅读受访者附属资料（教案、反思日记、论文等）挖掘样本价值贡献，弥补样本量少或样本讲不好故事之不足。(2)在访谈基础上，引入基于数据的教学行为分析法，在叙事逻辑的基础上借以实证逻辑，实现对胜任力特征数据的补充和相互佐证。(3)实施严格的质量控制，比如制定访谈者使用的访谈提纲，使得访谈者在面对级别高、资深型教师时克服“心理级差”，确保访谈质量等。(4)整合专家经验和力量完善混合教学胜任力模型，以提高建模公信力。

综上，本研究实施的混合教学胜任力模型构建操作流程如图 3 - 3 所示，虚线方框内容为改进和优化部分。

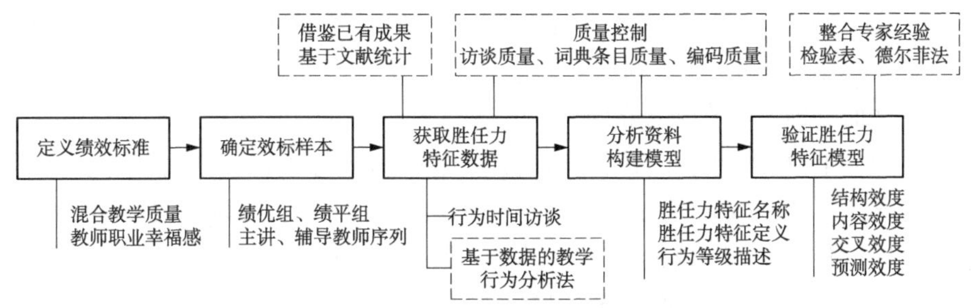

图 3 - 3　基于“BEI”的胜任力模型构建操作流程

二、效标样本选择

（一）访谈样本

本研究的访谈样本由来自全国不同地区、不同本科院校的 33 位混合教学教师组成。依据本章第一节中混合教学胜任力模型的结构设计，样本按照教学绩效标准分为绩优组和绩平组两个组别，按岗位序列分为主讲教师和辅导教师两个类别。样本具体情况如表 3 - 1 所示。虽然不可能先验地组成一个具有高胜任力的混合教学教师群体，因为没有评判标准，但基于表 3 - 1 中绩优组选择标准所确定的样本可被视为此类群体的最佳代表。

表 3-1　绩优组和绩平组样本选取标准

<table>
<tr><th rowspan="2">组别</th><th rowspan="2">选择标准</th><th colspan="4">样本数量</th></tr>
<tr><th>主讲教师</th><th>辅导教师</th><th>小计</th><th>合计</th></tr>
<tr><td>绩优组</td><td>开展混合教学 5 年以上,且符合以下任何一条:(1)是国家级一流本科课程(混合式课程)的团队成员,或省级一流课程(混合式课程)的负责人、主讲教师;(2)在全国混合式教学各类大赛中获奖;(3)省级以上教学名师</td><td>11</td><td>6</td><td>17</td><td rowspan="2">33</td></tr>
<tr><td>绩平组</td><td>开展混合教学 1 年以上,且不符合绩优组的任一条件</td><td>11</td><td>5</td><td>16</td></tr>
</table>

在考虑样本来自不同学校、地区、学科的同时,也兼顾选择了一部分(约 15%)与研究者同一单位,或者具有直接或间接合作关系的访谈对象,这有助于本研究获取相对丰富、翔实的研究数据,这也契合了扎根理论注重目标对象的信息丰富度而非样本数量大小的原则。

访谈样本概况:33 位受访教师来自全国 16 所高等本科院校,院校类型涉及"985 高校"(4 所)、"211 高校"(5 所)、"省属院校"(3 所)、"市属院校"(3 所)、"开放大学"(1 所);省市区域覆盖东北、华北、华中、华南、西部等全国大部分省份;教师所在学科涵盖文学、管理学、理学、工学、医学、教育学、艺术学等多个学科。在访谈过程中,根据受访对象的实际情况采用了面对面访谈和在线视频连线访谈两种方式。访谈样本基本信息统计情况如表 3-2 所示。

表 3-2　访谈样本特征统计

属性	类别	人数	占总数百分比(%)
年龄	30～35 周岁	9	27.3%
	36～40 周岁	11	33.3%
	41～50 周岁	8	24.2%
	51 周岁以上	5	15.2%

续　表

属性	类别	人数	占总数百分比(%)
院校	"985 高校"	4	12.1%
	"211 高校"	5	15.2%
	"省属高校"	13	39.4%
	"市属高校"	10	30.3%
	"开放大学"	1	3.0%
职称	教授	12	36.4%
	副教授	17	51.5%
	讲师	4	12.1%
混合教学教龄	2 年以下	7	21.3%
	2～5 年	12	36.3%
	5 年以上	14	42.4%
访谈方式	面对面	19	57.6%
	在线视频	14	42.4%

(二) 补充访谈与资料收集

为了获得更丰富和深入的访谈资料，在整理访谈资料时根据需要对部分样本补充了访谈，以及额外获取了这些样本的课程素材、媒体报道、公开发表的学术论文等资料，以获得对受访者教学事件或教学思想更深刻和更准确的理解。补充访谈和资料收集情况如表 3-3 所示。

表 3-3　补充访谈与资料收集

样本教师	补充访谈次数	资料收集			
		课程素材(教案、反思总结、学生评价等)(份)	媒体报道(篇)	公开发表的学术论文(篇)	小计(份)
F*N	2	3	2	2	7
Z*Z	1	1	1	2	4
H*F	2	7	2	3	12
CY	1	1	0	3	4

三、访谈实施与数据获取

(一) 深度访谈实施

1. 访谈提纲

深度访谈是在半结构化框架指导下完成的。访谈框架主要包括三个方面的问题:(1)简要介绍下您个人的基本情况,包括开展混合教学的基本情况(开展混合教学的工作时长、所获奖励、教授科目等);(2)回忆下混合教学工作经历,具体叙述曾经发生的三件成功事件和三件失败(或具有挫败感)事件。对于每一个事件,需要了解这一事件的发生过程,越详细越好,具体可参照行为事件访谈法的"STAR"方法(情境、任务、行为、结果)展开叙述,如表 3-4 所示;(3)您认为高校教师成功开展混合教学,应当具备哪些胜任力。

表 3-4 基于"STAR"工具的访谈提纲

情境(Situation)/任务(Task)	行动(Action)	结果(Result)
事件是在什么时间发生的? 当时的情境是什么样的? 当时您要完成的任务是什么?	您当时的反应是什么?采取了什么样的行动? 有哪些参与的人物? 您当时克服了什么困难?是如何克服的?或者您当时没有克服或解决该困难的原因是什么?	最后的结果如何? 您对结果的感受是怎样的? 结果对您后来的工作有何影响?

2. 预访谈

在正式访谈前,开展了 2 例预访谈,目的在于使访谈者熟悉访谈提纲、访谈过程、访谈注意事项,练习并掌握在访谈过程中对有价值的线索进行插问、追问的技巧,把控时间进度等,以及根据受访者的意见对访谈提纲中不明确或不容易理解的句子进行修正和完善。

3. 正式访谈

基于行为事件访谈法遵循的"STAR"方法设计了《高校教师混合教学工作访谈提纲》,在与受访者约定访谈时间和地点后提前 1～2 天将访谈提纲发给受访者准备,以使其对访谈内容熟悉。在正式访谈开始前,向受访者说明本研究的目的,并告知访谈过程需要被全程录音并事后转为文本文件、部分资料会做书面记录,如果访谈中涉及一些受访者认为敏感的人名、地名或机构名等,受访者可以使用某一符号来代替。受访者同意接受访谈后,双方签署《教师个案访谈协议》。

为了控制受访者的先验倾向可能产生的偏差,访谈过程采用单盲法,即受访者并不知道本研究的分组设计方案(属于绩优组或绩平组),从而保证访谈质量。

在所有访谈案例中,有 14 例是通过视频会议软件工具在线完成的。所有在线受访者均应访谈者要求开启了摄像头,以营造对话临场感,便于访谈者进一步观察和了解受访者叙述事件时的表情、行为表现等非语言性线索,以增加访谈者对事件的理解程度。

访谈正式开始后,使用录音笔进行录音,同时将重要信息记录在《高校教师混合教学访谈记录与反思表》上;访谈中主要以受访者叙述为主,根据需要访谈者可以进行适当追问,并适当控制访谈节奏,时长一般为 90 分钟左右;访谈结束后及时(一般 1 小时内)对本次访谈进行简要总结和评价。最终从 31 位受访者中共获得 37 份访谈音频文件(含对 4 位受访者补充访谈的 6 份)。

(二) 访谈内容转录

笔者对访谈进行了转录,在进行访谈和转录时,注意了受访者的各种非语言因素,包括停顿、沉默和犹豫,并考虑了受访者故事叙述中的语气和情绪,以获得对受访者所叙内容更广泛和深入的理解。

叙述是用多种视角进行分析的。转录之后,再听一遍录音,并记录受访者表达的情绪,以及笔者在倾听叙述时的感受。笔者特别注意叙事内容是如何开始、展开和结束的。在研究过程中,笔者形成了一本反思性日记,记录了本人的一些想法和思考。访谈是采访者和受访者之间话语的建构,这一观点贯穿整个研究过程。

研究者将受访者个人经历和成长经验置于特定的数字化与混合教学改革环境中,试图揭示受访者的所思所想,从而审视个体与他者、团体以及社会环境的互动关系;研究数据依赖研究者的回忆、内省、反思,也并不特意回避主观争议。

在 33 名受访者中,有 2 名绩平组的受访者因开展混合教学工作经历简单,未能在访谈中按照访谈提纲要求叙述有实质内容的成功事件或失败事件,因此这 2 位受访者的文本未能纳入正式的研究材料。最终本研究合并整理形成的有效访谈文稿有 31 份,共计约 42 万字。

四、访谈内容编码与分析

(一) 编码过程

编码是分析和挖掘访谈文本资料的过程,将资料"掰开",加以概念化,然后用新的方式重新组合。基于扎根理论的编码过程一般包括三级编码:开放式编码、主轴编码、选择编码(或核心编码)。本研究参照上一节文献统计的胜任力特征集,通过对行为事件访谈法获得的 31 份文稿编码来修正和建立混合教学胜任力模型,具体编码过程如图 3-4 所示。

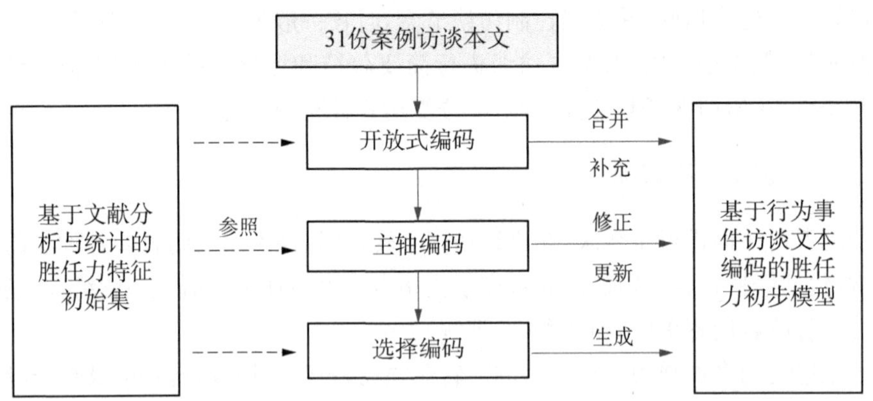

图 3-4 基于行为事件访谈法(BEI)和扎根理论的编码并形成混合教学胜任力的过程

1. 预编码与编码训练

本研究组成了四人编码培训小组,以文献回顾阶段形成的基本胜任力词典初稿(38 项)为蓝本,选取 2 个访谈文本(1 份绩优组、1 份绩平组)进行试编码,在学习、讨论中提高对混合教学胜任力特征条目内涵、分级、具体编码标准等的理解。由于有些访谈文本内容较为散乱,在编码时需要对不一致的地方多次重回文本,在不断比较、分析和讨论中对编码条目进行检查,从而提高编码共识和编码一致性。最终从中选出 2 位编码一致性较高的作为正式编码员,完成对 31 份访谈文本的编码。

2. 开放式编码:概念化与初步范畴化

开放式编码是对访谈文本资料进行分解、测验、比较、概念化与类属化的过程,是对访谈文本进行连续比较分析的最初阶段;分析的目标是产生一套浮现出来的类属和属性,并适合整合为一个理论。对探索数据中可识别的任何理论可能性保持开放,形成和分析类属。开放式编码一般包括三个步骤:贴标签、发现类属、类属与属性分析。

在具体操作过程中,通过贴标签的方式将访谈文本资料加以逐级缩编,编码在贴近文本本身的同时,对可能在文本中识别的任何概念和理论保持开放性,并尽量悬置研究者个人“偏见”和已有的“定见”。[①] 使用“Nvivo”软件实现编码节点管理,对节点和类属的命名主要有三个方式:(1)沿用第二节中基于文献统计的胜任力特征初级集中的名称;(2)根据对受访者意义和观点的理解自创名称;(3)借用本土概念。

例如,在“基于文献统计的胜任力特征初始集”中,“学科知识”(统计频次为22)是一项基本的胜任力特征。那么,在混合教学中,教师们是如何看待学科专业知识的呢?关于这部分的开放式编码如表3-5所示。受访者并没有泛泛而谈专业知识的重要性,而是结合具体的混合教学情境,提出了混合教学模式对“教师知识储备、教师专业知识更新、基于师生互动的知识生成”等方面的能力。

表3-5 访谈文本的开放式编码示例

文本编号	具体行为(“STAR”简述)摘录	贴标签	类属化与等级
W* Z_04	没有科研的教学只是复读机。在线下课堂中,“现在的”学生提出的都是“现在的问题”,这就要求老师了解和熟悉本学科的最新进展,了解“现在的、当下的知识”。尤其是在线下讨论环节中,学生的“问-学”式学习对教师的“学问”提出了更高的要求……	教师专业知识更新	知识场活性(G3)
H* F_02	学生参与的、对新问题和新素材的再加工,都能成为好的学习材料,“这些生成的资源是在教学中带出来的、自然而然就产生的”,尽管带有“草根味”,但真实,更贴近学生。例如,让学生从网络中筛选对经典作品的评价视频,良莠不齐,教师进行有针对性的评价、指导、勘误,对这个过程进行选择性录制、剪辑等处理后成为新的教学素材	基于师生互动的知识生成	知识场活性(G4)

① Charmaz K., Thornberg R. The pursuit of quality in grounded theory [J]. Qualitative Research in Psychology, 2020,(18):305-327.

续 表

文本编号	具体行为("STAR"简述)摘录	贴标签	类属化与等级
Z* Z_08	在混合教学中教师要允许不确定性发生,"一碗水"与"一缸水"(注:教给学生一碗水的知识,则教师需要准备一缸水的知识)的假设不再成立,教师要适应与学生一起在线上、线下更为开放的知识场域中探索,发挥引导、组织等角色,而不是传统的教书匠……我们(注:教师)永远是学习者……	对教师知识的要求	知识场活性(G3)
CY_02	在线学习可以完成基本概念、基础知识的传播,而在面授环节可以把更多精力放在讨论、答疑等活动……能提高教学效率和教学质量	对混合教学价值的认识	混合教学价值观(G2)
W* Z_03	督导多为退休老教师,对混合教学理念缺乏深刻的理解……专门在一个中午听我讲解什么是混合课程,我细说了一个中午,督导临走时又问了一句:究竟什么是混合教学?督导的不认可,使青年教师成长受阻。系里一位青年教师A开展了混合教学,督导表示去听课并说可以给他打90分的高分,A老师激烈反对,明确表示,您来听课可以,但不能打分,您一打分,90分和学生的质量评价评分(95分左右)掺和在一起,会拉我的后腿。督导对混合教学的不理解,其评课,评的仍然是传统的线下部分,忽略了线上部分。这也说明,学校行政层面的评价还停留在传统的"对课堂的评价",不是"对教学的评价(没有从学生的收获来评价)"。比如督导评价,关注的是教师在课堂上"变戏法"是否精彩,不关注学生是否学会了"戏法"……	对混合教学价值的认识,对混合教学绩效的认识	混合教学价值观(G3)

相应地,受访者们这些方面的能力上表现出了哪些具体行为呢?绩平组受访者XL表示,混合教学要求自己主动跟踪学科前沿知识,在预设学习知识内容之外,能利用自己掌握的知识解答线上或线下互动过程中学生提出的新问题,与学生保持较高的互信水平。绩优组受访者Z* Z表示,自己能主动更新学科专业知识存储,并能在课程中引入和更新前沿知识,实现基础与前沿知识的适度结合,并利用"OL"或"F2F"等多种方式促进教师和学生之间的知识互动频次。受访者H* F表示开展混合课程后,有了更多的机会(线上和课堂)观察和了解

学生感兴趣的知识，在课堂上会有针对性地补充这方面的知识，引导学生开展思想火花的交流和碰撞，在合作和碰撞中生成新的带有草根味的、鲜活的学习内容和学习材料。

结合教师行为表现，以及教师专业知识更新、基于师生互动的知识生成、对教师知识的要求等标签，借助“知识活性”概念，从上述同类现象中提出一个抽象的类属化概念：知识场活性。知识场活性指教师在混合教学场域中，应对师生和生生间知识共享、互动、共创活动所需要的知识储备与更新，并在“OL”或“F2F”、同步或异步互动活动形成的知识场域中，引领提高知识流动和交互的频次、形式和质量。知识场活性一方面强调了教师的知识更新意愿和能力，另一方面强调了教师在混合教学过程中知识互动与生成的引导力。

又例如，在基于文献统计的胜任力特征集中，“沟通”“尊重他人”“服务意识”等较为抽象的特征项，在访谈叙事中，获得了更具体、更深刻的内容。受访者H*F、Y*W、SC等认为他们在教学中具有以下行为：在尊重学生、进行适当交流和展示亲社会行为方面发挥榜样作用；更积极主动、巧妙地利用自己的情绪表达和语言支持来促进学生的学习热情和乐趣；能够创造一个温馨的学习环境，引导线上和线下两种模式持续的“对话”，准确理解学生行为的意图，表现出换位思考、共情、团结、合作、承担责任的亲社会行为，建立和维持支持性的、有情感的教学体验；能够多方位思考、综合考虑自己行为的后果，并在此基础上做出对自己和学生负责的教学决策。对这些教学行为进行归纳和类属化，可以命名为：自我认知和自我管理、社会认知与关系、负责任的决策。随后使用新的概念化名称替代原有特征项名称。

使用同样的方法，完成对31份访谈文本的开放式编码。将编码后的胜任力特征补充或替换到“基于文献的胜任力特征初始集”中，并添加新的胜任力特征项的定义及等级描述，完成对初始集的修正。为了达到“编码饱和”，使用“不断的比较方法”[①]对两位编码者的编码结果和31份原始访谈文本材料进行比较分析，最终梳理归纳出33项胜任力特征，且这些胜任力特征可以解释70%以上的原始资料内容，达到理论饱和标准。[②] 开放式编码后形成的胜任力特征节点如表3-6所示。

---

① 陈向明.从一个到全体——质的研究结果的推论问题[J].教育研究与实验，2000(2)：1—8，72.

② Corbin J., Strauss A. Basics of Qualitative Research: Techniques and Procedures for Developing Grounded Theory (4th Edition) [M]. Los Angeles: SAGE, 2015.

表 3-6 基于开放式编码的胜任力特征节点列表

序号	胜任力特征项	序号	胜任力特征项
1	知识场活性(AoKF)	18	适应性教学(AT)
2	混合教学统领知识(OCiBT)	19	积极反思(PR)
3	有关课程的知识(KoC)	20	持续迭代(CI)
4	有关学生的知识(KoS)	21	教研融合(IoTR)
5	混合式学科教学策略知识(KoTS)	22	数字技术能力(DTS)
6	系统设计(SD)	23	数字化教学(DTeS)
7	认知激活(CA)	24	职业承诺(PC)
8	循证评价(EbA)	25	成就动机(AM)
9	双向反馈(BdF)	26	职业责任心(PR)
10	自我认知与管理(SAM)	27	混合教学价值观(HAtoBL)
11	社会认知与关系(SPR)	28	自我效能感(SE)
12	负责任的决策(RDM)	29	服务意识(SA)
13	人机协同(HCC)	30	改革创新意识(AoRI)
14	团队协同(TC)	31	自我发展(SD)
15	混合学习体验管理(BLEM)	32	共同体意识(AC)
16	质量监控(QM)	33	学习节奏把控(LPM)
17	促进互动(PI)		

3. 主轴编码:建立概念类属之间的关系

主轴编码,即发现和发展主类属的过程。通过不断比较和分析开放式编码阶段提炼的次要概念类属,以演绎和归纳的方式将主类属和次要概念类属连接起来,建立两级类属之间的关系。

例如在开放式编码阶段概念化了三个次要概念类属(3 项胜任力特征):自我认知与管理、社会认知与关系、负责任的决策。在主轴编码阶段需要进一步发展主类属。通过再次对与这三项特征对应的教师行为进行回顾和关联,发现它们共同支撑了一个更核心、更集中的概念含义:教师在开展混合教学过程中,会涉及情绪过程，即教师准确理解、监测和管理自己的情绪，并在与学生的关系上表现出换位思考、移情、共情以建立支持性的人际关系，以及表现出团结、合作、承担责任等亲社会行为。基于这一分析和阐释，并将这个主概念命名为：社会情感力。结合混合教学具体情境，这里的社会情感力主要包含内省技能（自我认知与管理）和人际技能（社会认知与关系、负责任的决策）两个方面。

同样地，对其他次类属概念逐一进行关联和归类，最终形成关联式编码的结果，如表 3－7 所示。

表 3－7　关联式编码结果列表

主概念类属	次要概念类属
专业知识（CK）	知识场活性（AoKF）
混合式学科教学法知识（BPCK）	混合教学统领知识（OCiBT）、有关课程的知识（KoC）、有关学生的知识（KoS）、混合式学科教学策略知识（KoTS）
学习设计（LD）	系统设计（SD）、认知激活（CA）
学习支持（LS）	循证评价（EbA）、双向反馈（BdF）、学习节奏把控（LPM）、促进互动
社会情感力（SEC）	自我认知与管理（SAM）、社会认知与关系（SPR）、负责任的决策（RDM）
协同教学力（CT）	人机协同（HCC）、团队协同（TC）
体验管理（EM）	混合学习体验管理（BLEM）
学习监控（LM）	质量监控（QM）
灵活自适（FA）	适应性教学（AT）
持续改进（CI）	积极反思（PR）、持续迭代（CI）、教研融合（IoTR）
数字素养（DL）	数字技术能力（DTS）、数字化教学（DTeS）
特质与动机（TM）	职业承诺（PC）、成就动机（AM）、职业责任心（PR）
自我概念（SC）	混合教学价值观（HAtoBL）、自我效能感（SE）、服务意识（SA）、改革创新意识（AoRI）、自我发展（SD）、共同体意识（AC）

4. 选择式编码：选择核心类属，并将它与其他类属系统关联

选择式编码又称为核心式编码，是从前面两级编码形成的类属和关系中提炼出一个核心类属，核心类属是所有其他类属被其整合入内的主要概念，是对中

心现象的概括。在选择式编码过程中,对少量类属进行了微调,比如其中“学习节奏”在归属过程中,被认为是教师的一种管理手段或管理过程,“管理”的属性更多一些,因而将其调整到主要概念类属“灵活自适”中,并归入“管理”核心类属等。最终,根据研究问题和研究目的,将前述编码形成的 33 项胜任力特征选择式编码为知识、教学、管理、技术、特质五大核心类属。

基于访谈文本编码构建的胜任力初步模型如表 3-8 所示。基于三级编码,这样形成了一个情境化、开放式的、可通过对话来发展和生成的混合教学胜任力理论框架。

表 3-8 基于访谈文本编码的胜任力初步模型

核心类属	主概念类属
知识	专业知识(CK)、混合式学科教学法知识(BPCK)、
教学	学习设计(LD)、学习支持(LS)、社会情感力(SEC)、协同教学力(CT)
管理	体验管理(EM)、学习监控(LM)、灵活自适(FA)、持续改进(CI)
技术	数字素养(DL)
特质	特质与动机(TM)、自我概念(SC)

(二) 编码相关数据分析

1. 访谈时长与文本长度分析

行为事件访谈法是通过从多件成功和失败的教学事件叙述中提炼胜任力特征的。有研究表明,该研究方法需要访谈的时间达到一定的长度,其数据才能稳定有效地反映样本的全貌和水平。纳入正式编码的 37 份访谈样本录音(含 6 份补充访谈录音)中,时间最短的是 41 分 21 秒,时间最长的是 115 分 18 秒,平均时长为 81.28 分;所有访谈录音转为文字后平均字数为 13 538.76 字,这种篇幅说明对受访者的访谈具有一定的内容丰富性,能有效反映样本的真实面貌。为了进一步分析本研究中访谈长度对胜任力特征提取的稳定性,分别进行了以下两项检验。

(1) 不同绩效组别的访谈长度差异性检验:绩优组和绩平组的平均访谈时长及文本长度见表 3-9,两个组别的访谈时长和文本长度均呈正态分布,因而对两组样本的访谈时长和文本长度进行独立"t"检验,结果显示两个组别没有显著差异($p>0.05$),排除了访谈长度对不同绩效组胜任力分析的影响。

表 3-9 绩优组与绩平组访谈长度差异检验

访谈长度	绩优组(n=17) M S.D.	绩平组(n=14) M S.D.	t	p
访谈时长(分)	88.74 15.89	73.82 15.12	1.546	0.673
文本长度(字)	14 936.32	12 141.20	1.783	0.326

(2) 访谈长度与各胜任力特征统计指标的相关性分析:胜任力特征的统计指标主要有发生频次、平均等级分、最高等级分等。由于 31 份访谈文本长度各不相同,胜任力特征的统计指标是否会受到文本长度的影响,以及在本研究中哪些统计指标受其影响较小,需要做相关性分析来检验。

根据胜任力词典,统计 31 份访谈文本中某一胜任力特征的等级水平(比如"负责任的决策"出现在等级 G1 计 1 分,等级 G2 计 2 分,依次类推)及其相应的出现频次(比如等级 G1 为 1 次,等级 G2 为 3 次,等级 G3 为 0 次,等级 G4 为 2 次),计算出某一胜任力特征的总分(各等级分值与该等级频次之积的求和)、平均等级分数(总分除以平均频次)、最高等级分(最高等级出现的频次与该等级计分之积)。

33 项胜任力特征发生频次、平均等级分、最高等级分与访谈文本长度间的相关性分析结果如表 3-10 所示,结果显示有 3 项胜任力特征(循证评价、数字化教学、混合教学价值观)的发生频次与访谈长度呈显著相关($p<0.05$);在最高等级分和平均等级分的统计中,无特征项与访谈长度呈显著相关。这说明发生频次、最高等级分、平均等级分等三项指标与访谈长度低相关,具有较好的稳定性。

表 3-10 访谈长度与胜任力特征总频次、平均等级分、最高等级分的相关分析

胜任力特征	频次	平均等级分	最高等级分	胜任力特征	频次	平均等级分	最高等级分
知识场活性(AoKF)	0.184	0.1134	0.341	适应性教学(AT)	0.211	0.134	0.272
混合教学统领知识(OCiBT)	0.236	0.126	0.155	积极反思(PR)	0.313	0.291	0.181

续 表

胜任力特征	频次	平均等级分	最高等级分	胜任力特征	频次	平均等级分	最高等级分
有关课程的知识(KoC)	0.238	0.118	0.133	持续迭代(CI)	0.297	0.176	0.145
有关学生的知识(KoS)	0.271	0.225	0.237	教研融合(IoTR)	0.305	0.215	0.257
混合式学科教学策略知识(KoTS)	0.223	0.194	0.091	数字技术能力(DTS)	0.279	0.31	0.213
系统设计(SD)	0.315	0.282	0.212	数字化教学(DTeS)	0.394*	0.203	0.172
认知激活(CA)	0.269	0.201	0.108	职业承诺(PC)	0.213	0.129	0.091
循证评价(EbA)	0.397*	0.291	0.205	成就动机(AM)	0.312	0.246	0.164
双向反馈(BdF)	0.315	0.176	0.193	职业责任心(PR)	0.195	0.113	0.086
促进互动(PI)	0.209	0.187	0.076	混合教学价值观(HAtoBL)	0.344*	0.292	0.133
自我认知与管理(SAM)	0.092	−0.032	−0.142	自我效能感(SE)	0.192	0.101	0.062
社会认知与关系(SPR)	0.161	0.101	0.034	服务意识(SA)	0.20	0.138	0.182
负责任的决策(RDM)	0.071	−0.143	−0.106	改革创新意识(AoRI)	0.146	0.117	0.101
人机协同(HCC)	0.122	0.084	−0.038	自我发展(SD)	0.118	0.086	−0.172
团队协同(TC)	0.322	0.182	0.102	共同体意识(AC)	0.091	−0.114	−0.018
混合学习体验管理(BLEM)	0.244	0.116	0.192	学习节奏把控(LPM)	0.272	0.192	0.124
质量监控(QM)	0.316	0.168	0.212				

注：* $p<0.05$。

2. 胜任力编码的信度分析

信度分析是检验编码的可靠性。基于“BEI”法构建胜任力的过程具有较大的主观性,特别是在编码环节,在预编码阶段对编码者进行了严格的训练、磨合和校准,但难免还会存在主观上的差异,因此运用测量统计学的方法对编码进行信度分析尤为必要。目前一般有归类一致性与编码信度系数、相关系数两种检验方法。

(1) 归类一致性与编码信度系数:归类一致性(Category Agreement, CA)是指两位编码者对相同访谈资料的编码归类相同数占编码总数的百分比,其计算公式为:

$$CA = \frac{2S}{T_1 + T_2}$$

其中 S 表示编码者归类相同的数量,T_1 和 T_2 分别表示两位编码者的编码总个数。

编码信度系数(Reliability Coefficient, R),是在归类一致性的基础上考虑了编码人数的影响,是一种复合信度,计算公式为:

$$R = \frac{n \times CA}{1 + (n - 1) \times CA}$$

其中 n 表示编码者数量。归类一致性与编码信度系数的计算结果如表 3-11 所示。本研究中归类一致性的数值范围是 0.518～0.805,所有被试的总体归类一致性为 0.672。与此相对应,编码信度系数 R 值范围是 0.682～0.892,总体编码信度系数为 0.801。这个归类一致性达到了良好的水平,表明编码具有较高的信度。

表 3-11　两位编码者的编码归类一致性及编码信度系数

受访者编号	T_1	T_2	S	CA	R	受访者编号	T_1	T_2	S	CA	R
1	142	155	120	0.805	0.892	5	139	136	106	0.767	0.868
2	96	111	72	0.691	0.817	6	116	108	80	0.714	0.833
3	78	63	37	0.518	0.682	7	128	116	83	0.680	0.810
4	131	142	108	0.788	0.881	8	124	124	85	0.685	0.813

续 表

受访者编号	T_1	T_2	S	CA	R	受访者编号	T_1	T_2	S	CA	R
9	99	102	65	0.642	0.782	21	85	79	46	0.561	0.719
10	75	65	37	0.529	0.692	22	152	138	109	0.752	0.858
11	136	132	95	0.709	0.830	23	81	79	45	0.563	0.720
12	95	105	65	0.650	0.788	24	155	162	128	0.804	0.892
13	117	104	71	0.638	0.779	25	151	160	119	0.762	0.865
14	86	98	55	0.598	0.748	26	99	87	53	0.570	0.726
15	108	113	72	0.647	0.786	27	159	145	116	0.763	0.866
16	93	84	51	0.571	0.727	28	82	94	53	0.602	0.752
17	108	102	76	0.724	0.840	29	108	110	77	0.706	0.828
18	132	119	93	0.737	0.849	30	103	98	61	0.602	0.752
19	73	82	47	0.600	0.750	31	102	90	68	0.708	0.829
20	126	118	90	0.738	0.849						
全体样本							3479	3421	2376	0.672	0.801

(2) 相关系数：进一步分别计算两位编码员在每一项胜任力特征总频次、平均等级分数和最高等级分数上的相关“Pearson”系数来验证编码信度。结果如表 3-12 所示，两位编码员在 30 项(93.7%)特征上总频次显著相关，在 27 项(84.4%)特征上平均等级分数显著相关，在 25 项(78.1%)特征上最高等级分数显著相关。这表明两位编码员编码一致性水平较高，编码数据资料可靠。

表 3-12　两位编码员在胜任力特征频次、平均等级分、最高等级分编码上的相关系数

胜任力特征项	相关系数		
	频次	平均等级分数	最高等级分数
知识场活性(AoKF)	0.776**	0.614**	0.311
混合教学统领知识(OCiBT)	0.851**	0.472*	0.694**
有关课程的知识(KoC)	0.663**	0.756**	0.623**

续 表

胜任力特征项	相关系数		
	频次	平均等级分数	最高等级分数
有关学生的知识(KoS)	0.550**	0.650**	0.490**
混合式学科教学策略知识(KoTS)	0.701**	0.744**	0.684**
系统设计(SD)	0.538**	0.531**	0.539**
认知激活(CA)	0.513*	0.597**	0.231
循证评价(EbA)	0.651**	0.732**	0.615**
双向反馈(BdF)	0.738**	0.756**	0.511**
促进互动(PI)	0.681**	0.631**	0.606**
自我认知与管理(SAM)	0.525*	0.272	0.572**
社会认知与关系(SPR)	0.701**	0.312	0.553**
负责任的决策(RDM)	0.301	0.326	0.218
人机协同(HCC)	0.563**	0.315	0.613**
团队协同(TC)	0.788**	0.638**	0.521**
混合学习体验管理(BLEM)	0.838**	0.614**	0.408*
质量监控(QM)	0.826**	0.779**	0.419**
适应性教学(AT)	0.726**	0.602**	0.241
积极反思(PR)	0.763**	0.591**	0.521**
持续迭代(CI)	0.816**	0.732**	0.653**
教研融合(IoTR)	0.738**	0.803**	0.311
数字技术能力(DTS)	0.563**	0.704**	0.531**
数字化教学(DTeS)	0.851**	0.531**	0.674**
职业承诺(PC)	0.550**	0.614**	0.684**
成就动机(AM)	0.638**	0.685**	0.664**
职业责任心(PR)	0.763**	0.768**	0.674**
混合教学价值观(HAtoBL)	0.801**	0.720**	0.531**

续 表

胜任力特征项	相关系数		
	频次	平均等级分数	最高等级分数
自我效能感(SE)	0.613**	0.732**	0.572**
服务意识(SA)	0.763**	0.508**	0.643**
改革创新意识(AoRI)	0.550**	0.555**	0.582**
自我发展(SD)	0.801**	0.673**	0.480*
共同体意识(AC)	0.500*	0.661**	0.364
学习节奏把控(LPM)	0.336	0.214	0.201

注：* $p<0.05$，** $p<0.01$。

3. 胜任力差异分析

上述胜任力特征是从所有访谈教师的访谈文本中萃取出来的，没有区分绩优组教师、绩平组教师、主讲教师、辅导教师之间的差异。根据本章第一节中混合教学胜任力模型的结构设计假设，主讲教师序列和辅导教师序列存在胜任力特征差异，绩优组教师和绩平组教师之间存在基准性胜任力和鉴别性胜任力。下面进行假设检验和分析。

考虑到各胜任力特征发生频次、平均等级分数两项指标具有更好的稳定性①，最高等级得分体现的是最高绩优者的个体水平，缺乏代表性，因而本研究选取频次和平均等级得分两项指标进行差异比较。数据进行标准化转换之后，使用独立样本 t 检验两个组别的差异，在 t 检验之前，先检查二组的离散状态是否相似，即使用“Levene”法检验两组方差是否同质，如果 F 值达到显著水平($p<0.05$)表示两组样本方差不同质，则采用校正过的 t 检验法。

(1) 不同岗位序列的胜任力差异分析：在所有访谈样本中，主讲教师组有 22 人，辅导教师组有 9 人。两个组别在胜任力特征频次、平均等级得分上的差异比较结果见表 3-13。

① 时勘.胜任力特征模型的理论与实践探索的新进展[C]//中国心理学会.第十二届全国心理学学术大会论文摘要集，2009：692.

表 3-13　主讲教师和辅导教师胜任力特征差异比较(主讲教师 N=22,辅导教师 N=9)

特征项	频次					平均等级得分				
	主讲教师		辅导教师		t 检验	主讲教师		辅导教师		t 检验
	M	S. D.	M	S. D.		M	S. D.	M	S. D.	
知识场活性(AoKF)	2.01	0.85	1.77	0.58	0.422	3.08	1.01	3.41	1.13	0.872
混合教学统领知识(OCiBT)	2.22	0.91	1.87	0.43	0.947	2.63	0.82	2.28	0.74	0.591
有关课程的知识(KoC)	1.32	0.58	1.13	0.25	1.751	2.41	0.91	2.17	0.69	1.174
有关学生的知识(KoS)	1.11	0.43	1.03	0.35	0.794	2.32	0.56	2.06	0.53	1.006
混合式学科教学策略知识(KoTS)	1.51	0.88	1.33	0.26	0.589	2.81	0.71	2.17	0.79	0.635
系统设计(SD)	2.96	1.01	0.50	0.15	3.743**	3.28	1.04	1.83	0.52	1.882**
认知激活(CA)	3.04	1.02	1.41	0.39	2.197**	3.56	1.08	2.58	0.89	2.133**
循证评价(EbA)	2.49	1.09	2.13	0.66	1.125	3.18	0.94	2.97	0.84	0.902
双向反馈(BdF)	**2.02**	**0.76**	**2.33**	**0.69**	**0.847**	**2.61**	**0.71**	**2.89**	**1.11**	**−0.677**
促进互动(PI)	**2.38**	**0.88**	**2.58**	**0.89**	**−0.251**	**2.02**	**0.61**	**2.32**	**0.96**	**−0.381**
自我认知与管理(SAM)	0.87	0.34	0.56	0.12	0.569	2.67	0.92	2.33	0.57	0.975
社会认知与关系(SPR)	**1.29**	**0.51**	**1.43**	**0.41**	**−0.225**	**2.26**	**0.83**	**2.87**	**0.94**	**−0.876**
负责任的决策(RDM)	2.33	1.02	0.21	0.07	2.082**	3.20	0.90	1.58	0.19	2.584**
人机协同(HCC)	1.09	0.32	0.87	0.13	1.261	2.85	0.93	2.08	0.84	0.353
团队协同(TC)	2.11	0.82	1.87	0.33	1.025	2.40	1.00	2.25	0.83	0.723
混合学习体验管理(BLEM)	2.00	0.94	1.73	0.36	0.981	2.94	1.17	2.33	0.97	0.916
质量监控(QM)	**1.83**	**0.67**	**2.17**	**0.78**	**−0.936**	**2.09**	**0.55**	**2.23**	**1.02**	**−0.355**

续 表

特征项	频次					平均等级得分				
	主讲教师		辅导教师		t 检验	主讲教师		辅导教师		t 检验
	M	S. D.	M	S. D.		M	S. D.	M	S. D.	
适应性教学(AT)	2.86	1.11	0.93	0.15	2.806**	3.19	1.10	1.58	0.59	−1.443*
积极反思(PR)	1.52	0.74	1.33	0.65	1.061	2.63	0.82	2.17	0.69	0.881
持续迭代(CI)	2.13	0.78	1.83	0.41	1.141	2.22	0.81	2.08	0.84	0.927
教研融合(IoTR)	1.56	0.65	1.07	0.35	0.912	2.48	0.74	2.00	0.80	1.162
数字技术能力(DTS)	1.56	0.54	1.33	0.65	0.812	2.44	0.92	2.25	0.73	0.919
数字化教学(DTeS)	2.32	0.86	2.31	0.55	1.232	2.08	0.54	2.17	0.69	0.675
职业承诺(PC)	1.08	0.43	0.96	0.22	0.741	3.12	1.06	2.87	0.85	0.876
成就动机(AM)	2.21	1.02	1.89	0.84	1.209	3.01	1.11	2.98	0.89	1.021
职业责任心(PR)	1.66	0.66	1.95	0.77	0.876	2.87	0.94	3.12	1.06	0.879
混合教学价值观(HAtoBL)	2.21	0.83	1.99	1.09	1.219	3.06	1.08	2.84	1.02	1.128
自我效能感(SE)	1.87	0.88	1.45	0.82	0.875	3.03	0.92	2.67	0.84	0.823
服务意识(SA)	2.03	0.95	2.43	1.15	1.108	2.89	0.75	3.02	0.91	1.022
改革创新意识(AoRI)	2.16	0.78	0.92	0.11	2.762**	3.23	0.94	1.82	0.61	2.218**
自我发展(SD)	1.68	0.81	1.21	0.25	0.765	2.88	0.84	2.54	0.97	0.564
共同体意识(AC)	1.69	0.66	1.87	0.53	0.921	2.98	0.91	3.11	0.96	0.651
学习节奏把控(LPM)	1.02	0.52	1.31	0.45	0.854	2.65	1.03	2.76	0.78	1.210

注：* 表示 $p<0.05$，** 表示 $p<0.01$，*** 表示 $p<0.001$；胜任力词典中共有 4 个等级，等级得分取值为 1～4；浅灰色表示在该特征上主讲教师高于辅导教师且具有统计学意义；粗体表示在该特征上主讲教师低于辅导教师但不具有统计学意义。

从表 3－13 中可知，系统设计(SD)、认知激活(CA)、负责任的决策(RDM)、适应性教学(AT)、改革创新精神(AoRI)等 5 项胜任力特征在频次或平均等级分上的差异具有统计学意义，且主讲教师组的这些特征项要高于辅导教师组；而双向反馈（BdF）、促进互动（PI）、社会认知与关系（SPR）、质量监控（QM）等 4 项胜任力特征在频次或平均等级分上辅导教师组要高于主讲教师组，但差异不具有统计学意义。其余 24 项胜任力特征在两组样本间也无显著差异，可视为开展混合教学所需的通用胜任力。

差异分析的结果能较好体现主讲教师和辅导教师序列对不同能力的需求倾向，说明分析结果能较好地契合混合教学工作实际。经过岗位序列的差异比较，得出混合教学不同岗位序列的胜任力双层结构，如表 3－14 所示。

表 3－14　混合教学中不同岗位序列的胜任力双层结构

<table>
<tr><th colspan="2">岗位序列</th><th>胜任力特征</th></tr>
<tr><td rowspan="2">主讲教师
（33 项）</td><td></td><td>系统设计（SD）、认知激活（CA）、负责任的决策（RDM）、适应性教学（AT）、改革创新意识（AoRI）</td></tr>
<tr><td>辅导教师
（28 项）</td><td>知识场活性（AoKF）、混合教学统领知识（OCiBT）、有关课程的知识（KoC）、有关学生的知识（KoS）、混合式学科教学策略知识（KoTS）、循证评价（EbA）、学习节奏把控（LPM）、自我认知与管理（SAM）、人机协同（HCC）、团队协同（TC）、混合学习体验管理（BLEM）、积极反思（PR）、持续迭代（CI）、教研融合（IoTR）、数字技术能力（DTS）、数字化教学（DTeS）、职业承诺（PC）、成就动机（AM）、职业责任心（PR）、混合教学价值观（HAtoBL）、自我效能感（SE）、服务意识（SA）、自我发展（SD）、共同体意识（AC）、双向反馈（BdF）、促进互动、社会认知与关系（SPR）、质量监控（QM）</td></tr>
</table>

（2）绩优组与绩平组的胜任力差异分析：在所有访谈样本中，绩优组有 17 人，绩平组有 14 人。同样地，使用胜任力特征频次和平均等级得分为指标比较两组的差异，结果如表 3－15 所示。

表 3－15　绩优组与绩平组的胜任力特征差异分析（绩优 N＝17，绩平 N＝14）

特征项	频次					平均等级得分				
	绩优组		绩平组		t 检验	绩优组		绩平组		t 检验
	M	S. D.	M	S. D.		M	S. D.	M	S. D.	
知识场活性（AoKF）	**2.71**	**0.86**	**2.01**	**0.71**	**2.422****	**3.56**	**0.98**	**2.81**	**0.61**	**2.872****

续 表

特征项	频次					平均等级得分				
	绩优组		绩平组		t 检验	绩优组		绩平组		t 检验
	M	S. D.	M	S. D.		M	S. D.	M	S. D.	
混合教学统领知识(OCiBT)	**2.92**	**0.66**	**2.23**	**0.62**	**0.947**	**2.93**	**0.87**	**2.11**	**0.66**	**2.591****
有关课程的知识(KoC)	1.92	0.36	1.52	0.06	1.031	2.92	0.76	2.51	0.86	1.031
有关学生的知识(KoS)	2.13	0.67	1.54	0.07	0.641	2.73	0.37	2.21	0.41	1.016
混合式学科教学策略知识(KoTS)	2.31	0.76	1.92	0.66	0.652	3.21	0.51	2.57	0.69	0.921
系统设计(SD)	**3.06**	**0.78**	**1.02**	**0.21**	**3.132****	**3.68**	**0.84**	**2.35**	**0.48**	**2.452****
认知激活(CA)	**2.93**	**0.81**	**1.62**	**0.31**	**3.241****	**3.45**	**0.83**	**2.62**	**0.51**	**2.342****
循证评价(EbA)	2.95	0.48	2.12	0.66	1.411	3.52	0.86	3.17	0.59	0.902
双向反馈(BdF)	**2.81**	**0.71**	**2.04**	**0.62**	**1.874***	**3.42**	**0.61**	**2.41**	**0.61**	**2.693****
促进互动(PI)	**2.97**	**0.89**	**1.58**	**0.41**	**2.015****	**3.62**	**0.46**	**1.12**	**0.54**	**3.282****
自我认知与管理(SAM)	1.76	0.28	1.56	0.72	0.673	2.89	0.85	2.02	0.31	0.916
社会认知与关系(SPR)	**1.69**	**0.25**	**0.82**	**0.11**	**1.561***	**2.98**	**0.89**	**1.67**	**0.34**	**2.766****
负责任的决策(RDM)	2.38	0.39	1.91	0.16	1.292	2.42	0.71	1.88	0.59	1.039
人机协同(HCC)	**1.78**	**0.29**	**0.88**	**0.14**	**2.005***	**3.26**	**0.63**	**2.14**	**0.37**	**1.951****
团队协同(TC)	1.91	0.36	1.72	0.56	0.925	3.12	0.46	2.75	0.78	0.695
混合学习体验管理(BLEM)	**2.43**	**0.82**	**1.61**	**0.31**	**1.981****	**3.24**	**0.82**	**1.33**	**0.17**	**2.944****
质量监控(QM)	**1.83**	**0.12**	**1.17**	**0.32**	**1.632***	**2.99**	**0.90**	**2.23**	**0.32**	**1.722***
适应性教学(AT)	**3.05**	**0.83**	**1.93**	**0.37**	**2.682****	**3.38**	**0.59**	**2.17**	**0.49**	**3.443****

续　表

特征项	频次					平均等级得分				
	绩优组		绩平组		t 检验	绩优组		绩平组		t 检验
	M	S.D.	M	S.D.		M	S.D.	M	S.D.	
积极反思(PR)	**1.94**	**0.67**	**1.02**	**0.29**	**1.661***	**3.23**	**0.92**	**2.03**	**0.62**	**2.813****
持续迭代(CI)	**2.83**	**0.82**	**1.06**	**0.33**	**1.941***	**3.21**	**0.71**	**2.18**	**0.29**	**2.931****
教研融合(IoTR)	**2.26**	**0.83**	**1.27**	**0.34**	**2.912****	**3.18**	**0.69**	**2.04**	**0.22**	**1.782****
数字技术能力(DTS)	1.56	0.38	1.33	0.27	0.812	2.93	0.47	2.25	0.63	0.992
数字化教学(DTeS)	**2.21**	**0.31**	**1.31**	**0.25**	**1.532***	**3.08**	**0.84**	**2.95**	**0.48**	**0.972**
职业承诺(PC)	1.86	0.23	0.92	0.14	0.741	3.24	0.92	2.67	0.64	0.762
成就动机(AM)	**2.64**	**0.52**	**1.22**	**0.31**	**2.038****	**3.41**	**0.71**	**2.18**	**0.39**	**1.921***
职业责任心(PR)	1.72	0.36	1.95	0.28	0.876	2.87	0.64	3.12	0.86	0.879
混合教学价值观(HAtoBL)	**2.41**	**0.41**	**1.59**	**0.20**	**2.223****	**3.51**	**0.73**	**2.21**	**0.71**	**2.027****
自我效能感(SE)	1.87	0.14	1.45	0.43	0.875**	3.21	0.81	1.85	0.23	0.620
服务意识(SA)	2.23	0.52	1.75	0.38	1.108	3.11	0.66	3.02	0.71	0.428
改革创新意识(AoRI)	**2.62**	**0.91**	**1.32**	**0.16**	**2.325****	**3.34**	**0.57**	**1.89**	**0.55**	**3.016****
自我发展(SD)	1.78	0.49	1.22	0.31	0.832	3.07	0.64	2.04	0.42	1.064
共同体意识(AC)	1.81	0.61	1.67	0.44	0.812	3.28	0.84	2.81	0.61	0.415
学习节奏把控(LPM)	**1.72**	**0.46**	**1.02**	**0.19**	**2.458****	**3.15**	**0.68**	**2.49**	**0.35**	**1.102**

注：* 表示 $p<0.05$，** 表示 $p<0.01$，*** 表示 $p<0.001$；胜任力词典中共 4 个等级，等级得分取值为 1～4；粗体表示在该特征上绩优组高于绩平组且具有统计学意义。

在 33 项胜任力特征中，有 20 项在绩优组和绩平组间呈现了显著性差异，即：知识场活性、混合教学统领知识、系统设计、认知激活、双向反馈、促进互动、社会认知与关系、负责任的决策、人机协同、混合学习体验管理、质量监控、适应性教学、积极反思、持续迭代、教研融合、数字化教学、成就动机、混合教学价值观、改革创新意识、学习节奏把控。根据前文所述胜任力理论,这些胜任力特征因能区分混合教学优秀者和普通者,具有鉴别性,因而这 20 项特征被归为高校混合教学胜任力的鉴别性胜任力。其余 13 项不具有区分效用,但也是混合教学教师成功开展混合教学所具备的基础性胜任力特征,因而被归为基准性胜任力。上述是整体样本的比较,同样地,还需要在不同岗位序列内使用同样的方法进行绩优组与绩平组的差异分析,以最终确定主讲教师和辅导教师岗位下的基准性胜任力特征和鉴别性胜任力特征,此过程不再赘述。

通过两次胜任力特征的差异分析,验证了不同岗位确实存在胜任力特征差异,在不同绩效组也存在胜任力特征差异,即确定的胜任力特征能有效地区分效标样本之间(高绩效组和普通绩效组)的差异,这也从侧面检验了本研究编码的内容效度。

综合上述两次胜任力特征的差异分析结果,构建了既能区分主讲教师和辅导教师岗位序列、又能区分优秀教师和普通教师的复合胜任力结构,基于该结构进一步对特征项的名称、定义、行为等级描述等进行局部修正,以更准确地表达混合教学情境下的胜任力。初步构建的混合教学胜任力词典示例如表 3-16 所示。

表 3-16 基于"BEI"构建的混合教学胜任力词典初稿示例

<table>
<tr><th colspan="4">主讲教师序列胜任力(33 项)</th></tr>
<tr><td>基准性胜任力</td><td>18 项</td><td colspan="2">有关课程的知识(KoC)、有关学生的知识(KoS)、混合式学科教学策略知识(KoTS)、循证评价(EbA)、自我认知与管理(SAM)、团队协同(TC)、数字技术能力(DTS)、职业承诺(PC)、职业责任心(PR)、自我效能感(SE)、服务意识(SA)、自我发展(SD)、共同体意识(AC)、负责任的决策(RDM)、数字化教学(DTeS)、促进互动(PI)、社会认知与关系(SPR)、质量监控(QM)</td></tr>
<tr><td rowspan="2">鉴别性胜任力</td><td rowspan="2">15 项</td><td>平均等级分 $p<0.05$,13 项</td><td>频次 $p<0.05$,1 项</td></tr>
<tr><td>知识场活性(AoKF)、混合教学统领知识(OCiBT)、系统设计(SD)、认知激活(CA)、人机协同(HCC)、混合学习体验管理(BLEM)、适应性教学(AT)、积极反思(PR)、持续迭代(CI)、双向反馈(BdF)、教研融合(IoTR)、成就动机(AM)、混合教学价值观(HAtoBL)、改革创新意识(AoRI)</td><td>学习节奏把控(LPM)</td></tr>
</table>

续　表

<table>
<tr><th colspan="4">辅导教师序列胜任力(28 项)</th></tr>
<tr><td>基准性胜任力</td><td>13 项</td><td colspan="2">有关课程的知识(KoC)、有关学生的知识(KoS)、混合式学科教学策略知识(KoTS)、循证评价(EbA)、自我认知与管理(SAM)、团队协同(TC)、数字技术能力(DTS)、职业承诺(PC)、职业责任心(PR)、自我效能感(SE)、服务意识(SA)、自我发展(SD)、共同体意识(AC)</td></tr>
<tr><td rowspan="2">鉴别性胜任力</td><td rowspan="2">15 项</td><td>平均等级分 $p<0.05$,13 项</td><td>频次 $p<0.05$,2 项</td></tr>
<tr><td>知识场活性(AoKF)、混合教学统领知识(OCiBT)、人机协同(HCC)、混合学习体验管理(BLEM)、积极反思(PR)、持续迭代(CI)、教研融合(IoTR)、成就动机(AM)、混合教学价值观(HAtoBL)、双向反馈(BdF)、促进互动、社会认知与关系(SPR)、质量监控(QM)</td><td>数字化教学(DTeS)、学习节奏把控(LPM)</td></tr>
<tr><td colspan="4">胜任力词典说明</td></tr>
<tr><td colspan="2">胜任力特征名称</td><td colspan="2">1. 混合学习体验管理(BL Expeience Management, BLEM)</td></tr>
<tr><td colspan="2">定义</td><td colspan="2">教师通过对线上与线下混合融通的整体式教学管理和高度的组织力，为学生提供高度参与、个性化、丰富的学习体验的过程和能力</td></tr>
<tr><td colspan="2">等级</td><td colspan="2">关键行为特征描述</td></tr>
<tr><td colspan="2">G1(探索)</td><td colspan="2">能提供具体的、有序的和可观察到的课程指引，让学生清晰地知晓学习目标、学习任务，以及什么时候学、在哪里学(面对面或线上同步或线上异步)等，整个课程保持一个相对稳定的学习节奏</td></tr>
<tr><td colspan="2">G2(发展)</td><td colspan="2">大多数或所有学生在学习过程中，能根据自己的学习风格、时间安排等做出相对灵活的选择，比如学习路径、学习资源类型、拓展资源、线上学习节奏、学习成果展示等；学生有机会监测自己的整体课程进度(例如，了解自己的目标，了解自己的进度，了解自己的学习情况，知道下一步是什么)，知道当前的学习与课程整体学习目标的关联性</td></tr>
<tr><td colspan="2">G3(专业)</td><td colspan="2">引导学生在线上学习与现场学习之间快速、无缝地切换，表现出方向感和目标感；以促进内在动力的方式制定和实施行为准则，并提供结构化互动和反馈，使学习者能够练习和发展自主学习技能，如设定目标、制定计划、获取资源和对学习进行反思；大多数学生都表示，他们感到很成功，并享受在课堂上的学习过程；制定应对技术故障或其他授课计划中断的预案，保障线上线下学习活动的连贯顺畅</td></tr>
</table>

续 表

等级	关键行为特征描述
G4（卓越）	教师在制定行为准则和学习契约时充分考虑学生的意见；公正地实施面向所有人的规则，学生知道他们为什么在课堂上应该或不应该做某些事情；将民主作为一种文化渗透到学习中；在融洽、尊重和相互包容的基础上创造安全的混合学习环境；让每个学生都感到自己的价值和独特性；整合线上和线下部分，提供一个允许结构化互动的环境，让学生有平等的发言权，让保持沉默或不愿意发言的学生参与进来

五、结论与讨论

（一）结论：基于行为事件访谈的胜任力模型初构

1. 混合教学胜任力模型及其与混合教学价值诉求的契合性

本研究通过行为事件访谈法初步获得了33项混合教学胜任力特征，并通过核心式编码和选择式编码将其分别归纳为知识、教学、管理、技术、特质五大核心概念维度，及专业知识、混合教学法知识、教学设计、学习支持、社会情感力、协同教学力、混合学习体验管理、灵活自适、持续改进、质量监控、数字素养、特质与动机、自我概念等13个主要概念维度，初步构建的混合教学胜任力模型如图3-5所示。

在前文中通过与常规课堂教学的比较，分析了混合教学的价值诉求，并将其概括为：在混合学习文化中，通过差异化和个性化教学，促进学生学习投入和深度学习，实现学生自主学习和个人发展。成功的混合教学教师应该具备达成混合教学价值诉求的核心能力，即混合教学胜任力应该与混合教学价值诉求相呼应。本研究所构建的初步模型较好地体现了这种呼应。如图3-5所示，尽管33项胜任力特征与4条价值诉求并非一一对应的关系，但是胜任力特征独立或组合（图3-5中的"能力域"）支撑了相应的价值诉求（图3-5中的"目标域"），图3-5中使用了板块反映这种关系。比如，胜任力特征中的"人机协同"，将人的"智慧"和机器的"智能"协同合作，实现教师从工具价值转向内在价值的"人机协同"能力及其行为等，指向的是"差异化和个性化教学"目标；通过线上线下学习活动有效衔接和最佳协同、实现线上与线下持续对话和反馈的"系统设计""混合学习体验管理"能力及其行为等指向的是"学生自主学习与发展"；在学生中营

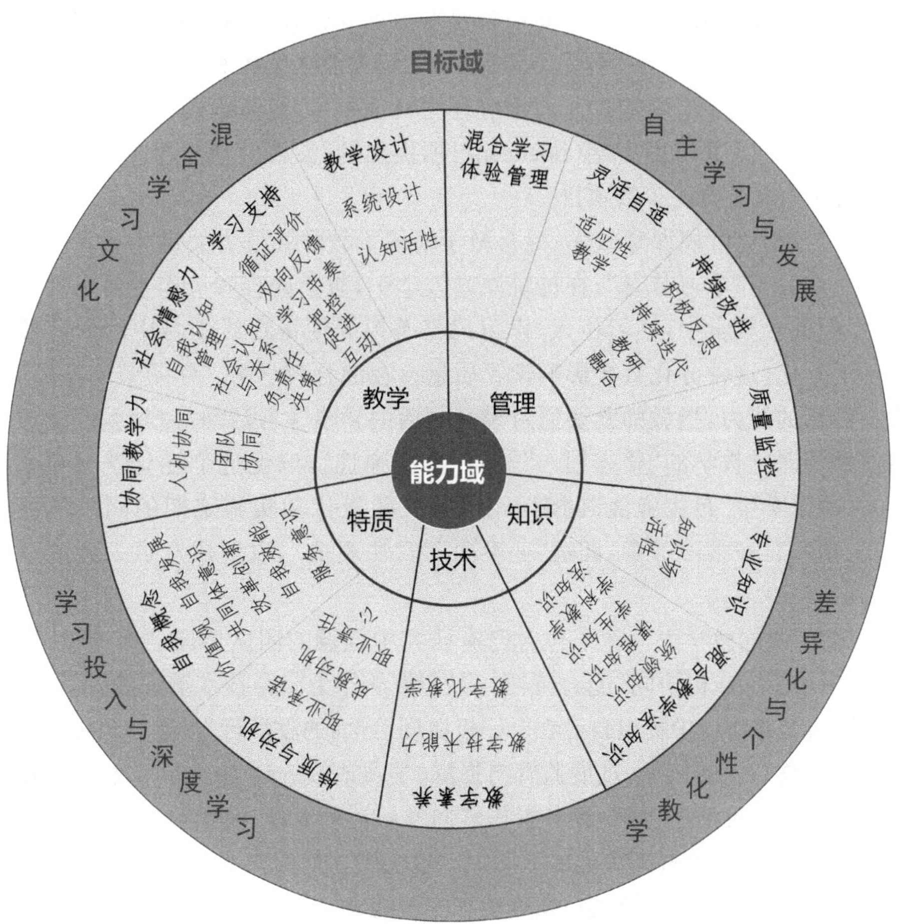

图 3－5　基于访谈文本编码的胜任力初步模型

造尊重、关爱和互助文化，引导和组织学生在高频、有序、有效的互动中探究学科知识的"促进互动"能力及其行为等指向的是混合学习文化的营造等。

2. 混合教学情境下教师胜任力关键特质的变化

本研究中胜任力特征的萃取参考和借鉴了现有文献中的成果，但在经历了对 31 个访谈案例、约 42 万字的访谈文本编码过程中，舍弃了既往文献中诸多通用性胜任力特征，比如讲授能力、信息素养、沟通能力、组织能力、自信等，萃取了更符合混合教学情境下特有的胜任力特征，如认知活性、人机协同、混合学习体验管理、适应性教学、学习节奏把控等。这种取舍主要考虑了以下两个方面的因素。

其一,在行为事件访谈中,受访者要求聚焦混合教学情境下的具体事件,诸多普适性的能力特征没有被受访者提及,后续未能在编码和词典中体现。聚焦特定情境下的能力分析有助于收窄胜任力特征条目,提高编码一致性和胜任力模型的有效性。正如斯宾塞(Spencer)①所提出的,长篇大论的胜任力明细表比不上有用而且必要的少数项目。

其二,相比常规课堂教学,混合教学情境下教师胜任力关键特质发生了变化。比如关于"学习节奏",在传统课堂教学中,教学内容和节奏主要由教师决定,但在混合教学中,学习投入、学习风格等差异使得在线学习中的学习节奏出现了分化,这种分化直接影响学习质量。在混合教学中,"学习节奏把控"作为一种新的能力,指教师既要通过设计灵活的异步学习活动,使学生的学习节奏由常规课堂教学的"整齐划一"转向"自主弹性",以促进个性化学习和学习投入,赋予学生"自主弹性"的学习节奏;又要设计和实施定期的同步学习活动,干预和对齐学习节奏,调适"变奏曲"为"协奏曲",以达成全员一致的学习目标。

比如"协同教学力",除了包含已有研究中强调的团队协同("人-人协同")外,还新增了"人-机协同"能力特征。混合教学作为一种技术增强的教学范式,不少受访者在访谈中提出自己在"人-机协同"方面的教学行为,诸如利用在线课程平台提高知识的传播、进度监管与提醒、学习成绩统计与分析等效率,从而将教师时间从低价值的讲解、评分操作转向学习活动设计、激发动机、传递情感价值观、情感态度评价等高价值的活动中。这实质上是反映了在混合教学中,教师从工具价值转向内在价值的认知程度和实践能力。

又比如关于"信息素养",在前文张艳丽、法隆(Falloon)等人的有关教师胜任力研究中被列为核心能力,而在本研究中,教师在其行为回顾和描述中对信息素养也发生了认识上的变化,即多数教师认为,随着数智技术的发展,如何使用信息技术来支持教学实现已经不是首要问题,而关键问题是"什么时候使用技术、什么时候不使用技术"的灵活决策能力。

在第六章中,将对最终版本的胜任力特征内涵进行阐述。

(二) 讨论:初模进一步完善的空间

基于文献分析和行为事件访谈法构建的混合教学胜任力初步模型尚不完

① 史班瑟.才能评鉴法:建立卓越的绩效模式[M].魏梅金译.汕头:汕头大学出版社,2003.

备，还有一些问题值得进一步商榷。

一是，既往研究中多以教学质量为导向研究胜任力，往往忽略了以职业幸福感为导向的胜任力研究，对胜任力要素中的非认知特征缺乏深入的探讨，尤其对双重影响教学质量和职业幸福感的非认知因素缺乏挖掘。实际上，混合学习作为一种技术增强的灵活性学习方式，给教师带来了因工作量陡增、支持有限、缺乏信心和经验等导致的工作压力大幅上升等问题和挑战。例如在访谈中，有些受访者流露了更多的疲于应付、感受到压力，甚至职业倦怠等心声，有些受访者表现出积极乐观、坚毅自信、维持高水平的混合教学动机和职业承诺。那么，教师应对混合教学的相关行为和经验为什么会出现差异呢？教师需要一种什么样的“适应性能力”来应对这些挑战呢？

二是，行为事件访谈法作为一种质性研究方法，是在自然情境下，充分收集一线教师有关开展混合教学的原始访谈资料，借此对教师的混合教学行为进行解释性理解和教学能力的意义建构。在对混合教学情境下教师能力特征、内涵、方式等进行分析和理解时，存在一定的主观性。受访者的叙述大多数本身也是一种主观感受，对于萃取的胜任力特征究竟是如何影响教学绩效或教师职业幸福感的，其因果关系和机制仍不明朗，需要进一步辅以量性研究进行探究，以提高胜任力模型指导教师专业发展的实用价值。关于这一点，在前文也提及需要使用基于数据的教学行为分析来夯实胜任力模型。

第三节　自我调节：一项重要的非认知胜任力特征

一、教师专业能力视野中的自我调节

在前文中提及，混合学习作为一种技术增强的教学新范式，给教师带来了因工作量陡增、支持有限、缺乏信心和经验等导致的工作压力大幅上升等问题和挑战。为此，教师需要有一种“适应性能力”来应对这些挑战。在这一节中，从非认知能力视角，基于资源保护理论（Conservation of Resources, COR）将上述教师所需要的“适应性能力”具体化为“自我调节”概念，认为自我调节是一个人在职业环境中适应性地预算个人资源的能力。本文试图通过分析混合教学情境下自我调节对成功教学的两个核心标准——教学质量和职业幸福感的影响关系，将教育学关注教学质量的研究传统和组织心理学关注职业幸福的研究传统同时纳

入对成功教师的研究，检验将自我调节纳入高校教师混合教学胜任力模型的合理性与必要性，以补充和完善前文所构建的胜任力模型。

（一）资源保护理论

资源保护理论由美国心理学家霍布福尔（Hobfoll）[①]提出，是一个以资源为导向的人类动机元理论，提供了一种对个人资源的适应性管理及预期后果的理解。根据“COR”理论，资源包括实物资源、身份资源（如职位、地位等）、个体资源（如个体特征、技能等）、能源资源（如时间、知识等）。“COR”理论的基本原则是，所有的人都在努力保护、保存和扩大他们的资源；当资源受到威胁，或长期的资源损失和大量资源投资后缺乏资源收益，人就会经历心理压力和倦怠。沙尔施密特（Schaarschmidt）团队[②]根据个体内部“资源投入（工作投入）”和“资源保护（复原力）”两个特征相互作用及其组合，开发了有关工作的行为与经验模式诊断工具，即“AVEM”量表，使用类型学方法识别了四种模式：H 型（健康抱负型），职业参与和复原力都高，表现为平衡；U 型（无抱负型），职业参与度低，但复原力高；A 型（过度抱负型），参与度高，复原力低，满意度和情绪低下；R 型（辞职型），职业参与和复原力都低，表现为辞职倾向。

（二）教师专业能力视野中的“自我调节”

在教育心理学研究中，自我调节是指基于一般行动模型的学习过程的自主启动、维持和评估。基于资源保护理论，昆特（Kunter）等学者提出专业能力方面的自我调节概念，将其定义为根据预期目标在职业环境中预算和管理个人资源的适应性能力，表现为作为资源投资的工作投入和作为资源保护的复原力之间的平衡。[③] 工作投入是指在工作中投入精力和资源的意愿，被描述为

---

① Hobfoll S. E. Conservation of resources theory: its implication for stress, health, and resilience [M]// Folkman S. The Oxford Handbook of Stress, Health, and Coping. Oxford University Press, 2011: 127 - 147. Hobfoll S. E., Halbesleben J., Neveu J-P., et al. Conservation of resources in the organizational context: The reality of resources and their consequences [J]. Annual Review of Organizational Psychology and Organizational Behavior, 2018, 5(1): 103 - 128.

② Kieschke U., Schaarschmidt U. Professional commitment and health among teachers in Germany: A typological approach [J]. Learning and Instruction, 2008, 18(5): 429 - 437.

③ Kunter M., Baumert J., Blum W., et al. Cognitive activation in the mathematics classroom and professional competence of teachers: results from the COACTIV Project [M]//Andrea P., Patricia W. Mathematics Teacher Education. New York: Springer, 2013.

一种积极的、与工作相关的充实心态(如活力、奉献、沉浸等)；复原力是指个人获得和利用心理、社会、文化及物质资源以成功适应逆境的能力和过程。[①] 昆特等人以德国中学数学教师为研究对象，将沙尔施密特团队识别的四种职业模式引入教师职业，提出了不同的教师自我调节类型，并揭示了自我调节类型对教师职业幸福感具有一定的预测作用，且与学生报告的教师教学表现、学习动机等存在关联，但与学生成绩没有系统的关联性。[②] 这证明了自我调节似乎是影响教学成功的一个重要因素，但对其内在联系还需要在更多教育场景下深入探讨和检验。

二、研究问题与研究设计

(一) 研究问题

1. 混合教学教师的自我调节存在哪些潜在类别？混合教学教师与常规课堂教学教师在自我调节类型上的分布是否存在差异？

2. 不同自我调节类型的教师在混合教学质量、职业幸福感上的差异如何？也即，混合教学质量和职业幸福感的差异是否可以用自我调节类型来解释？

3. 基于以上结论，将自我调节纳入混合教学教师胜任力模型是否合理？

(二) 研究模型

针对上述 3 个研究问题，基于资源保护理论提出了如图 3－6 所示的研究模型。

图 3－6 中混合教学胜任力情境模型描述了教学胜任力是个人特征、岗位要求、组织环境三者的交集，具有情境性和动态性。只有当某种能力特征与教师的专业行为，特别是成功教学之间存在经验性联系时，将该能力特征纳入胜任力模型才是合理的。本文着重探讨教师自我调节与教学质量、职业幸福感之间是否存在显著性关联(图 3－6 中实线箭头部分)。

---

① Tina Hascher, Susan Beltman & Caroline Mansfield. Teacher wellbeing and resilience: towards an integrative model [J]. Educational Research, 2021, 63(4): 416－439.

② Kunter M., Baumert J., Blum W., et al. Cognitive activation in the mathematics classroom and professional competence of teachers: results from the COACTIV Project [M]//Andrea P., Patricia W. Mathematics Teacher Education. New York: Springer, 2013.

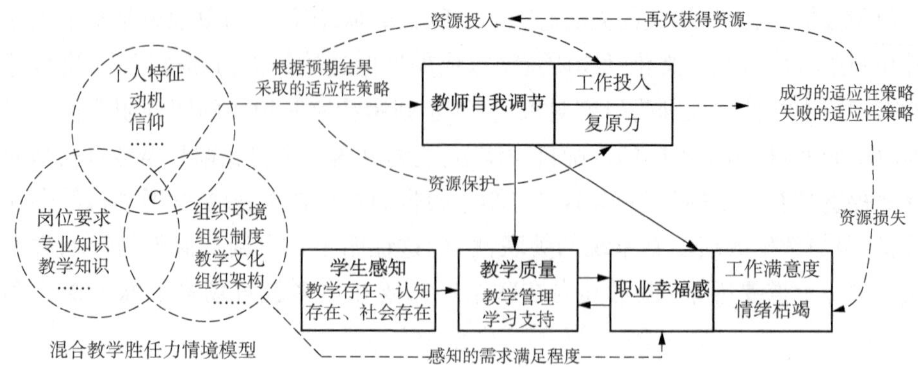

图 3-6 教师自我调节与教学质量、职业幸福感关系研究模型

(三) 研究方法

1. 被试样本

本研究包含教师和学生两部分。来自国内 12 所高校开展混合教学的 161 位教师和采用常规课堂教学的 160 位教师组成教师样本集。开展混合教学的判断标准是:其一有完整的在线课程;其二课程周期不少于 12 周;其三线上教学或线下面授不少于总课时的 1/3。教师所开设混合课程的班级学生共 5474 人,组成学生样本集(开设多门混合课程的教师,由其指定具有代表性的一门课程)。高校样本涵盖了"双一流"建设高校、地方综合性高校和专业性院校。混合课程涵盖了理学、工学、医学、农学、教育学、法学等 10 个学科门类。

2. 测量工具

(1) 自我调节。采用了沙尔施密特团队开发的简版"AVEM"量表。沙尔施密特博士将工具软件包以德语(AVEM)和英语(MECCA)两种语言发送给我们研究小组。两位精通英语和德语的研究人员独立将两种语言的版本翻译成中文;然后请一组经验丰富的研究人员(2 人)对翻译后的两个译本进行了结构和语义方面的检查,并将其合并为一个中文译本。此外,将该中文译本提交给 6 位不同领域的教师,以评估其表达的清晰度和准确性,在吸纳他们的建议后,产生了量表的最终版本。本量表有 8 个分量表、44 个题项,前 4 个测量工作投入,后 4 个测量复原力。

(2) 职业幸福感。从工作倦怠和工作满意度两个方面来测量教师的职业幸福感。工作倦怠量表改编自马斯拉赫(Maslach)的教育版。① 改编后的简短量表分为三个维度共 11 个题项，包括情绪耗竭、工作疏离与无效能感三个维度。工作满意度量表改编自哈克曼和奥尔德姆(Hackman & Oldham)② 的简短工作满意度量表，主要测量受测者自尊自重、成长与发展、受重视程度、独立思考与行动、工作保障、工作待遇、合作关系、工作贡献等衡量满意度的因素。

(3) 教学质量。使用探究社区测量量表评估学习者的深度学习体验，以此作为学习者感知的教学质量观察工具。具体基于兰国帅等人改编的中文版"COI"量表③、巴纳德(Barnard)开发的自我调节量表(OSLQ)④、卡普兰(Kaplan)等人⑤开发的共同调节量表(ERICA)改编而成《混合教学情境下的深度学习测量量表》。

3. 施测过程与统计方法

通过某中文问卷调查平台面向教师发放问卷 329 份，回收有效问卷 321 份。学生问卷由混合教学任课教师发送问卷链接给学生填写；因学生样本附属教师课程，对齐混合教师的有效问卷后，得到学生的有效问卷 5 474 份。整个施测过程遵循匿名、自愿原则。使用问卷平台的"自定义来源"功能实现学生问卷数据与教师问卷数据的关联，最终得到具有嵌套关系(学生嵌套于课程)的横截面数据。使用 SPSS 24.0 软件进行描述统计、相关系数分析、方差分析。潜剖面分析(Latent Profile Analysis, LPA)基于人而非项目的视角识别潜在亚群体，相比普通因子模型分组更能突出亚群特征，因此在 Mplus 8.2 中使用"LPA"提取和识别样本教师群体中的自我调节类型。

---

① Leiter M., Maslach C., Jackson S. Maslach burnout inventory™: manual 4th edition [DB/OL]. (2018)[2023] https://www.mindgarden.com/117-maslach-burnout-inventory-mbi.

② Hackman J. R., Oldham G. R. Development of the job diagnostic survey [J]. Journal of Applied Psychology, 1975, 60(2): 159 - 171.

③ 兰国帅，钟秋菊，吕彩杰等. 探究社区量表中文版的编制——基于探索性和验证性因素分析[J]. 开放教育研究，2018，24(3)：68—76.

④ Barnard L., Lan W. Y., To Y. M., et al. Measuring self-regulation in online and blended learning environments [J]. Internet and Higher Education, 2009, 12: 1 - 6.

⑤ Kaplan J., De Montalembert M., Laurent P. & Fenoillet F. Erica-an instrument to measure individual and collective regulation of learning. European Review of Applied Psychology, 2017, 67(2): 79 - 89.

三、自我调节的类型学分析

(一) 描述性统计与量表检验

1. 变量的描述性统计及信度分析结果

工作投入、复原力、倦怠、工作满意度、教学质量的描述性统计及量表信度分析结果如表 3 - 17 所示。

表 3 - 17 自我调节、教学质量、职业幸福感等量表描述性统计

量表	N=161			题项
	M	S. D.	α	
工作投入				
工作意义	3.27	0.78	0.93	4
职业抱负	3.32	0.72	0.79	4
用力倾向	2.97	0.65	0.81	4
追求完美	3.45	0.64	0.84	4
复原力				
情感疏远	2.95	0.71	0.89	4
低放弃倾向	3.47	0.73	0.85	4
积极应对	3.39	0.56	0.91	4
心智稳定	3.34	0.62	0.87	4
工作倦怠				
情绪耗竭	2.10	0.63	0.89	4
工作疏离	2.21	0.75	0.78	3
低效能感	2.78	0.54	0.82	4
工作满意度	3.04	0.76	0.81	11

续　表

量表	N=161			题项
	M	S. D.	α	
教学质量				
教学存在	3.41	0.62	0.89	13
认知存在	3.21	0.71	0.85	9
社会存在	2.87	0.56	0.81	5

2. 教师量表的效度分析

使用验证性分析检验教师量表的结构效度。近似平均误差 RMSEA=0.056,标准化均方根残差 SRMR=0.073,卡方独立度比值(x^2/df)等于 2.19(小于参考值 3),CFI、TLI 均大于 0.9,说明了数据和模型之间具有良好拟合度。

此外由于本研究在同一时间段采用被试自我报告的方式得到截面数据,可能会因为项目的共同特性或可能存在的社会期望等因素产生共同方法偏差。为此采用了"Harman"单因子法检验共同方法偏差是否存在,结果显示共提取 4 个公共因子,且第一个公因子的总方差解释为 23.71%,小于 40%,说明本研究不存在显著的共同方法偏差,不会影响研究结论。

(二) 教师自我调节类型分析

1. 自我调节类型的潜在剖面分析

采用 Mplus 8.2 数据分析软件进行混合教学教师自我调节类型的探索性潜在剖面分析,并使用了一套拟合指标来评估模型的拟合度①,包括 AIC(Akaike's Information Criterion),BIC(Bayesian Information Criterion),aBIC(adjusted BIC),LMR(Lo-Mendell-Rubin likelihood ratio Test),BLRT(Bootstrap Likelihood Ratio Test)以及 Entropy(信息熵)。其中,AIC、BIC、aBIC 用于模型比较时,指标值越小,表明模型拟合越好。LMR 和 BLRT 的 p 值(即 pLMR/pBLRT)小于 0.05 时,表明 k 类别模型优于 k-1 类别模型。Entropy 表示分类准确性,一般要求大于 0.8。

① Nylund-Gibson K., Grimm R. P., Masyn K. E. Prediction from latent classes: A demonstration of different approaches to include distal outcomes in mixture models [J]. Structural Equation Modeling: A Multidisciplinary Journal, 2019,26(6):967-985.

表 3-18 的模型拟合指标结果表明,5 个模型的 pLMR 和 pBLRT 值均达到显著水平(p<0.05),但相较而言,模型 M4(k=4)的 pLMR 值最低,而且信息熵 Entropy 值最大。由此确定模型 M4 为最佳剖面分析模型,即自我调节类型分为四类最为合适。

表 3-18 教师自我调节的潜在剖面(LPA)拟合指数(N=161)

模型	AIC	BIC	aBIC	pLMR	pBLRT	Entropy
M1(k=1)	3567.32	3676.50	3646.25	—	—	—
M2(k=2)	3387.12	3466.39	3425.72	0.000	0.000	0.565
M3(k=3)	3277.85	3389.32	3342.09	0.004	0.000	0.727
M4(k=4)	3165.08	3221.02	3183.26	0.003	0.000	0.832
M5(k=5)	3070.47	3127.83	3090.41	0.029	0.000	0.811

2. 教师自我调节类型的特征分析

通过潜在剖面分析得到了四个分类数据子集,分别统计每个子集在工作投入和复原力共 8 个子维度的平均得分,结果如图 3-7 所示。

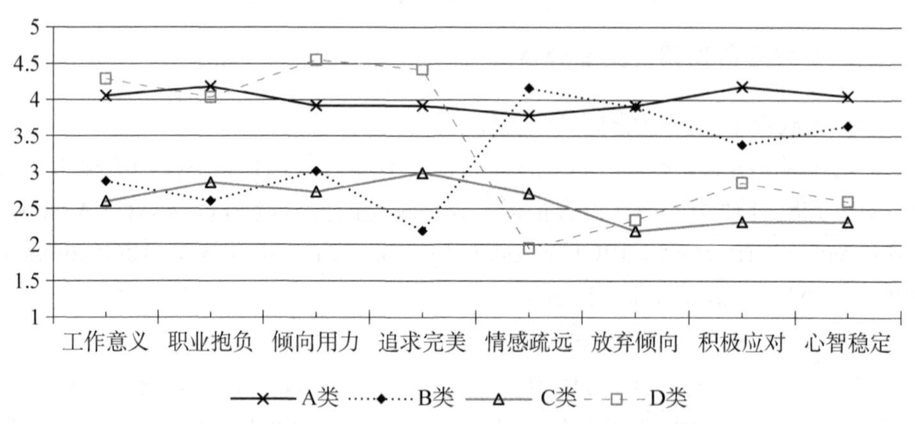

图 3-7 混合教学教师自我调节类型四剖面模型结果

教师自我调节问卷采用 5 点量表,统计所有样本得到中位数为 3.3,2.9 以下为低水平,3.5 以上为高水平,其余为中等水平。根据自我调节水平在 8 个维度的得分均值对每个剖面进行命名。人数排前的是图 3-7 中的 A 类和 D 类群体,分别为 67(占比 42%)人和 56 人(占比 35%)。A 类群体在所有 8 个维度中得分均较高,在资源投入和资源保护之间取得了理想的平衡,可以命名为“积极稳健型”。D 类群体在工作投入的 4 个维度中得分最高,在复原力的 4 个维度中得分却处于低水平,表现为高工作投入和高职业承诺,但复原力低,可以命名为“激进失衡型”;人数次之的 B 类群体,为 21 人(占比 13%),在工作投入的 4 个维度中得分较低,在复原力的 4 个维度中得分较高,表现为节省资源投入和闲适自得,可以命名为“平淡自得型”;人数最少的是 C 类,为 17 人(占比 10%),在所有 8 个维度中得分均较低,表现为低工作参与和低复原力,具有职业倦怠体验,可以命名为“疲惫倦怠型”。

3. 混合教学教师与常规课堂教学教师的自我调节类型分布比较

以工作投入为横坐标、复原力为纵坐标绘制四象限,比较混合教学教师与常规课堂教学教师在自我调节类型上的分布差异,结果如图 3-8 所示。相较而言,混合教学教师较多地分布在“积极稳健型”和“激进失衡型”区域,常规课堂教学教师更多地分布在“积极稳健型”和“平淡自得型”区域。

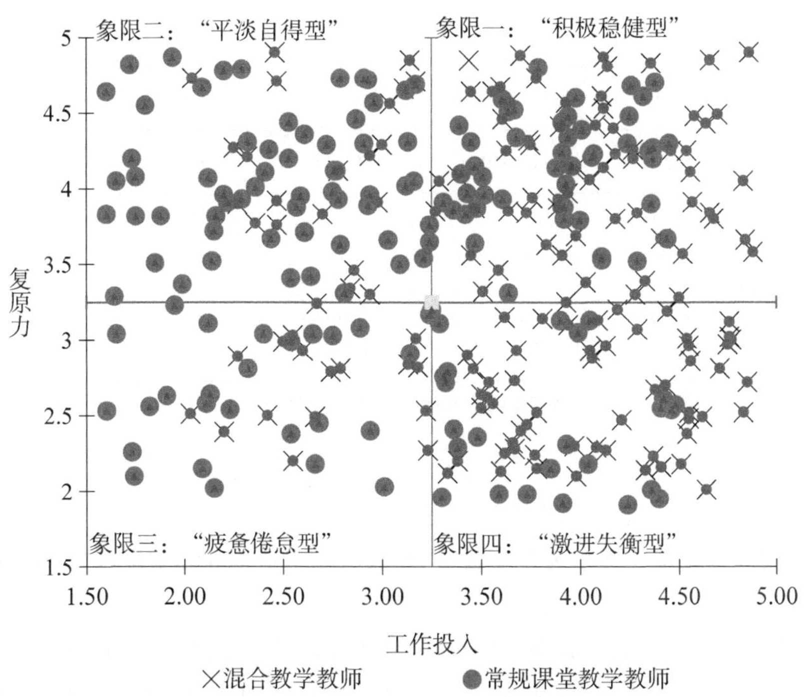

图 3-8 两类教师自我调节类型分布

(三) 自我调节与教学质量、职业幸福感回归分析

1. 自我调节、职业幸福感、教学质量相关性分析

已有研究表明,性别、教龄等可能会对教学质量和职业幸福感产生影响,因此,将性别、教龄作为控制人口变量,对自我调节、教学质量、职业幸福感三者间的关键变量进行相关分析,结果如表 3－19 所示。由表 3－19 可知,在控制和未控制人口变量条件下,工作投入与教学质量均呈显著正相关;复原力与教学质量相关性不显著,与职业幸福感相关性显著。在控制人口统计学变量条件下,工作投入与工作满意度呈显著相关。

表 3－19 关键变量间的相关系数(N＝161)

量表	M(S. D.)	自我调节		职业幸福感		教学质量		
		1	2	3	4	5	6	7
1. 工作投入	3.12		−0.11	0.10	0.21**	0.46**	0.23**	0.27**
2. 复原力	2.92	−0.13		−0.61**	0.34**	0.08	0.05	−0.01
3. 情绪耗竭	2.98	0.14	−0.64**		−0.32**	−0.02	−0.09	−0.14**
4. 工作满意	3.22	0.11	0.38**	−0.44**		0.47**	0.47**	0.38**
5. 教学存在	3.45	0.41**	0.11	−0.07	0.52**		0.48**	0.40**
6. 认知存在	3.16	0.24**	0.08	−0.09	0.54**	0.57**		0.31**
7. 社会存在	3.02	0.31**	0.03	−0.10	0.49**	0.51**	0.39**	

注:对角线上方是控制人口变量后各变量间的偏相关系数,对角线下方是未控制人口变量各变量间的相关系数;** $p<0.01$。

2. 自我调节类型与职业幸福感关系分析

以教师自我调节类型为自变量,以教师职业幸福感为因变量,进行单因素方差分析,结果如表 3－20 所示。

总体而言,4 种调节类型的教师在情绪耗竭上存在显著差异,$F=57.31$,$p<0.001$。从效应值大小来看,$\eta^2=0.21$,表明大约 21％的情绪耗竭变异可由自我调节类型来解释,效应中等。通过事后检验进行多组比较发现:“积极

稳健型”教师报告的情绪耗竭最少，“平淡自得型”教师次之，两者在统计上无显著差异；这两类教师的情绪耗竭在统计上显著低于“疲惫倦怠型”“激进失衡型”教师；“疲惫倦怠型”教师情绪耗竭最高，但与“激进失衡型”教师无显著性差异。

表 3-20　4 种自我调节类型教师职业幸福感得分均值、标准差及方差分析

职业幸福感维度	自我调节类型				方差分析		
	A 积极稳健型(n=67)	B 平淡自得型(n=56)	C 倦怠疲惫型(n=21)	D 激进失衡型(n=17)	F	η^2	事后检验
情绪耗竭 M±SD	1.91±0.51	1.97±0.66	2.63±0.48	2.42±0.68	57.31***	0.21	A≈B<D≈C
工作满意度 M±SD	3.37±0.62	3.21±0.69	2.±820.71	2.91±0.57	31.22***	0.14	C≈D<B≈A

注：*** $p<0.001$。

4 种类型教师的工作满意度也有类似的结果，总体而言，4 类教师之间的工作满意度存在显著差异，$F=31.22$，$p<0.001$。效应值 $\eta^2=0.14$，表明大约 14%的工作满意度变异可由自我调节类型来解释。通过事后检验进行多组比较发现：“积极稳健型”教师工作满意度最高，“平淡自得型”教师次之，这两类教师显著高于“疲惫倦怠型”“激进失衡型”教师；“疲惫倦怠型”教师工作满意度最低，与“激进失衡型”教师无显著性差异。

3. 自我调节类型与教学质量关系分析

以教师自我调节类型为自变量，以教学质量为因变量，进行单因素方差分析，结果如表 3-21 所示。

表 3-21　4 种自我调节类型教师教学质量得分均值、标准差及方差分析

教学质量维度	自我调节类型				方差分析		
	A 积极稳健型(n=67)	B 平淡自得型(n=56)	C 疲惫倦怠型(n=21)	D 激进失衡型(n=17)	F	η^2	事后检验
教学设计与管理 M±SD	3.32±0.61	3.28±0.55	3.10±0.58	3.16±0.72	0.839	0.00	～

续 表

教学质量维度	自我调节类型				方差分析		
	A 积极稳健型(n=67)	B 平淡自得型(n=56)	C 疲惫倦怠型(n=21)	D 激进失衡型(n=17)	F	η^2	事后检验
学习支持 M±SD	3.52±0.51	3.09±0.70	2.89±0.72	3.58±0.52	38.86***	0.19	C≈B<D≈A
认知存在 M±SD	3.36±0.56	3.28±0.61	3.01±0.63	2.94±0.62	42.52***	0.11	D≈C<B≈A
社会存在 M±SD	3.21±0.55	2.85±0.47	2.76±0.68	2.93±0.53	26.45***	0.09	C≈B≈D<A

注：** $p<0.001$。

本研究样本数据为嵌套数据(学生嵌套于课程)，组内相关系数(Intra Correlation Coefficient, ICC)值为 0.24，表明有 24%的学生感知的教学质量变异是由组间因素造成的，这也揭示了使用自我调节类型来解释教学质量差异的必要性。相对而言，“积极稳健型”教师在教学质量所有维度的总得分最高，“平淡自得型”次之，“激进失衡型”再次之，“疲惫倦怠型”最低。

(1) 在学生感知的教学存在方面，4 种自我调节类型均不能在统计上显著地预测教学存在中的“教学设计与管理”维度，但是“积极稳健型”教师在这方面的得分最高；学生在不同自我调节类型的教师中所感知的学习支持呈现了显著性差异($F=38.86, p<0.001$)。效应值 $\eta^2=0.19$，表明大约 19%的学习支持变异可由自我调节类型来解释。通过事后检验进行多组比较发现：学生感知的来自“积极稳健型”和“激进失衡型”教师的学习支持最高，显著高于“平淡自得型”和“疲惫倦怠型”教师，后两者之间的学习支持无显著差异。

(2) 在学生感知的认知存在方面，不同自我调节类型间存在显著性差异($F=42.52, p<0.001$)。效应值 $\eta^2=0.11$，表明大约 11%的认知存在变异可由自我调节类型来解释。通过事后检验进行多组比较发现：“积极稳健型”教师的得分高于其他类型教师，“平淡自得型”教师得分次之；“疲惫倦怠型”教师与“激进失衡型”教师得分较低，且显著低于前两类教师。

(3) 在学生感知的社会存在方面，不同自我调节类型间存在显著性差异($F=26.45, p<0.001$)。效应值 $\eta^2=0.09$，表明大约 9%的社会存在变异可由自我调节类型来解释。通过事后检验进行多组比较发现：“积极稳健型”教师的得分再次高于其他类型教师，且与其他组存在显著性差异。

四、讨论与结论

(一) 讨论

1. 混合教学教师中存在4种自我调节类型,且在类型分布上与常规课堂教学教师呈现了较明显的差异

(1) 4种自我调节类型分别是"积极稳健型""平淡自得型""疲惫倦怠型""激进失衡型"。4类自我调节的人群特征如下:"积极稳健型",表现为积极但不过度的工作参与、冷静与平衡,是一种理想的工作行为和经验模式。"平淡自得型",表现为节省和限制资源投入,但具有较高复原力,不求精进,自觉满意。"疲惫倦怠型",表现为低工作参与和职业承诺,对压力和负面情绪抵抗力低,具有疲惫体验和放弃倾向。"激进失衡型",表现为在工作中往往付出比实际需要更多的资源,追求完美,但抗压水平低,伴随消极情绪。值得关注的是后两类教师群体的低复原力特征会降低工作满意度,具有一定的职业风险,可以归为风险型群体。

(2) 混合教学教师更多地分布在第一("积极稳健型")和第四("激进失衡型")象限,共同特征是工作投入高;常规教学教师更多地分布在第一("积极稳健型")和第二("平淡自得型")象限,共同特征是复原力高。这种分布差异描述了两类教师在工作行为与经验模式上的不同,具有较明显的群体画像特征。混合教学教师总体上表现为工作投入高,但在复原力水平上大约各占一半,结合对部分教师访谈内容分析,这说明混合教学作为一种教学新范式,在课程制作、教学互动、过程管理等方面的复杂性增加了教师的时间和精力投入。这种高工作投入是对"显性负担"的统计表征;而"隐性负担",即混合教学新范式蕴含的新期待,比如创造个性化学习体验、促进学习投入和深度学习等对教师提出了更高的要求,而教师对高要求的应对结果出现了分化,掌握和适应混合教学实践的教师则表现了更强的复原力,具有积极应对问题、心智稳定、低放弃倾向、与工作保持健康距离的特点;尚未完全掌握和适应混合教学的教师表现了低复原力、职业奉献与回报失衡、低满意度、消极情绪等特点。张倩苇、冯晓英等学者关于教师混合教学准备度的研究表明,教师只有对混合教学设计、混合学习支持、混合式教学学科教学法知识等方面做足了准备才能应对混合教学的挑战。本研究支持了上述观点,并进一步使用类型学方法对混合教学教师群体画像,阐释了准备度不

足对教学质量和职业幸福感的负向影响。

2. 本研究表明,自我调节类型对教学质量和职业幸福感都有显著影响

“积极稳健型”教师在投入和节约资源之间取得了适应性平衡,在教学质量和职业幸福感上优于其他所有类型的教师;这类教师能更加关注学生的个人需求,并有能力做出适应性的反应。“平淡自得型”教师采取节约资源的行为模式,工作投入较低但抗压能力较强,其职业幸福感得分只比“积极稳健型”教师略低。然而,他们可能因工作缺乏挑战导致投入偏低而面临混合教学质量不高的风险。“疲惫倦怠型”教师工作投入不高且无法有效应对工作中的问题,他们的教学质量和职业幸福感得分均最低,面临放弃或退出混合教学的风险。“激进失衡型”教师的参与度很高,虽然其学生报告的学习支持感知较高,但认知存在和社会存在感知并不高,且职业幸福感偏低。高职业承诺和投入没有得到足够的满足,这种差异可描述为“满足危机”或“努力-回报不平衡”,这也从侧面验证了文献[①]所述混合教学中“高交互低满意度”现象。根据资源保护理论,这类教师会因持续的资源投入却缺乏资源收益而陷入“损失螺旋”,如果没有干预措施,随着时间的推移,可能会被转化成“疲惫倦怠型”。值得注意的是,“激进失衡型”教师并不显著性地比“疲惫倦怠型”教师更成功,这表明资源投入与资源收益(比如学生对教学质量正向评价)之间不是简单的线性关系,也说明在工作投入和复原力之间取得平衡的重要性。

本研究验证了霍恩西(Hohensee)[②]、霍尔茨贝格(Holzberger)[③]等人关于自我调节类型影响职业幸福感的观点,并同步考察了自我调节对教学质量的影响,在昆特等人[④]有关自我调节类型预测教学表现的研究结论基础上,进一步使用混合教学中的嵌套数据对自我调节类型与教学质量关系作出了因果推断。

---

① Liao H. J., Zhang Q. W., Yang L., & Fei, Y. N. Investigating relationships among regulated learning, teaching presence and student engagement in blended learning: An experience sampling analysis [J]. Education and Information Technologies, 2023, 28(10):12997 - 13025.

② Hohensee E., Weber K. E. Teacher trainees' well-being — the role of personal resources [J]. International Journal of Environmental Research and Public Health, 2022, 19(14):8821.

③ Holzberger D., Maurer C., Kunina-Habenicht O., et al. Ready to teach? A profile analysis of cognitive and motivational-affective teacher characteristics at the end of pre-service teacher education and the long-term effects on occupational well-being [J]. Teaching and Teacher Education, 2021, 100: 10328.

④ Kunter M., Baumert J., Blum W., et al. Cognitive activation in the mathematics classroom and professional competence of teachers: results from the COACTIV Project [M]//Andrea P., Patricia W. Mathematics Teacher Education. New York: Springer, 2013.

3. 将自我调节置于高校教师混合教学胜任力模型具有合理性和必要性

本研究结果表明,在混合教学情境下,教师成功管理个人资源的适应性能力谓之自我调节能力,对数字化时代成功教学的两个核心标准——教学质量和职业幸福感均产生显著影响,因此应被视为一种重要的非认知能力特征,并被纳入混合教学胜任力模型。当前混合教学胜任力主要围绕"TPACK"知识、技能、信念等认知特征构建并强调教师在这些方面的投入[①],而本研究表明,这些能力特征及强烈的职业奉献不足以让教师在混合教学实践中获得成功。本研究结论有助于超越教师胜任力偏向认知特征构建的传统,从而构建囊括认知和非认知特征的更全面的胜任力模型,有利于改变目前倚重培养教师教学技能的局面,提倡在教学的社会和情感方面重视教师专业发展。事实上,在混合教学实践中,在学科上是专家的专业教师不能有效地应对职业情感压力而导致倦怠或放弃混合教学的现象时有发生。在胜任力模型中清晰界定自我调节特征与其他胜任力特征的关系、作用机制、发展路径,将工作投入、复原力等共同纳入教师教育计划或培训,能为解决上述问题提供理论框架和实践指导。

(二) 研究小结

本节基于资源保护理论,使用类型学方法对 161 名高校混合教学教师进行调查和潜剖面分析,识别出具有不同自我调节类型的教师子群,进而考查自我调节类型对教学成功的两个标准——教学质量和职业幸福感是否产生显著影响。结果发现:混合教学教师中存在 4 种自我调节类型,即"积极稳健型"(42%)、"平淡自得型"(13%)、"疲惫倦怠型"(10%)、"激进失衡型"(35%)。自我调节类型显著影响教师教学质量、职业幸福感得分。在自我调节类型分布上,混合教学教师与常规课堂教学教师具有明显差异。自我调节作为一种非认知能力,将其纳入混合教学教师胜任力模型具有合理性和必要性。根据前文通过"BEI"构建的胜任力结构特征,将"自我调节"胜任力特征纳入"特质"维度下的"自我概念"范畴。

需要说明的是,横截面数据反映的是教师个体自我调节类型的短时状态评估,并不代表"自我调节"或"压力类型"的最终分类,实际上,教师的自我调节具

① Kunter M., Baumert J., Blum W., et al. Cognitive activation in the mathematics classroom and professional competence of teachers: results from the Coactiv Project [M]//Andrea P., Patricia W. Mathematics Teacher Education. New York: Springer, 2013. 邱燕楠,李政涛.从"在线教学胜任力"到"双线混融教学胜任力"[J].中国远程教育,2020,41(7):7—15,76.

有情境性,会随着个人专业发展和时间推移发生变化。本研究将在第八章采用经验抽样法获取纵向数据,分析在一定的干预(比如教师专业能力培训)下教师自我调节类型的转化过程及特征,为教师专业发展提供更详尽的经验数据支持。

第四章 混合教学胜任力模型构建：数据循证研究

基于行为事件访谈法的叙事研究在文本互动与阐释过程中不可避免地存有主观性。本章从循证研究视角，构建了基于学习分析的胜任力特征萃取研究框架，以进一步补充和丰富在上一章构建的胜任力模型。选取绩优组一门跨校混合课程为样本，从真实数据中对指向深度学习体验的关键教学行为进行识别，具体工作包括：其一，设计"RORC"学习节奏可视化模型，通过对样本课程两个学期1216名学习者约43.28万条学习行为数据的分析，呈现了学习节奏、行为序列偏差及其对教师胜任力的启发。其二，使用经验抽样法，对150名志愿者1807份追踪数据的多层线性分析，揭示了影响混合学习节奏及学习投入的个人因素和情境因素。基于这两项实证研究：更新了7条胜任力特征项，涉及22项行为特征描述，论证了在混合学习情境下将调节存在纳入探究社区模型的必要性和合理性。

第一节 基于学习分析的胜任力特征萃取研究框架

一、研究思路与个案选择

（一）研究思路

第三章从教育叙事的视角，通过行为事件访谈法初步构建了高校混合教学教师胜任力模型。但研究者在与受访者及访谈文本进行互动、阐释性理解和意义建构的过程中不可避免地存在主观性，且未能从量性研究角度深入探究胜任力特征与教学绩效的内在关联。

本节从实证逻辑的视角，选取受访者中的一个具体课程案例，通过学习分析方法对胜任力初步模型中的关键胜任力特征做进一步的分析，从真实的教学行为数据中去探究和挖掘其反映的教学胜任力特征，以明晰这些胜任力特征影响教学绩效的内在机制，优化胜任力特征条目内涵及行为等级描述，以提高胜任力模型指导教师专业发展的实用价值。结合教育叙事与实证逻辑方法构建混合教学胜任力模型的思路如图 4-1 所示。

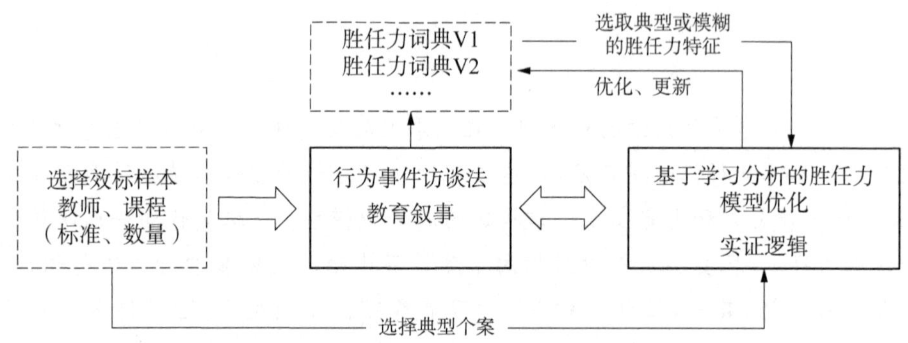

图 4-1　结合教育叙事与实证逻辑的胜任力特征萃取及优化思路

（二）混合课程案例选择

案例选自绩优组某教师所开设的一门混合课程——“模拟电子技术”。该课程是由来自国内 3 所大学的 12 名教师（8 位主讲教师，4 位辅导教师）联合开设的跨校混合课程。教学设计由其中 8 位主讲教师集体备课（远程或见面研讨）确定，但每位教师可以对在线课程内容进行本土化修改，复制生成适合本校学生的校本课程，并负责本校线下面授课程的教学。因此本研究中实际上有 3 门相似的混合课程。所有学生均须完成 13 周（8 周线下、5 周线上）、36 个学习活动，共 312 个任务点的学习；课程考核由在线测验、实验报告、闯关任务点、线上线下参与讨论频次与质量、线下闭卷测验、期末闭卷考试、签到等过程性评价与总结性评价相结合，学习者通过考核后可获得 3 个学分。

选择这门课程，主要考虑了以下三点。

其一，该课程结构在当前高校盛行的混合课程中具有代表性，线上学习主要通过观看视频、测验、作业互评、同步/异步讨论等完成基础知识掌握；线下课堂教学主要是通过讨论、辩论、实验、小组成果展示与评价等完成知识应用和迁移。

其二,该课程跨校开课,学生来自不同的学校,他们所感知的教学存在具有差异性,能为本研究提供具有代表性的研究样本。

其三,该课程为来自绩优组教师的案例。该课程是国家一流混合式课程,课程负责人获得过全国混合教学创新大赛一等奖,其教学行为与学习绩效的关系更具有典型性和代表性。

基于该课程,本研究开展了两项分析并分别采集和使用了不同的数据集。

(1) 学习节奏分析。这项分析主要使用了 2021 年 3 月至 2022 年 1 月春秋季两个学期 1 216 名学习者的课程后台日志数据,约 43.28 万条。为保护用户隐私,研究者与课程团队签署了数据保密协议。

(2) 促进学习投入的教学行为分析。这些分析的数据主要使用经验抽样法(Experience Sampling Method, ESM),通过问卷伴随式采集来自 3 个学校 150 名学习者的学习活动体验纵向数据。

二、胜任力特征萃取研究框架

因精力和篇幅所限,这里分析基于“BEI”法构建的胜任力模型中最关键的胜任力特征,即平均等级分最高的特征项,包括:系统设计、认知激活、促进互动、学习节奏把控等,它们也是鉴别性胜任力特征,分别隶属于“学习设计”和“学习支持”两个主概念,如表 4-1 所示。这些胜任力特征也是访谈中受访者们谈及和强调最多的,其重要性不言而喻。

表 4-1　“BEI”方法中平均等级分最高的若干关键胜任力特征项

主概念	胜任力特征项(属于鉴别性胜任力特征)	平均等级分	
		岗位序列统计	绩优绩平统计
学习设计(LD)	系统设计(SD)、认知激活(CA)	3.42(主讲)	3.57(绩优)
学习支持(LS)	循证评价(EbA)、双向反馈(BdF)、学习节奏把控(LPM)、促进互动(PI)	2.74(辅导)	3.43(绩优)

注:平均等级分来自第三章第三节中的表 3-13 和表 3-15。

通过分析这些核心胜任力特征是如何影响或达成混合教学核心价值诉求,对在“BEI”访谈阶段未能明朗的影响机制、内在联系做进一步探索,以期深化胜任力特征内涵,改进和优化其操作性定义、行为等级描述等。前文已论述混合教学的价值诉求为：通过系统设计实现线上线下、同步异步的最佳协同，为学生创建高度参与的个性化学习体验，实现深度学习。也即，本节要分析的核心问题是：上述关键胜任力特征是如何指向学生的深度学习的？这些胜任力特征下具体有效的教学行为是什么？

为此，构建如图 4－2 所示的研究框架。该框架基于探究社区、学习投入、深度学习等相关文献研究成果，构建了“学习设计”“学习支持”胜任力特征对深度学习达成路径的研究假设。

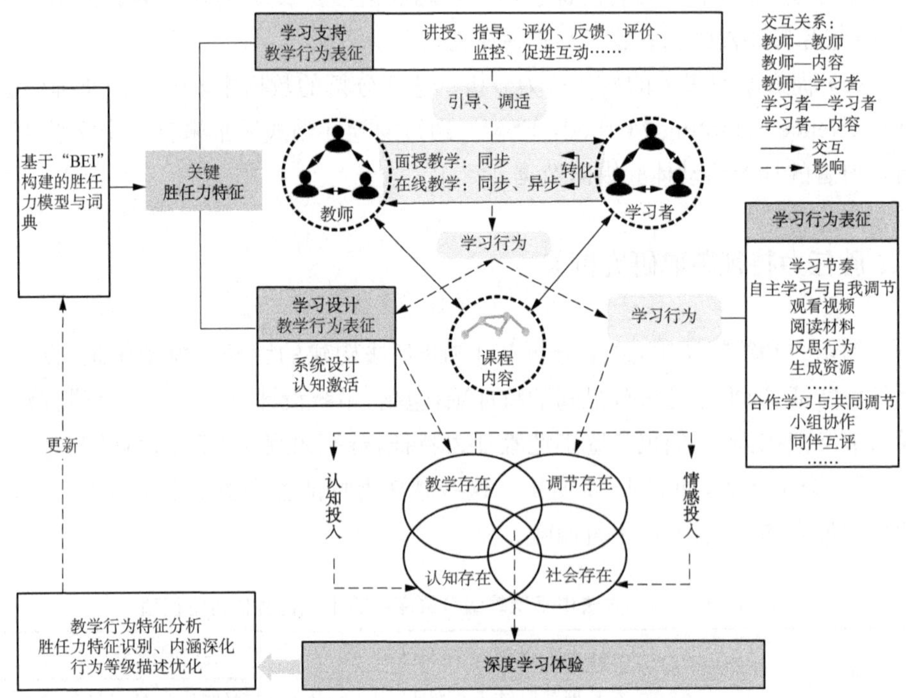

图 4－2　基于学习分析的胜任力特征优化研究框架

在研究框架中，提出了以下研究假设。

(一) 关键胜任力的教学行为假设

根据访谈资料和文献梳理补充，假设“学习设计”和“学习支持”下有效且关键的教学行为如下。学习设计维度：(1)系统设计，其教学行为包括：课程结构与组织(目标、呈现、同步异步非线性结构)、内容衔接与转化(线上/线下、同步/异步有效衔接和转化)、支持自主学习。(2)认知激活,其教学行为包括创设落在最近发展区且有挑战任务的学习机会。学习支持维度:(1)通过评价和反馈促进互动;(2)通过组织和管理学习过程提供良好学习节奏。

(二) 调节存在融入探究社区的合理性假设

本书第三章第一节论述了探究社区(COI)模型可以作为混合教学质量表征的描述性模型。教师胜任力作为自变量,要达成深度学习,依照探究社区理论,需要通过发展相互依存的教学存在、认知存在、社会存在三要素,创造深层次学习体验(教育经验)的过程来实现。加里森(Garrison)等[①]认为学习体验的创建需遵循的主要原则包括支持批判对话和协作反思活动、建立协同关系和形成社区凝聚力、有计划地设计课程内容和方法等。只有学习者在感知的三种存在都比较高时,才会达到有意义、有深度的学习体验。

根据访谈中受访者教师高频提及的"学生自主学习""小组合作学习"等(主要是从学生视角提及,未能编码到教师胜任力条目)现象,本研究假设:在混合学习情境中,将学习者在调节学习过程所感知的"调节存在"纳入"COI",并作为第四种存在,具有合理性和必要性。理由如下。

混合学习区别于常规课堂教学的一个重要方面就是具备发展学生自主学习的巨大潜力。这表现在:异步学习模式下时间、地点、节奏的灵活安排;学习资源、内容、作业形式等多样化选择;技术增强环境下的学习工具自主选择等。这要求学习者具有在这种学习环境特征的指导和约束下,监测、调节和控制自己的认知、动机和行为的能力[②],即自我调节学习能力。

混合式学习是一个社区,在这个社区中,一群人共同关注一个或一系列问题,并通过热烈的、持续的对话和互动来提升他们的知识,发展专长。与传统课堂或纯在线课程相比,混合式学习为学生提供了更多与同伴合作学习的机会。亚尔韦莱(Järvelä)等[③]观察到,在合作学习中,当个体的调节行为受到他人的支持、引导、塑造或约束时,就会出现一种独特形式的调节学习,称为共同调节学习(Co-Regulated

---

① Garrison D.R. Online community of inquiry review: Social, cognitive, and teaching presence issues [J]. Online Learning, 2007,11(1):61 - 72.

② Pintrich P.R. The role of goal orientation in self-regulated learning [J]. Handbook of Self-Regulation, 2000:451 - 502.

③ Järvelä S., Hadwin A.F., Malmberg J., et al. Contemporary Perspectives of Regulated Learning in Collaboration [M]. New York: Routledge, 2018.

Learning, CoRL)。“CoRL”被认为是混合学习取得成功的重要潜在条件。[①]

(三)“教学存在”和“调节存在”对学习投入产生交互作用假设

学习投入是达成深度学习的重要中介,由学习设计、学习支持形成的“教学存在”和自主调节、共同调节形成的“调节存在”对学习投入产生交互作用(调节学习可能对感知的教学存在与学习投入之间产生调节作用)。对这一问题进行分析有助于洞察教学行为对学习投入的影响机制,对识别有效的教学行为及修正胜任力词典具有反思性意义。

总之,期望通过对以上假设的分析,对学习设计和学习支持概念下的胜任力特征内涵得到更加深刻的认识,对相关胜任力特征名称、定义和等级行为描述得到修正,并建立胜任力模型中的特征项与四大存在的映射关系,提高模型指导教师混合教学能力发展的科学性和实用性。

以上假设全部纳入“促进学习投入的教学行为分析”这项实证研究中,采用经验抽样法进行纵向分析。“学习节奏”可以隐喻为学习投入在学习过程中时间维度的投影,对学习质量具有重要影响,因此,在对学习投入进行纵向分析之前,先大致分析和了解混合教学中学习节奏的实况。

第二节 基于学习节奏可视化模型(RORC)的学习节奏分析

一、学习投入的时间投影:学习节奏

混合学习情境下,学习者在享有灵活自主的同时,保持学习节奏与教学节奏的协调一致是获得高学习绩效的重要条件。通过对多门混合课程的调查发现,与“以教定学”的传统课堂模式所形成的整齐单一学习节奏特征相比,混合教学中不同学习者之间的学习节奏出现了明显的差异化,甚至分化现象。部分学习者的学习节奏严重偏离预期学习设计,“混合学习节奏调适”是混合教学中教师需要具备的一项关键胜任力特征。

学习节奏与教学节奏合拍,形成协奏曲,意味着群体进度一致,有利于线上

---

① Chaker R., Impedovo M. A. The moderating effect of social capital on co-regulated learning for MOOC achievement [J]. Education and Information Technologies, 2020,26:899 - 919.

互评、线上线下讨论等学习活动的深层次互动。而变奏曲（跟不上教学节奏、掉队）等是造成低效学习甚至最终放弃学习的重要原因。还有学者通过实证研究（通过关注个人独特的学习轨迹）证明了这种差别的存在，比如通过提取主题行为链，发现“三步一回头”（复习）的学生比一直往前观看视频的学生的成绩更好。

分析和正视混合教学中存在的学习节奏问题，为帮助教师改进学习设计和学习支持服务提供实证支持，对实现学习节奏与教学节奏的协调一致和同频共振具有实践价值。

（一）基于“RORC”模型的学习节奏可视化分析

1. “RORC”可视化模型设计

本研究中的学习节奏概念是指受学习投入及其他因素（比如自我调节学习、教师支持、同伴学习）影响从而产生对学习材料或活动以顺序、跳跃、复习、循环等方式参与或再参与的具有个人特征的时间序列表现。

为了分析混合教学中的学习节奏偏离类型及程度，本研究基于密集纵向法（Intensive Longitudinal Method）设计了学习节奏可视化模型——“RORC”模型，用以直观地反映整个课程中学习投入、活动时序方面的群体行为特征。该模型将学习节奏分为“随机（Random）—正常（Ontrack）—复习（Review）—追赶（Catch-up）”四个子类，如图 4－3 所示。

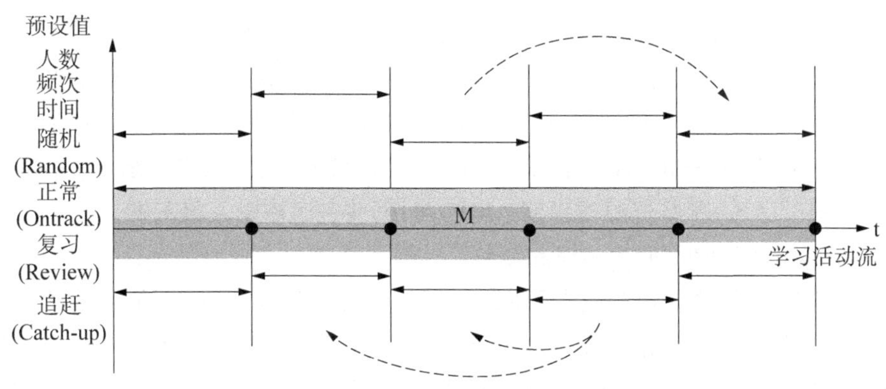

图 4－3　学习节奏的可视化统计模型

图 4－3 中横轴表示学习活动流，M 可以代表活动流上的一个教学资源或者一个学习活动。圆点●表示 M 的预设截止日期 t，则依据 t，可将学习分为提前学习（在 t 之前完成）和事后学习（在 t 之后完成）两类。

提前学习又可以分为2个子类：

(1) 正常学习(Ontrack)：每一个资源或活动均在t之前完成。

(2) 随机学习(Random)：随机提前学习，存在部分资源没有在t之前完成，也即提前学习行为具有随机性。

事后学习也可以分为2个子类：

(1) 追赶学习(Catch-up)：事后学习且是第一次学习该资源。

(2) 复习学习(Review)：事后学习但不是第一次学习，可视为重复学习或复习行为。

与以往慕课中学习者聚类分析的不同之处在于，“RORC”模型是基于学习活动(或资源)的统计，方便教师直观了解每个活动或资源的参与情况(有多少人提前完成、有多少人复习、有多少人追赶等)。上述可视化统计的理想状态是：“Catch-up”区域越小越好，甚至小于“Review”区域；“Random”区域越小越好，甚至跟“Ontrack”区域重叠。

通过“RORC”模型，能较直观地辅助完成以下统计和分析。

描述性统计：(1)整体学习进度统计，包括每个资源或学习活动的提前和滞后学习人数、被学习频次等。(2)整体学习投入统计(四个区域群体在每个学习活动的时间投入)。

相关性分析：(1)偏差分析：通过学习人数、学习时长等统计值比较和预设人数、时长的偏差。(2)学习负荷分析：通过“Catch-up”区域分析出现大量滞后或无滞后行为的学习活动，判断学习负荷和时间安排的合理性；(3)知识点关联分析：通过“Review”区域值及学习时序分析知识点的关联性，比如哪些资源被重复学习最多，是否没有讲解清楚等，为知识编排优化提供依据。(4)4种学习节奏与成绩的关系分析：如何扩大“Ontrack”区域和“Review”区域，适当减少“Catch-up”区域；哪些资源被频繁过度学习；哪些资源被学习得不够。

2. 基于“RORC”的案例课程分析

以案例课程“模拟电子技术”的2021年3月至2022年1月(含春季、秋季2个学期)课程后台日志数据为分析对象，包括用户基本信息表、行为日志表、讨论区表、评论表、互评表、成绩表等。其中行为日志表记录了学员所有的点击流数据(Clickstream)，包括用户“ID”、每一次点击行为时间戳、访问的“URL”(含指向的资源“ID”、资源类型)、操作类型(浏览或点击行为)。分析前对数据进行了清洗，筛选掉少量“僵尸”用户后保留共1 216名学习者的约43.28万条行为日志。该项分析主要使用了“Python”(“IDE”为“anaconda”)“Noptepad”“Excel”等工具，其中数据分析主要使用“Python”编程完成，使用“Excel”完成结果数据的图表制作。

(1) 学习参与人数与频次的整体分析。图 4－4、图 4－5 中“RORC”春季、秋季两个学期取平均值(608 人)的参与人数及行为频次统计结果显示：①本课程中学习节奏与教学节奏存在较为明显的偏差。每个教学资源或学习活动均在截止日期前完成的人数(Ontrack)为 206 人，“Random”区域和“Ontrack”区域人数共占约 65.7%；“Catch-up”区域显示约 23%的学习者群体性进度滞后于预设教学进度；在第二、三周及第八、九周出现了 4 处(活动 5、9、19、25)学习低潮，在这两处“Catch-up”人数明显增多，此处可结合教学内容做具体的分析，比如是否没有讲授清晰，或活动包含的知识点太多导致认知负荷增大等。

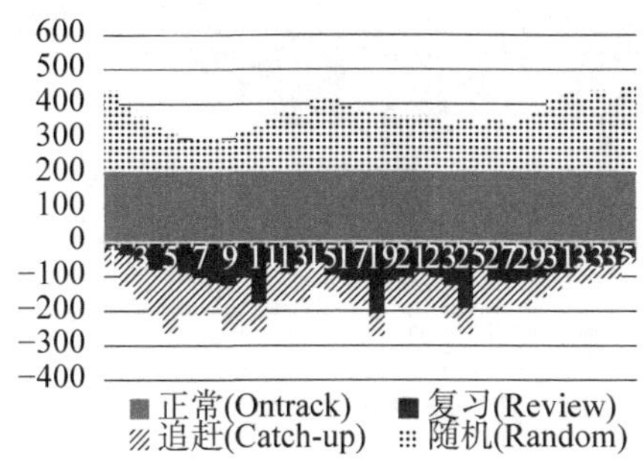

图 4－4　4 类学习节奏的人数分布

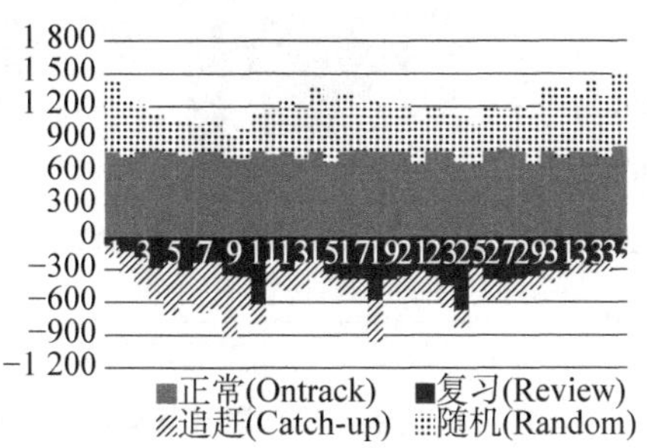

图 4－5　4 类学习节奏的频次分布

(2) 追赶学习滞后分析。为了更深入地了解“Catch-up”行为的滞后时长，需要对“Catch-up”区域数据进行滞后分析。图 4－6 表明，在课程前半程追赶行为以发生在截止日期后 4 天以上居多(深色区域)，课程后半程以 4 天内居多(浅色区域)。

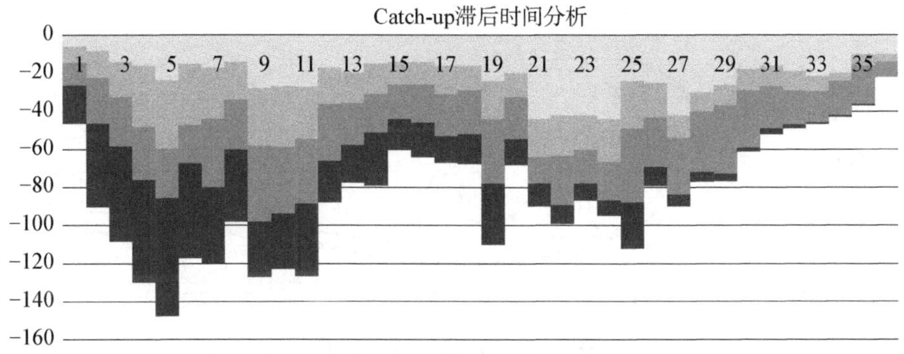

图 4－6　追赶(Catch-up)滞后时间分析

(3) 复习行为频次分析。从图 4-7 中关于"Review"频次可视化分析中可见:学习者中出现了较高频次的复习行为;按照活动的截止日期 t,可分为及时复习或短距离复习(在 t 之前完成,图中浅色区域)和事后复习或远距离复习(在 t 之后,图中深色区域),远距离复习频次高于近距离复习;在学习活动 11、19、25 三处出现了复习频次的高峰。

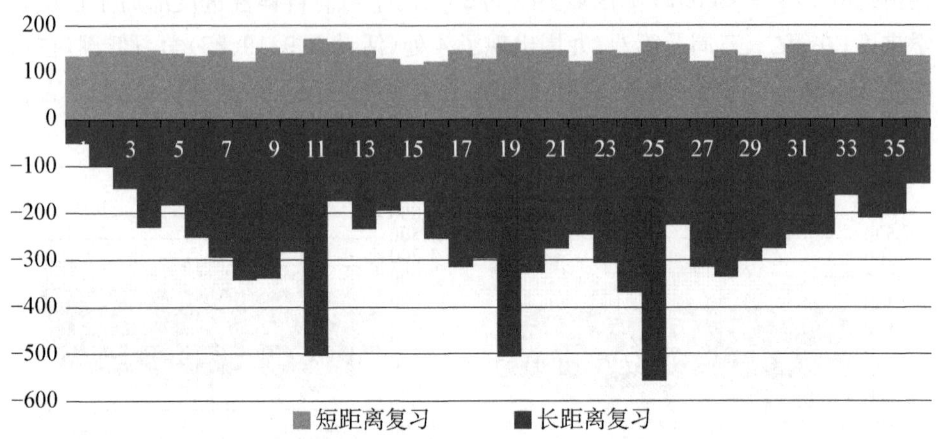

图 4-7 学习节奏可视化模型(RORC)复习距离频次分析

(4) 知识点关联分析。为了进一步深入分析"Review"行为间的关联及知识点关联,对学习时序进行了统计并绘制了图 4-8。为了探究及格组和不及格组的行为差异,按组别绘制了 2 组行为时序;同时为了凸显高频行为与学习活动的关联性,按往前跳跃频次>100、回跳频次>50 的阈值进行了过滤。线条越粗,行为频次越高。

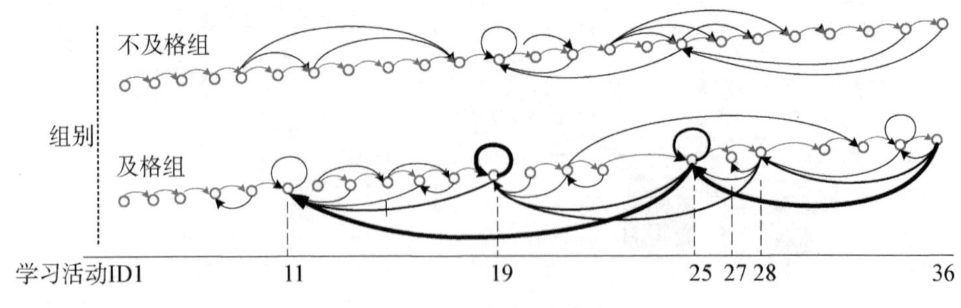

图 4-8 行为时序关联分析

从结果可见，及格组学习者回跳复习频次明显高于不及格组，且复习起点分散，也即在整个学习流中，往前回跳复习是一种频繁行为；活动（知识点）的强链接出现在 25 与 11、25 与 19、36 与 25 之间，其中 11、19、25、35 四个教学活动（知识点）自身出现了高频次的反复学习行为。高频往前跳跃（skip）行为出现在第二、三周及第八、九周，即前面分析的低潮处。

表 4－2　不同组别的行为时序类型与频次关系分析

	回跳复习（freq＞50）		当前资源反复学习（freq＞10）		向前跳跃学习（freq＞100）	
	纪录数	平均次数	纪录数	平均次数	纪录数	平均次数
优秀组	26	4.13	61	11.3	106	44.89
普通组	6	0.85	30	5.17	77	28.43

按"往后回跳复习、当前资源反复学习、往前跳跃学习"三类行为提取数据集，按组别对比，如表 4－2 所示。回跳复习行为频次：优秀者明显高于普通组，为普通组的 5 倍左右；当前资源反复学习频次：优秀组明显高于普通组，为普通组的 2 倍左右；向前跳跃学习频次：优秀组高于普通组，约为普通组的 1.5 倍。

(5) 学习时间投入分析。图 4－9 是 4 类学习者学习时长统计分析结果。4

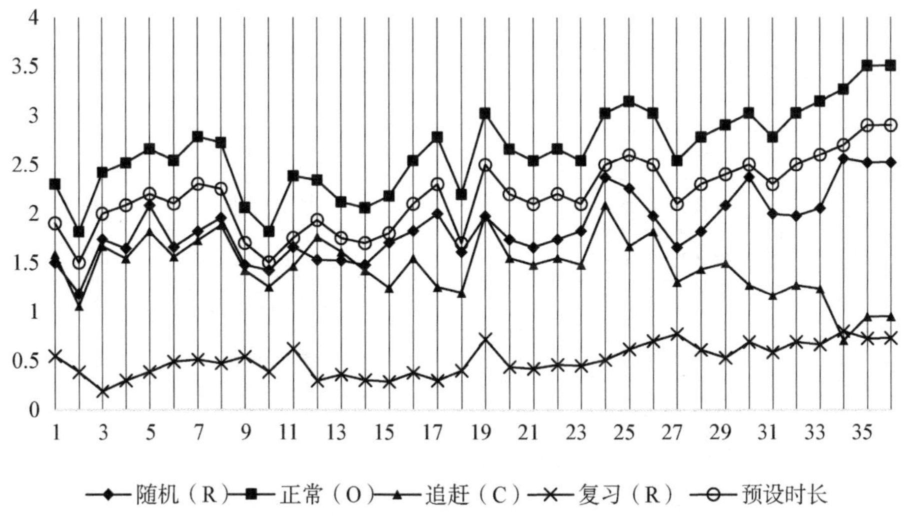

图 4－9　学习节奏可视化模型(RORC)时间投入分析

类人实际学习时长分布走势与教师预设时长吻合。其中“Ontrack”类学习者的投入时长最高且高于预设，其余三类均低于预设时长；“Catch-up”类学习者时间投入后期明显减少，出现了部分学习者放弃学习的现象。

(6) 基于行为链的学习行为与学习设计偏差分析。从学习者的点击流数据中编码基本的学习行为，使用 GSEQ 5.1(交互行为分析软件)分析和提取典型的学习行为链(由多个学习行为组成的行为序列)，并比较学习者实际典型行为序列与教师预设学习行为序列的差异。

具体实施步骤如下。

定义基本学习行为。结合平台功能和可获得数据共定义 20 个基本行为。为方便计算，对基本行为赋予代码，如表 4-3 所示。

表 4-3　混合学习中基本行为编码表

序号	基本行为	简称	代码
1	学习课程材料(含视频、文档等)	学课件	LeMa
2	提交小测验	小测	Test
3	课程讨论	讨论	Diss
4	浏览帖子	看帖	BroC
5	发帖(含回帖)	发帖	PosC
6	查看章测验	看章测	BroQ
7	提交章测验(含做题)	做章测	SubQ
8	参与主观作业互评	互评	Peer
9	看课程公告	公告	Anno
10	看评分标准	评分标准	ScoS
11	看课件列表	课件列表	Mlist
12	看章测验列表	章测列表	Qlist
13	看考试列表	考试列表	Elist
14	看讨论区列表	讨论列表	Dlist
15	从学习课件到向老师提问	学中问	LtoC
16	参加考试	考试	Exam

续 表

序号	基本行为	简称	代码
17	查看考试结果	考试结果	Eres
18	查看个人主页	个人主页	HPg
19	查看发帖排行	发帖排行	PRk
20	搜索帖子内容	搜帖	PSec
21	查看讨论区公告	讨论公告	BCN

数据清洗:清洗“僵尸数据”、频次过低等“脏数据”,从 43.28 万条日志数据中筛选得到 41.81 万条有效数据。

提取行为链:按用户和行为时间双排序,使用滑动窗口(分别为 7 和 10)提取行为序列,得到 1 310 条行为链。

选择排名前 20 的行为链,对语义相似的行为链进行合并(如表 4-4 所示),识别典型行为序列。

表 4-4 对语义相似的行为链进行合并

行为链(代码)	频次	主题
Mlist LeMa LeMa LeMa LeMa Mlist LeMa	1 910	
LeMa LeMa Test LeMa LeMa LeMa Test	1 858	学习新知识
Dlist BroC PosC BroC BroC BroC BroC	951	教学预设行为序列
LeMa LeMa Test Qlist BroQ SubQ Dlist	945	连续参与讨论
LeMa LeMa Test Peer Peer Dlist SubQ	911	连续章节测验
Qlist BroQ SubQ Qlist BroQ SubQ BroQ	909	先看题再学习
LeMa LeMa LeMa LeMa LeMa LeMa LeMa	901	
LeMa LeMa Qlist BroQ Dlist PostC BroC	897	
Qlist Qlist Qlist BroQ SubQ BroQ	866	
Dlist PosC PosC PosC PosC PosC PosC	839	

续 表

行为链(代码)	频次	主题
LeMa LeMa LtoC Dlist PostC LeMa LeMa	815	
Qlist BroQ LeMa LeMa BroQ SubQ Qlist	583	
ScoS Qlist BroQ LeMa LeMa BroQ SubQ	523	
LeMa Anno Mlist LeMa LeMa LeMa LeMa	511	

表 4 - 5 为滑动窗口最佳值为 7 时提取的排名前 5 的典型行为链，包括学习新知识、教学预设行为、连续章节测验、连续参与讨论、先看题再学习等。

表 4 - 5 典型行为链提取结果

主要行为链(滑动窗口取值为 7)	主题	命名
学课件-学课件-学课件-学课件-学课件-学课件……	学习新知识	模式 1
学课件-小测-学课件-讨论-做章测-学课件-小测……	教学预设行为序列	模式 2
看章测-做章测-看章测-做章测-看章测-做章测-看章测……	连续章节测验	模式 3
讨论列表-看帖-看帖-看帖-看帖-看帖-看帖……看帖-看帖-发帖-看帖-发帖……看帖……	连续参与讨论	模式 4
测试列表-查看章测-学课件-学课件-查看章测-做章测	先看题再学习	模式 5

绘制和分析典型行为模式。依据上述 5 条典型的主题行为链，降低频次筛选阈值，进一步得到行为链中每个行为与其他行为链接的更多信息，可以为理解每一类行为链的主题提供更丰富的微观的佐证信息，图 4 - 10 可视化呈现了除教师预设外的另四种(模式一、模式三、模式四、模式五)学习行为模式。比如图 4 - 10(A)中行为主题是“学习新知识”，其经历的主要任务状态(或行为状态)是通过观看讲座视频来学习某个知识内容，在这个状态下，学习者往往还会表现出不同的表层“微观”行为，比如偶尔也会有向教师提问、参与论坛的活动，这些微观活动可以为我们解释相应的潜在特征；如图 4 - 10(C)中行为主题是“连续参

与讨论”，其经历的主要任务状态是看帖和发帖(含回帖)，但还存在搜索帖子内容、跳转到相应学习材料(视频、文档)浏览、查看评分规则和发帖排行等伴随性行为。图 4－10 中线条的粗细反映其行为的发生频次。

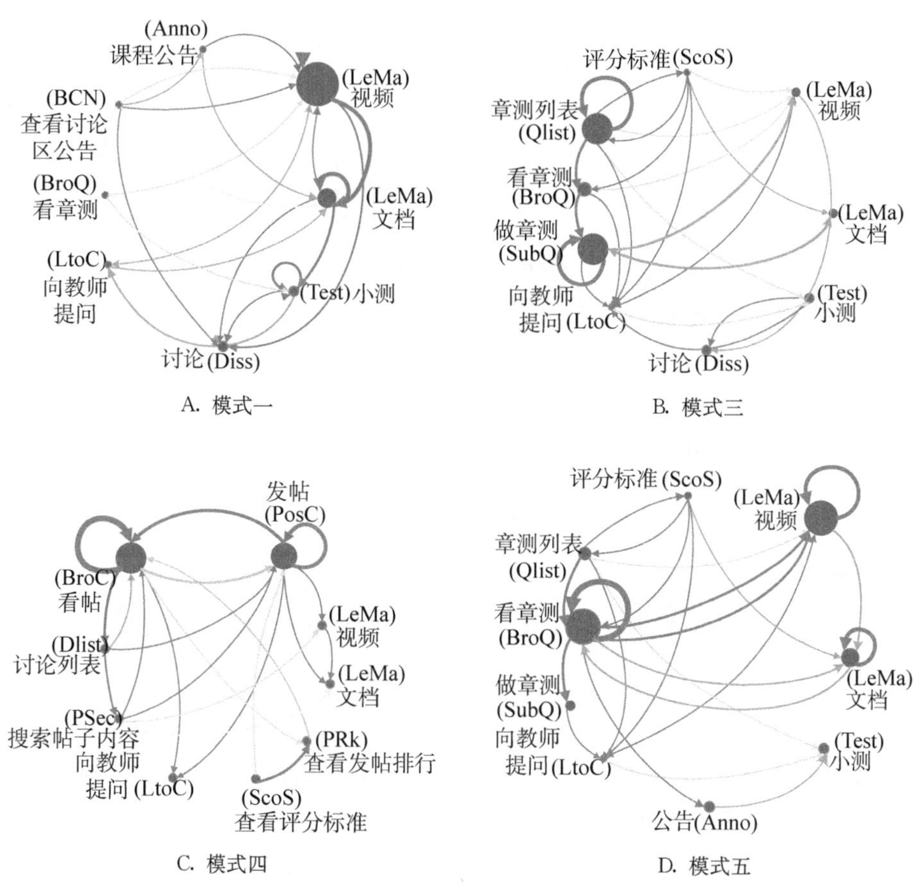

图 4－10　典型行为模式任务状态分析

在典型行为链基础上，使用同样的方法分析所有学习者在整个课程的行为链，以比较学习者实际行为序列和教师预设行为序列的差异，结果如图 4－11 和图 4－12 所示。需要说明的是，线下互动数据使用了雨课堂(课堂互动工具)的后台数据、课堂作业考查登记数据等。

图 4－11 是教师预设学习流程。学习者在完成一系列课件(视频、文档、拓展资源等)后进入讨论区对教师或他人提出的议题进行讨论，完成知识点小测

验。完成本章所有学习后进入章测验和实验报告互评,如此循环。在学习过程中,教师为促进互动,还设置了从上述学习区到答疑互动区的映射通道,在上述学习过程中有任何问题,可直接跳转到相应的教师答疑区、课堂交流区、测验答疑区、章讨论区等。在线下课堂教学中通过小组任务、实验验证、展示评价的活动内化和迁移线上学习的知识,并实现与线上活动的互动与反馈,比如线下活动结束后学习者能回看课件进行释疑或巩固。

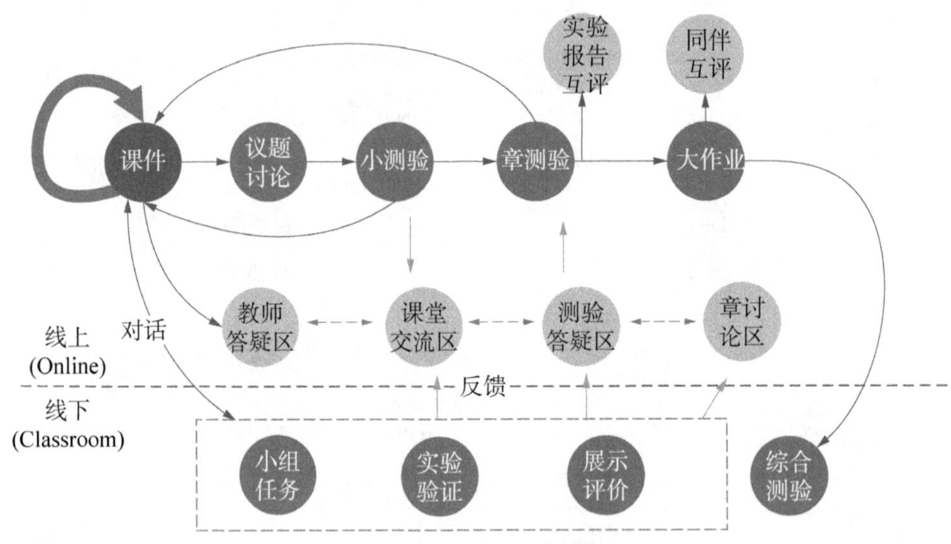

图 4-11 学习设计预设路径

图 4-12 是学习者的实际学习行为序列。为突出行为主题,对行为间的链接频次均值化处理后过滤掉了低值。通过滞后序列分析和行为相关分析,学习者的行为较为明显地聚类为三个主题:学习(浏览视频、课件、拓展资源等)、互动(线上讨论行为、线下互动)、测验(知识点小测、章测验等),但三个主题序列之间的链接偏弱(图 4-12 中的灰色连接线)。这表明了实际学习行为序列大体遵循了预设行为,但也存在较大的差异。遵循之处表现为主旋律还是按照教师预设的"学课件—小测验—小讨论—大测验",线下互动后促进了对课件的回看等(这里的分析结果再次验证了图 4-10 中行为时序关联分析结果);差异之处表现为相对独立持续的做题、在线互动、学习新知识等预期外行为,反映了学习节奏的多元化与个性化。

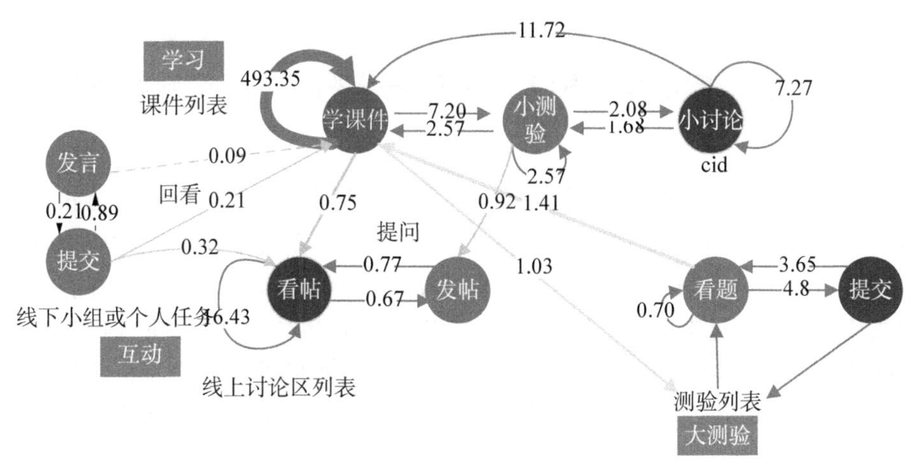

图 4－12　学习者实际学习路径及频次

二、学习节奏分析对混合教学胜任力的启示

上文中的分析呈现了混合教学中学习节奏的基本轮廓，对混合教学教师胜任力具有以下启示。

首先，学习节奏直接或间接影响学习成绩。比如对当前资源反复观看、“三步一回头”的回跳复习、投入保持或高于教师预设等行为和节奏在优秀组得到了明显的体现，而往前跳跃学习等行为在及格组更明显。这也支持了已有相关研究的结论，即学员流失或辍学与学习节奏有直接或间接的关系。调适学习节奏，既赋予在线学习的“自主弹性”，又调适“变奏曲”为“协奏曲”，是混合教学教师需要具备的新的重要胜任力特征。

其次，从“以教定学”到“以学定教、教学结合”，教师的混合课程观念需要进一步转变。应将非预设性和不确定性视为混合教学实践的有机组成部分。正如在访谈中有受访者认为：在混合教学中，没有一次课是可以完全预设的，每一次线下课，在上课之前对学情进行评估，进行二次备课。

再次，教师角色的转变。教师应从全面、全方位知识点的备课到引导、启发、在互动中实现知识的流动。通过发挥引导、组织等高价值工作进一步强化图 4－12 中的弱链接（灰色连接线），使之变为强链接。

最后，学习节奏的核心是学习投入，需要进一步探讨促进认知投入和情感投入所需的教师胜任力特征及其作用机制。

第三节 促进学习投入的教学行为分析——经验抽样法

本部分的研究旨在探讨混合式学习中教学存在、调节存在对学习投入的影响关系。具体验证前文图 4-2 基于学习分析的胜任力特征优化研究框架中提出的三个研究假设:(1)关键胜任力的教学行为假设。(2)调节存在融入探究社区的合理性假设。(3)"教学存在"和"调节存在"对学习投入产生交互作用假设。以期对"学习设计"和"学习支持"两大维度的胜任力特征内涵得到更加深刻的认识,对其定义和行为特征等进一步修正,并建立胜任力模型中的特征项与四大存在(教学存在、调节存在、认知存在、社会存在)的路径映射关系。

(一) 学习投入研究及其存在的问题

学习投入是指学生为了达到良好的学习效果而付出的身心努力程度。① 弗雷德里克斯(Fredricks)等人将学习投入划分为行为、情感、认知三个维度,确立了学习投入研究的基本框架。② 亨利(Henrie)等认为认知投入和行为投入在概念上存在模糊性,并指出两者的定义在一定程度上重叠。③ 瑞夫(Reeve)等④认为行为投入可以被视为认知投入(有时是情感投入)的外在体现。曼沃林(Manwaring)⑤、格雷厄姆(Graham)⑥等人在研究混合学习中的学习投入时,为了在操作中更清晰地界定学习投入的维度,也采用了情感和认知两个维

① Halverson L. R., Graham C. R. Learner engagement in blended learning environments: a conceptual framework [J]. Online Learning, 2019, 23: 145-178.

② Fredricks J., Blumenfeld P., Paris A. H. School engagement: potential of the concept, state of the evidence [J]. Review of Educational Research, 2004, 74: 109-159.

③ Henrie C. R., Bodily R., Manwaring K. C., et al. Exploring intensive longitudinal measures of student engagement in blended learning [J]. The International Review of Research in Open and Distributed Learning, 2015, 16: 131-155.

④ Reeve J., Shin S. How teachers can support students' agentic engagement [J]. Theory Into Practice, 2020, 59: 150-161.

⑤ Manwaring K. C., Larsen R., Graham C. R., et al. Investigating student engagement in blended learning settings using experience sampling and structural equation modeling [J]. Internet and Higher Education, 2017, 35: 21-33.

⑥ Halverson L. R., Graham C. R. Learner engagement in blended learning environments: A conceptual framework [J]. Online Learning, 2019, 23: 145-178.

度。其中认知投入既关注努力和坚持，也关注认知和元认知策略，其中包括用于更成功的学习的策略和"积极思考（自己的）学习"的过程。情感投入关注学生对学习任务或学习社区的社会、情感和心理参与，包括积极的情感（如享受、幸福）和情感不满（如无聊、沮丧、焦虑等）。

在研究层次上，对学习投入的研究主要有三个不同的分析层次，即机构层次、课程层次和活动层次。选择不同的分析层次，其学习投入的操作性定义、学习投入测量、相关影响因素等具有差异。[①] 已有研究表明，相比机构和课程层次，当前在活动层次分析学习投入的研究偏少。马丁（Martin）等人[②]指出，宏观层次的学习投入测量问题侧重于学习者在学校的一般性经历，难以明确特定学习活动如何影响学习者的课程参与程度。例如，问卷中常有"是否喜欢在线学习活动""是否完成了课程作业"等抽象笼统的表述，其考查的是学生的整体学习经历，并未与特定情境下发生的具体学习活动相关联。对学习投入的测量应该与干预措施或其他关键变量的测量在同一个、具体的水平上进行，而学习活动层次的测量有助于识别和确定学习活动类型与学习投入类型（情感、认知或其他）之间的关系。

总之，尽管混合教学在高等教育中得到大面积推广，但是，从混合学习活动微观视角对学习投入影响因素开展的实证研究仍然不足。当前研究主要的不足之处有：①目前对参与度的测量大多是回顾性的，而且是测量学生的一般性水平，没有结合具体的学习活动情境，难以洞察学习投入的变化以及在特定情境下相应的影响因素。学习投入的测量指标在活动层次和课程层次的含义可能存在差异，比如实时观察到的困惑可能是专注的表现，但事后回顾（如在课程结束后的调查中）的困惑可能是挫折感和焦虑的表现。②使用针对学习投入一般性水平的测量方法，很难显示学习者学习投入随时间推移而发生的变化，也很难探究促成这种变化的个人因素和环境因素的综合交叉影响。[③] 文献表明，自我调节

---

① Skinner E. A., Pitzer J. R. Developmental dynamics of student engagement, coping, and everyday resilience [M]//Christenson S. L., Reschly A. L., Wylie C. Handbook of Research on Student Engagement. Boston, MA.: Springer US, 2012:21－44.

② Martin A. J., Mansour M., Malmberg L. What factors influence students' real-time motivation and engagement? an experience sampling study of high school students using mobile technology [J]. Educational Psychology, 2020, 40(9):1113－1135.

③ Saqr M., López-Pernas S. The longitudinal trajectories of online engagement over a full program [J]. Computers & Education, 2021, 175:104325.

学习(SRL)是影响学习投入的关键个人因素①，教学存在是影响学习投入的关键情境因素②。然而，在混合学习情境下，这两种因素分别以及共同对学习投入的影响程度如何？它们对学习投入有同样的影响吗？混合学习中另一种重要的调节学习形式——共同调节学习(CoRL)是否以与"SRL"相同的方式和效应量影响认知和情感投入？

(二) 经验抽样法及在本研究中的应用

为回答上述问题，本研究采用经验取样法(Experience Sampling Method, ESM)，在活动层次周期性地多次评估学生的学习瞬时体验，并对其记录，得到密集纵向数据(也称为面板数据)。

经验抽样方法(ESM)是强化纵向研究法(Intensive Longitudinal Methods, ILM)的一种。该方法的数据是在个人日常生活的自然情境下收集的，包括受试者当下正在做什么和感受如何，以及尽可能多的情境信息。"ESM"法最大的优点在于通过在多个时间点搜集个体的即时性反应(包括情绪、感知、态度和评价等)，将学习投入体验与特定情境下发生的具体活动相关联，且通过受访者短时间内回答非连续的、非具体的、频繁的问题来减少社会期望带来的偏差，可以有效地调查混合课程中学习投入是如何随时间变化的，以及促成这种变化的情境因素。

通过多层线性模型分析面板数据，可以更好地了解学生在混合课程不同模式(面授或线上)中的学习投入及其变化情况，以及促成这种变化的因素；可以洞察不同层面(比如个体层面、学习活动层面)自变量的各自效应及交互效应，进而为有意义的教学干预提供实证支持。

在学习投入的构成维度上，本研究采用情感投入和认知投入两个子维度。

---

① Ali A. D., & Hanna W. K. Predicting students' achievement in a hybrid environment through self-regulated learning, log data, and course engagement: A data mining approach [J]. Journal of Educational Computing Research, 2021, 60(4): 960-985. Han F., Vaculíková J., & Juklová K. The relations between Czech undergraduates' motivation and emotion in self-regulated learning, learning engagement, and academic success in blended course designs: Consistency between theory-driven and data-driven approaches [J]. Frontiers in Psychology, 2022, 13: 1001202. WANG Y. Effects of teaching presence on learning engagement in online courses [J]. Distance Education, 2022, 43(1): 139-156.

② Liao H. J., Zhang Q. W., Yang L., & Fei, Y. N. Investigating relationships among regulated learning, teaching presence and student engagement in blended learning: An experience sampling analysis [J]. Education and Information Technologies, 2023, 28(10): 12997-13025.

具体而言，本研究关注学生“当下”的认知和情感投入体验，即他们的情感和认知投入状态。认知投入描述学生对思想和概念的深度思考，以及如何使用认知和元认知策略来掌握学术内容和任务的方式；而情感投入会影响“有助于学习的各种认知过程”，并视其为“促进各类行为投入和认知投入的燃料，以达到高质量的学习”[①]。齐克森米哈伊（Csíkszentmihályi）将情感投入和认知投入的综合状态描述为“心流体验”[②]。在心流状态下，学生会在认知和情感上全神贯注，失去对时间和空间的感知。

在分析层次上，本研究的重点在于调查学生在具体的线上、线下活动中的投入程度及其影响因素，为优化混合教学设计和学习支持服务提供证据，因而从活动层次着手进行研究是最合适的。

(三) 学习投入是个人与情境共同作用的结果

学习投入受个人或者情境因素的影响，是混合学习情境中的个人特征与教师创设的混合学习体验等情境特征相互作用的结果。

由于混合学习支持同步或者非同步交互，而且在时间、地点、学习节奏上更为灵活，这使情境因素更加多样和复杂，同时也使混合学习在增强学习体验和学习投入方面有着巨大的潜力。在参考哈尔弗森和格雷厄姆（Halverson & Graham）[③]等人有关混合学习投入框架的基础上，将混合学习中学习投入影响因素（facilitators）归纳为图 4－13 所示。

图 4－13 将“学习投入”概念化为“一个由个人和环境构建的动态系统及协同过程”。个人促进因素描述的是学习者根据先前的学习经验所形成的倾向，如学习动机和调节学习的能力。情境促进因素描述的是教师或教学设计者部署的学习活动或策略的细节。舍诺夫（Shernof）等[④]使用“感知现象”来描述学习者对各种情境活动的体验和内化，包括对自动性、挑战性和关联性的感知。罗科尼

① Pekrun R. Emotions as drivers of learning and cognitive development [M]. New York: Springer Science+Business Media, 2011.

② Csíkszentmihályi M. If we are so rich, why aren't we happy? [J]. American Psychologist, 1999, 54: 821－837.

③ Halverson L. R., Graham C. R. Learner engagement in blended learning environments: a conceptual framework [J]. Online Learning, 2019, 23: 145－178.

④ Shernof D. J., Ruzek E. A., Sannella A. J., et al. Student engagement as a general factor of classroom experience: Associations with student practices and educational outcomes in a university gateway course [J]. Frontiers in Psychology, 2017, 8: 1－22.

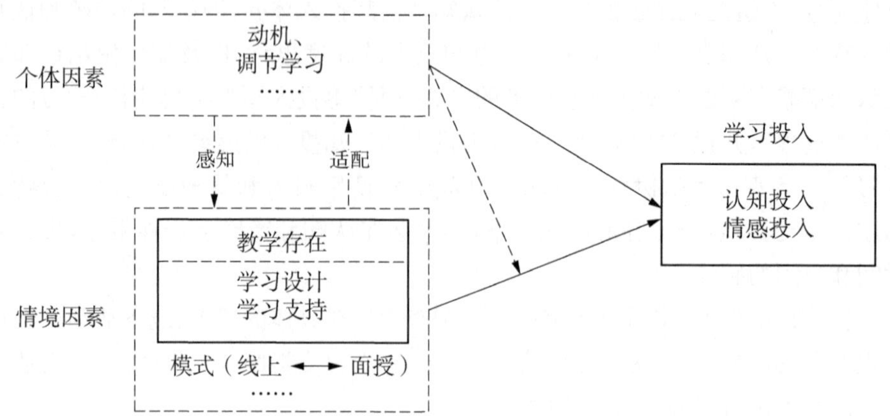

图 4-13 混合教学中个体与情境因素对学习投入的交互影响模型

(Rocconi)等[①]指出,当学生的积极倾向与有利的社会条件相匹配时,他们就特别有可能从适当的"人-环境适配"中受益。这种适配有助于学习者产生积极的参与体验和积极的学习成效。

1. 作为情境因素的教学存在

教学存在是以实现个人有意义和有教育价值的学习成果为目标,对学习者认知过程和社会过程进行设计、促进和指导;包括三个子范畴:教学(课程)设计与组织、促进对话和直接指导。教学存在可增强学习者的认知存在和社会存在,进而促进在线或混合学习投入,是影响学习投入的重要的外在情境因素。进一步而言,教学存在被认为是最能被直接干预和改进的。[②] 从混合教学实践来看,教学存在大致体现在两个不同的阶段,即课前的学习设计阶段和课中、课后的学习支持服务阶段。根据前文编撰的胜任力词典初稿,本研究将教学存在划分为学习设计(系统设计、认知激活)和学习支持(直接指导、促进互动)2 个子范畴。

(1) 学习设计。教师通过设计与学习者适配的课程活动来影响学习投入。本研究中,学习设计包括"系统设计"和"认知激活"两个维度。

在胜任力词典初稿中,将系统设计定义为:教师基于线上线下融通式教学思维,通过系统性设计实现线上与线下学习活动有效衔接和最佳协同,实现线上与

① Rocconi L. M., Liu X., Pike G. R. The impact of person-environment fit on grades, perceived gains, and satisfaction: An application of Holland's theory [J]. Higher Education, 2020:1-18.

② Bond M., Bedenlier S. Facilitating student engagement through educational technology: towards a conceptual framework [J]. Journal of Interactive Media in Education, 2019:1:1-14.

线下持续“对话”和“反馈”,为学生创建高度参与的个性化学习体验的过程和能力。根据已有文献研究,系统设计具体包括课程结构、自主性、相关性、模式(线下或线上、同步或异步)等因素。

① 课程结构。海普隆(Heiplorn)[①]等人研究认为,教师通过展示清晰、连续和统一的课程结构来培养学生的参与度,包括说明何时、何地(线下或在线、同步或异步)应完成哪些活动等。

② 自主性。自主性是指在一节课中,学习者在做出自己的选择和决定时的自由度和授权程度。比如设计能为学生提供自主权和选择权并允许他们追求个人兴趣的学习活动,能促进更高的情感投入。教师在适当的情况下提供主题、资源或作业形式的可选择性可以促进学习投入。[②]

③ 相关性。相关性是指当活动具有个人意义和实用价值时,学生所体验到的情感和认知。值得注意的是,社会文化研究已将学生对(内容/活动)相关性的体验确定为学生深度学术参与的指标,例如,将内容与专业实践联系起来可促进学生的情感和认知投入,在课前和课后学习活动(学习材料)之间建立相关联系也有助于促进混合学习中的情感和认知投入。在线上与线下内容和知识的衔接及转化程度对提升认知投入具有重要作用。[③]

④ 模式。模式指学习方式,即线上或线下、同步或异步。曼瓦林(Manwaring)等人[④]发现在混合学习中,学生在线上活动中的认知投入程度高于线下互动中的投入。

在胜任力词典初稿中,将认知激活定义为:教师通过创建支持性的混合学习环境、设计任务和教学话语向学生提供认知挑战和认知激活的学习机会的过程。认知激活主要包括契合最近发展区、设计有挑战性的任务等。

(2) 学习支持。在胜任力编码中,学习支持包括循证评价、双向反馈和促进

① Heilporn G., Lakhal S., Bélisle M. Examining effects of instructional strategies on student engagement in blended online courses [J]. Journal of Computer Assisted Learning, 2022, 38:1657-1673.

② Vollet J. W., Kindermann T. A., Skinner E. A. In peer matters, teachers matter: Peer group influences on students' engagement depend on teacher involvement [J]. Journal of Educational Psychology, 2017, 109:635-652.

③ Lima F.D. B., Lautert S.L., Gomes A.S. Contrasting levels of student engagement in blended and non-blended learning scenarios [J]. Computers & Education, 2021, 172:104241.

④ Manwaring K.C., Larsen R., Graham C.R., et al. Investigating student engagement in blended learning settings using experience sampling and structural equation modeling [J]. Internet and Higher Education, 2017, 35:21-33.

互动三项胜任力特征，其中促进互动是评价和反馈的目的和结果，也是最主要的学习支持行为，因此这里聚焦促进互动变量。马托诺(Martono)通过对认知投入研究文献的元分析，发现教师提出引发思考的问题、适时的反馈可以促进互动，促进学习者的认知投入。[①] 教师在教学过程中创造积极氛围、给予学生关心和鼓励等情感性互动行为，能促进学生情感投入。[②]

2. 作为个人因素的调节学习

自我调节学习(Self Regulated Learning, SRL)可定义为一种积极的、建设性的过程。在这一过程中，学习者在其目标和学习环境特征的指导和约束下，监测、调节和控制自己的认知、动机和行为。[③] 随着混合学习环境下学习行为变得更加自主，自我调节也变得越来越重要，不同研究对在线和混合学习环境下的自我调节进行了探索，并发现自我调节与学习投入之间存在正相关，自我调节水平较高的学生表现出更高的投入水平。[④]

然而，自我调节学习研究强调个体在个人目标和学习情境特征引导和约束下的调节行为，偶尔涉及与教师的调节行为，但很少涉及与同伴的调节行为。亚尔韦拉(Järvelä)等[⑤]观察到，当个体的调节行为受到他人的支持、引导、塑造或约束时，就会出现一种独特形式的调节学习，称为共同调节学习(Co-Regulated Learning, CoRL)。

根据哈德温(Hadwin)等人的观点[⑥]，共同调节学习是一个涉及动机、目标设定和评价的人际过程，是在与其他参与者的关系中和社会机会支持的情境中引发的。共同调节学习有助于让学生参与具有挑战性的任务中，并在小组合作中

---

① Martono F., Salam U. Students' learning in asynchronous discussion forums: a meta-analysis [J]. International Journal of Information and Communication Technology Education, 2017, 13: 48 - 60.

② Heilporn G., Lakhal S., Bélisle M. Examining effects of instructional strategies on student engagement in blended online courses [J]. Journal of Computer Assisted Learning, 2022, 38: 1657 - 1673.

③ Pintrich P. R. The role of goal orientation in self-regulated learning [J]. Handbook of Self-Regulation, 2000: 451 - 502.

④ Vanslambrouck S., Zhu C., Pynoo B., et al. An in-depth analysis of adult students in blended environments: Do they regulate their learning in an 'old school' way? [J]. Computers & Education, 2019, 128: 75 - 87.

⑤ Järvelä S., Hadwin A. F., Malmberg J., et al. Contemporary Perspectives of Regulated Learning in Collaboration [M]. New York: Routledge, 2018.

⑥ Hadwin H., Monica J. A. Meeting the Needs of Middle Grades Social Studies Students with Language Based Learning Disabilities: An Analysis of Students' and Teachers' Perspectives [D]. Carolina: University of South Carolina, 2017.

培养解决问题的能力。

查克尔和因佩多沃(Chaker & Impedovo)[①]用"ERICA"量表证实了共同调节学习对慕课学习成绩具有显著影响；布劳和沙米尔-因巴尔(Blau & Shamir-Inbal)[②]证实了共同调节学习对翻转课堂学习效果的积极影响。然而，共同调节学习作为一种重要的调节学习形式，直到近些年才引起人们的关注，并且很少有研究分析混合学习中共同调节学习与学生投入之间的关系。

此外，大多数调查教学存在的研究依赖于学生问卷，也就是依赖于学生对教学存在的看法。不同的学生对同一位老师的教学存在感可能会有所不同。同时，学生调节学习的能力也可能影响他们对教师行为的看法。这些有启发性的研究证据表明调节学习和教学存在对学生投入有综合影响。然而，调节学习和教学存在之间如何交互影响混合式学习投入尚不清楚(如图 4 - 14 中的虚线所示)。

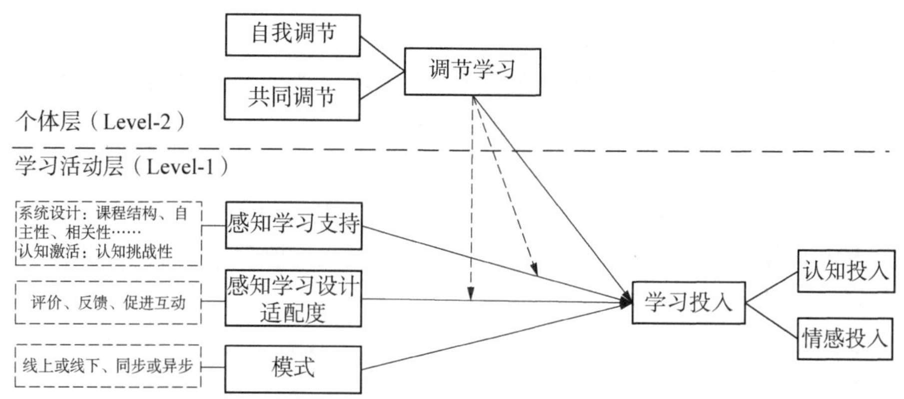

图 4 - 14 教学行为与调节学习影响学习投入的双层模型

(四) 研究模型与问题分解

本研究基于纵向数据构建两层模型来分析以上问题。在模型的第一层(学习活动层)，选择胜任力词典中的学习设计、学习支持、学习模式(线上或线下)三个自变量；在第二层次(个体层)，选择了自我调节学习和共同调节学习两个自变

① Chaker R., Impedovo M. A. The moderating effect of social capital on co-regulated learning for MOOC achievement [J]. Education and Information Technologies, 2020, 26: 899 - 919.

② Blau I., Shamir-Inbal T. Re-designed flipped learning model in an academic course: The role of co-creation and co-regulation [J]. Computers & Education, 2017, 115: 69 - 81.

量；在学习投入中选择认知投入和情感投入作为因变量。依据以上变量构建两层模型，如图 4－14 所示。采用经验抽样法获取纵向嵌套数据（系列学习活动嵌套于学习者个人），采用多层线性模型分析法（Multi Line Model, MLM）探究各自变量对学习投入的各自及交互影响。

本研究将前文所述三大假设分解为以下具体问题。

问题 1：不同学习者在学习过程中学习投入分化情况如何？

问题 2：学习设计适配度（系统设计、认知激活）、学习支持、模式等情境因素是如何影响同一学习者在不同活动间的学习投入的？（第一层：学习者个体内）

问题 3：自我调节学习水平、共同调节学习水平对不同个体间的学习投入影响强度如何？（第二层：学习者个体间）

问题 4：自我调节学习、共同调节学习与感知的教学存在（学习设计、认知激活）是如何共同影响学习投入的？（跨层交互作用）

据此，提出以下研究假设：

H1：学生感知的学习支持对情感投入、认知投入均具有显著的正向影响。

H2：学生感知的学习设计适配度对情感投入、认知投入均具有显著的正向影响。

H3：模式（线上或线下）对认知投入、情感投入具有显著的正向影响。

H4：自我调节学习和共同调节学习对认知投入、情感投入均具有显著的正向影响。

H5：调节学习能力对感知学习支持、感知学习设计适配度与学习投入的关系产生调节效果。

（五）研究设计与研究过程

1. 研究对象

以行为事件访谈研究中受访者 F* N 教授开设的混合课程“模拟电子技术”为研究案例，以参与该课程学习的 150 名本科生为研究对象。我们在每所学校征集了 50 位自愿者（总共 50×3＝150 位自愿者）作为本研究的样本，他们来自 9 个不同的专业，其中 82％的参与者有过在线学习经验，且 48％的参与者有过混合课程学习的经验。所有参与者均加入一个微信群，便于接收问卷链接和提醒；在研究开始前为每人发送了一份小礼物作为参与的激励。所有参与者都签署了同意书，并知情该项活动是自愿参与，不会影响他们的课程成绩。任何教师对于哪些学生参与了该项研究也并不知情。

2. 数据收集

样本数据包括两部分。第一部分是个人自我调节/共同调节学习特征数据，这些数据是在学期第一周时向所有参与学生发放的一次性初始调查问卷中收集的;第二部分是每周通过经验抽样法收集的教学存在感和学习投入数据。数据采集时间线如图 4 - 15 所示。

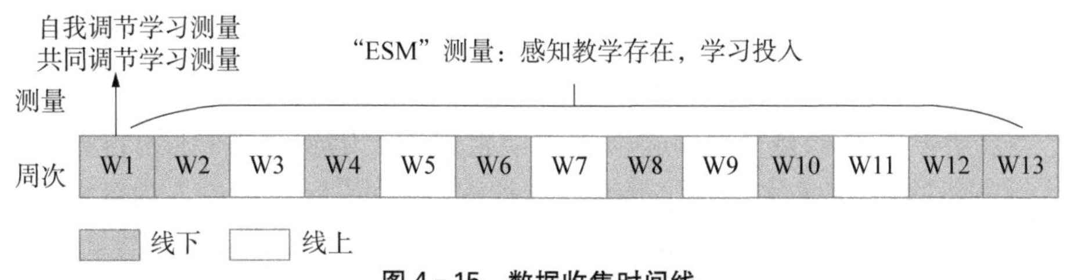

图 4 - 15　数据收集时间线

为了获得参与者在整个课程学习中具有代表性的纵向数据，本研究提出了一种事件触发式的“ESM”设计，即要求参与者在每次预定义事件发生时完成一份调查。具体来说，在混合学习过程中设计了两个预定义的数据收集触发器:完成在线活动或面对面活动。在整个课程中，我们通过某大型中文问卷平台共进行了 13 次经验抽样调查。每位学习者都被要求在事件触发后的 30 分钟内尽快完成调查。在问卷结束前，助教会通过微信和电子邮件(附带问卷链接)向未完成问卷的学员发送提醒。通过实施经验抽样法，实现在施测者日常学习的自然情境下收集数据，包括当下正在做什么、感受如何，以及尽可能多的情境信息，最大程度地减少了回忆性偏差。

调查过程总共发放了 1950 份问卷(150 名参与者×13 份问卷)，最终回收问卷 1934 份(回收率为 99.1%)。在完成时间方面，在 15 分钟内完成的有 1199 份(占比 62%)，在 30 分钟内完成的有 1807 份(占比 93.4%)，在 30 分钟以上完成的有 82 份(占比 4.5%)，在 60 分钟以上完成的有 45 例(占比 2.5%)。最后，取在 30 分钟内完成的 1807 份问卷(139 人)数据作为本研究的样本数据。

3. 测量工具

(1) 调节学习测量。自我调节学习采用巴纳德(Barnard)等人[①]开发的“OSLQ”量表进行测量。该量表反映了自我调节学习的多维概念，包括 6 个核心概

① Barnard L., Lan W. Y., To Y. M., et al. Measuring self-regulation in online and blended learning environments [J]. Internet and Higher Education, 2009, 12:1 - 6.

念:环境建构(ES)、目标设定(GS)、任务策略(TS)、时间管理(TM)、帮助寻求(HS)和自我评价(SE)。子量表共 24 个条目,混合学习的内部信度在 0.67~0.90 之间。

共同调节学习采用卡普兰(Kaplan)等人开发的"ERICA"量表①,包含 2 个子量表,分别涉及社会调节学习的两个不同层次。第一个是通过与同伴互动获得线索的调节,第二个是社会共享的调节。原始分量表有 10 个题项,内部信度在 0.75~0.89 之间。

(2) "ESM"测量工具。"ESM"量表包括对自变量"感知教学存在"和因变量"学习投入"的测量,由 4 个分量表组成。

① 学习活动设计(Learning Design)。根据胜任力词典中学习设计(系统设计、认知激活)的定义及特征项,最终选取课程自主性(Autonomy)、内容衔接与转化(Relevance)、挑战性(Challenge)3 个变量作为学习设计适配度测量指标。学习者在感知的学习活动设计中得分越高,表明该活动在认知挑战度、学习设计的系统性等方面与学习者更为适配。参考曼沃林(Manwaring)等人的相关量表设计了 4 个题项。

② 感知学习支持(Teacher Support)。根据胜任力词典中学习支持的定义及特征项,选取了促进互动和对话为测量指标。量表由探究社区(COI)问卷中相关题项改编而成,有 6 个题项,包含直接指导(Direct instruction)和促进对话(Discourse facilitation)2 个变量。

③ 认知投入。大学生的认知投入主要以学术学习为主,因此,在测量中强调反映认知投入质量的指标,即认知和元认知策略的使用,这些指标考查了学生根据学习环境改变学习策略的程度。具体在参考"深度学习测量"②,"COI 框架中认知存在理论"③的基础上,最终选取知识关联与整合(Connection & Integration)、总结(Summarize)、自我解释(Explain)、举例(Example)4 个认知行为。

④ 情感投入(Emotion Engagement)。选取兴趣(Interest)、快乐(Hapiness)和相关性(Relatedness)三个指标来评估学生的情感投入。兴趣是由外部刺激产生的,是一种短暂的情感状态,它表明努力学习所消耗和创造的情感能量,是积极情

---

① Kaplan J., De Montalembert M., Laurent P. & Fenouillet F. Erica-an instrument to measure individual and collective regulation of learning. European Review of Applied Psychology, 2017, 67(2): 79-89.

② Senko C., Miles K. Pursuing their own learning agenda: How mastery-oriented students jeopardize their class performance [J]. Contemporary Educational Psychology, 2008, 33: 561-583.

③ Garrison D.R., Anderson T., & Archer W. Critical thinking and computer conferencing: A model and tool to assess cognitive presence [J]. American Journal of Distance Education, 2001, 15(1): 7-23.

感投入的核心组成部分。快乐作为一种表达对学习任务投入的瞬间状态，是学习者在技术增强的学习环境中经历的更普遍的情感状态之一。相关性是一种归属感、认同感，以及与同伴、教师和整个学校的联系。[①] 该量表包括 3 个题项。

使用“AMOS”软件对 4 个“ESM”分量表进行了验证性因子分析（CFA），结果如表 4-6 所示。4 个因子对应的“AVE”值均大于 0.5，且“CR”值均高于 0.7，意味着本次分析数据具有良好的聚合（收敛）效度。整体量表的克隆巴赫系数为 0.946。

表 4-6　ESM 量表效度分析

项目	因子载荷		信度	AVE
	估值	估值标准差		
学习设计				
自主性	1.00(—)	0.778	0.795	0.567
关联度	1.361	0.843		
挑战性	1.028	0.622		
教师支持				
促进对话	1.00(—)	0.884	0.845	0.732
直接指导	1.166	0.826		
认知投入				
关联与整合	1.00(—)	0.837	0.869	0.624
解释	1.082	0.754		
举例	0.939	0.753		
总结	1.032	0.812		
情感投入				
兴趣	1.00(—)	0.722	0.849	0.653
快乐	1.094	0.838		
相关性	1.273	0.857		

① Ryan R. M., Deci E. L. Intrinsic and extrinsic motivation from a self-determination theory perspective: Definitions, theory, practices, and future directions [J]. Contemporary Educational Psychology, 2020, 61: 1-11.

4. 统计分析方法

(1) 学习者学习投入差异分析。为了回答问题 1，对 13 周次学习投入数据按成绩优秀组(score>=80)、及格组(60=<score<80)、不及格组(score<60)进行统计，并绘制成折线图，呈现学习投入在不同组别是否存在差异及差异程度。

(2) 多层线性分析。对问题 2～4 进行了多层线性分析，采用来自不同水平(Level - 1：学习活动层；Level - 2：个体层)的多个自变量预测因变量。本研究在调查阶段获取的数据是一个具有嵌套关系的两层结构(见图 4 - 14)。其中“ESM”测量数据(Level - 1：N=1 807)嵌套于个体(Level - 2：N=139)中。依据前文提出的具体研究问题，采用 HLM7.0 软件设计和计算了 4 个模型，用于探究预测变量各自和共同对因变量的影响，以及影响效应值。所有第一层的预测变量都以每个学生的均值(组均值)为中心，所有第二级的预测变量都以总平均值为中心。4 个模型按以下顺序依次构建。

① 模型 1："Null"模型。首先使用零模型来提供每个水平上结果变量的方差比例信息。同时为接下来的模型提供一个基准参考。

② 模型 2：随机系数模型。在学习活动层中加入情境变量(感知教学支持、活动设计适配度、教学模式)，检验这些变量对学生在不同活动间学习投入变异是否存在预测(解释)效应及效应值，并通过随机效应值检验学习投入在个体间是否存在显著差异。

③ 模型 3a 和模型 3b：截距模型(或均值作为结果模型)。如果模型 2 中随机效应显著，在个体层(个体因素)加入调节学习变量，构成第三个模型。已有文献中对自我调节学习进行了较充分的研究，而关于共同调节学习对学习投入影响的研究却非常少，本研究为了检验两种调节变量的各自影响及其共同影响效应，在模型 3 的个体层中依次加入自我调节和共同调节变量，分别得到模型 3a 和模型 3b。

④ 模型 4："Full"模型。将上述自变量全部同时加入构成完全模型，检验感知学习支持(LS)、学习设计(LD)、模式(Mo)、自我调节学习(SRL)、共同调节学习(CoRL)等自变量对学习投入的预测作用。完全模型也纳入了自变量之间所有可能的交互作用，跨层交互作用的检验可以进一步探讨个体因素是否在感知到的教学存在与学习投入的关系间起到调节作用。

使用“log likelihood”来评估模型的拟合程度，在 HLM7.0 软件即偏差统计(Deviance statistic, - 2LL)中，该值越小则表示模型拟合度越好。本研究中的模型均为嵌套模型,且均使用"ML"估计,所以可以直接使用离差检验(Deviance tests)来评估不同模型间的改进程度。

(六) 研究结论

1. 描述性统计

表4-7和表4-8分别显示了学习活动层面(Level-1)和个体层面(Level-2)的描述性统计。在学习活动层面,通过对每个样本使用z标准化(M=0.00,S.D.=1.00)的值来计算个体内的相关性,并计算每次测量(N=1 807)的均值和标准差;在教学存在感方面,样本在感知的学习支持(M=5.61)上的得分高于感知的学习设计适配度(M=5.35)。在个体层面上,样本的自我调节学习水平高于共同调节学习,情感投入高于认知投入。表4-7和表4-8中各个变量间的相关系数都较低,将这些变量同时纳入模型时,低相关性表明在后续分析中无须关注多重共线性问题。

表4-7 学习活动层面(Level-1)变量的均值、标准差及相关系数

	变量	M	S.D.	1	2	3	4
1	教学设计	5.34	0.76	—			
2	教师支持	5.56	0.75	0.43(0.03)**	—		
3	模式	0.62	0.49	−0.03(0.13)	−0.02(0.05)*	—	
4	情感投入	5.52	0.92	0.38(0.13)**	0.54(0.03)**	−0.02(0.09)	—
5	认知投入	5.27	0.84	0.37(0.12)**	0.63(0.11)**	−0.004(0.10)	0.64(0.12)**

注:相关性是指学习活动层面(Level-1)变量间的相关性(N=1 807);* $p<0.05$;** $p<0.01$;*** $p<0.001$;模式(0=在线,1=面对面)。

表4-8 个人层面(Level-2)变量的均值、标准差及相关系数

	变量	M	S.D.	1	2	3	4
1	性别	0.56	0.50	—			
2	自我调节学习	5.32	0.98	0.02(0.11)	—		
3	共同调节学习	4.82	0.86	0.06(0.13)	0.41(0.03)**	—	

续 表

	变量	M	S.D.	1	2	3	4
4	情感投入	5.52	0.61	0.01(0.09)	0.48(0.11)**	0.52(0.12)**	—
5	认知投入	5.27	0.52	0.03(0.10)	0.44(0.02)**	0.34(0.08)**	0.71(0.02)**

注:相关性是个体层(Level-2)变量间的相关性(N=139);* $p<0.05$;** $p<0.01$;*** $p<0.001$;性别(0=女性,1=男性) 情感投入和认知投入学习活动层的汇总值。

2. 不同群体的学习投入随时间变化的统计

将139名参与者按课程成绩分为优秀组、及格组、不及格组,按组别统计每周的认知投入和情感投入平均值,并绘制成折线图,如图4-16所示,呈现了不同群组的学习投入是如何随着学习情境变化的。

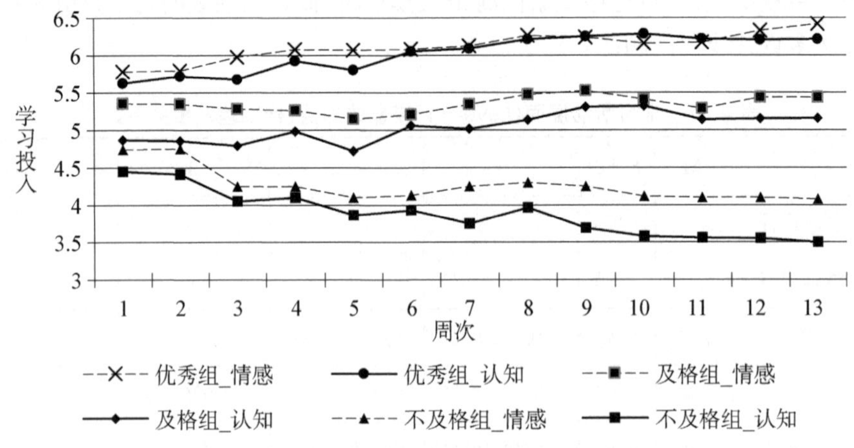

图4-16 不同群组在不同学习活动间的学习投入差异

从图4-16可知,①随着课程的开展,3个组别逐渐呈现较明显的学习投入分化趋势,优秀组和及格组保持上升或较稳定的学习投入水平。②尽管3个组别存在学习投入差异,但在大多数课程活动中,学习投入水平(尤其是认知投入)呈现出相似的曲线走势,这可能揭示了学习投入与学习设计具有一定的相关性(比如认知激活程度、线上线下学习内容设计的衔接性等会影响学习投入)。

3. 多层模型(MLM)分析

以情感投入为因变量的多层回归分析结果见表4-9,以认知投入为因变量的多层回归分析结果见表4-10。

表 4-9 预测情感投入的多层模型分析

固定效应	模型 1		模型 2		模型 3a		模型 3b		模型 4	
	估值	SE	估值	SE	估值	SE	估值	SE	估值	SE
Intercept(γ_{00})	5.518***	0.05	5.518***	0.052	5.519***	0.046	5.519***	0.042	5.519***	0.042
Modality(γ_{10})			−0.028	0.028	−0.028	0.027	−0.029	0.027	−0.027	0.028
Ins. Design(γ_{20})			0.138***	0.041	0.142***	0.041	0.127***	0.041	0.128**	0.040
Tea. Support(γ_{30})			0.335***	0.047	0.323***	0.047	0.321***	0.047	0.312***	0.047
SRL(γ_{01})					0.214***	0.048	0.213***	0.042	0.208***	0.042
CoRL(γ_{02})							0.362***	0.050	0.361***	0.051
SRL×Ins. Design(γ_{21})									0.029*	0.044
CoRL×Ins. Design(γ_{22})									0.041*	0.049
SRL×Tea. Support(γ_{31})									−0.087*	0.045
CoRL×Tea. Support(γ_{32})									−0.118**	0.052
Random effects	Variance(S.D.)		Variance(S.D.)		Variance(S.D.)		Variance(S.D.)		Variance(S.D.)	
Level-2(τ_{00})	0.419(0.582)***		0.421(0.596)***		0.372(0.521)***		0.294(0.534)***		0.291(0.478)***	
Level-1(σ^2)	0.301(0.718)		0.168(0.541)		0.148(0.541)		0.142(0.341)		0.142(0.362)	
Model Fit										
-2LL	4247.003		3574.232		3488.559		3424.310		3401.292	
△-2LL			672.771		85.673		64.249		23.018	

注:Tea. Support=学习支持;Ins. Design=学习设计。对整个样本中的预测变量和结果变量进行 z 标准化处理,以获得标准化回归权重。△-2LL 表示与前一个模型相比较的模型改善值(模型 2-模型 1;模型 3a-模型 2;模型 3b-模型 2;模型 4-模型 3b);N_{Level1}=1807(个体评估),N_{Level2}=139(个体间评估);* $p<0.05$,** $p<0.01$,*** $p<0.001$。

表 4-10　预测认知投入的多层模型分析

固定效应	模型 1		模型 2		模型 3a		模型 3b		模型 4	
	估值	SE	估值	SE	估值	SE	估值	SE	估值	SE
Intercept(γ_{00})	5.273***	0.044	5.272***	0.044	5.272***	0.040	5.271***	0.039	5.272***	0.039
Modality(γ_{10})			0.097*	0.023	0.091**	0.023	0.087*	0.026	0.087*	0.033
Ins. Design(γ_{20})			0.243***	0.038	0.248***	0.038	0.228***	0.038	0.226***	0.038
Tea. Support(γ_{30})			0.444***	0.047	0.426***	0.042	0.406**	0.052	0.405***	0.041
SRL(γ_{01})					0.683***	0.037	0.644***	0.042	0.642***	0.040
CoRL(γ_{02})							0.311***	0.046	0.311**	0.046
SRL×Ins. Design(γ_{21})									0.081**	0.036
CoRL×Ins. Design(γ_{22})									0.021*	0.048
SRL×Tea. Support(γ_{31})									0.101***	0.042
CoRL×Tea. Support(γ_{32})									0.102*	0.052
Random effects	Variance(SD)		Variance(SD)		Variance(SD)		Variance(SD)		Variance(SD)	
Level-2(τ_{00})	0.379 (0.486)***		0.389 (0.504)***		0.263 (0.451)***		0.239(0.445)***		0.238 (0.444)***	
Level-1(σ^2)	0.535 (0.688)		0.223 (0.494)		0.218 (0.494)		0.216(0.494)		0.216 (0.494)	
Model Fit										
-2LL	4057.72		3230.85		3109.08		3046.70		3036.19	
△-2LL			826.87		121.77		62.38		10.51	

注：Tea. Support=学习支持；Ins. Design=学习设计；对整个样本中的预测变量和结果变量进行 z 标准化处理，以获得标准化回归权重。△-2LL 表示与前一个模型相比较的模型改善值（模型 2-模型 1；模型 3a-模型 2；模型 3b-模型 2；模型 4-模型 3b）；N_{Level1}=1807（个体内评估），N_{Level2}=139（个体间评估）；* $p<0.05$，** $p<0.01$，*** $p<0.001$。

(1) 模型 1:null 模型。在情感投入模型中(见表 4 - 9 第 2 列),组内相关系数 (ICC) $=\tau_{00}/(\tau_{00}+\sigma^2)=0.419/(0.419+0.301)=0.581$。"$ICC$"值表示约为 58.1%学生情感投入变异是由个体间差异造成的,且个体间差异显著,表明情感投入在不同学生之间存在显著性差异,使用多层分析是必要和合适的("ICC">0.059)。

在认知投入模型中(见表 4 - 10 第 2 列)有着类似的结果,$ICC=0.415$,也就是说约 41.5%的认知投入变异是由学生个体间的差异造成的,需要寻找第二层(个体间)的变量来解释。总之,Null 模型证实了从个体因素和情境因素两个层面分析学习投入差异的必要性。

(2) 研究问题 2:感知的教学存在对学习投入的影响如何?

模型 2:随机系数模型。该模型结果表明了情境变量对学习投入的影响效应。固定效应系数(γ_{10},γ_{20},γ_{30})显示(分别见表 4 - 9 和表 4 - 10 的第 4 列),课程活动设计和教学支持对情感投入和认知投入均具有显著的正向预测作用,这支持了第一个和第二个假设。模式(Modality,线上或线下)对情感投入无显著影响,但对认知投入具有显著的正向预测作用($b=0.097$,$p<0.01$)。第三个假设部分得到验证。

进一步采用"R&B"法衡量模型中自变量对因变量的解释力。① 从表 4 - 9 可知,与空模型相比,在学习活动层加入了学习支持、学习设计和模式(线上或线下)三个变量后,个体内的情感投入方差 σ^2 值明显减少,从 0.301 降为 0.167,这三个变量的方差解释比例为 $R^2=(\sigma^2$ of Model1 $-\sigma^2$ of Model2$)/\sigma^2$ of Model1 $=(0.301-0.167)/0.301\approx0.45$。说明个体内(同一学习者在不同学习活动间)有约 45%的情感投入变异可被这三个情境变量共同解释。从表 4 - 10 可知,这三个变量则能共同解释个体内认知投入变异的比例为 $R^2=(\sigma^2$ of Model1 $-\sigma^2$ of Model2$)/\sigma^2$ of Model1 $=(0.535-0.223)/0.535\approx0.58$。相比情感投入,学习支持、学习设计、模式对个体内认知投入变异具有更高的预测力。

此外,模型 2 中截距和斜率的随机效应显著(τ_{00},τ_{11},τ_{22} 的 $p<0.001$),说明情感和认知投入均还受到其他变量影响,需要进一步引入第二层变量来预测组间(个体间)的截距和斜率差异。

---

① Raudenbush S. W., & Bryk A. S. Hierarchical Linear Models: Applications and Data Analysis Methods (2nd ed.) [M]. New York: Sage, 2002.

(3) 研究问题 3：自我调节学习、共同调节学习对学习投入的影响作用如何？

模型 3a 和模型 3b：截距模型。该模型结果表明了个体因素对学习投入的影响效应。在情感投入方面，表 4-9 中的模型 3a 和模型 3b 固定效应值(γ_{01}，γ_{02})显示，学习者自我调节学习水平和共同调节学习水平均对情感投入具有显著正向预测作用($b=0.21/b=0.36, p<0.001$)。比较模型 3a 和模型 2 的随机效应值发现，截距项变异(τ_{00})由 0.421 降至 0.372，减少了约 12%，即有 12%的情感投入个体间方差可以被自我调节学习解释。进一步比较模型 3b 和模型 3a 的随机效应值后发现，加入共同调节学习后，截距项变异(τ_{00})进一步由 0.372 降至 0.294，减少了约 21%，即共同调节学习能进一步解释情感投入个体间变异的 21%。自我调节学习和共同调节学习对情感投入的共同累积解释量达到 33%左右。

在认知投入方面，表 4-10 中的模型 3a 和模型 3b 的固定效应值(γ_{01}，γ_{02})显示，学习者自我调节学习水平和共同调节学习水平均对认知投入具有显著正向预测作用($b=0.64/b=0.31, p<0.001$)。同样，比较模型 3a 和模型 2 的随机效应值发现，截距项变异(τ_{00})由 0.389 降至 0.263，减少了约 32%，即有 32%的认知投入个体间变异可以被自我调节学习水平来解释。进一步比较模型 3b 和模型 3a 的随机效应值，发现加入共同调节学习后，能进一步解释学生个体间认知投入变异的 9%，使得总解释变异量达到 41%左右。

因此，第四个假设，即"自我调节学习和共同调节学习对情感和认知投入都有显著的正向影响"，得到验证。

(4) 研究问题 4：调节学习与教学存在如何共同影响学习投入，即调节学习是否对教学存在与学习投入的关系具有调节作用？

模型 4：完全模型。该模型结果表明了所有自变量的最终预测效果，以及个体层的调节学习能力(自我调节与共同调节)和学习活动层的教学存在(学习设计与学习支持)的跨层交互作用。

从表 4-9 和表 4-10 的回归系数值可知，学习者感知的教师支持提高 1 个单位，其情感投入将提高 0.31 个单位，认知投入提高 0.41 个单位；学习者感知的教学设计适配度提高 1 个单位，其情感投入将提高 0.12 个单位，认知投入提高 0.23 个单位。在控制教师支持和活动设计两个变量的情况下，学习者的自我调节提高 1 个单位，其情感投入和认知投入分别提高 0.21 和 0.64 个单位；学习者的共同调节学习能力提高 1 个单位，其情感投入和认知投入将分别提高 0.36 和 0.31 个单位。

表 4-9 的交互作用结果显示，学习设计适配度对情感投入的影响受到自我

调节学习和共同调节学习的正向调节(b=0.029, $p<0.05$; b=0.041, $p<0.05$),即表现为强化效果;学习支持对情感投入的影响受到自我调节学习和共同调节学习两者的负向调节影响(b=−0.087, $p<0.05$; b=−0.118, $p<0.01$),即表现为干扰效果。

表4-10的交互作用结果显示,教学设计适配度对认知投入的影响受到自我调节学习和共同调节学习的正向调节(b=0.081, $p<0.05$; b=0.021, $p<0.01$),即表现为强化效果;教师支持对认知投入的影响也受到自我调节学习和共同调节学习的正向调节影响(b=0.101, $p<0.001$; b=0.102, $p<0.05$),即表现为强化效果。

为了进一步检验表4-9和表4-10中的负向调节关系并直观呈现,本研究使用简单斜率分析法(Simple Slope)分析调节效应。以四分位点将学习者调节学习水平分为高调节能力组和低调节能力组,并以此为二分变量作为调节变量,以学习支持为自变量,分别以情感投入和认知投入为因变量,得出学习支持与情感及认知投入的交互作用,结果如图4-17所示,与高调节学习能力学生相比,感知的教师支持提高对低调节能力学生的情感投入具有更大的促进作用。这一结果也可以理解为,学生自我调节、共同调节水平越高,反而削弱了教师支持对情感投入的促进作用。

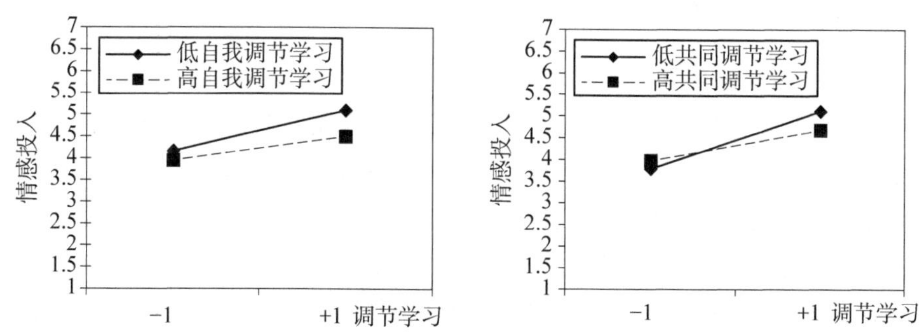

图4-17 调节学习水平对情感投入的负向调节

最后,表4-9和表4-10中的△-2LL值表明所构建的4个模型的适配度逐步改善,说明本研究构建的两层模型对混合教学中学习投入变异具有较强的解释力。

以上多层线性分析结果可以更直观地用图4-18表示。路径上的小数位数字为固定效应的回归系数,百分位数为随机效应系数计算所得的解释量(效应量)。

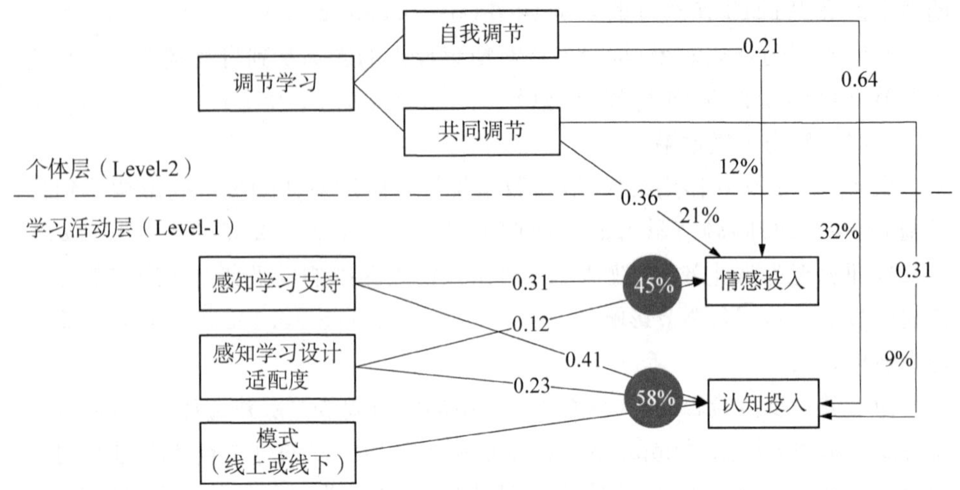

图 4－18 多层线性分析结果

第四节 对循证研究的讨论与结论

(一) 讨论

1. 关于关键胜任力的教学行为假设

本节对行为事件访谈法中两个平均等级得分最高的胜任力特征——混合学习设计和学习支持进行了量化分析。从访谈文本和文献研究中提炼了学习设计和学习支持的关键教学行为，并通过对纵向面板数据的多层模型分析，量化了关键教学行为对认知投入、情感投入的影响效应值。

学习设计包含系统设计和认知激活两个方面。系统设计的关键行为包括课程结构与组织（目标、呈现、同步异步非线性结构）、内容衔接与转化（线上/线下、同步/异步有效衔接和转化）、支持自主学习等。认知激活的关键行为包括创设落在最近发展区且有挑战任务的学习机会。学习支持的关键教学行为包括通过评价和反馈促进互动、通过组织和管理学习过程提供良好学习节奏等。教师的这些教学行为构成了教学存在。

多水平回归分析显示教学存在与学习投入之间存在积极的正向影响关系，教学存在是影响个体内（个体在不同的学习活动间）学习投入差异的关键情境因素。具体而言,在某一次具体学习活动中,学习者感知教学存在(包括学习支持、学习活动设计适配度)提高 1 个单位,情感投入和认知投入分别能提高 0.44 和 0.63 个单位。此外,在学习投入差异分析中,尽管优秀组、及格组、不及格组三个组别存在投入差异和分化,但在大多数课程活动中,他们的学习投入水平(尤其是认知投入)呈现出相似的曲线走势,这反映了学习投入与学习设计具有一定的相关性(比如任务挑战度、与已有知识的关联度等)。这些充分说明了上述关键教学行为的有效性,不仅验证了行为事件访谈法(BEI)中萃取的胜任力特征的有效性,并进一步通过回归分析为胜任力等级描述提供了量化数据支持。

值得注意的是,模式对情感投入没有显著影响,但对认知投入具有显著影响($b=0.097, p<0.01$)。这与曼沃林等人(2017)的研究结果一致。线下课堂教学时间通常被认为对满足学习者的社会、心理和情感需求很重要,但在控制教学存在变量的情况下,本研究结果表明线下模式增加了认知投入,而非情感投入。可能的原因在于高校混合学习者不同于慕课中的社会学习者,他们本身就处于真实校园的学习共同体中,地点相比于其他学习活动元素显得并不是那么重要。与曼沃林等人[①]的"线上模式更能促进认知投入"的结论相反,本研究结果表明线下模式更能促进认知投入。这种不一致可能归因于课程样本。在本课程中,教师在线下课堂时间内设计并实施了高效的小组工作、讨论和评估活动,促进了知识的深度加工、应用和转移,从而提高了认知参与度。然而,这也从侧面印证了曼沃林等人的结论,即教师做出的教学决策或教学行为似乎比学习活动的地点(线上或在线)对学习投入的影响更大。

2. 关于学习设计和学习支持两种胜任力特征对两种投入的预测力差异

多层回归分析结果表明了学习设计、学习支持两种胜任力特征对促进认知和情感两种投入具有差异性。

先从自变量角度来分析。根据固定效应值,学习者感知的学习设计适配度提高 1 个单位,其情感和认知投入将提高 0.13 个和 0.23 个单位;而学习者感知的学习支持提高 1 个单位,其情感和情感投入将分别提高 0.31 和 0.41 个单位。这表明感知的学习支持比感知的学习设计适配度更能促进学习者的认知和情感

① Manwaring K. C., Larsen R., Graham C. R., et al. Investigating student engagement in blended learning settings using experience sampling and structural equation modeling [J]. Internet and Higher Education, 2017, 35: 21-33.

投入。这也意味着在混合教学过程中的学习支持(直接指导、促进对话、学习节奏调适等)行为与课前的学习设计同等重要,甚至更为重要。

再从因变量角度来分析。采用“R&B”法衡量模型中自变量对因变量的解释力,结果表明教学存在能解释(或预测)45%的个体内(个体在不同学习活动间)情感投入变异,而解释(或预测)个体内的认知投入差异达到了58%。换句话说,与情感投入相比,学习支持和学习设计对学生的认知投入具有更高的预测能力,这也支持了改进教学设计和干预对促进学生投入具有巨大潜力的说法。[①]

3. *关于调节存在融入探究社区的合理性*

(1) 关于自我调节学习和共同调节学习对学习投入的预测力

自我调节学习和共同调节学习是混合教学中学习投入的共同预测因子。但是,两者对学习投入的影响强度不同。相比较而言,共同调节学习变量对情感投入具有更强的预测效果,而自我调节学习变量对认知投入具有更强的预测效果。在控制教师支持和教学设计变量的情况下,自我调节学习水平每提高1个单位,其情感投入和认知投入分别提高0.2和0.64个单位;共同调节学习水平每增加1个单位,其情感和认知投入将分别增加0.361和0.311个单位。

关于自我调节学习与学习投入关系的研究已非常广泛;然而,关于共同调节学习及其对学习投入的影响研究却仍然很少。布罗德本特(Broadbent)等人[②]通过对2004—2014年有关自我调节学习文献的元分析发现:虽然传统面授教学中自我调节学习策略对学业成就的影响在高等教育在线学习环境中也起到了作用,但这种作用似乎更弱,可能的原因之一是其他更重要的因素尚未被发现。本研究进一步证实了共同调节学习正向显著影响情感投入和认知投入,且对情感投入的影响强度高于认知投入。具体而言,在模型3b新增共同调节学习变量后,可解释个体间情感投入方差由单一自我调节学习的12%增加到32%(增幅20%),可解释个体间认知投入方差由单一自我调节学习的32%增加到41%(增幅9%)。可见,在混合式教学中,共同调节学习是学习投入的重要预测变量。这是由高校混合教学的特点所决定的,混合教学改变了传统课

---

① Bond M., Bedenlier S. Facilitating student engagement through educational technology: Towards a conceptual framework [J]. Journal of Interactive Media in Education, 2019, 1:1 - 14. Fredricks J., Parr A.K., Amemiya J., et al. What matters for urban adolescents' engagement and disengagement in school: A mixed-methods study [J]. Journal of Adolescent Research, 2019, 34:491 - 527.

② Broadbent J., Poon W. Y. L. Self-regulated learning strategies & academic achievement in online higher education learning environments: A systematic review [J]. The Internet and Higher Education, 2015, 27:1 - 13.

堂教学的讲授方式。丰富的学习资源和技术增强的混合学习环境，使得自主探究和协作学习成为两种重要的学习方式。在参与协作性学习任务过程中，学习者受到他人引导、支持、协助或限制时，共同调节学习便被引发，共同调节学习水平高的学生，在对小组学习目标、共同任务理解和协作过程监控、评价反思、元认知等方面会表现得更为积极和主动，调节行为从“我”扩展到“我们”层面。① 在这一过程中，高水平的共同调节学习者，似乎有更深层次的情感投入，而后促进认知投入。这一发现为混合式教学中培养学生共同调节学习能力的必要性提供了证据。

(2) “调节存在”及其纳入探究社区理论框架的必要性和合理性

在探究社区模型中，“三个存在”交叉和互动，促进了有意义和有深度的教育体验。教学存在对支持社会存在至关重要，而社会存在对认知存在具有重要影响，并且可以通过社会互动鼓励和改善认知存在。认知存在与获得深度学习和批判性思维直接相关，学习经验的生成依赖于认知存在过程，因而认知存在被认为是最具挑战性的。② 谢伊和阿奇博尔德(Shea & Archibald)等学者发现，社会临场感和教学临场感以及其他一些因素对认知临场感的最大解释方差为69%③，这表明仍存在未知因素。

鉴于此，探究社区模式的研究者和批评者认为，“三种存在”构建的模式未能充分解释学习经验现象，尤其是对认知存在仍存在未知成分。一些批评者提出了更新和完善该模式的建议。如谢伊等人在讨论在线学习成功的关键因素时，提出了增加第四个存在，即学习存在(Learning Presence, LP)④；林(Lam)提出了增加一个新的概念——自主存在(Autonomous Presence, AP)⑤，即由学习者

---

① Järvelä S., Malmerg J. & Koivuniemi M. Recognizing socially shared regulation by using the temporal sequences of online chat and logs in CSCL [J]. Learning and Instruction, 2016, 42(04), 1 - 11.

② Kilis S., Yıldırım Z. Investigation of community of inquiry framework in regard to self-regulation, metacognition and motivation [J]. Computers & Education, 2018, 126:53 - 64.

③ Shea P., Bidjerano T. Community of inquiry as a theoretical framework to foster “epistemic engagement” and “cognitive presence” in online education [J]. Computers & Education, 2009, 52(3): 543 - 553. Archibald D. Fostering the development of cognitive presence: Initial findings using the community of inquiry survey instrument [J]. The Internet and Higher Education, 2010, 13(1):73 - 74.

④ Shea P., Bidjerano T. Learning presence: Towards a theory of self-efficacy, self-regulation, and the development of a communities of inquiry in online and blended learning environments [J]. Computers & Education, 2010, 55(4):1721 - 1731.

⑤ Lam J.Y. Autonomy presence in the extended community of inquiry [J]. International Journal of Continuing Education and Lifelong Learning, 2015, 8(1):39 - 61.

发起分享和讨论的探究驱动力，学习者在没有教学指导或促进的情况下，指导自己的学习和分享话语中的观点。林将其与学习自主联系起来，强调了内在动机，即在提出观点时进行解释，并通过分享观点来激发话语，这其实与谢伊等人(2012)的观点相似。

班杜拉(Bandura)指出，“在分析这种互动因果结构中人的能动作用时，社会认知理论赋予认知、替代、自我反思和自我调节过程以核心作用”①。在本研究中，实证数据凸显了调节学习对促进认知投入和情感投入的重要作用，认知投入反映了学生对思想和概念的深度思考，以及如何使用认知和元认知策略来掌握学术内容和任务的程度；情感投入反映了关注学生对学习任务或学习社区的社会、情感和心理参与程度。而认知投入和情感投入分别对探究社区(COI)中的认知存在和社会存在具有显著的促进作用。可见，在探究社区框架的三种存在类型中，调节学习(RL)是一个重要的中介。由于混合学习者会监控自己的任务和认知策略，调节自己的学习环境，并控制自己与技术、同伴和教师之间的互动，因此，探究社区框架应与调节学习整合讨论。前文的实证数据也表明，学习者在混合学习过程中，强烈地感知到了自我调节学习和共同调节学习带来的临场感，并对学习体验产生重要影响，尤其是共同调节学习在混合学习情境中变得更为明显。这些都表明调节学习能力是合作探究社区的重要预测因素和促进因素，在探究社区框架中发挥着重要作用。基于以上讨论，本研究认为将调节存在纳入探究社区模型并作为第四种存在，对指导混合教学具有必要性和合理性。

4. 调节学习对学习投入的调节作用及其对胜任力的启发

调节学习和调节存在是基于学生主体视角的，但本研究表明，调节学习在学习支持与学习投入之间起到调节作用。这表明混合教学教师的胜任力特征与学生调节能力存在联系，其调节机制对教学胜任力具有启发性。

具体而言，自我调节学习和共同调节学习在感知的学习设计与学习投入(包括认知和情感投入)之间起正向调节，在感知的学习支持与认知投入之间起正向调节；但自我调节学习和共同调节学习在感知的学习支持与情感投入之间起负向调节作用。这种负向调节表现为，学习支持对低调节学习水平者的情感投入效果更为明显。也可以解释为，与低自我调节学习者和共同调节学习者相比，具

---

① Bandura A. Regulation of cognitive processes through perceived self-efficacy [J]. Developmental Psychology, 1989, 25(5): 729 - 735.

有高自我调节学习和共同调节学习的学习者会削弱学习支持对情感投入的促进作用。

当学习者自我调节学习能力较弱时,其学习目标设定、策略调节、时间管理等需要借助外部支持协调完成,来自教师的及时反馈、直接指导、促进对话等使得调节学习能力较弱的学习者得到情感性支持,从而增加情感投入。根据帕帕米修和伊科诺米德斯(Papamitsiou & Economides)①的研究,具有高水平监管学习能力的学生其自我决定感较强,过多的情感性支持使学习者自主性感知降低,甚至对学习造成干扰,出现"高交互性低满意度"效果。

这对胜任力词典中的"学习支持""混合教学策略""灵活自适"等胜任力特征项提供了具象化的启示和内容描述。比如教师对具有不同调节能力的学习者应采取不同的教学支持策略。对于高水平自我调节学习者或共同调节学习者,教师应给予更多的自主支持,形式化的、低质量的频繁互动不但不能提升学习者满意度,反而会抑制、降低学习投入。相反对于低水平自我调节学习者或共同调节学习者,应给予更多的情感性支持和社会性支持,比如在学习过程中加强监控、督促、鼓励,增加直接指导,增强师生关系,促进其与同伴互动,最终增强学生的社会存在感,促进情感和认知投入。

(二)结论

1. 更新了7条胜任力特征项,涉及22项行为特征描述

通过量性研究结果及讨论,赋予了在前期通过访谈建立的胜任力特征项更多的内涵。对照胜任力词典初稿,主要从胜任力特征条目的名称、定义、行为等级描述等方面,共修正了系统设计、认知激活、发展社区与促进互动、混合学习体验管理、质量监控、学习节奏调适、适应性教学等7条胜任力特征项,涉及22项行为特征描述。

因篇幅所限,这里举例说明若干胜任力特征项的修正过程。

以胜任力特征项"学习节奏把控"为例,其原定义为:通过设计适当的自主或合作学习任务,促进学生学习投入,对线上异步和线下同步活动进行监控,干预滞后、松散的学习进度,把控整体学习节奏,以达成全员一致的学习目标。通过

① Papamitsiou Z. K., Economides A. A. Exploring autonomous learning capacity from a self-regulated learning perspective using learning analytics [J]. British Journal of Educational Technology, 2019, 50: 3138-3155.

基于“RORC”模型对混合学习节奏进行可视化分析后发现：一方面，该定义过于强调了教师对学习节奏的控制，忽略了混合学习中弹性学习节奏的特质；此外，该定义偏宏观，对教师的关键行为特征界定不够清晰，缺乏可操作性。在前文对学习节奏的分析中进一步发现，在线学习的灵活性极大地满足了学习者的学习节奏的多元化和差异化需求，应鼓励教师通过设计灵活的异步活动赋予学生自主灵活的学习节奏；但并不是所有的学习节奏都符合教师预期，如预期外的持续做题（刷题）、持续发帖（灌水）、学习知识点与互动、测验间的弱链接等均表明，教师需要通过设计适时的同步活动对学习节奏进行干预、引导、调整，以适合教学节奏。简言之，学习节奏需要调适，而非把控。

基于以上考虑，将“学习节奏把控”特征项名称修正为“学习节奏调适”，并优化其定义为：通过设计灵活的异步学习活动，赋予学生“自主弹性”的学习节奏，并设计和实施定期的同步学习活动，在关键节点干预和对齐学习节奏，调适“变奏曲”为“协奏曲”，以削弱学习投入分化，促成全员达成学习目标。相应地，对照该定义从可观察和可操作目标出发进一步修正行为特征描述。表 4 - 11 为该胜任力特征项的优化示例。

表 4 - 11　胜任力特征优化示例

胜任力特征名称	优化前	优化后
	学习节奏把控 （Learning Pace Management，LPM）	学习节奏调适 （Learning Pace Adaptation，LPA）
定义	通过设计适当的自主或合作学习任务，促进学生学习投入，对线上异步和线下同步活动进行监控，干预滞后、松散的学习进度，把控整体学习节奏，达成全员一致的学习目标	通过设计灵活的异步学习活动，赋予学生“自主弹性”的学习节奏，并设计和实施定期的同步学习活动，在关键节点干预和对齐学习节奏，调适“变奏曲”为“协奏曲”，以削弱学习投入分化，促成全员达成学习目标
等级	关键行为特征描述	
G1（探索）	能观察到在线学习赋予学生“自主弹性”学习节奏，但学习节奏上也呈现了明显的分化现象；理解松散、滞后的学习节奏对同伴互评等活动对学生学业成就等具有负向影响；认识到教师需要对混合学习节奏进行监控和干预	能观察到在线学习赋予了学生“自主弹性”的学习节奏，以及学习节奏分化现象；理解滞后、松散连接的学习节奏对同伴互评等活动对学生学业成就等具有负向影响；认识到教师需要对混合学习节奏进行干预和调适

续　表

等级	关键行为特征描述	
G2(发展)	设计合理、灵活的线上异步学习活动，使学生的学习节奏由常规课堂教学的“整齐划一”转向“自主弹性”，以促进个性化学习和学习投入	设计合理、灵活的线上异步学习活动，使学生的学习节奏由常规课堂教学的“整齐划一”转向“自主弹性”；理解课程前、中、后期学习投入的阶段性特征，并尝试采取阶段性策略有效促进情感投入和认知投入
G3(专业)	根据教学需要，通过过程性评价和小组任务等方式，检查和督促线上学习节奏，把控学习节奏，通过指导、促进对话等学习支持行为增加学习投入，使学习节奏定期与教学节奏保持一致，以达成一致的学习目标	根据教学需要，设计与线上异步活动相衔接的同步（面对面或在线）活动，加强直接指导，促进对话等学习支持行为，促进认知和情感投入，改善线上学习节奏，在重要教学节点上对齐学习节奏，调适“变奏曲”为“协奏曲”，以削弱学习投入分化，促成全员达成学习目标
G4(卓越)	根据教学目标和学生掌握情况，能通过调整学生同步和异步（或线上和线下）模式的参与机会、调整活动类型、增加教师参与讨论与引领等方式，弹性调整教学和学习节奏	能使用学习行为数据分析和解释学习节奏，并根据课程实时进展和教学目标，通过调整学生同步和异步（或线上和线下）模式的参与机会、调整活动类型、提供动态支架、增加教师参与讨论与引领等方式，实现弹性地调整教学和学习节奏

又以胜任力特征项“促进互动”为例，其原定义指教师引导和组织学生在高频、有序、有效的同步和异步互动中探究学科知识，实现深层次学习目标的过程和能力。通过基于前文量化实证研究分析，“促进互动”可以在以下两个方面加以修正和优化。

(1) 该定义缺乏对目标导向和具体行动策略的体现。其一，互动目的是促进情感和认知投入，并实现深层次学习。前文基于面板数据的纵向分析发现，在混合学习的不同阶段，学习投入具有不同特点和需求，优秀的教师会设计和提供动态支架促进学习投入。在混合课程早期，学生在适应新的学习环境和新的角色时会遇到诸多困难，如技术困难、情感孤独的困难、自主学习的困难等，此时教师重点通过情感支持和社会交往支持提升学生情感投入，比如利用首次见面课的“破冰行动”，为学习者创造一个友好和彼此信任的学习环境，增强学生的群体归属感和学习信心。在课程初期，学生逐渐深入参与学习任务，进行新知识学习，这个时期也是掉队率和辍学率最高的一个时期①，教师主要是通过“直接指导”、诊断误解和给予及时反馈，并对学习频次、时长、登录次数过少的学生进行监控和管理，以提高学生行为投入。在课程中后期，知识整合与应用的任务增多，学生间的会话、交互、协作探究会更加紧密和频繁，教师重点是提供“促进会话”的支架，包括发起、塑造触发事件，提供探索的资源和框架，引发讨论，识别本领域的共识和分歧，促使表达与生成、评价与反思等，促进认知投入，此阶段应降低“直接指导”支架强度，尽量避免过度干预和直接灌输。这些实证研究结论为胜任力特征的修订提供了翔实的资料。

其二，优秀的混合教学教师，不仅关注通过互动达成学习目标，更注重在这个过程中学习者调节学习能力，尤其是共同调节学习能力的培养。本研究中参与者的共同调节学习平均水平比自我调节学习平均水平低 0.5 分（见表 4 - 7），共同调节学习更应受到关注。比如，教师可以：①开发和利用脚本工具。脚本工具是指通过对期望的调节活动进行具体说明、规定序列，使必要的调节阶段与过程结构化。脚本工具可引导学习者参与共享调节的任务理解、计划、监控、评价反思等基本阶段。②开发自我报告工具，能够引导小组成员分享与感知彼此的认知、动机和情绪状态，并以雷达图等方式实现可视化并呈现给小组其他成员。③利用移动学习技术建立共享的学习任务、学习目标和计划，实时监控学习进程，并通过实时评价和反馈促进调节学习的发生等。

（2）有效的互动是发生在社区中的，构建和发展探究型社区是有效互动的基础性环境。混合学习情境下，在学习者与教学人员的互动可能减少的情况下，同伴互动成为获得学习帮助的替代方案。因此，教师要特别重视和引导生生互动，采取具体措施营造开放信任、情感表达、合作对话的探究社区，包括利用在线讨论区，精心设计讨论主题吸引学习者参与；挖掘深度话题，聚焦重要帖子，总结讨论概况，诊断误解和达成共识。这种对话可根据需要在面对面同步、在线同步、在线异步中灵活穿插进行等。这种对话可以促进学习社区的建立，增强学习者的归属感，从而增加他们的社会存在感，进一步促进他们的认知存在感。②

---

① Sukhbaatar O., Usagawa T., Choimaa L. An artificial neural network based early prediction of failure-prone students in blended learning course [J]. International Journal of Emerging Technologies in Learning, 2019, 14(19): 77 - 92.

② Shi Y., Tong M., Long T. Investigating relationships among blended synchronous learning environments, students' motivation, and cognitive engagement: A mixed methods study [J]. Computers & Education, 2021, 168: 104193.

综合以上考虑，将“促进互动”特征项名称修正为“发展社区与促进互动”，并优化其定义为：教师发展学习社区和构建学习共同体，在学生中营造尊重、关爱和互助文化，引导和组织学生在高频、有序、有效的互动中探究学科知识，实现深层次学习目标的过程和能力。相应地，对该胜任力特征下的行为特征描述也进行了修正。

按照上述类似的分析方法，共更新 7 条胜任力特征项，涉及 22 项行为特征描述。关于上述胜任力词典内容的修订过程不再一一赘述。

2. *在混合学习情境下，将“调节存在”纳入探究社区具有必要性和合理性*

上文基于实证研究和班杜拉的社会认知理论，论述了将调节存在纳入探究社区模型并作为第四种存在的合理性和必要性。本研究将“调节存在”界定为：学习者在混合学习环境特征的指导和约束下，通过自我调节、共同调节等行为和策略构建对认知、动机和行为的监测、调节和评价反思程度。“调节存在”可以被理解为由计划、表现或意志控制和自我反思组成，帮助学习者以结构化、条理化的方式获取知识并影响学习体验和学习成果。

混合学习中融入“调节存在”的探究社区概念模型如图 4－19 所示。“调节

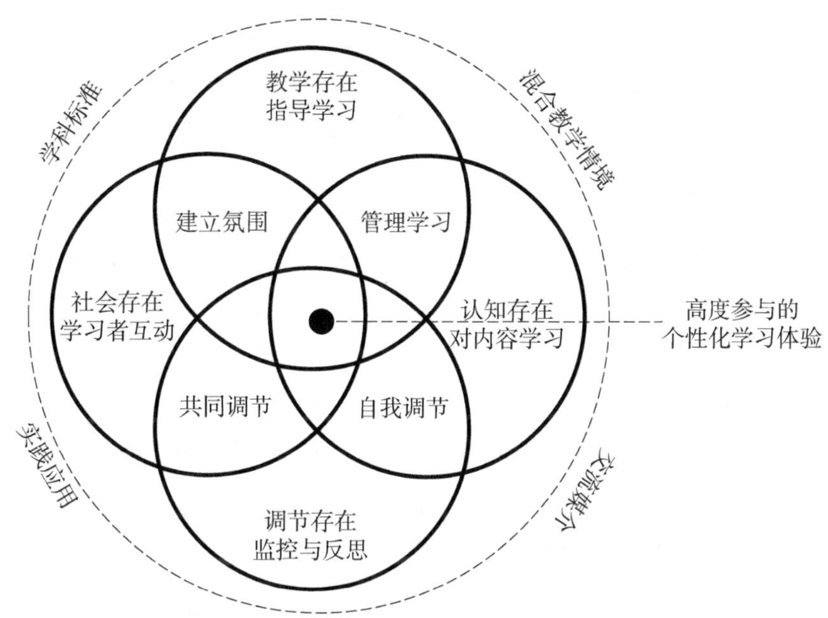

图 4－19　混合学习中融入“调节存在”的探究社区模型

存在”与“社会存在”的交互结果体现为共同调节,主要涉及外部动机与信念等;“调节存在”与“认知存在”的交互结果体现为自我调节,主要涉及自我监控、观察、判断等。

混合学习作为一种富技术学习环境,为学生自我调节学习和共同调节学习培养提供了潜力。混合学习的额外互动渠道——异步在线讨论增加了反思的灵活性和机会,课堂互动促进了自发性和人际联系——可能会导致“绝对丰富的互动”[①]。然而,不能想当然地认为混合学习自身可以培养和使用自我调节学习策略。埃格斯(Eggers)等人[②]分析了21项在混合学习背景下教授自我调节策略的研究,结果表明,学生积极应用自我调节策略的程度也在很大程度上取决于教师的行为。教师应最大限度地发挥混合式学习的优势(例如灵活性),以促进学生制定规范的学习策略;例如设计复杂的、高自我调节学习或共同调节学习的任务,让学生有多种机会进行决策,自主、自我和同伴的评价以及协作,这对提高学生的自我调节学习和共同调节学习技能特别有效。

共同调节学习往往需要借助教师的干预来启动和促进,已有研究发现共同调节过程通常被某个特殊事件所引发,比如当小组成员之间在任务理解、策略运用、学习态度等方面出现不一致的时候,往往就会出现同伴调节行为。[③] 教师需要设计不同的支架和工具,在出现上述不一致时给予引导和支持。比如开发和利用脚本工具、开发自我报告工具、利用移动学习技术建立共享的学习任务、学习目标和计划,实时监控学习进程,并通过实时评价和反馈促进“调节学习”的发生等。

在混合学习中,只有教师摒弃工业时代的教学法,如“传递式教学”“操练、技能和必杀技”,并培养学生的调节能力,学生才有可能从“被动和顺从导向的参与形式”转向更“真实和行动导向的参与形式”[④]。

---

① Boelens R. Studying Blended Learning Designs for Hands-on Adult Learners [D]. Belgium: Ghent University, 2018.

② Eggers J. H., Oostdam R., Voogt J. Self-regulation strategies in blended learning environments in higher education: A systematic review [J]. Australasian Journal of Educational Technology, 2021,37(6):175-192.

③ Andrade H. L., Brookhart S. M., & Yu E. C. Classroom assessment as co-regulated learning: A systematic review [J]. Frontiers in Education, 2021,6:751168.

④ Reeve J., Shin S. How teachers can support students' agentic engagement [J]. Theory Into Practice, 2020,59:150-161.

3. 建立混合教学胜任力模型与四种存在的映射关系,为发展教师胜任力提供路径框架

根据图 4-2"基于学习分析的胜任力特征优化研究框架"中"关键教学胜任力—探究社区模型(四个存在)—教育体验和深度学习"的逻辑关系假设、探究社区构成要素的含义、胜任力特征项的定义等,构建了胜任力模型(修订后)与探究社区模型(融入调节存在)之间的映射关系假设,这种假设关系将在第五章的模型验证部分进行检验和修正。两个模型间的映射关系假设如表 4-12 所示。

表 4-12 混合教学胜任力特征项与探究社区模型映射关系假设

胜任力维度	胜任力特征项	对应的主导探究社区模型要素
专业知识(CK)	知识场活性(AoKF)	教学存在
混合式学科教学法知识(BPCK)	混合教学统领知识(OCiBT)、有关课程的知识(KoC)、有关学生的知识(KoS)、混合式学科教学策略知识(KoTS)	教学存在
学习设计(LD)	系统设计(SD)	教学存在
	认知激活(CA)	认知存在、调节存在
学习支持(LS)	循证评价(EbA)	教学存在
	双向反馈(BdF)	教学存在、认知存在
	发展社区与促进互动(DCPI)	社会存在、调节存在
社会情感力(SEC)	自我认知与管理(SAM)、社会认知与关系(SPR)、负责任的决策(RDM)	社会存在
协同教学力(CT)	人机协同(HCC)、团队协同(TC)	教学存在
体验管理(EM)	混合学习体验管理(BLEM)	教学存在、社会存在、调节存在

续 表

<table>
<tr><th>胜任力维度</th><th>胜任力特征项</th><th>对应的主导探究社区模型要素</th></tr>
<tr><td>学习监控(LM)</td><td>质量监控(QM)</td><td>调节存在</td></tr>
<tr><td rowspan="2">灵活自适(FA)</td><td>适应性教学(AT)</td><td>教学存在</td></tr>
<tr><td>学习节奏调适(LPA)</td><td>认知存在</td></tr>
<tr><td>持续改进(CI)</td><td>积极反思(PR)、持续迭代(CI)、教研融合(IoTR)</td><td>教学存在</td></tr>
<tr><td>数字素养(DL)</td><td>数字技术能力(DTS)、数字化教学(DTeS)</td><td>教学存在</td></tr>
<tr><td>特质与动机(TM)</td><td>职业承诺(PC)、成就动机(AM)、职业责任心(PR)</td><td rowspan="2">教学存在
说明：非认知特征项，弱链接关系</td></tr>
<tr><td>自我概念(SC)</td><td>价值观(HAtoBL)、自我效能(SE)、服务意识(SA)、改革创新(AoRI)、自我发展(SD)、共同体意识(AC)、自我调节(SR)</td></tr>
</table>

图 4－20 建立了从混合教学胜任力特征项到探究社区模型四个存在的映射可视化关系。通过建立胜任力特征与四个存在之间的一一对应关系(图中相同的色块表示对应关系)，描述了胜任力模型是如何指向深度学习的。在图 4－19 的模型中，只有学习者在感知的四种存在都比较高时，才会达到有意义的、有深度的学习体验。而四种存在的感知程度高低与教师胜任力特征及所处的胜任力特征等级具有明显的关系，这样反之构建了“教育体验和深度学习—探究社区模型(四个存在)—关键教学胜任力”的教师胜任力反向路径。

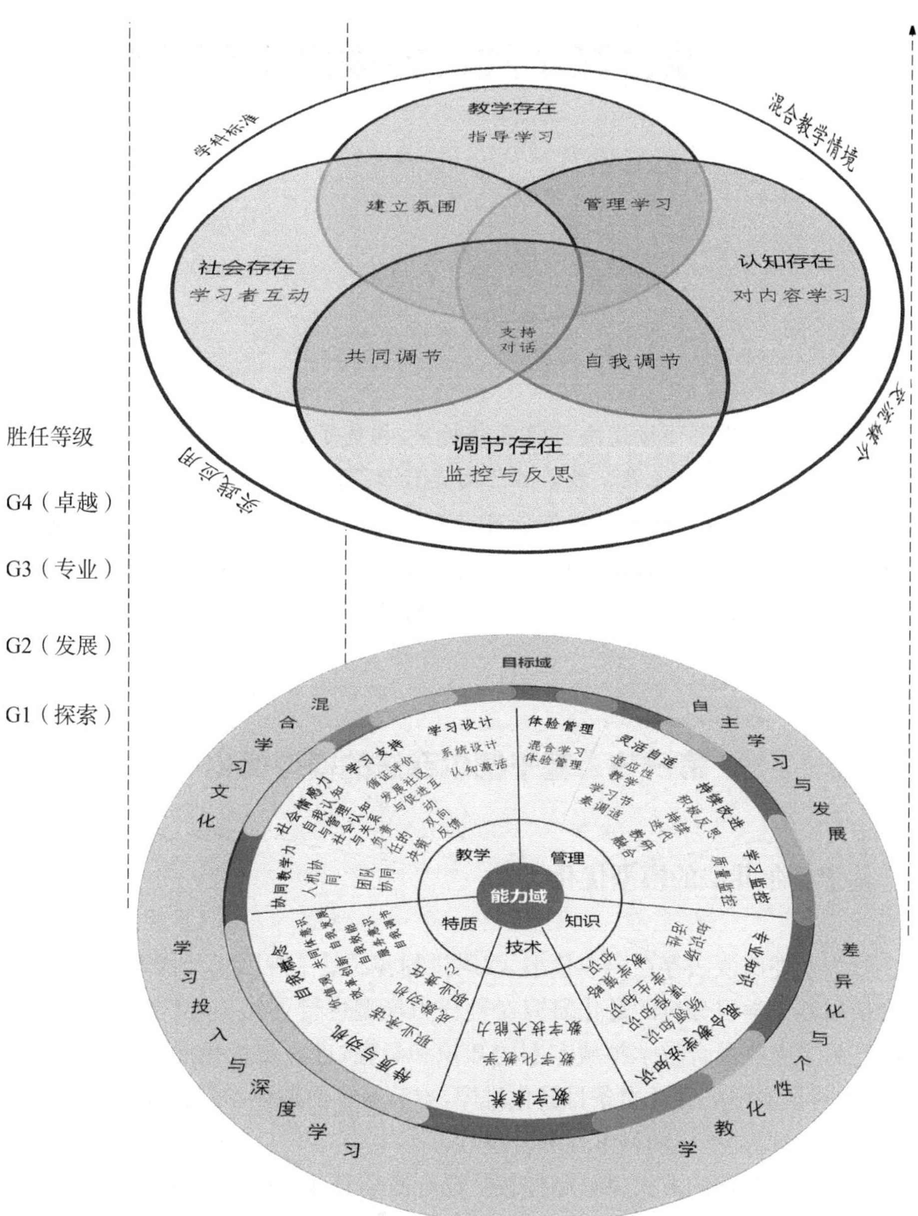

图 4－20　胜任力特征—探究社区模型映射关系假设

第五章 混合教学胜任力模型优化与验证

前文结合行为事件访谈法与学习分析法，构建了混合教学胜任力模型。本章围绕研究问题一"教师混合教学胜任力是什么"下的子问题二"所构建的胜任力模型是否有效"展开研究。一是采用德尔菲法和层次分析法进一步优化模型，并确立各项胜任力特征的权重系数；二是在采用内容验证、构想验证等常规验证方法基础上，引入效标关联验证法，对混合教学胜任力模型进行了交叉验证和修正。

第一节 基于德尔菲法的模型优化

一、基于德尔菲法的模型优化

行为事件访谈法存在样本量小、编码过程容易受主观因素干扰等不足，尽管结合使用基于学习分析的量化研究对胜任力模型进行了修正，但毕竟课程样本有限。为了吸收混合教学领域专家的知识和经验，进一步优化混合教学胜任力模型，并对模型中的胜任力条目量化排序，本节基于前期模型进行专家评议式调研，以进一步保证指标的科学性和合理性。

通过电子邮件的方式，将《高校教师混合教学胜任力模型构成要素专家咨询问卷》分别发送给咨询专家，问卷中对研究背景和胜任力模型特征项目含义进行了说明，并邀请专家对各特征项进行修改或补充，并给出修改原因。将第一轮的反馈意见吸收并优化胜任力模型后，再次发给专家修改，直到第三轮专家的意见才基本趋于一致。最后，专家对指标重要性按层次分析法的 9 级评定法打分，对胜任力条目的重要性作出两两比较评判。专家评议的主要内容是：指标体系是否完整，关键能力是否有遗漏；指标间是否存在交叉或区分度不强；指标含义表述是否清晰恰当。

(一) 专家组的确立

在德尔菲法中，参与评议的专家的专业性和权威性对最终胜任力模型的构建有着重要影响。有研究者建议专家组应包含以下 3 种类型的专家：受该研究结果影响的对象；与研究主题相关的学者及研究者；能基于社会、文化层面为研究主题提供另类观点的人。[①] 高校混合教学胜任力模型构建主要涉及开展混合教学的一线教师，以及教育学、教育技术领域的研究专家。因此，本研究最终邀请了 8 位经验丰富的混合教学一线教师(其中 4 人来自行为事件访谈法绩优组访谈样本)、4 位教育技术学研究人员、1 位教育学(高等教育方向)研究人员共计 13 人组成评议专家组。专家组结构说明如表 5 - 1 所示。

表 5 - 1　专家组结构说明表

项目	说　明
学科	涉及文学、理学、工学、艺术学、教育学、医学等 6 个学科
职称	副教授 4 人，副研究员 1 人，教授 8 人
年限	均从事混合教学 3 年，或从事混合/在线教学研究 5 年以上

三轮专家评议的应答情况如表 5 - 2 所示。

表 5 - 2　三轮专家评议应答情况

轮次	专家总人数	应答专家数	应答率(%)
1	13	12	92.3%
2	13	13	100%
3	13	13	100%

专家的权威性主要通过自评方式来统计。专家权威性一般可以从专家对内

---

① Landeta J. Current validity of the Delphi method in social sciences [J]. Technological Forecasting and Social Change, 2006, 73:467 - 482.

容的熟悉程度和专家做出评议的依据两个方面来判断，因此专家权威系数(Cr)可以取专家对内容熟悉程度(Cs)和判断系数(Ca)的算数平均值，即 Cr=(Ca+Cs)/2。经统计后的专家权威系数如表 5－3 所示。

表 5－3　专家权威系数表

轮次	判断系数(Ca)				熟悉程度(Cs)	权威系数(Cr)
	主观直觉	参考文献	理论知识	实践经验		
1	0.82				0.88	0.85
2	0.85				0.91	0.88
平均	0.835				0.895	0.865

一般认为权威系数 Cr 大于 0.7，即可认为咨询结果可靠。表 5－3 显示两轮的专家权威系数均大于 0.7，表明本研究中的专家评议权威程度较高，专家组符合德尔菲法的研究要求。

(二) 专家咨询过程与结果

本研究中，主要通过协调系数(Kendall's W)、重要性均值、满分比(HS－R)、变异系数(CV)等参数来对专家意见的协调程度进行评价。协调系数取值范围为 0—1 之间，数值越大表示专家意见协调程度越好，结果可信，其统计学检验结果 p 值一般小于 0.05；满分比为选择“非常重要”的专家数占总人数的百分比；变异系数为标准差(S. D.)和均值的比率，表示专家对某一指标重要评议的波动程度，变异系数值越小，则专家评分值之间的离散程度越小，也即专家意见越趋于一致。变异系数小于或等于 0.3 为可接受，小于或等于 0.25 表明专家意见集中程度较好。

在第一轮调查中，评议指标的均值得分 $M\approx 4.21<4.50$(5 级量表的第 90 百分位数)，其中，除设计过程维度的两个指标的变异系数介于 0.25 和 0.3 之间，其他维度评价指标的变异系数均低于 0.25，约占 78.5%。协调系数 W 值为 0.312，专家意见协调性一般。综上，该量表初步拟定的评价指标总体上较为合适，但仍需要进一步修订。

主要的评议意见及优化之处如下。

1. 胜任力特征项的新增

例如，专家S* M认为“自我概念”维度下的“自我效能感”含义过窄，建议增加“自我信念”概念，并认为，尽管自我效能感是教师能力发展的重要内在动力机制，但教师对混合教学的认知、价值观等所形成的认识信念也会对混合教学实践产生重要影响。为此，笔者回到访谈文本，重新梳理有关信念方面的内容，并发现了另外两种信念类型，并将其归纳为：认识信念、教学信念。经过对访谈文本内容的分析后还发现，教师对混合教学的信念主要来源是：自己身边同事的成功经验（替代性经验）、自己前期开展混合教学的积极感受（个人直接经验）、学生的满意度或外部正面评价（社会说服）等。这也说明信念是可以习得和发展的，从自我效能感上升为自我信念，更有利于从主体意识和积极信念视角审视和思考教师自主专业发展问题。此外，Z* Z、F* N、Y* 等3位专家建议在数字素养维度下增加“数据素养”，强调数据要素在混合教学全过程中的重要性及其对教师提出的挑战，取代数字技术能力，并将数字素养维度提升为数字技术。

2. 胜任力特征项的删减与合并

个别条目，如社会情感力维度下的“自我认知与管理”得分偏低（M=2.96），表示大多数专家认为其重要程度一般，甚至在一般以下，应予以舍弃；关于“数字技术能力”条目，专家W* Z、Y* W认为其过于基础和通用而缺乏指向性，建议合并到“数字化教学”等。

3. 胜任力特征项的含义修改

如在“知识场活性”条目中，专家H* F认为教师除了掌握学科前沿知识外，还应在同步或异步互动活动中关注学生关心的知识，这样才有利于引领知识流动和交互的频次、质量；在“混合教学统领知识”条目中，专家Y* 提出，除了“教师对混合教学意味着什么的整体认识、看法、判断”，还应纳入“教师情感、动机、使命等表现方式对混合教学作出期望或情感体验，以达到认识混合教学重要性的目的”这方面的含义。在“混合学习体验管理”条目中，专家H* F建议增加“塑造混合学习文化的过程”之含义等。

在第二轮和第三轮调查中，主要在胜任力特征项的合并、条目含义上做了微调，例如有专家认为“混合教学价值观”在“自我信念”“混合教学统领知识”等条目中已有所涵盖，为避免条目含义交叉，建议舍弃；同样地，建议将“职业责任心”和“服务意识”2个条目合并到“职业承诺”；专家Y* 和专家L* 认为“学习节奏调适”强调的是管理视角，建议纳入管理特征维度；R* S、F* N等认为“共同体意识”的含义已在“团队协同”中有所体现，并且不适宜归类为“自我概念”，建议删除等。在充分吸收以上意见后对胜任力模型进行了修正。

经过三轮评议后,专家协调系数为 0.672,变异系数在 0.08 至 0.20 之间,表明专家评议意见集中程度较高且趋于一致。相关统计数据如表 5-4 和表 5-5 所示。

表 5-4 第三轮专家评议结果统计

<table>
<tr><th>核心概念</th><th>主概念胜任力维度</th><th>胜任力特征项(条目)</th><th>总分</th><th>满分比</th><th>标准差</th><th>变异系数</th></tr>
<tr><td rowspan="5">专业知识特征</td><td rowspan="2">专业知识(B1)</td><td>知识场活性</td><td>58</td><td>0.46</td><td>0.8</td><td>0.18</td></tr>
<tr><td>混合教学统领知识</td><td>55</td><td>0.62</td><td>0.81</td><td>0.19</td></tr>
<tr><td rowspan="3">混合式学科教学法知识(B2)</td><td>有关课程的知识</td><td>53</td><td>0.46</td><td>0.47</td><td>0.12</td></tr>
<tr><td>有关学生的知识</td><td>51</td><td>0.38</td><td>0.49</td><td>0.12</td></tr>
<tr><td>混合式学科教学策略知识</td><td>57</td><td>0.69</td><td>0.58</td><td>0.13</td></tr>
<tr><td rowspan="9">教学特征</td><td rowspan="3">学习设计(B3)</td><td>系统设计</td><td>64</td><td>0.85</td><td>0.41</td><td>0.08</td></tr>
<tr><td>认知激活</td><td>60</td><td>0.77</td><td>0.76</td><td>0.16</td></tr>
<tr><td>循证评价</td><td>56</td><td>0.69</td><td>0.49</td><td>0.11</td></tr>
<tr><td rowspan="2">学习支持(B4)</td><td>双向反馈</td><td>58</td><td>0.77</td><td>0.42</td><td>0.09</td></tr>
<tr><td>发展社区与促进互动</td><td>61</td><td>0.85</td><td>0.57</td><td>0.12</td></tr>
<tr><td rowspan="2">社会情感力(B5)</td><td>社会认知与关系</td><td>55</td><td>0.46</td><td>0.44</td><td>0.10</td></tr>
<tr><td>负责任的决策</td><td>43</td><td>0.31</td><td>0.41</td><td>0.12</td></tr>
<tr><td rowspan="2">协同教学力(B6)</td><td>人机协同</td><td>50</td><td>0.54</td><td>0.75</td><td>0.20</td></tr>
<tr><td>团队协同</td><td>53</td><td>0.62</td><td>0.62</td><td>0.15</td></tr>
<tr><td rowspan="7">管理特征</td><td>体验管理(B7)</td><td>混合学习体验管理</td><td>56</td><td>0.69</td><td>0.51</td><td>0.12</td></tr>
<tr><td>学习监控(B8)</td><td>质量监控</td><td>52</td><td>0.62</td><td>0.76</td><td>0.19</td></tr>
<tr><td rowspan="2">灵活自适(B9)</td><td>适应性教学</td><td>55</td><td>0.77</td><td>0.42</td><td>0.10</td></tr>
<tr><td>学习节奏调适</td><td>59</td><td>0.69</td><td>0.54</td><td>0.12</td></tr>
<tr><td rowspan="3">持续改进(B10)</td><td>积极反思</td><td>62</td><td>0.69</td><td>0.62</td><td>0.13</td></tr>
<tr><td>持续迭代</td><td>54</td><td>0.62</td><td>0.65</td><td>0.16</td></tr>
<tr><td>教研融合</td><td>51</td><td>0.46</td><td>0.4</td><td>0.10</td></tr>
</table>

续　表

<table>
<tr><th>核心概念</th><th>主概念胜任力维度</th><th>胜任力特征项(条目)</th><th>总分</th><th>满分比</th><th>标准差</th><th>变异系数</th></tr>
<tr><td rowspan="2">技术特征</td><td rowspan="2">数字技术(B11)</td><td>数字化教学</td><td>57</td><td>0.77</td><td>0.53</td><td>0.12</td></tr>
<tr><td>数据素养</td><td>57</td><td>0.62</td><td>0.45</td><td>0.10</td></tr>
<tr><td rowspan="6">特质特征</td><td rowspan="2">成就动机(B12)</td><td>职业承诺</td><td>52</td><td>0.46</td><td>0.68</td><td>0.17</td></tr>
<tr><td>成就动机</td><td>62</td><td>0.77</td><td>0.49</td><td>0.10</td></tr>
<tr><td rowspan="4">自我概念(B13)</td><td>自我信念</td><td>61</td><td>0.54</td><td>0.46</td><td>0.10</td></tr>
<tr><td>改革创新意识</td><td>58</td><td>0.46</td><td>0.71</td><td>0.16</td></tr>
<tr><td>自我发展</td><td>59</td><td>0.62</td><td>0.78</td><td>0.17</td></tr>
<tr><td>自我调节</td><td>59</td><td>0.62</td><td>0.52</td><td>0.11</td></tr>
</table>

注:5 级评分依次为:“不重要”为 2 分,“一般”为 3 分,“重要”为 4 分,“非常重要”为 5 分,在第三轮中选择“非常不重要”的人数为 0。

表 5-5　第三轮专家评议意见协调系数

<table>
<tr><th>胜任力维度</th><th>协调系数</th><th>X_2 值</th><th>p 值</th></tr>
<tr><td>知识特征</td><td rowspan="5">0.672</td><td rowspan="5">43.082</td><td rowspan="5">0.009**</td></tr>
<tr><td>教学特征</td></tr>
<tr><td>管理特征</td></tr>
<tr><td>技术特质</td></tr>
<tr><td>特质特征</td></tr>
</table>

注:** $p<0.01$。

二、基于层次分析法(AHP)的模型指标权重确立

经过反复修订后,教师混合教学胜任力模型由 5 个核心概念、13 个主概念、29 个胜任力特性项构成。模型中每一项胜任力特征项目并非完全同等重要,下一步需要利用层次分析法(AHP)确立模型指标权重系数,为后期设计和制作可操作的教师胜任力评估工具提供依据。

层次分析法的本质在于通过对诸多相关因素(指标)的重要性进行两两比较,把专家丰富的领域知识和经验转化有价值的决策信息。确立模型指标权重

的过程如下。

(一) 构建模型的层次结构模型

依据表 5 - 4 中胜任力维度的划分,建立高校教师混合教学胜任力体系中的目标层、准则层和方案层,其结构关系如下。需要说明的是,模型中的某些主概念下只有一个胜任力特征项,对其排序的实际意义不大,因而本研究聚焦于模型中的核心概念(视作一级指标)和胜任力特征项目(视作二级指标)。

目标层 A=高校教师混合教学胜任力。

准则层(核心概念,一级指标)$B=\{B_1, B_2 \cdots\cdots B_i \cdots\cdots B_n\}, i=1,2\cdots\cdots n$(n 表示一级指标个数)。

方案层(胜任力特征项,二级指标)$Bi=\{B_{i1}, B_{i2}, B_{ij}, B_{im}\}, j=1,2\cdots\cdots m$(m 表示二级指标 B_i 中指标的个数)。

(二) 构建专家判断矩阵

1. 逐个建立每一层次判断矩阵

判断矩阵是层次分析法的关键一步,通过专家对每一层次的指标重要性两两判断并赋予相对重要性数值来构建。本研究中一级指标为 5 个,二级指标为 29 个,共需要构建 6 个判断矩阵。为了快速有效地构造单个专家判断矩阵,减少专家因工作量大而出现逻辑错误的概率,使用了“YAAHP”专业软件生成判断矩阵“Excel”问卷,以可视化的方式呈现每一层次需要判断的矩阵图,专家可以用鼠标在 1—9 的重要性程度比例标度上点选即可生成判断值。在这一轮中共回收 6 个权重矩阵。

2. 合并单个矩阵得到综合矩阵

为了反映专家的集体意愿和决策,避免因个别专家自身偏好等因素产生具有较大分歧的判断矩阵,本研究使用判断力权值来构建综合矩阵。

所有专家对同一指标的判断矩阵设为:

$A_k=(a_{ij}^{(k)})$,则 A_k 的一致性指标定义为:

$$C_k=\frac{\lambda_{max}^{(k)}-n}{n-1} \tag{1}$$

上式中，C_k 越小，则专家的判断能力越强，因而可以通过关系函数(2)得到专家的判断力权值。

$$P_k = \frac{e^{-10(m-1)C_k}}{\sum_{L=1}^{m} e^{-10}(m-1)^{C_l}} \quad (2) \qquad a'_{ij} = \frac{\sum_{k=1}^{m} P_k a_{ij}^{(k)}}{\sum_{k=1}^{m} P_k} \quad (3)$$

通过式(3)可得到综合后该指标的值，并逐个计算综合指标值可得到新的综合矩阵 $A'_k=(a'_{Ij})$。以目标层混合教学胜任力 A 为例，表 5-6 是目标层“混合教学胜任力”A 的合并计算结果。

表 5-6 混合教学胜任力 A 判断矩阵示例

胜任力 A	B_1	B_2	B_3	B_4	B_5
B_1	1	3.701	3.320	4.271	2.024
B_2	0.273	1	0.812	2.110	0.732
B_3	0.286	1.221	1	2.850	0.927
B_4	0.201	0.427	0.312	1	0.304
B_5	0.669	2.424	1.233	2.809	1

使用同样的方法构建其他 5 个判断矩阵，具体过程不再赘述。

(三) 确定权重并排序

1. 层次单排序

层次单排序是指对于上一层某因素而言，本层次各因素的重要性的排序。上述步骤得到专家判断矩阵后，使用方根法先计算某一层次上的权重，即通过求出判断矩阵的最大特征值和特征向量，将特征向量归一化得到各指标的权重向量。

2. 层次总排序

层次总排序是指确定某层所有因素对于总目标相对重要性的排序过程。这一过程是从最高层到最底层依次完成的，对于最高层而言，层次单排序的结果即为总排序的结果。利用综合判断矩阵得出指标层 Bi 中 $B_{i1}\sim B_{im}$ 相对于目标层 A 的权重值，计算结果如表 5-7 所示。

表 5－7　高校教师混合教学胜任力指标体系权重表

评价对象	一级指标		二级指标		
	指标 B	层次单排序	指标 B_i	层次单排序	层次总排序
高校混合教学胜任力 A	知识特征(B_1)	0.1832	知识场活性(B_{11})	0.1916	0.0305
			混合教学统领知识(B_{12})	0.3115	0.0311
			有关课程的知识(B_{13})	0.1516	0.0082
			有关学生的知识(B_{14})	0.1051	0.0056
			混合式学科教学策略知识(B_{15})	0.2402	0.0216
	教学特征(B_2)	0.2209	系统设计(B_{21})	0.1503	0.0863
			认知激活(B_{22})	0.1299	0.0422
			循证评价(B_{23})	0.1041	0.0255
			双向反馈(B_{24})	0.1357	0.0363
			发展社区与促进互动(B_{25})	0.1221	0.0321
			社会认知与关系(B_{26})	0.1093	0.0391
			负责任的决策(B_{27})	0.0542	0.0065
			人机协同(B_{28})	0.0921	0.0274
			团队协同(B_{29})	0.1023	0.0203
	管理特征(B_3)	0.1972	混合学习体验管理(B_{31})	0.2004	0.0324
			质量监控(B_{32})	0.1502	0.0218
			适应性教学(B_{33})	0.1813	0.0521
			学习节奏调适(B_{34})	0.2162	0.0493
			积极反思(B_{35})	0.1032	0.0522
			持续迭代(B_{36})	0.0845	0.0408
			教研融合(B_{37})	0.0642	0.0172
	技术特征(B_4)	0.1664	数字化教学(B_{41})	0.5663	0.0223
			数据素养(B_{42})	0.4337	0.0217

续　表

评价对象	一级指标		二级指标		
	指标 B	层次单排序	指标 Bi	层次单排序	层次总排序
	特质特征（B_5）	0.232 3	职业承诺（B_{51}）	0.135 6	0.025 4
			成就动机（B_{52}）	0.287 7	0.103
			自我信念（B_{53}）	0.151 2	0.047 2
			改革创新意识（B_{54}）	0.102 1	0.036 5
			自我发展（B_{55}）	0.092 1	0.010 2
			自我调节（B_{56}）	0.231 3	0.055 2

（四）合并矩阵的一致性检验

从人的认识规律来看，判断矩阵具有传递性和一致性，例如，若 A 比 B 重要，B 又比 C 重要，则从逻辑上讲，A 应该比 C 明显重要；因此，一个正确的判断矩阵重要性排序是有一定逻辑规律的。合并后的矩阵也应满足大体上的一致性，需要对其一致性进行检验；通过检验的判断矩阵在逻辑上才是合理的，才能继续对结果进行分析。先计算合并矩阵的最大特征值和一致性指标（CI），再根据矩阵阶数查找表确定相应的平均随机一致性指标（RI），然后计算一致性比例值（CR），CR＝CI/RI。本研究中的合并矩阵一致性检验结果如表 5－8 所示。

表 5－8　合并矩阵的一致性判断结果

判断矩阵	最大特征值	一致性指标	平均随机一致性指标	一致性比例
A	5.11	0.028	1.120	0.025
B_1	5.12	0.030	1.120	0.027
B_2	9.82	0.103	1.460	0.070
B_3	7.31	0.052	1.360	0.038
B_4	3.07	0.035	0.520	0.067
B_5	7.18	0.030	1.360	0.022

从统计结果来看，一致性比例值均小于 0.1，当一致性比例值小于 0.1 时，

认为判断矩阵的一致性是可以接受的;且表中一致性比例值均低于合并前的单个判断矩阵平均值,说明综合矩阵优于单个矩阵,也即表明聚类合并后的5个判断矩阵具有较为理想的一致性。

(五) 关于胜任力条目权重结果的讨论

从指标权重排序结果来看,混合教学胜任力模型突出了知识场活性、混合式学科教学法知识、学习设计、学习支持、社会情感力、适应性教学、学习节奏调适、人机协同、反思与迭代、成就动机、自我信念与自我调节等维度或具体的特征项,这与前期31份访谈文本编码分析中的平均等级得分大体一致,也大致与前期编码统计中识别出来的鉴别性胜任力特征相吻合。通过专家评议与咨询,削减了一些旁枝末节的特征项,增补和深化了某些关键特征项的含义,使得优化后的胜任力模型更为聚焦,勾勒了数字化教学转型背景下面向混合教学的能力图谱。这些胜任力特征项与混合教学核心价值诉求紧密相关,也从侧面反映了混合教学背景下教师作为学科专家、学习设计者、学习促进者、学习组织者、终身学习者的角色定位。

第二节 混合教学胜任力模型验证

一、模型验证的方法与工具设计

(一) 验证方法

混合教学胜任力模型验证是对模型效度的检验,即检验其是否有效、准确,以及反映和测出混合教学所需真实能力、特质的程度。胜任力模型效度的测量主要有内容效度、预测效度、构想效度等指标。内容效度,是指胜任力指标项是否能全面准确地测量教师混合教学能力,前文编码分析中通过频次、平均等级分、最高等级分等检验了胜任力特征能区分绩优组和绩平组的差异,并通过专家评议对特征项进行了优化,验证了胜任力模型的内容效度。预测效度,即依据已构建的胜任力模型选拔出观测样本,跟踪其在实际工作中的绩效表现,如果绩效优异,则说明胜任力模型能预测实际绩效,证明模型有效。构想效度,即根据已构建的胜任力模型编制评估工具并施测,检验实际施测结果是否与理论预期相一致，如一致性程度较高，说明模型有效。

以上验证方法均属于内部验证，也是当前有关教师胜任力模型验证的主要方法。① 有学者提出应适当增加外部变量，研究教师胜任力模型与这些外部变量的关系，从而检验胜任力模型本身的结构。② 如王贺立③在检验幼儿园园长胜任力模型的效度时，鉴于缺乏公认且能在岗位间通用的测评工具，使用了职称（初级、中级、高级职称）这一外部标准进行方差分析来检验。

综合考虑可操作性、实验条件等因素，本研究在前文内容效度检验基础上，同时采用构想效度和外部变量进行模型验证，以丰富高校教师胜任力模型的验证方法。

1. 构想效度验证

基于已构建的高校教师混合教学胜任力模型编制问卷，施测对象为具有混合教学实践经验的一线教师，施测目的是对胜任力特征项的重要性进行评价；对施测数据进行探索性因子分析和验证性因子分析，验证实际观测数据与模型的拟合程度。

2. 外部变量验证

外部变量验证也称效标关联效度验证，即测量胜任力与其他外部相关效标的关联程度。本研究具体拟采用“四个存在”所表征的深度学习为效标变量，对预测变量（胜任力模型）和效标变量进行解释性复回归分析，假设回归模型整体解释变异量达到显著水平。若假设成立，说明构建的胜任力模型与混合教学核心价值诉求——深度学习的关联程度高，表明模型有效。

（二）测量工具设计

1. 构想效度检验测量工具

高校教师混合教学胜任力模型涉及 5 个核心概念下 13 个主概念的 29 项特征项，据其编制胜任力问卷，主要基于两个思路：其一，问卷中的核心变量测量尽可能使用已有研究中经过信效度检验的成熟量表，根据需要对其进行情境化改编后使用，如表 5 - 9 所示；其二，对既往研究中没有的量表，根据胜任力词典中的行为特征设计题项，题项须反映胜任力特征含义。初步形成的《高校教师混

① 田俊. 中小学教师在线教学胜任力模型构建及实证研究[D]. 武汉：华中师范大学，2021. 刘力为. 高等职业学校辅导员胜任力模型构建与提升策略研究[D]. 长春：东北师范大学，2022.

② 何齐宗，熊思鹏. 高校教师教学胜任力模型构建研究[J]. 高等教育研究，2015，36(7)：60—67.

③ 王贺立. 幼儿园园长胜任力：模型构建、作用及促进因素[D]. 长春：东北师范大学，2022.

合教学胜任力研究问卷》为五点式李克特量表，包含 5 个分量表，共计 62 个题项。

表 5－9　混合教学胜任力问卷来源

胜任力特征	问卷改编或参考来源说明
混合式学科教学法知识	在参考阿尔尚博和克里彭（Archambault &Crippen）的“TPACK”量表①基础上，结合混合教学特征编制包括混合教学统领知识 2 个题项、有关课程的知识 2 个题项、有关学生的知识 1 个题项、混合式学科教学策略知识 2 个题项，共计 7 个题项
循证评价	参考学者张（Zhang）等人②开发的评价实践清单（API）第八版，编制 2 个题项
双向反馈	改编自布德和道森（Boud & Dawson）教师反馈素养评价框架③，共 3 个题项
发展社区与促进互动	改编自兰国帅的探究社区量表中文版（COI 量表）④，共 2 个题项
社会情感力	改编自美国教育部资助的优秀教师和领导者中心（CGTL）《社会情感教学和能力自评：教师工具量表》⑤，包括社会互动、教学关系、负责任的决策共 3 个题项
数据素养	改编自特兰瑟姆（Trantham）等⑥编制的数据知识量表（NUDKS），包含数据意识和技能、数据安全和伦理等 2 个题项
成就动机	改编自叶仁敏和赫格特维特（Hegtvet）编译的中文版成就动机量表（AMS），包括趋近性和回避性共 2 个题项

---

① Archambault L. M., Crippen K. J. Examining TPACK among K－12 online distance educators in the United States [J]. Contemporary Issues in Technology and Teacher Education, 2009, 9(1): 71－88.

② Zhang Z., Judith A., Burry-Stock. Classroom assessment practices and teachers'self-perceived assessment skills [J]. Applied Measurement in Education, 2003, 16(4): 323－342.

③ Boud D., Dawson P. What feedback literate teachers do: An empirically-derived competency framework [J]. Assessment & Evaluation in Higher Education, 2021, 48(2): 158－171.

④ 兰国帅，钟秋菊，吕彩杰等. 探究社区量表中文版的编制——基于探索性和验证性因素分析[J]. 开放教育研究，2018，24(3)：68—76.

⑤ 王兮. 教师社会情感能力培养谈片[J]. 教育研究与评论，2023(6)：17—20.

⑥ Trantham P. S., Sikorski J., De Ayala R. J., Doll B. An item response theory and Rasch analysis of the NUDKS: a data literacy scale [J]. Educational Assessment, Evaluation and Accountability, 2022, 34(1): 113－135.

续　表

胜任力特征	问卷改编或参考来源说明
自我信念	改编自林和蔡(Lim&Chai)教师教学信念量表①、吴量等译编的中文版教师自我效能感(TSE)简版量表②,包含教学信念、自我效能信念共 2 个题项
自我调节	此胜任力特征项为一个复合胜任特征,改编自沙尔施密特团队开发的简版"AVEM"量表,在该问卷中精简为工作投入(职业承诺、职业抱负、用力倾向、追求完美)4 个题项和复原力(情感疏远、低放弃倾向、积极应对、心智稳定)4 个题项

2. 外部变量验证测量工具。

外部效标变量的测量量表《混合教学情境下的深度学习测量量表》由探究社区量表、自我调节量表、共同调节量表改编精简而成。该量表已在第三章第四节教师自我调节类型研究中检验其信效度,且进行了测试,并获得了 161 位教师所开混合课程下 5 474 份学生数据。

上述两个量表在正式施测前进行了小范围施测,在施测中从各题项的表述准确度(是否存在语法错误和歧义、是否通俗易懂等)、题项与特性项相关性、题项间区分度等方面进行了修正。

(三) 参与对象

1.《高校教师混合教学胜任力研究问卷》采用在线电子问卷方式施测

参与对象包括两个来源,即通过行为事件访谈中的受访者本人(31 人)填写、请其所在单位教师发展中心等机构转发给本校教师填写等方式,共邀请到 534 人填写问卷。邀请前期参与教师自我调节类型研究的 161 位样本教师参与胜任力问卷调查,共 128 人填写问卷。最终共邀请到具有混合教学经验的教师 662 人参与填写问卷,筛选掉答题时间小于 2 分钟的样本,有效回收问卷 621 份,符合样本应为题项 5 倍以上数量的要求。③ 为避免可能存在的社会期望等因素产生共同方法偏差,问卷指导语强调了该调查是对条目重要性的评价,而非

① Lim C. P., Chai C. S. Teachers' pedagogical beliefs and their planning and conduct of computer mediated classroom lessons [J]. British Journal of Educational Technology, 2008,39(5):807 - 828.

② 吴量,詹浩洋.中文版教师自我效能感量表(TSE)(简版)的信度和效度研究[J].心理技术与应用,2017,5(11):672—679.

③ 风笑天.社会学研究方法(第四版)[M].北京:中国人民大学出版社,2013.

对个体行为的评价。

2.《混合教学情境下的深度学习体验测量量表》同样采用在线电子问卷方式施测

邀请参与上述胜任力研究问卷的 31 位受访者样本所开课程的学生参与填写，筛选掉答题时间小于 2 分钟的样本，有效回收 1 120 份；合并前期已获得的 4 482 份(128 位教师课程下的学生)可复用学生数据，共计 5 602 份数据。使用问卷平台的“自定义来源”功能实现学生问卷数据与教师问卷数据的关联。

二、构想效度检验

(一) 胜任力特征项的探索性因子分析

1. 分层面探索性因子分析

从 662 份回收数据中随机抽取一半即 331 份数据做分层面探索性因子分析。《高校教师混合教学胜任力研究问卷》对应 30 项胜任力特征项的 5 个分量表共计 62 个题项。探索性因子分析的目的是对该问卷进行因子分析和题项优化，以提高问卷的建构效度。本研究是基于扎根理论对访谈文本编码后提取 5 个核心概念，且经过专家评议和咨询，确立了模型的 5 个维度。《高校教师混合教学胜任力研究问卷》是根据胜任力模型的 5 个核心概念编制而成，已明确将问卷分成五个层面(分量表)，且各层面所包含的题项含义及界定已较为清晰，量表的内容效度也经过预测修正。因此，在进行探索性因子分析时，不宜对整个问卷进行因子分析①，而是可以根据问卷的层面，以层面包含的题项变量分别进行因子分析。如果对整个问卷进行因子分析，因萃取的因子过多，因子包含的题项内容与事先预置的结构差异过大，需要删掉的题项会过多，因此本研究采用分层面因子分析法，按照胜任力模型中知识、教学、管理、技术、特质五个层面各自包含的题项变量进行因子分析。

以“知识特征”层面的因子分析为例。知识特征层面由专业知识和混合式学科教学法知识两个概念的 11 个题项组成。首先，判断样本数据是否适合做因子分析，判断标准为 KMO(Kaiser-Meyer-Olkin)值大于 0.6，且样本巴特利特

① 风笑天.社会学研究方法(第四版)[M].北京：中国人民大学出版社，2013.

(Bartlett)球形检验结果须显著($P<0.05$)。结果显示,KMO 检验值为 0.896,巴特利特球形检验在 0.01 水平上显著,说明样本数据适合做因素分析。其次,采用主成分分析方法萃取共同因子,使用事先决定准则法和陡坡图检验法作为因子筛选的原则,采用最优斜角旋转法求出因子负荷矩阵,再依据 KMO 取样适切性量数(MSA<0.5)、共同性(小于 0.2)、因子负荷量(小于 0.4)等参数删除题项。最后,经过多次探索与分析,采取逐题删除的方法,最终保留了 2 个共同因子下的 8 个题型。两个子层面的题项变量的因子负荷量均在 0.5 以上,累积解释变异量为 68.271%,如表 5-10 所示,保留萃取的 2 个因素建构效度较为理想,且 2 个共同因子所包含的题项具有同质性。

表 5-10 知识特征层面因子分析结果摘要

成分	平方和负荷量萃取			共同性
	总和	方差(%)	累积(%)	
专业知识	4.567	42.164	42.164	0.516-0.724
混合式学科教学法	2.281	16.310	58.474	0.556-0.812

按照以上方法,依次从"知识特征""教学特征""管理特征""技术特征""特质特征"5 个层面进行探索性因子分析,并共计删除 9 个鉴别力不强的题项,最终共得到包含 53 个测量题项的《高校教师混合教学胜任力研究问卷》,5 个层面累计解释总变异量为 66.812%(大于 60%),如表 5-11 所示。

表 5-11 分层面探索性因素分析结果摘要

子层面	题项	旋转后的因子负荷	共同度
知识特征	8	0.532-0.832	0.516-0.802
教学特征	17	0.702-0.843	0.612-0.808
管理特征	9	0.762-0.877	0.531-0.762
技术特征	3	0.654-0.867	0.528-0.763
特质特征	16	0.622-0.882	0.644-0.820

由于采用事先决定准则法筛选因子,每个层面下的共同因子与原先编制的构念(胜任力模型指标)相符合,在探索性因子分析后得到的 Kaiser 特征值大于

1,说明调查结果与理论预期基本一致,胜任力模型结构有较好的稳定性。部分题项删除后提高了总量表的构建效度。

2. 正式量表信度分析

采用内部一致性系数(Cronbach's alpha 系数)作为问卷信度分析指标。各子层面的内部一致性系数和整体量表的 α 系数的统计结果如表 5-12 所示,整体量表为 0.912(大于 0.8),各层面 α 系数介于 0.792～0.910 之间,表明总量表及各维度均有较高的信度。子层面删除题项后其内部一致性系数低于该层面分量表的系数,进一步说明各题项具有较高的鉴别度。

表 5-12 高校教师混合教学胜任力研究问卷信度分析结果

	内部一致性系数	各题项删除后的内部一致性系数区域
总量表	0.912	0.890-0.910
知识特征	0.884	0.851-0.870
教学特征	0.922	0.887-0.897
管理特征	0.914	0.881-0.910
技术特征	0.822	0.792-0.813
特质特征	0.910	0.828-0.902

《混合教学情境下的深度学习测量量表》的项目分析过程与高校教师混合教学胜任力研究问卷大致相同,这里就不再赘述。

(二) 胜任力特征项的验证性因子分析

前面通过探索性因子分析检验和修正了胜任力调查问卷的建构效度,下面接着使用验证性因子分析(Confirmatory factor analyis, CFA)检验此建构效度的适切性和真实性。验证性因子分析偏重于检验假定的观察变量与假定的潜在变量间的关系,要探究的是量表中胜任力因子结构模型是否与实际收集的数据契合,指标变量是否可以有效作为因子构念的测量变量。本部分的检验使用结构方程模型(Structural Equation Modeling, SEM)统计完成,统计工具使用 AMOS 23.0。使用 662 份回收数据中剩下的 331 份数据做验证性因子分析的样本。

1. 模型拟合

对前期确定的包含 5 个构面 29 个观察变量的问卷进行一阶验证性因子分

析，具体采用最大似然法检验模型识别情况。量表的基本适配度检验结果和整体模型适配度检验结果分别如表 5-13、表 5-14 所示，结果表明高校教师混合教学胜任力模型检验拟合度整体良好。

表 5-13 高校教师混合教学胜任力问卷验证性因子分析的基本适配度检验摘要表

评价项目	检验结果	模型适配判断
是否存在负的误差变异量	均为正数	是
因子负荷是否大于 0.5	0.672-0.880	是
是否存在较大的标准误	0.036-0.127	是

表 5-14 高校教师混合教学胜任力问卷验证性因子分析的整体适配度检验摘要表

拟合度指标	拟合标准或临界值	检验结果	模型适配判断
绝对拟合度指标			
X^2/df	小于 3 可接受；小于 2 良好	2.086	是
RMSEA	小于 0.08(若小于 0.05 优良；小于 0.08 良好)	0.021	是
GFI	大于 0.90 优良；大于 0.80 可接受	0.846	是
AGFI	大于 0.90 优良；大于 0.80 可接受	0.808	是
相对拟合度指标			
NFI	大于 0.90 优良	0.952	是
TLI	大于 0.90 优良	0.963	是
CFI	大于 0.90 优良	0.971	是
模型比较			
AIC 值	理论模型值小于独立模型值，且同时小于饱和模型值	121.03<189.00 121.03<1 469.42	是
CAIC 值	理论模型值小于独立模型值，且同时小于饱和模型值	244.08<586.65 244.08<1 683.06	是

注：X^2/df 为卡方自由度比，GFI 为合优度指数，AGFI 为调整合优度指数，SRMR 为标准化均方根残差值，RMSEA 为近似均方根误差，NFI 为增值拟合度指标，TLI 为非规范拟合度指标，CFI 为比较性拟合指数。AIC 为 Akaike 信息准则，CAIC 为修正后的 Akaike 信息准则。

表 5-14 中 X^2 值的显著性概率值 p=0.482(大于 0.05)，表示未达 0.05 显著水平，接受虚无假设，说明所提的胜任力问卷的因素构成假设模型与实际数据可以契合。再从其他整体适配度指标来看，卡方自由度比值为 2.086(小于 3)，RMSEA 值等于 0.021(大于 0.05)，GFI 值等于 0.846，AGFI 等于 0.808，NFI 等于 0.952，TLI 等于 0.963，CFI 等于 0.971，均大于 0.90，可见整体模型的适配度较为理想。理论模型时的 AIC 值等于 121.03，小于饱和模型的 AIC 值 189.0，也小于独立模型的 CAIC 值 1 469.42；理论模型的 CAIC 值 244.08 也同样小于饱和模型值 586.65 及独立模型值 1 683.06，达到模型可接受的标准。

2. 模型参数估计

对模型参数估计的结果如表 5-15 所示。各潜变量下对应的测量指标的因子负荷量值均在 6.0 以上，为可接受范围；除了"有关学生的知识"、"教研融合"、"团队协同"三个特征项为 0.7 以下外，其余特征均为大于 0.7 的优良标准，表明测量指标能较好地测量潜在变量。

表 5-15　验证性因子分析参数拟合结果

	非标准化估计值	标准误	构建信度 CR	p	标准化估计值
知识场活性(AoKF)←知识特征	1.000	—	—	—	0.864
混合教学统领知识(OCiBT)←知识特征	1.008	0.029	43.322	***	0.932
有关课程的知识(KoC)←知识特征	0.963	0.026	35.872	***	0.873
有关学生的知识(KoS)←知识特征	0.921	0.024	46.314	***	0.694
混合式学科教学策略知识(KoTS)←知识特征	1.031	0.021	44.292	***	0.902
系统设计(SD)←教学特征	1.000	—	—	—	0.928
认知激活(CA)←教学特征	0.994	0.018	54.211	***	0.921
循证评价(EbA)←教学特征	0.886	0.016	58.121	***	0.782
双向反馈(BdF)←教学特征	0.976	0.019	52.110	***	0.807
发展社区与促进互动(DCPI)←教学特征	0.988	0.012	60.123	***	0.853
社会认知与关系(SPR)←教学特征	0.912	0.021	57.332	***	0.752
负责任的决策(RDM)←教学特征	0.966	0.014	51.023	***	0.923

续　表

	非标准化估计值	标准误	构建信度 CR	p	标准化估计值
人机协同(HCC)←教学特征	0.982	0.011	59.219	***	0.927
团队协同(TC)←教学特征	0.879	0.021	60.228	***	0.688
混合学习体验管理(BLEM)←管理特征	1.000	—	—	—	0.869
质量监控(QM)←管理特征	0.912	0.041	23.882	***	0.871
适应性教学(AT)←管理特征	1.138	0.045	26.651	***	0.891
学习节奏调适(LPA)←管理特征	1.222	0.043	24.082	***	0.906
积极反思(PR)←管理特征	0.986	0.039	23.022	***	0.828
持续迭代(CI)←管理特征	1.018	0.044	25.385	***	0.889
教研融合(IoTR)←管理特征	0.898	0.049	22.180	***	0.692
数字化教学(DTeS)←技术特征	1.000	—	—	—	0.965
数字素养(DL)←技术特征	0.985	0.012	33.872	***	0.887
职业承诺(PC)←特质特征	1.000	—	—	—	0.948
成就动机(AM)←特质特征	1.232	0.022	51.872	***	0.968
自我信念(SB)←特质特征	1.126	0.010	54.372	***	0.986
改革创新意识(AoRI)←特质特征	1.016	0.018	50.192	***	0.954
自我发展(SD)←特质特征	0.982	0.020	48.336	***	0.909
自我调节(SR)←特质特征	1.131	0.021	55.897	***	0.938

注：* $p<0.05$，** $p<0.01$，*** $p<0.001$。

三、效标关联效度检验

（一）外部变量的选择

前文论述了在探究社区基础上融入了“调节存在”并编制了《混合教学情境下的深度学习体验测量量表》，能检验学习者所感知的教学、认知、社会、调节存在的强度，只有学习者在感知的“四种存在”都比较高时，才会达到有意义的、有深度的学习体验。有意义、有深度的学习体验是教师教学行为结果的表征，能间接反映教师混合教学胜任力。因此，本研究使用该量表变量作为外部效标变量。

（二）解释型复回归分析

复回归分析的目的旨在找出自变量（胜任力）与效标变量（深度学习体验）的线性结合（回归方程式），以能简要解释说明一组教师的胜任力特征与学习者深度学习体验之间的关系，亦能说明两者间关系的强度大小，前者对后者的整体解释变异量是否达到统计上的显著水平，即胜任力特征对深度学习体验是否具有显著的解释力，如达到显著性水平，则能从侧面验证胜任力模型的有效性。

复回归分析还可被用于路径分析，路径分析不仅仅关注变量间的相关性，更关注变量间的因果关系。通过路径分析可以构建胜任力特征作为预测变量，对深度学习体验这一因变量的影响路径及影响力（解释力），主要包括构建理论模型图、采用强迫进入法的复回归分析法、理论模型的评估与修正等步骤。

本研究中，所构建的混合教学胜任力模型包括 5 大核心概念（视为一级指标）、13 个主概念（视为二级指标）以及 29 个胜任力特征项（视为三级指标）。因三级指标变量较多，如果作为复回归的自变量，计算复杂且容易失焦，因而在复回归分析时使用 13 个二级指标得分均值作为预测变量，深度学习体验量表得分作为效标变量，通过复回归分析来检验这 13 个因素能否有效预测深度学习体验及其预测强度，如图 5－1 所示。

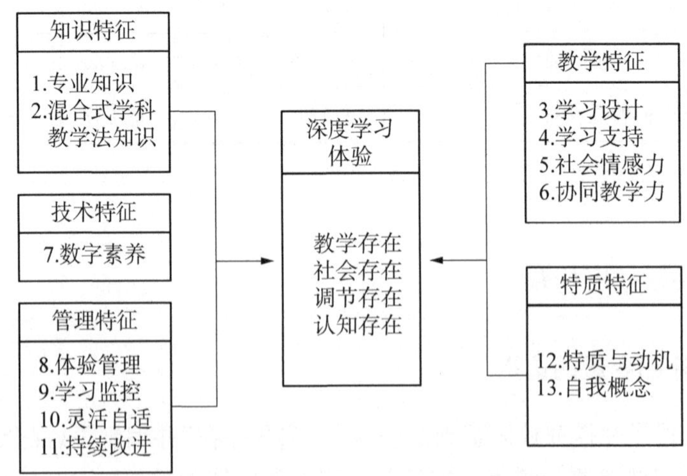

图 5－1 预测变量胜任力因子与效标变量的关系

1. 复回归分析过程与结果

在复回归分析前，先将深度学习体验量表的得分取均值后作为效标变量与胜任力量表13个因子的得分数据按照师生关系进行合并。

先计算包含因变量在内的14个变量的积差相关矩阵，结果显示13个预测变量间均呈正相关($p<0.05$)，相关系数介于0.362至0.668之间，表明预测变量间呈现中低度相关。进一步使用容忍度(Tolerance)及方差膨胀系数(VIF)检验预测变量间的多重共线性问题得知，容忍度值均小于0.4，VIF均小于3.5(参考值为小于10)，可排除预测变量间存在明显的多重共线性问题。13个预测变量与效标变量均呈显著正相关($p<0.05$)，相关系数介于0.562至0.801之间，说明预测变量与效标变量均具有中高度相关关系，适合做回归分析。

解释型回归分析采用强迫进入变量法，即13个预测变量均进入回归模型中，表5-16为复回归分析结果摘要，表5-17为方差分析结果。

表5-16　胜任力13个因子对深度学习的复回归分析摘要表

预测变量	非标准化系数		标准化系数	T值	P值
	B估计值	标准误	Beta(β)		
常数	−1.02	.032		−3.145	0.000
专业知识	0.106	.021	0.112	2.683	0.003
混合式学科教学法知识	0.142	.024	0.150	7.952	0.000
学习设计	0.173	.022	0.182	8.808	0.000
学习支持	0.182	.026	0.196	9.907	0.000
社会情感力	0.097	.011	0.108	7.308	0.000
协同教学力	0.084	.014	0.104	6.439	0.000
体验管理	0.101	.017	0.117	5.873	0.000
学习监控	0.087	.016	0.098	7.525	0.000
灵活自适	0.145	.028	0.153	6.388	0.000
持续改进	0.089	.013	0.092	2.443	0.000
数字素养	0.102	.010	0.115	5.033	0.000
特质与动机	0.188	0.21	0.199	6.890	0.000
自我概念	0.139	0.18	0.162	4.242	0.053

注:效标变量:深度学习体验。

表 5－17 回归方程中的方差分析结果

模型	R	R 平方	调过后的 R 平方	估计的标准误	变更统计量			杜宾·沃森（Durbin-Watson）检验
					R 平方改变量	F 改变	显著性 F 改变	
1	0.853	0.727	0.725	5.196	0.728	125.322	0.000	0.642

方差分析中的 F 值为 125.322，显著性检验 p 值为 0（小于 0.05 的显著水平），回归模型整体解释变异量达到显著水平。13 个自变量与“深度学习体验”效标变量的多元相关系数 R 为 0.853，多元相关系数 R 平方为 0.727，表示 13 个自变量共可以解释“深度学习体验”变量约 73％的变异量，说明胜任力模型与实际观察数据具有较高的拟合度。

通过表 5－16 中的标准化系数来观察预测变量对效标变量的影响大小。标准化系数 β 的绝对值越大，表示该预测变量对深度学习体验的影响越大。摘要表结果表明，13 个自变量对“深度学习体验”的影响大小依次为：“特质与动机”“学习支持”“学习设计”“自我概念”“灵活自适”“混合式学科教学法知识”“体验管理”“数字素养”“专业知识”“社会情感力”“协同教学力”“学习监控”“持续改进”。

需要说明的是，摘要表中“自我概念”的回归系数未达到显著水平。但在前面的相关分析中，其与“深度学习体验”的积差相关系数达到了 0.672，为中等程度的显著正相关。回归系数未显著的可能原因是该预测变量与其他预测变量间存在中高度相关，其与“特质与动机”的相关系数为 0.668，因而在回归分析中，与依变量有关系的“自我概念”被排除在回归模型之外。

2. 路径分析过程与结果

在第三章第五节中讨论了有关胜任力特征项与探究社区中“四个存在”间的映射关系。在映射关系中，不同的胜任力特征对“四个存在”的影响程度是不同的。因而本研究分别以“教学存在”“社会存在”“调节存在”“认知存在”为因变量，提出预测变量与因变量间的路径假设，并在复回归分析中进一步验证其路径关系。以“教学存在”为例，假设影响“教学存在”形成的主要胜任力因素有专业知识、混合式教学法知识、数字素养、协同教学力、学习设计、学习支持、灵活自适等；假设教师拥有的知识、数字素养、协同教学力等胜任力特征有一部分是通过学习设计和学习支持过程来影响“教学存在”的；而学习设计和学习支持有一部分是通过教师的灵活自适教学行为来影响“教学存在”的。基于以上假设，绘制“教学存在”的影响因素路径分析图，如图 5-2 所示。在路径的因果关系中，“学习设计”“学习支持”“灵活自适”变量为中介变量，如“学习支持”既是内因变量“教学存在”的外因变量，又同时是“协同教学力”的外因变量。如此，“协同教学力”对“教学存在”的影响同时包含了直接作用效果和间接作用效果，总效果值等于直接效果 β12＋间接效果值 β10×β11＋间接效果值 β7×β3 等。

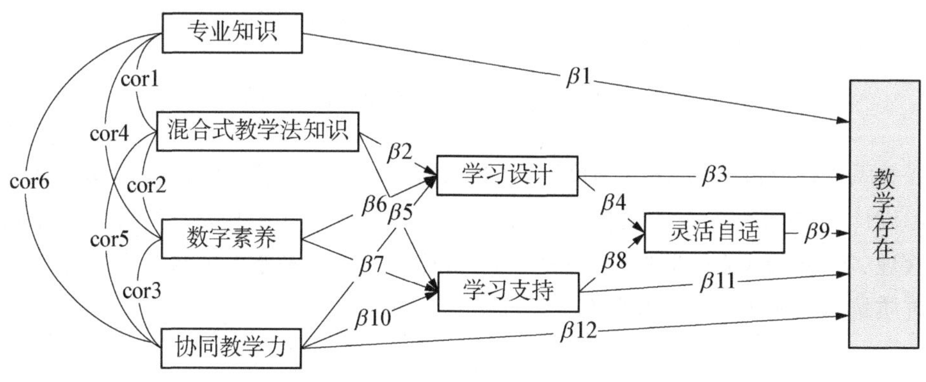

图 5-2 “教学存在”影响因素路径分析模型

为验证上述路径关系与实际调查数据的拟合程度，按照因变量数量，需要将路径中的间接关系按照直接效果关系分解为四个复回归分析模型。第一个为“混合式教学法知识、数字素养、协同教学力→学习设计”，第二个为“混合式教学法知识、数字素养、协同教学力→学习支持”，第三个为“学习设计、学习支持→灵活自适”，第四个为“专业知识、学习设计、灵活自适、学习支持、协同教学力→教学存在”。对四个模型分别进行复回归分析，以运行结果中的标准化回归系数 β 值为路径系数，以显著性 p 值判断路径关系是否存在以修正假设路径分析模型；最后将路径系数及相关统计量填入修正后的路径关系模型中。以上述“教学存在”影响因素路径分析模型为例，依据路径分析修正后的结果如图 5-3 所示。

第三个回归路径“学习设计、学习支持→灵活自适”的分析结果显示，预测变量“学习设计”对因变量“灵活自适”的标准化回归系数为 0.086，p 值为 0.073，未达到显著性水平，因而在修正后的模型中舍弃学习设计对灵活自适的影响路径关系。

使用同样的分析过程和方法对“认知存在”“社会存在”“调节存在”的影响路

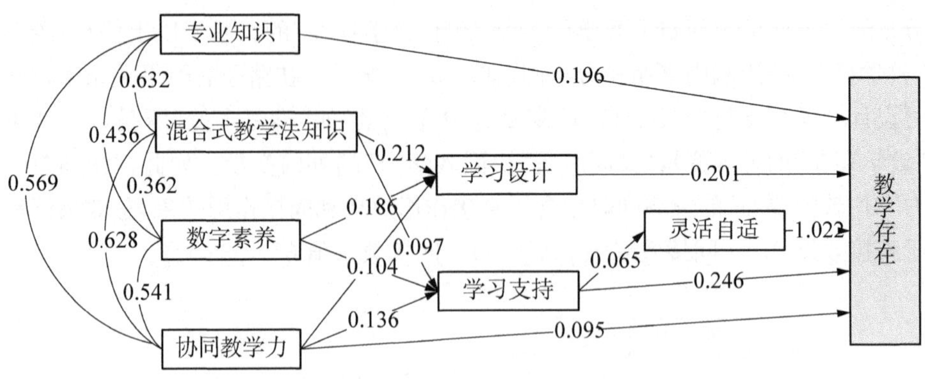

图 5 - 3　修正后的“教学存在”影响因素路径关系

径关系进行分析。图 5 - 4 为修正后的“认知存在”影响因素路径关系，其受到学习设计(认知激活)、学习支持(评价、反馈、发展社区与促进互动)、混合学习体验管理、学习监控(质量监控)的直接影响；其中学习支持和学习体验管理部分地通过质量监控间接影响认知存在。

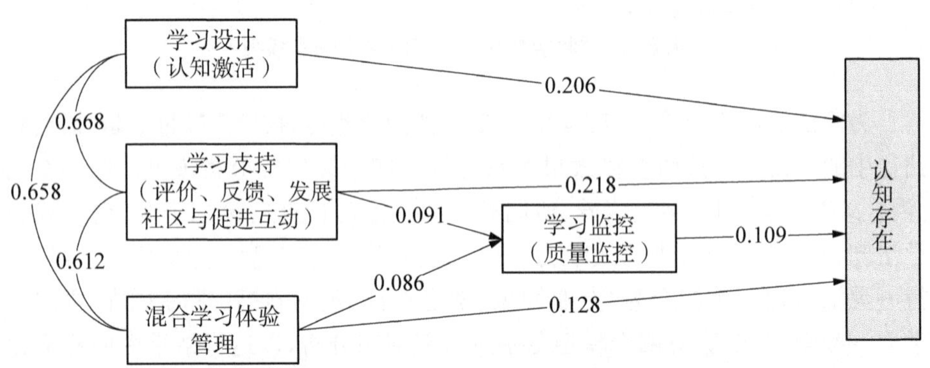

图 5 - 4　修正后的“认知存在”影响因素路径关系

图 5 - 5 为修正后的“社会存在”影响因素路径关系，其受到学习支持(评价、反馈、发展社区与促进互动)、社会情感力(社会认知与关系)、混合学习体验管理、学习设计(系统设计)的直接影响。

图 5 - 6 为修正后的“调节存在”影响因素路径关系，其受到学习设计(系统设计、认知激活)、质量监控、混合学习体验管理、学习支持(评价、反馈、发展社区与促进互动)、灵活自适(学习节奏调适)的直接影响；其中学习设计和质量监控部分地通过学习支持影响“调节存在”，混合学习体验管理部分地通过

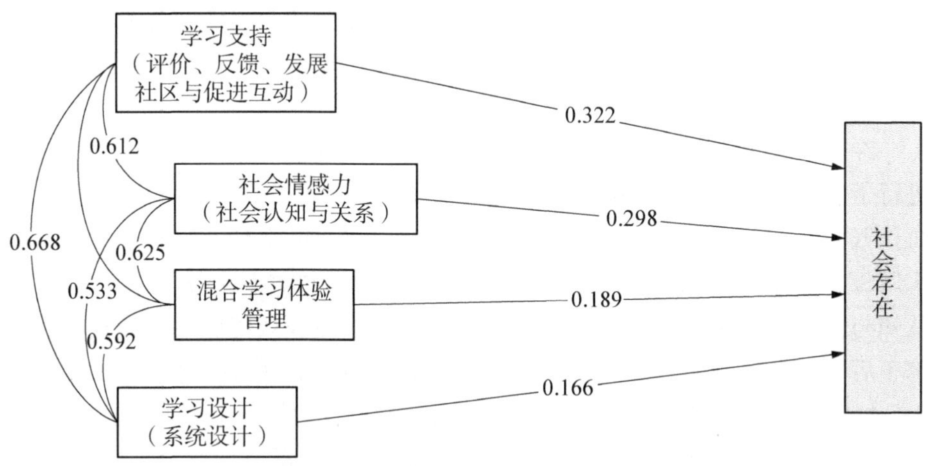

图 5－5　修正后的“社会存在”影响因素路径关系

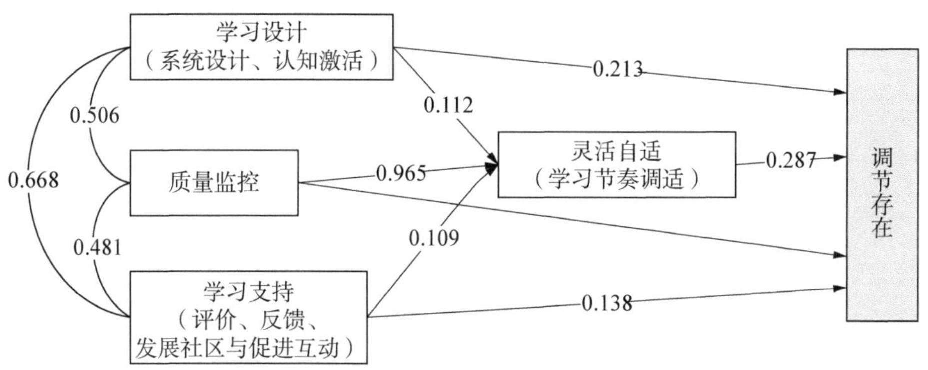

图 5－6　修正后的“调节存在”影响因素路径关系

灵活自适影响“调节存在”。

在影响路径的构建过程中，因 13 个主概念（二级指标）下均包含多个胜任力特征项，其含义的界定约定了它们对“四个存在”的影响程度是不同的，本研究的目的在于尝试识别出起着主要的或关键作用的胜任力特征，因此在上述路径的构建过程中，有一个反复探索和不断尝试的过程。最终的路径关系为进一步明晰胜任力特征与探究社区“四个存在”的映射关系提供了量化数据支持，期望能提高混合教学胜任力模型在促进教师专业发展方面的实用指导意义。

四、模型修正小结

经过专家评议和咨询、内部和外部验证等环节,对混合教学胜任力模型再次进行了修正,其中在胜任力特征条目修正方面,合并"共同体意识"(AC)到"团队协作"(TC),合并"混合教学价值观"(HAtoBL)、"职业责任心"(PR)、"服务意识"(SA)到"职业承诺"(PC),合并"数字技术能力"到"数字化教学",舍弃"自我认知与管理"(SAM),新增"数据素养"(DL),修改"自我效能感"为"自我信念",修正后胜任力特征项由原来33项精简为29项;在胜任力特征条目含义修正方面,共修正了8项胜任力特征。修正后的最终版胜任力模型由5大核心概念、13个主概念、29项胜任力特征组成,如本书附录二彩图所示。

第六章 混合教学胜任力词典与模型结构

通过教育叙事研究和循证研究相结合，基于德尔菲-层次分析法(Delphi-AHP)的胜任力特征优化和验证等步骤，最终构建了囊括认知与非认知两个方面，包含5个核心概念、13个主概念、29项胜任力特征的混合教学胜任力模型。该模型主要基于一线教师和专家素材，在研究过程中，研究者没有直接询问参与者认为优秀的混合教学教师最理想的特征是什么，而是询问面对混合教学困境他们做了什么。因而，该胜任力模型是以适应情境为首要目的的，反映了参与者根据所嵌入的情境而策略性地采取相应教学行为的实践现象。或者说，本研究所构建的是一个情境性、生成性的混合教学胜任力模型。基于此，本章结合混合教学情境，对胜任力模型中的特征项含义进行了阐释。

第一节 胜任力词典及释义

本节从知识特征、教学特征、管理特征、技术特征、特质特征5个核心概念分别对29项胜任力特征的含义进行阐释。

(一) 知识特征核心概念

知识特征核心概念下包含“专业知识”“混合式学科教学法知识”2个主概念和5项胜任力特征，旨在对教师成功开展混合教学所具备的知识要求进行概念化描述。

1. 专业知识主概念

胜任力特征1:知识场活性。

知识场活性指教师在混合教学场域中应对师生和生生间知识共享、互动、共创活动所需要的知识储备与更新；教师需要保持学科知识的活性，既包括掌握学科领域最新的知识，也包括学生关心的知识；在线上或线下、同步或异步互动活动形成的知识场域中，教师通过引领优化知识流动和交互的频次、形式和质量。

与以往胜任力模型中的“专业知识”表述相比，使用“知识场活性”突出了两点含义。

其一，教师掌握鲜活的知识。与传统课堂教学“以教定学”不同，混合学习的开放式环境为学生提供了丰富的知识获取渠道，教师需要跟踪学科知识前沿，关注学生关心的知识，才能应对学生的知识学习需求：

没有科研的教学只是复读机，在线下课堂互动环节，“现在的”学生，提出的是“现在的问题”，要求我们老师了解本学科的最新进展、掌握本学科的最新知识；混合教学提供了更多样更便捷的知识交流渠道，学生的“问-学”式学习，对教师的“学问”提出了更高的要求。（资料代码：W*Z-20221026-2）

其二，教师在引领互动中实现知识的活化。强调了教师利用自己的专业知识优势，引导学习者在同步或异步、线上线下互动，提高知识流动频次和质量，通过“双线融合”和系统化设计实现线上和线下知识与活动的衔接、转化、融通，实现知识的内化、应用与迁移：

我改变了过去课堂教学模式中全方位知识点备课、全程讲授知识点的做法，重心转移到“议题”的设计，议题设计很重要，要结合教学大纲、最新前沿、学生兴趣，还要有恰当大小的讨论空间和价值。在课堂互动中，我主要做好引导和掌控，因势利导，让讨论融入教学，变成教学的一部分……这样的混合课程会自己向前走，我感受到了混合教学的灵动，这种灵动让课程走向灵活，在引导、启发、互动中自然地实现了知识的流动与活力。（资料代码：H*F-20221028-3）

2. 混合式学科教学法知识主概念

混合式学科教学法知识是指混合式教学在具体学科应用中的教学法知识，包括特定的学习主题内容以符合在线教学或面授教学的方式表征，知识点以适合同步或异步学习的方式编排呈现，以适应学生的不同兴趣和能力等方面的知识。混合式学科教学法知识可以简述为教师“知道如何用混合式来教授本学科内容”的知识。它是一种反映教师所处混合教学现场的特点、与学科内容紧密相关的“视情形而定”的知识。舒尔曼把学科教学法知识视为教师最有用的知识，能够区分教师与学科专家。该主概念下具体包含胜任力特征2至胜任力特征5，共4项胜任力特征。

胜任力特征2：混合教学统领知识。

混合教学统领知识是指教师对整合技术开展线上线下混合教学的整体认识、看法、判断；是教师用情感、意图动机、学习需要、态度、使命、道德标准等表现方式对混合教学作出期望或情感体验，以达到认识混合教学重要性的目的。

杨百寅将知识分为显性知识、隐性知识及活性知识（Affectual Knowledge）。[①] 与显性知识和隐性知识相比，活性知识是涉及情感、个人文化与价值导向的知识。因此混合教学统领知识也可称为混合教学活性知识。活性知识有利于成员之间建立情感性信任和承诺，在共享彼此信念的基础上，共享显性知识和隐性知识。在访谈中发现，绩优组的受访者普遍认为混合教学能结合在线学习和课堂学习的各自优势，能更好地满足不同的学习节奏和个性化学习需求，从而提高教学质量。他们具有较强烈的混合教学实践动机和需求，也具有良好的混合教学经历和体验，将混合学习视作一种新的学习文化，对混合教学具有深度的情感性信任和承诺，并愿意与同事分享这种信念。

胜任力特征3：有关课程的知识。

有关课程的知识指教师有关混合课程目标、课程内容、表现形式等方面的知识，及其与在线课程、面授课程的差异认知。关于混合课程，教师应具有区分在线课程和线下课程两者在教学目标、内容编排、授课形式、学生参与、知识传播等方面异同的知识。此外，还需要掌握基于线上和线下融合的课程概念、编制、实施、评价等各个方面的知识，掌握以学生为中心的课程设计与实施知识，强调课程中的学习体验，了解多元化的课程评价观。绩优组的受访者还表现出了持有非预设、生成性的课程观，理解混合课程具有开放、动态、生成等特点；在线上和线下、同步和异步互动过程中，教师和学生均是参与课程开发的主体，把学生实际获得的学习经验也看成是课程的有机组成要素。

胜任力特征4：有关学生的知识。

有关学生的知识指教师对学生在混合学习模式中进行学科学习时的先验知识、学习需求、动机，以及整合技术的学习特征、方法差异、思考等方面的认识。

---

① Yang B., Y. Toward a holistic theory of knowledge and adult learning [J]. Human Resource Development Review, 2003, 2: 106 - 129.

在混合学习中，学生特征发生了明显的变化，他们需要不断地在线上和线下、同步和异步模式中切换，需要掌握多种不同的数字化学习工具，还需要学会网络互动礼仪等。混合教学教师需要了解学生的学习动机、学习投入、学习方法在混合课程教学与常规课堂教学中的差异，并能理解学生是混合学习的主体。学生的先验知识、学习风格、学习动机、学习习惯和毅力等差异对混合教学绩效产生重要影响，并可能形成学习效果分化。如何控制并减少学习者之间的分化，也是混合教学教师面临的挑战。

绩优组的受访者表现出以下行为特征：形成了有关学生在线上线下间切换的学习特征、学习风格、学习节奏、互动机制、边缘参与等方面的知识，建立了混合教学情境下以学生为中心的学生观，能正确认识混合教学中师生关系的重构。他们尊重学生，尊重学生的多样性和差异化；理解在混合教学中学生是学习的主体，混合教学的重要目标之一就是促进学生的自主学习和自主学术发展，并表现了教师赋权、放权等行为：

就像"所有的发明都是发现"，我们教师的作用在于让学生发现自己原来就会。在开展混合教学后，特别强调"把学生的功劳返给学生"，因为他们比之前（传统课堂教学）付出太多了，我需要做的就是：激励、唤醒、鼓舞。为了激发学生的学习热情，多表扬学生，我让学生收集了 9200 多条激励的话语，做成一个推荐系统，推荐给学生。第斯多惠曾经指出，"教育的艺术不在于传授本领，而在于激励、唤醒、鼓舞"，所以我现在做的就是激励和鼓舞，把功劳和成就感都还给学生。……其实，就在我们的北大教学网上面有留言帖，上面说实话真是学生写的那些话，字字珠玑，见解很深刻，你真想不到学生多厉害，真的比老师的水平要高很多……混合式学习给学生提供了更宽广的舞台，我们要做的就是，了解他们的学习特点，给年轻人搭建适合他们的舞台。（资料代码：Z* Z－20221109－2）

胜任力特征 5：混合式学科教学策略知识。

混合式学科教学策略知识指混合式教学在具体学科应用中的策略知识。包括特定的学习主题内容以符合在线教学或面授教学特征的方式组织表征，知识点以符合同步或异步学习特征的方式编排，呈现混合情境下教学干预、动机激励等策略知识。

这要求教师除了拥有所教学科的具体知识，比如事实、概念、规律、原理等，还应具有将自己拥有的学科知识利用混合学习模式优势转化为易于被学生理解的表征形式、活动方式等。具体而言，教师能在混合教学实践中整合学科内容和混合式学科教学法相关知识，除了学科内容组织和呈现，在线教学中能使用支架式、抛锚式、自我反馈式等自主学习策略，线下面授教学中能使用议题讨论、角色扮演、项目驱动等小组协作式教学策略，并能整合这些策略形成学科专家所不具备的独特且丰富的经验性知识。

（二）教学特征核心概念

教学特征核心概念下包含"学习设计""学习支持""社会情感力""协同教学力"4 个主概念、9 项胜任力特征，旨在对教师成功开展混合教学所表现的关键教学行为进行概念化描述。

1. 学习设计主概念

胜任力特征 6：系统设计。

系统设计指教师基于线上和线下融通式教学思维，通过系统性设计实现线上和线下学习活动的有效衔接、转化、最佳协同，实现线上和线下持续"对话"与"反馈"，为学生创建高度参与的个性化学习体验的过程和能力：

> 传统的课堂教学还是以教师为中心的教学，难以解决个性化学习和差异化学习的难题，因为大家在同一物理学习空间，相同的课时，统一的授课节奏，接受相同的内容。在这种教学情境下，学生学习所掌握的知识取决于刚才提到的几个条件：同一空间、相同课时、统一节奏、相同内容。但是影响学习效果的差异化因素客观存在，我们可以把这种差异理解为方差，传统课堂教学就没有进一步去分析和消解这个方差，导致学生学习效果存在差异。而在混合教学中，根据布鲁姆的"掌握学习"理论，学生学习的差异主要表现在学习速度上的差异，恰恰混合教学满足了这种差异，这样可以将刚才说的传统课堂教学中的方差分解为：学习时间和学习节奏。混合教学中教的方式发生了改变，教师通过系统化、整体化设计来满足学习时间和学习节奏的个性化需求，从而降低学习效果的差异，这种效果是明显的，从学生对我的教学质量评价中得到了很好的体现，也是我感觉成功的事件之一。（资料代码：J * L－20221115－1）

混合教学整合了"双线"（线上、线下）和"双步"（同步、异步），为融通式、系统化设计提供了创新空间，需要教师具有整体式教学能力、融通式教学思维重构学习。具体而言，能在线上和线下、同步和异步模式中合理编排知识点和任务，并支持布鲁姆分类目标。在学习资源和模式上，能将通用性与多样性相结合，重视所有学生需求，利用同步和异步学习模式，设计非线性学习路径，满足学生自主选择学习材料、学习方式、学习节奏等。关注混合元素对学习目标达成的契合度，比如知识积累和对复杂问题的反思，它们所需的模式支持可能是不同的，异步交流模式可能会比同步交流模式在时间有限的情况下为学生提供更多的思考和反思时间。优秀教师的系统设计行为是指丰富而深刻的学习体验的创建、教学控制权向学生转移、学习方案强调培养学生学习自主性等。

胜任力特征7：认知激活。

认知激活指教师通过创建支持性的混合学习环境、设计任务和教学话语向学生提供认知挑战和认知激活的学习机会，从而促进学生认知投入，实现深度学习的过程和能力。

激活学习者认知、促进深度学习是混合教学的核心价值诉求。胜任混合教学的教师一般具有以下行为特征。首先，能在混合课程中设置具有挑战性的学习任务，提供高阶思维学习机会。其次，会利用在线同步和异步、课堂现场小组讨论等系列模式组合来引导和组织学生对挑战任务的持续和深入探讨。再次，保持较高的学术期望，课程活动设计中要求学生引用（或提供）证据来支持他们的思考；能为学生完成高阶思维技能的学习任务提供必要的资源支持、同步或异步（适时延时）的反馈。最后，能设计基于真实问题的挑战学习任务，并鼓励学生在民主的氛围中提出有效的问题，激励学生基于多元观点提出可供选择的答案、证据和推理，引导相互批评，从而激发学生在整个课程中的认知投入：

在课前，我特意不事先讲解基础知识，而是提出一个问题或者一个项目，这个问题或项目一定是经过巧妙设计的、能激发学习欲望的，提供给学生的材料也不一定是正式的教材内容，可以是非正式但相关的案例、视频或文字材料。到了课堂上，学生主要通过研究型学习过程来开展讨论、引发深度思考、激活已有知识……我再根据大家讨论的进展适时引出学习内容，让学习自然地发生……在课后，我通过设置“最佳挑战”任务来延续课堂上的思考，使课堂上的认知投入持续并达到一个高潮……我把这次经历叫作“摸黑事件”，即只抛出一个激发思考的问题，让学生在探索的过程中激活深度认知参与，让学生自己引出学习内容。而这个过程，很好地把线上与线下、同步与异步模式在促进高阶思维发展阶段的不同优势利用起来了。（资料代码：Z* Z－20221108－6）

2. 学习支持主概念

胜任力特征 8:循证评价。

循证评价是指以教学目标为依据,基于数据证据对混合教学活动过程及其结果进行测定、衡量、分析、比较,并给予价值判断,以促进和优化学习,并对自身各种评价行为进行反思和再评价的过程和能力,包括理解评价、实施评价、解释和运用评价结果、评价反思等维度。

数据科学与 AI 技术的快速发展,循证教育理念逐渐兴起,促进了评价范式的转变,即从传统的基于感知为主导向基于证据为主导的评价转变。混合教学以线上学习和线下学习场景为支撑,极大丰富了学习行为数据,为基于数据证据的评价提供了可行性,使得对学习者的评价走向客观、精准。

绩优组的部分受访者掌握了能体现循证教育理念的关键评价技能,比如会利用数字工具分析在线和离线多种来源的数据,根据评估结果,及时发现个别或共性的错误/失误,重新设计活动计划;开展针对学生个体差异的诊断性评价和形成性评价,对学生的学习行为、知识结构、课堂表现等数据进行筛选、分析和评价,更准确地为学生进行自适应学习路径设计:

> 在第二次备课过程中,我首先会查看学习平台提供的学生测验数据,及时了解、分析和诊断学生在课前自学中遇到的困难,从而根据需要调整教学策略,开展适应性教学和精准教学,满足学生的个性化需求。您看我的这个界面(教师演示界面)的数据,我能清楚地知道每个视频的浏览次数,哪些学生反复观看了,每个资源的重复浏览率告诉我这个内容对于学生来讲是不是太难了,或者我没有讲解清楚;还可以看到每道测验题的作答情况,包括答对率、答题次数等。这些数据可以帮助我更好地进行第二次备课,在课内的答疑和拓展提升中做得更具针对性和时效性,更好地兼顾学生之间的层次性差异和个性化需求,更高效地开展精准教学和适应性教学,根据具体的教学需求和班级特点及时调整教学策略。(资料代码:C* - 20221201 - 3)

有部分受访者表示他们支持学生参与评价,并基于"以评为学"(Assessment as Learning)理念实施同伴互评,编制有效和规范的评价量规,确保同伴互评客观、统一和公平。他们强调量规能为学生提供反思支架,发展学生高阶思维和元认知能力。更进一步,还有受访者提到,他们愿意与学生分享过程评价标准,与学生共同确定有关作业、项目和作品等评估要素,这有助于发展学生的自评能力：

开展同伴互评是我在混合教学中最满意的事件之一。决定放手去做同伴互评，始于我之前看到的一项研究，它的结论大概意思是同伴互评的评分有效、可靠，里面提到学生评分与教师评分高度相关，好像相关度达到70%，且学生评分与教师评分没有显著差异。但在真正实践中，为了不让互评仅仅流于形式，让学生真正受益，我们还是摸索了很长时间，在早期探索到了一种较为有效的方法：教师先评，学生后评。教师利用moodle平台的高级评分功能，先给学生分项评分，然后学生间再互评，这其实就是教师先做一个示范。后来，我们了解了评价量规，开始重点研究和打磨评价量规。评价量规是确保同伴互评客观、统一、公平的重要工具，能降低评价的主观随意性。更重要的是，我们认为评价量规本质上是给学生提供了一个反思支架。我们不仅关注评价分数，更关注评语。评语反映了学生的反思意识和反思强度。我们也发现，教师设计的量规跟学生评语的质量有很大的关系。规范、详尽、可操作的量规，能让学生在评价他人作业时有章可循。在这几个学期的实践中，我们也总结了一些量规编制经验，比如尽量选择使用分项量规，而不是整体量规；是非选择量规可以提高评分的可靠性和稳定性；在量规中要设计详细的等级描述，使用描述性说明，而不是判断性说明，比如我举个例子，“学习策略选择合理”的描述可能让学生无所适从，但改为“体现了至少一种主动学习策略”，这样学生就容易操作多了。（资料代码：Y* - 20221208 - 4）

此外，还有受访者提及，评价反思也是评价能力的重要组成部分，即能对自身的评价行为、评价过程、评价结论是否合理和可靠等进行反思和再评价，以调整后续评价行为等。

胜任力特征9：双向反馈。

双向反馈是指教师设计和管理双向反馈过程，能够使学生接受反馈和再反馈，并促进学生反馈素养发展的知识、态度、专业能力。知识包括对反馈原则和实践的理解；态度包括克服挑战，努力为学生开发富有成效的反馈过程的意愿和意志力；专业能力是在特定的学科活动中设计反馈、构建师生双向反馈关系、实施反馈策略等方面的能力。

反馈不是一次性的，是双向的、持续的教学活动。约翰·哈蒂在《可见的学习：最大程度地促进学习（教师版）》中指出：教师反馈是“提高学业表现最有力的单一影响因素”[①]。混合教学场景具有同步和异步、线上和线下等更丰富的反馈渠道,也对教师的反馈素养提出了新的挑战。受访者中大部分认为混合教学中反馈是师生双边互动过程,将反馈视为一个持续的过程。他们在反馈方面,表现了一些共同的教学行为:在课程中设计必要的反馈环境和环节,并给予学生及时的反馈,明确将反馈信息与要达到的标准相关联;在线上线下活动中合理安排反馈活动的顺序、时间、地点,使其影响最大化;利用技术提高反馈的及时性、便捷性,以及加强反馈沟通的关系性,比如使用音频反馈来表达细微差别和融洽关系,使用视频反馈来增强社会存在;设计对话式的反馈活动,将反馈嵌入单元内容或任务,设计相关联的评估任务序列,其中反馈过程、学生任务和评估活动能相互支持,为学生提供吸纳和利用反馈的机会等。

双向反馈,实质上是强调了反馈过程中学习者的参与和责任。有受访者分享其做法:与学生协商建立共同反馈责任,教师让出部分权力,学生承担更多责任,调动学生参与,发挥互补作用,使反馈过程的影响最大化。

胜任力特征10:发展社区与促进互动。

发展社区与促进互动是指教师发展学习社区和构建学习共同体,在学生中营造尊重、关爱和互助文化,引导和组织学生在高频、有序、有效的互动中探究学科知识,实现深层次学习目标的过程和能力。

受访者中具有代表性的一些相关教学行为包括在在线教学中掌握使用数字工具(例如,课程群、即时通讯软件、互动视频、同伴互评、在线测验、讨论/答疑论坛)来引导和促进互动;在线下课堂教学中,掌握使用问题解决、案例研究、辩论、小组讨论、角色扮演等方法促进学习互动;将互动频次、质量纳入学业评价和考核中;混合教学中营造相互尊重、关爱、互助的文化氛围,引导学生参与各种互动;把握同步互动与异步互动的有效衔接,用同步互动(面对面或在线)来补充和深化异步互动活动,同步互动结束后,再通过异步作业使学生继续加深对内容的理解,强化同步和异步活动之间的连续性和相关性。通过同步异步互动相结合,赋予学生个性化、完整、深度的社区探究体验,消除在线学习边缘参与带来的孤独感,维持和增强学习动力等。

还有的受访者通过构建适当的同步或异步协作学习框架,发布协作性学习活动任务,培养和发展学生的自我调节、社会性调节能力:

---

① 约翰·哈蒂.可见的学习:最大程度地促进学习(教师版)[M].金莺莲,洪超,裴新宁译.北京:教育科学出版社,2015.

混合教学对学生提出了更高的要求,他们在自主学习中要做好时间管理、目标设定、会寻求帮助、进行自我评价等,更重要的是,他们还要适应小组和合作学习。在我的课中设计了很多合作学习任务,学生除了具有刚才提到的自主学习能力外,还需要具有协作意识,能理解小组目标和共同任务,掌握协作策略等社会性调节学习能力。这种能力往往是很多学生所不具备的,需要我们有意识地去培养。比如当发现小组成员之间在任务理解、策略运用、学习态度等方面出现不一致的时候,我会进行干预和引导。我的具体做法是设计一些支架和工具,比如设计脚本工具,对期望的小组协作活动进行具体说明,规定参与序列,使协作活动的阶段与过程结构化。脚本工具可引导学习者参与小组的任务理解、小组计划、监控和评价反思等基本阶段。有时我们还会开发自我报告工具,比如利用"纸条范"等小工具,鼓励和引导小组成员分享与感知彼此的认知、情绪、任务状态,并以可视化的方式呈现给小组其他成员。在这些工具的帮助下,当学生在活动中积极参与互动,表达自己的想法、观点和兴趣时,我认为在促进学生互动方面的做法就成功了。(资料代码:L* - 20221211 - 3)

3. 社会情感力主概念

胜任力特征 11:社会认知与关系。

社会认知与关系指教师在混合教学中准确理解学生行为的意图,与学生积极互动,表现出团结、合作等亲社会行为;以及在设定和实现教学目标、感受和表达与学生换位思考、共情、移情等过程中建立和维持支持性的教学关系的能力。它是以情绪智力为基础的一种习得能力。

混合教学模式中有一部分课时是在线学习的,可能存在的边缘性参与会带来学习的孤独感,建立和维持支持性的、有情感的教学关系尤为重要。受访教师谈及了他们在这方面的一些典型行为,包括:掌握在线教学视频拍摄和出镜技巧,在线教学中能营造教学临场感,在线上和线下教学互动中表现出亲和力,提高学生的归属感、联结感、社会临场感;在尊重学生、进行适当交流和展示亲社会行为方面发挥榜样作用;更积极主动、巧妙地利用自己的情绪表达和语言支持来促进学生的学习热情和乐趣,并引导学生管理自己的行为等。

胜任力特征 12:负责任的决策。

负责任的决策指教师能够多方位思考、综合考虑自己行为的后果,并在此基础上做出对自己和他人负责的决策的能力。

对自己教学决策负责任的教师表现为：能够多方位思考、综合考虑自己行为的后果，并在此基础上做出对自己和学生负责的教学决策；决策是基于学生利益，通过数据、观察、反思做出的，能兼顾公平、可操作，考虑全部或大多数群体；尝试与学生共同做出决策，通过放权和赋权，给予学生在学习资源、学习路径、作业形式等方面更多的选择权和自主权，培养学生的责任意识等。

4. 协同教学力主概念

胜任力特征 13：人机协同。

人机协同指教师在混合教学过程中，理解智能技术的效用与边界，将人的"智慧"和机器的"智能"协同合作，以提高教学质量和效率，实现教师从"工具价值"转向"内在价值"的认知程度和实践能力。

随着人工智能技术的发展及其对教育领域的渗透，利用智能技术和机器智能协助教学，是混合教学教师在新时期需要具备的新能力。具体体现在以下三个层面。

在认识论层面，要求教师理解人类智能与机器智能的差异，理解智能技术在混合教学中的效用和边界，即对于重复性、程序性、固化性的工作，机器更有优势，对于创造性、情感性和启发性的工作，教师更有优势。教师的教学智慧决策主要体现在教学设计、资源设计与研发、情感和复杂问题支持等方面，机器的精准辅助主要体现在个性化导学、监测与测评、资源精准推送等方面。

在混合教学技能操作层面，要求教师能根据教学需要，在课前智能诊学、课中智能助学和课后精准评学全流程开展人机协作教学，借助机器的数据采集、计算、存储、分析等能力，实现学生学情分析与诊断、实时测评与反馈、差异化资源推送等功能。教师起着引导、监督、审查的作用，并从人性化、多元化视角修正机器结果，统筹教学目标的达成；能结合学科教学目标，提出具体的人机协同教学模式，比如基于人机协同的虚拟教学模式、人机协同自主学习模式等。

在价值观和角色转变层面，要求教师利用在线课程平台提高知识的传播、进度监管与提醒、学习成绩统计与分析等效率。教师从低价值的讲解、评分操作转向高价值的活动，如教学资源与活动设计、线下课堂组织面对面讨论；探索自身的职责从事实上的"知识传播"为主向"思维方式培养"为主转变。在教师与机器的协同上，不是简单的信息技术应用，而是指向学生发展这一共同目标下的教师智慧和机器智能的协同促进。为寻求人工智能技术性与教师教学艺术性之间的平衡，教师的角色在于设计与决策、诱发动机、传递情感价值观、情感态度评价等，以实现教学预设性与生成性之间的相互融合。

胜任力特征 14:团队协同。

团队协同指教师与混合课程其他团队成员相互支持、默契配合、协同开展混合教学、共同完成教学任务和目标的态度、精神和能力:

与传统课堂教学中“单打独斗”的局面不同,混合教学是团队作战,我们课程更是跨校开课,这要求教师具有较强的团队协作精神,意识到团队合作是混合教学成功的必要条件。更具体地讲,课程成员要有利他精神、集体责任感和荣誉感,以欣赏、信任和支持的心态对待其他成员。要有很强的角色适用能力,能够在最短的时间内找到自己对团队的最佳贡献区,并做出积极创新的工作。……我一般通过集体备课和教研活动统一团队的思想与行动,消除团队成员在观念、行为上的参差,保证个人教学目标和团队教学目标相一致;鼓励团队成员及时分享成功、失败、挑战性的教学经历,与其他团队成员紧密协作,这样才有可能为学生提供一致的、连续的学习体验。作为混合课程负责人,我对自己的要求更高,我必须具有团队领导力和组织协调能力,保证团队内部低价值工作与高价值工作分配的合理性,组织集体备课和教研活动;对外争取学校支持,为课程发展提供良好的外部条件。(资料代码:C* - 20230310 - 3)

(三) 管理特征核心概念

管理特征核心概念下包含“体验管理”“学习监控”“灵活自适”“持续改进”4个主概念、7项胜任力特征,旨在对教师成功开展混合教学所表现的教学管理、教学适应与教学改进行为进行概念化描述。

1. 体验管理主概念

胜任力特征 15:混合学习体验管理。

混合学习体验管理指教师通过对线上与线下混合融通的整体式教学管理和高度的组织力,为学生提供高度参与、个性化、丰富的学习体验,以及塑造混合学习文化的过程和能力。

混合学习的核心价值诉求以及探究社区构建的最终目的在于构建丰富而深刻的学习体验。这种体验是通过线上与线下的有效衔接、转化、融合来创建的。在受访者样本中,他们是这样做的:提供具体的、有序的和可观察到的课程指引,让学生清晰地知晓学习目标、学习任务,以及什么时候学、在哪里学(面对面,或线上同步,或线上异步)等;引导学生在线上学习与现场学习之间快速、无缝地切换，表现出方向感和目标感；制定应对技术故障或其他授课计划中断的预案，保障线上线下学习活动的连贯顺畅。教师在制定行为准则和学习契约时充分考虑学生的意见；公正地实施面向所有人的规则，学生知道他们为什么在课堂上应该或不应该做某些事情；将民主作为一种文化渗透到学生中；在融洽、尊重和相互包容的基础上创造安全的混合学习环境等。

2. *学习监控主概念*

胜任力特征16：质量监控。

质量监控指教师具有强烈的质量意识，通过各种定量和定性数据分析教学质量，并采取有效的方法对影响质量的因素进行控制，以不断提升学生学习质量的过程和能力。

具有质量监控胜任力特征的受访者的教学行为主要有：具有混合教学质量的意识，主动关注学生线上学习进度、单元测试成绩、讨论区互动频次和质量等，了解学生学习行为、情感和认知投入，对教学质量进行评估；能把课程整体情况监控和重点少数群体或个体监控相结合；在学习进度滞后或出现质量危机时，能及时采用有效方法或策略促进学生学习时间、学习行为、认知与情感投入，以加快学习进度，提升学习质量；能综合利用各项定量和定性数据综合分析学习质量，并与教师团队成员一起查找原因，与学生沟通以优化教学内容和教学资源；经常反思影响有效学习的线上和线下因素，并通过实践探索不断对教学进行系统优化，提高教学质量；采用多元化的质量评价标准，超越传统的基于课堂的教学质量评价，并通过学习数据授权、同伴评价与反馈等方式，引导和培养学生的自我监控行为。

3. *灵活自适主概念*

胜任力特征17：适应性教学。

适应性教学是指教师在开放式的混合教学中，为满足非预期的教学情境需要而灵活采取的适应性教学行为的过程和能力，包括教学内容、师生角色、教学节奏、互动模式（同步/异步、线上/线下）等方面的调适行为。

具有适应性教学胜任力特征的受访者的教学行为主要有：能理解混合教学是由在线自主学习和线下互动学习构成的开放性教学场域，非预设性和不确定性是其主要特征。在线下面授课程开始前，能根据在线学习数据进行学情分析，实施二次备课，调整教学内容和策略，提高线下面授课程适应性。根据教学目标和评估数据，与学生、小组、其他教师合作，酌情改变角色（指导者、主持人、听众、合作者）；能将学生提出的问题或生成性成果择机转化成非预设的教学内容；准备灵活的教学方案,能持续关注学情变化,在教学过程中开展和调整支持个体差异的活动;将意外情况或学生的不同兴趣和问题转化为教学机会;寻求对学习有困难的学生可能有效的多样化和替代性教学方法等。

胜任力特征 18:学习节奏调适。

学习节奏调适是指教师通过设计灵活的异步学习活动,赋予学生"自主弹性"的学习节奏,并设计和实施定期的同步学习活动,在关键节点干预和对齐学习节奏,调适"变奏曲"为"协奏曲",以削弱学习投入分化,促成全员达成学习目标。

具有学习节奏调适胜任力特征的受访者的教学行为主要有:能观察混合教学中学习节奏的两面性,在线学习能赋予学生"自主弹性"学习节奏,但学习节奏上也呈现了明显的分化现象。因此,一方面,他们设计合理、灵活的线上异步学习活动,使学生的学习节奏由常规课堂教学的"整齐划一"转向"自主弹性";另一方面,他们设计与线上异步活动相衔接的同步(面对面或在线)活动、加强直接指导、促进对话等学习支持行为,促进认知和情感投入,改善线上学习节奏,在重要教学节点上对齐学习节奏,促成全员达成学习目标。

4. 持续改进主概念

胜任力特征 19:积极反思。

积极反思是指教师着眼于整个混合教学活动过程,分析自己做出某种教学行为、决策以及所致结果的自我觉察并形成积极归因风格的过程。积极反思能力具体包括反思意识、反思技能、反思毅力等维度。

具有积极反思胜任力特征的受访者的教学行为主要有:具有反思意识,会时常琢磨和思考混合教学过程的一些细节,并把这些细节与教学质量进行关联思考。积极自我反思(而非消极地自我反思),乐于反思好的方面和坏的方面,愿意接受批评。掌握一定的反思技能,能使用概念图、详细描述、反思日记、评估数据等工具和形式进行有效反思。积极主动寻求来自学生、同事的反馈,形成积极的归因风格。具有反思毅力,能持续不断地对经验进行概括、分析、积极的验证。在行动中反思,既是教学行动者,又是反思者,一边教学,一边观察监控,在观察中及时发现问题,及时采取改进方略应对。通过听课交流、参加研讨会等进行横向比较和反思。

个别受访者还提及了反思研究,以行动研究或设计研究的方式开展教学反思,以改进混合教学实践为导向探索行动方案,自行或组织同行以及研究者合作进行调查和实验研究,并将研究结果作为改进混合教学的依据。

胜任力特征 20：持续迭代。

持续迭代是指教师以优质教学质量为目标，对教学理念、学习设计、学习内容、教学方法、互动模式、技术工具、学习评价等混合学习要素不断迭代和优化的循环过程。

具有持续迭代胜任力特征的受访者的教学行为主要有：根据教学中的不满意状况，在教学内容、形式、方法、评价等方面做出明显且可测量的迭代和优化行动。其迭代行为是经常性的，并跟踪和评价迭代后的效果。根据定量和定性数据分析反馈，对潜在的缺陷或不满意之处主动寻求改进机会并实施。持续评估技术、工具和教学策略，不断优化以确保其更有效。使用迭代设计，将上一版课程的学生生成性学习成果融入下一个版本的课程中。对课程的迭代优化已经内化为一种持续行为，成为混合教学实践持续的追求：

我们这门课程原来是国家精品课程，原来纯线下课的课时满足不了实践性教学目标的要求，学生间的讨论停留在口头表达，没有留痕。于是从 2014 年开始转为线上线下混合，有了第一个版本的混合课程。在运行一个学期后，新的问题出现了，学生在线提交作业和线下汇报时，呈现的都是思考后的结果。这些结果不能完全评估学生的思考过程，比如他们呈现了如何在小学课堂中应用某种现代教育技术，但为何要选择这一媒体或技术？他们的思考和决策过程是怎样的？是否真正理解了教学媒体的应用原理？为了体现学习反思过程、思维外显化，我们对课程内容和平台工具进行了改版，比如重新设计了论坛板块和作业要求，使得论坛能记录每个小组设计选择媒体工具的演变过程……到了 2016 年，慕课在国内高校兴起，带来了课程资源和素材的极大丰富、平台工具的多样化，为发展学生自主学习提供了条件，我们乘着这股东风，进行了课程第三次大的改版。到 2018 年，为实现面向真实需求的教学，落实课程的实践属性，我们跟多所小学建立联系，与小学教师结对，开展开课指导、磨课、同课异构等。在这个过程中，对课程进行了第四次大的迭代。现在回想起来，每次迭代都是以学生的问题、以课程本身的问题为出发点的，是从形式到本质的改变，也许正是持续的改进，使得我们的课程能获得国家级一流混合课程。（资料代码：Y* - 20221104 - 2）

胜任力特征 21：教研融合。

教研融合是指教师以自身混合教学情境中发生的真实教与学问题为研究对象，开展校本实践性研究，探索混合教学相关的理论、规律、原则、方法、关系等，以研究成果反哺混合教学实践。

混合教学作为一种教学新范式，其教学实践场域孕育了许多新的值得研究的问题。这催生了一个有趣的现象，绩优组的17位受访者中无一例外，都公开发表过混合教学相关的研究论文。正如一位受访者所述，他身边搞混合教学的同事，每个人都公开发表了好几篇关于混合教学的研究论文。

具有教研融合胜任力特征的受访者的教学行为主要有：具有问题意识，能发现自身混合教学中存在的问题，并思考这些问题与教学质量之间的关系。通过分析理论依据、自变量、因变量等提炼研究问题，期望通过对问题的研究来改进教学实践。掌握开展教学研究的基本方法和流程，比如调查法、(准)实验法、个案研究等。掌握基本的数据收集与分析方法来开展教学研究，包括质性研究、量化研究，并形成研究结论，为自身混合教学实践和改革提供启示和依据。

（四）技术特征核心概念

技术特征核心概念下包含"数字技术"1个主概念、2项胜任力特征，旨在对教师成功开展混合教学所具备的数字技术及其教学整合与创新行为进行概念化描述。

1. 数字技术主概念

胜任力特征22：数字化教学。

数字化教学是指教师适当利用数字技术和工具用于混合教学数字化学习资源的获取、加工、使用、管理和评价，以推进混合教学顺利开展，优化和创新混合学习活动所具有的能力，具体包含数字化认识和意愿、数字化知识和技能、数字化教学应用能力。

具有数字化教学胜任力特征的受访者的教学行为主要有：具有主动学习和使用在线学习平台、数字化资源制作、教学互动等数字技术和工具的意愿。掌握成功实施混合教学所需的数字化技术，包括掌握混合教学中选择数字化设备和软件工具的原则和方法，熟练操作使用数字化设备和工具，能解决常见的问题。尝试和探索将移动互联网、大数据、虚拟现实、人工智能等数字技术整合到混合教学流程的可行性和方法。此外，有受访者特别强调了技术选择能力：

在技术选择上的灵活自适也非常重要，更多的技术并不一定能带来更好的学习效果，能判断什么时候使用技术，什么时候不使用技术，其实也是摆在我们前面的难题。最开始我同时使用的平台和工具达到10余个，其实这无疑增加了

学生的认知负担……技术工具的选择要兼顾效率和成本，尤其是学生的成本……(资料代码：Z* Z-20221203-2)

胜任力特征 23：数据素养。

数据素养是指教师对定性和定量数据的理解、定位、收集、解释、可视化并用来促进混合教学管理和优化决策的过程和能力，包含数据态度意识、数据应用能力、数据伦理等维度。

具有数据素养胜任力特征的受访者的教学行为主要有：具有数据敏感性和使用数据解决混合教学问题的意识和积极态度。能觉察数据蕴含的教学价值，能有效地采集与获取线上线下、同步异步中师生和生生互动产生的文本、音频、视频等多模态数据，并使用基本的数据工具进行分析和展示(比如描述性统计、对比分析、结构分析、分布分析等)。能结合教学对数据进行解释，提取有价值的信息，形成有效结论，并据此做出教学决策，实施基于数据的精准教学干预。具有数据伦理意识，保证数据获取和使用的合法性，做好个人信息和隐私数据的管理与保护等。

(五) 个人特质特征核心概念

个人特质特征核心概念下包含"特质与动机""自我概念"2 个主概念、6 项胜任力特征，旨在对教师成功开展混合教学所具备的个人特质动机、态度与价值观等进行概念化描述。

1. 特质与动机主概念

胜任力特征 24：职业承诺。

职业承诺是指教师对混合教学的认同感、归属感，以及为混合教学工作努力的义务感和投入态度。

职业承诺是教师个人和混合教学发展之间的情感纽带，会对混合教学绩效和职业幸福感产生重要影响。大量研究证实，职业承诺水平能稳定地预测教师的工作投入、工作满意度、工作绩效等。受访者们在访谈中认为，对混合教学的认同感，对混合教学的集体归属感，使得自己愿意为混合教学改革、教学反思等投入更多的时间和精力：

开展混合教学后，我发现有了更大的自主权，我不用每次都按时按点去教室上课，我可以跟学生商量并灵活调整线上线下上课的时间，不用担心督导突击听课，因为学校政策是鼓励我们使用混合教学模式的，并给混合课程配套了系列政策，这是对我们教师的一种尊重、信任、认同，我们对开展混合教学也有了很强的集体归属感。不过，在这种宽松、自由的教学氛围中，有权利，也更有责任。我需要对教学负责，跟以前相比，我花更多的时间去分析在线平台的数据，分析和跟踪学生学习的效果。我会经常思考混合教学是否真的改进了教学，哪些地方做的不够、还需要改进等，我思考和总结得更多了。（资料代码：Y* - 20220908 - 4）

受访者 Y* 的经历描述了组织支持下的混合教学自主权—强化情感承诺—促进教学反思与改进的行为链条。

此外，朴(Park)等[①]通过实证研究证明，教师的高情感承诺有利于教师保持较高的情感认同，这种积极的职业情感和责任心能使教师主动应对各种工作压力，并降低职业倦怠程度。

胜任力特征 25：成就动机。

成就动机是指教师在认同混合教学价值观的基础上，在实践中追求优质教学绩效和职业幸福感，并使之达到成功与卓越的动机。

麦克莱兰在胜任力的冰山模型中将动机置于水面之下最核心的位置，表明了动机对于胜任力和职业成功的重要性。在混合教学中也是一样，成功的教师往往都具有强烈的成就动机。在第三章第三节教师自我调节类型的实证研究中，论述了混合教学新范式给教师带来了“显性负担”和“隐性负担”，并可能导致教师的情绪耗竭，降低职业幸福感。而大量研究已证明，成就动机与情绪耗竭存在显著负相关，与个人成就感、职业幸福感存在显著正相关。[②]

具有成就动机胜任力特征的受访者的教学行为主要有：对现有教学中无效、低效的工作感到不满和沮丧，表现出提高教学质量的意愿和动机。愿意尝试混合教学模式，发挥在线教学和面授教学的优势，克服传统课堂教学的弊端，提高教学质量和效果，扩大课程的受益面和影响力。表现出能克服混合教学中新问题、新障碍的信心和动力，能投入精力，积极、专注地解决问题，并愿意与同行分享自己的成果，以获得外部激励和身份认同。对出色完成任务和取得优质教学绩效有着强烈的

---

① Park J. H., Cooc N., Leekhjem A., et al. Relationships between teacher influence in managerial and instruction-related decision-making, job satisfaction, and professional commitment: A multivariate multilevel model [J]. Educational Management Administration & Leadership, 2020, 51:116 - 137.

② 李广，盖阔. 中小学教师职业幸福感调查[J]. 教育研究，2022，43(2)：13—28. 许慧，黄亚梅，李福华等. 认知情绪调节对中学教师职业幸福感的影响：心理资本的中介作用[J]. 教育理论与实践，2020，40(29)：25—27.

渴望，设定适度的挑战任务，享受教学成功后带给自己的快乐、自豪感和成就感等。

2. 自我概念主概念

胜任力特征 26：自我信念。

自我信念是指教师在对混合教学范式认知基础上形成的个人心理态度及意识行为倾向。这种态度和倾向有益于实现教师个人的教学价值取向或教学志趣。具体可包括对混合教学的认识信念、混合教学信念、自我效能信念。这里可简述为“关于混合教学，教师所知、所想和所信的”。

在特定情境下，教师信念比教师知识的作用更大，能更为显著地预测教师行为。在本研究中，从受访者访谈和相关资料中，主要归纳和识别了三种自我信念类型。认识信念，通过对身边混合教学事例的见闻和观察形成了对混合教学范式的积极认知，开始探索开展混合教学。教学信念，经过初期尝试，使用混合教学模式解决了部分教学中存在的问题，对混合教学充满信心（比如发现混合教学可以让学生在任何时间、地点学习在线内容，能满足数字时代学生的需求和期望等）。自我效能信念，在不断的混合教学实践中获得了成就感和自信心（比如感知了技术易用性，提高了学生参与水平等），形成了对自我有能力成功开展混合教学并取得好绩效的信念。无论是哪种信念，对于混合教学教师从新手发展为专业、从专业发展为卓越都具有重要的内在推动力。

胜任力特征 27：改革创新意识。

改革创新意识是指教师不受以往教学经验和陈规的束缚，在教学实践中不断改进教学模式、方法，以适应新观念、新技术、新形势发展要求的毅力、品质。

教育在本质上是一种创造性活动。随着数字化技术的快速发展及对教育的渗透，新的学习理论不断涌现，教师必须具有较强的创新意识和能力，才能适应教育的本质，即教育本身的前瞻性和创新型人才的培养。混合教学作为一种教学模式历时已久，但近年来，由数字技术快速发展所带来的非线性网络空间的多样性和复杂性、物理空间从多媒体教室到智慧教室再到真实工作空间的演进，使得混合教学的内涵和实践场域日益丰富和复杂，为教师的教学创新带来了挑战，也带来了机遇。参与本研究的受访者们，在其叙述中描述了进行教学改革和创新的行为，他们对混合教学保持开放的心态，尝试使用新理念、新技术和新方法来解决混合教学中出现的新问题，提出创造性的解决思路和方法。根据学生的需求和教学发展的需要，积极主动地进行教学改革，能辩证地处理教学传承与教学创新的关系等。

胜任力特征 28：自我发展。

自我发展是指教师在混合教学实践中作为主体，自觉通过依赖经验、积极反思、自我学习等路径持续参与专业发展活动，不断超越自我、实现自我的过程。

正如德国著名教育学家第斯多惠所言："凡是不能自我培养、自我教育、自我发展的人同样也不能培养、教育和发展别人。"[①]在受访者的叙述中，都表露出了自我发展意识，或通过学术交流，或通过自我学习，或通过教改行动，或通过反思认识等，以提高混合教学能力和促进自身专业发展。

有些受访者的自我发展动力属于"外控式"，比如他们将自我发展描述为在教学数字化转型大背景下，学校政策引领、身边同事的纷纷行动"倒逼"了自己必须跟上步伐，掌握混合教学的能力。而来自绩优组的受访者呈现了更多的"内驱式"发展动力，这种动力来源于对混合教学改革价值观的认同和积极信念。就像帕尔默在其《教学勇气：漫步教师心灵》中所讲的那样："真正好的教学不能降低到技术层面，真正好的教学来自于教师的自身认同和自身完整。"[②]有老师描述道：

开展混合教学的3年，也是我自己不断进步和发展的3年，我对互动教学经历了从抗拒到认同、再到喜爱的过程。这有几个方面的原因。首先是我们的技术环境变好了，比如教室无线话筒多了、"雨课堂"软件解决了后排同学看不清黑板的问题等。其次，我掌握了设计、引导、掌控互动的技巧，好的议题、正向的讨论，会让学生上瘾，课程会自己往前走……在这个过程中，我发现自己真正走进了学生心里，我也看到了学生在混合学习中倾情投入的品质，也从学生那里收获了很多真知灼见，我也在不断学习，学习技术，学习混合教学方法，学习新知识。这个时候我回想起开展混合教学之前的教学，那时自己全部的心思放在学生的学习、学生对知识的掌握、如何把课上得让学生喜欢上面，而忽视了教学是一个师生互动、教学相长的过程。可以说，那个时候，在我看来，我只有教的责任，而没有学的义务。现在的教学（混合教学）让我学会放低姿态，从学生的视角看课程，开始从"把课上得让学生喜欢"转向关注和反思"自我成长"。（资料代码：W*-20230403-6）

胜任力特征 29：自我调节。

自我调节指教师根据预期教学目标在混合教学环境中预算和管理个人资源的适应性能力，表现为工作投入和复原力之间的平衡行为和策略。工作投入是

---

① 第斯多惠. 德国教师培养指南[M]. 袁一安译. 北京：人民教育出版社，2001.

② 帕克·帕尔默. 教学勇气：漫步教师心灵[M]. 吴国珍，余巍等译. 上海：华东师范大学出版社，2005.

指职业抱负、职业责任心、服务意识等，复原力是指个人获得和利用心理、社会、文化和物质资源以成功适应混合教学逆境的能力和过程。其内在含义及意义已在第三章第三节专门论述，此处不再赘述。

与其他胜任力特征项不同，“自我调节”是一个复合胜任力特征项，通过“自我调节”这一概念统合了工作投入（包含职业抱负、职业责任心、服务意识）与复原力两个方面的胜任力特征。“自我调节”是对教师应对混合教学挑战的典型行为模式和经验的归纳和提炼，前文提到的4类自我调节类型，具有典型性，因而使用“自我调节”胜任力特征描述工作投入与复原力的平衡行为，比使用单个、零散的胜任力特征或词汇对教师专业发展具有更大的实践指导意义。

以上对胜任力模型的特征项进行了释义，表6-1对29项胜任力特征含义进行了汇总。完整的高校教师混合教学胜任力词典还包括胜任力模型结构描述（岗位序列、通用胜任力和鉴别性胜任力）和每项胜任力特征的行为等级描述等。

表6-1　高校教师混合教学胜任力特征项释义

核心概念	主概念	胜任力特征项	释义
知识特征	专业知识	知识场活性（AoKF）	在混合教学场域中应对师生和生生间知识共享、互动、共创活动所需要的知识储备与更新；教师需要保持学科知识的活性，既包括掌握学科领域最新的知识，也包括学生关心的知识。在线上或线下、同步或异步互动活动形成的知识场域中，教师通过引领优化知识流动和交互的频次、形式和质量
	混合式学科教学法知识	混合教学统领知识（OCiBT）	对整合技术开展线上与线下混合教学的整体认识、看法、判断；是教师用情感、意图动机、学习需要、态度、使命、道德标准等表现方式对混合教学作出期望或情感体验，以达到认识混合教学重要性的目的
		有关课程的知识（KoC）	有关混合课程目的和目标、课程内容、表现形式等方面的知识，及其与在线课程、面授课程的差异认知
		有关学生的知识（KoS）	对学生在混合学习模式中进行学科学习时的先验知识、学习需求、动机，以及整合技术的学习特征、方法差异、思考等方面的认识
		混合式学科教学策略知识（KoTS）	混合式教学在具体学科应用的策略知识。包括特定的学习主题内容以符合在线教学或面授教学特征的方式组织表征，知识点以符合同步或异步学习特征的方式编排，呈现混合情境下教学干预、动机激励等策略知识

续 表

核心概念	主概念	胜任力特征项	释义
教学特征	学习设计	系统设计(SD)	指教师基于线上和线下融通式教学思维，通过系统性设计实现线上和线下学习活动的有效衔接、转化、最佳协同，实现线上和线下持续“对话”与“反馈”，为学生创建高度参与的个性化学习体验的过程和能力
		认知激活(CA)	通过创建支持性的混合学习环境、设计任务和教学话语向学生提供认知挑战和认知激活的学习机会，从而促进学生认知投入，实现深度学习的过程和能力
	学习支持	循证评价(EbA)	以教学目标为依据，基于数据证据对混合教学活动过程及其结果进行测定、衡量、分析、比较，并给予价值判断，以促进和优化学习，并对自身各种评价行为进行反思和再评价的过程和能力，包括理解评价、实施评价、解释和运用评价结果、评价反思等维度
		双向反馈(BdF)	设计和管理双向反馈过程、能够使学生接受反馈和再反馈，并促进学生反馈素养发展的知识、态度、专业能力
		发展社区与促进互动(DCPI)	发展学习社区和构建学习共同体，在学生中营造尊重、关爱和互助文化，引导和组织学生在高频、有序、有效的互动中探究学科知识，实现深层次学习目标的过程和能力
	社会情感力	社会认知与关系(SPR)	在混合教学中准确理解学生行为的意图，与学生积极互动，表现出团结、合作等亲社会行为；以及在设定和实现教学目标、感受和表达与学生换位思考、共情、移情等过程中建立和维持支持性的教学关系的能力
		负责任的决策(RDM)	能够多方位思考、综合考虑自己行为的后果，并在此基础上做出对自己和他人负责的决策的能力
	协同教学力	人机协同(HCC)	理解智能技术的效用与边界，将人的“智慧”和机器的“智能”协同合作，以提高教学质量和效率，实现教师从“工具价值”转向“内在价值”的认知程度和实践能力
		团队协同(TC)	与混合课程其他团队成员相互支持、默契配合、协同开展混合教学、共同完成教学任务和目标的态度、精神和能力

续　表

核心概念	主概念	胜任力特征项	释义
管理特征	体验管理	混合学习体验管理(BLEM)	通过对线上与线下混合融通的整体式教学管理和高度的组织力,为学生提供高度参与、个性化、丰富的学习体验,以及塑造混合学习文化的过程和能力
	学习监控	质量监控(QM)	具有强烈的质量意识,通过各种定量和定性数据分析教学质量,并采取有效的方法对影响质量的因素进行控制,以不断提升学生学习质量的过程和能力
	灵活自适	适应性教学(AT)	在开放式的混合教学中,为满足非预期的教学情境需要而灵活采取的适应性教学行为的过程和能力,包括教学内容、师生角色、教学节奏、互动模式(同步/异步、线上/线下)等方面的调适行为
		学习节奏调适(LPA)	通过设计灵活的异步学习活动,赋予学生“自主弹性”的学习节奏,并设计和实施定期的同步学习活动,在关键节点干预和对齐学习节奏,调适“变奏曲”为“协奏曲”,以削弱学习投入分化,促成全员达成学习目标
	持续改进	积极反思(PR)	着眼于整个混合教学活动过程,分析自己做出某种教学行为、决策以及所致结果的自我觉察并形成积极归因风格的过程。积极反思能力具体包括反思意识、反思技能、反思毅力等维度
		持续迭代(CI)	以优质教学质量为目标,对教学理念、学习设计、学习内容、教学方法、互动模式、技术工具、学习评价等混合学习要素不断迭代和优化的循环过程
		教研融合(IoTR)	以自身混合教学情境中发生的真实教与学问题为研究对象,开展校本实践性研究,探索混合教学相关的理论、规律、原则、方法、关系等,以研究成果反哺混合教学实践
技术特征	数字技术	数字化教学(DTeS)	适当利用数字技术和工具用于混合教学数字化学习资源的获取、加工、使用、管理和评价,以推进混合教学顺利开展,优化和创新混合学习活动所具有的能力
		数据素养(DL)	对定性和定量数据的理解、定位、收集、解释、可视化并用来促进混合教学管理和优化决策的过程和能力,包含数据态度意识、数据应用能力、数据伦理等维度

续 表

核心概念	主概念	胜任力特征项	释义
特质特征	特质与动机	职业承诺(PC)	对混合教学的认同感、归属感，以及为混合教学工作努力的义务感和投入态度
		成就动机(AM)	在认同混合教学价值观的基础上，在实践中追求优质教学绩效和职业幸福感，并使之达到成功与卓越的动机
	自我概念	自我信念(SB)	在对混合教学范式认知基础上形成的个人心理态度及意识行为倾向。这种态度和倾向有益于实现教师个人的教学价值取向或教学志趣。具体可包括对混合教学的认识信念、混合教学信念、自我效能信念。这里可简述为“关于混合教学，教师所知、所想和所信的”
		改革创新意识(AoRI)	不受以往教学经验和陈规的束缚，在教学实践中不断改进教学模式、方法，以适应新观念、新技术、新形势发展要求的毅力、品质
		自我发展(SD)	在混合教学实践中作为主体，自觉通过依赖经验、积极反思、自我学习等路径持续参与专业发展活动，不断超越自我、实现自我的过程
		自我调节(SR)	根据预期教学目标在混合教学环境中预算和管理个人资源的适应性能力，表现为工作投入和复原力之间的平衡行为和策略

第二节 胜任力模型的三层结构

综合前文论述，以构建“深度学习体验”为目标，基于胜任力模型、“四个存在”、教师角色的内在联系，进一步完善第四章的图 4 - 20，可构建混合教学胜任力模型的三层结构，具体包括胜任力特征层、教师角色层、扩展探究社区层，如附录三彩图所示。

(一) 胜任力模型与“四个存在”

本书第四章第四节构建了融合“调节存在”的探究社区模型，并提出了混合教学胜任力模型与“四种存在”(教学存在、社会存在、调节存在、认知存在)的映射关系假设,在第五章第二节通过对159个教师样本数据、5 602个学生样本数据的复回归分析,检验和修正了胜任力模型与“四个存在”的路径关系。这种路径关系反映的是混合教学胜任力模型如何指向学习者丰富、深度的学习体验。

(二)胜任力模型与教师角色

在对混合教学胜任力进行长期梳理的过程中,“教师到底在教学中起到什么作用”这个问题一直相伴相随,或者说,“优秀的教师和普通的教师他们所起的作用有何不同?”实质上,这是一个关于教师角色的问题,也是在不同教育理念和教学范式下,在不同技术发展时期一直被大家讨论和重塑的问题。基于本研究所构建的胜任力模型及其内涵,凸显了教师在混合教学实践中的四种核心角色:学习设计者、学习促进者、学习组织者、终身学习者。在胜任力模型中,“系统设计”和“认知激活”等指向的是教师作为学习设计者的角色定位。“循证评价”“双向反馈”“发展社区与促进互动”“社会认知与关系”“负责任的决策”等指向的是教师作为学习促进者的角色定位。“混合学习体验管理”“质量监控”“适应性教学”“学习节奏调适”等指向的是教师作为学习组织者的角色定义。“知识场活性”等指向的是教师作为终身学习者的角色定位。在本书附录三彩图中使用不同的色块体现了这种映射关系。

第七章 混合教学胜任力发展：面向认知特征的模式设计

当前教学胜任力相关研究多聚焦于胜任力的结构建模，却忽视了针对胜任力发展路径的研究。本文构建的混合教学胜任力模型是一个多维结构，既包括知识、技能等认知类特征，也包括动机、态度等非认知类特征。这两类胜任力特征的发展具有很大的差异性，比如特质与动机倾向于通过理解、采纳、承诺、实践等方式发展；而知识、教学、技术等倾向于通过培训、指导和反思性实践来发展。本章围绕研究问题二"如何发展教师混合教学胜任力"的子问题三"对认知类胜任力特征，有效的发展模式是什么"展开研究，基于复杂学习、转化学习等学习理论构建了"5C6S"发展模式，以"双向反馈"胜任力特征为例开展实践研究，设计和开发情境化评估工具对模型有效性进行验证、改进。

第一节 胜任力发展的理论分析

一、胜任力发展的基本特点

在职培训作为教师专业发展的重要学习路径，对提升教师专业行动能力和重塑教学观念具有重要意义。相关研究表明，教师培训学习并不必然导致教师专业发展。① 我国的教师培养培训工作已成绩斐然，但在职培训仍然存在一些问题：缺乏问题导向，培训目标主观预设，容易忽视教师专业发展的多样性与个性化②；培训形式单一，课程专业化程度不高，教师参与度低；培训评价方式多以

① 许环环. 从管理到治理：中小学教师培训制度建构的转向[J]. 当代教育科学，2022(8)：88—95.

② 殷蕾. 转化学习理论视角下教师培训的困境与出路[J]. 中国教育学刊，2018(10)：87—91.

考试、考察、交心得体会、调查等结果性的考核形式收尾，缺乏有效性评估，缺失让新行为出现的实践环节；培训设计思维侧重"他为"，即以灌输和接收的方式设计课程，而忽略教师作为主体主动发展、批判反思的"自为"过程。[①]

以专家讲座方式组织的传统在职教师培训，往往强调了"知识"作为某种固定物是可以通过学习"获得"的隐喻学习观，体现了一种确定性的存在逻辑。事实上，在培训学习中，并无固定的、现成的"知识"是教师可以或必须去获得的。教学本身的复杂性、情境性、不确定性等决定了教师教学能力发展的实践性、亲历性、默会性。这些特征决定了教师除了要掌握普遍意义上的"教学所需的知识"，还需要体会和反思"只能从自身教学情境中获得的'教学知识'"。

反观基于胜任力模型来发展教师教学能力，具有以下新的特点。

（一）面向绩效和面向问题解决

胜任力发展的内容是围绕胜任力模型开展的，而胜任力模型本身是从优秀绩效者的工作行为中萃取的，与教学绩效有着密切的关系，是能够将高绩效者和一般绩效者进行区分的、可度量并验证过的态度、动机、知识、能力及行为特征，具有明显的绩效导向性。胜任力特征是从成功或失败的教学事件中提取的，反映了解决真实教学问题所需的复杂行为及行为背后的能力特征，而非抽象化的教学理论，具有明显的问题解决导向性。

（二）具有工作场所学习的情境性

教学胜任力模型体现的是一种行动能力，它从教师工作实践中来，发展胜任力的最好模式也应该是基于教学工作场所。工作场所能提供胜任力发展的必要情境要素，包括经验、实践、反思、合作对话等。赵冬臣和范良火[②]分析近二十年来国内外27项教师知识来源的实证研究，发现自身经验与反思、同事之间的交流是教师知识发展的最重要来源，证实了教师实践、反思、合作交流的重要性。厄劳特(Eraut)[③]指出，在工作场所这一非正式学习环境中，自信和承诺、反馈和

---

① 翁伟斌. 教师培训走向何方——对教师培训的审视[J]. 上海师范大学学报(哲学社会科学版)，2020，49(3)：73—82.

② 赵冬臣，范良火. 什么是教师知识发展的最有用来源——对27项教师知识来源实证研究的元分析[J]. 湖南师范大学教育科学学报，2020，19(6)：68—76.

③ Eraut M. Informal learning in the workplace [J]. Studies in Continuing Education, 2004(2): 247-273.

支持、个人对绩效的挑战与预期等是影响工作场所学习的关键因素。可见,胜任力发展依赖于日常真实情境并作用于教学情境。

(三) 胜任力获得的复杂性

在混合教学情境下,教师采取相关行为成功完成一项任务所需要的能力,是知识、教学、管理、技术、个人特质等方面的动态交互与统合。从共时性角度看,混合教学胜任力实质上是多种能力的融合,胜任力特征之间存在着密切联系,并在同一背景和目标下,它们处于相互关联、相互组合、共同作用的关系中,共同有效解决混合教学实践中的具体问题。从历时性角度看,混合教学胜任力发展不是线性的技能相加,不是僵化的"问题-解决"式能力,而是非线性的、整合的、灵活变化的能力。

(四) 胜任力获得的迁移性和转化性

胜任力发展是一种深度学习和实践,是对学习者原有经验图式的重构。具体而言,胜任力发展是从客观的胜任力模型到教师本人获得"胜任感"的迁移过程,是已有认知结构与教学现实发生矛盾时更新自身认知结构以适应新情境的转化过程。

基于以上分析,本研究试图从复杂学习、转化学习相关理论中寻求教师胜任力发展的理论依据。

二、复杂学习理论

复杂学习理论缘起于知识及其转化的复杂性。在人类发展的历史上,人们对知识和知识获取的含义、知识如何转化为生产力等议题的认识不断深化。尤其是进入信息社会,随着社会学、心理学和学习科学的发展,人们在知识内涵、知识迁移和知识效力等方面,达成了以下观点:有效力的知识是复杂知识,复杂知识不同于简单的信息之和,也不是静态的、分科化的知识,而是动态的、综合性的、开放的知识系统;显性知识只是复杂知识的"冰山一角",而隐性知识才是复杂知识的基石;复杂知识在结构上具有开放性、建构性、协商性和情境性等特点,这决定了复杂知识只能通过实践获得。

在对复杂知识的认识过程中,人们试图开始使用复杂性理论和系统思想来解释复杂知识的习得,比如耗散机构理论、复杂自适应系统理论等,并出现了指导复杂学习的一般性模型。这些模型反映了复杂学习行为的基本过程和机制。总体而言，复杂学习模型同时强调了个体和社会文化两个层面的作用。在个体层面，视个体为一个身处复杂环境的“自适应系统”，复杂学习是个体自主与外部事物发生联系并构建自己认知结构的过程。在社会文化层面，实践场域中的复杂学习反对从客观主义和机械主义的视角来分析人的学习行为，主张在实践场域中学习行为具有开放性、整体性、激励性和动态演化性，并认为学习的驱动力来自“习性”“实践信念”等①，在学习方式上要求学习者在实践中“体认”(embody)，通过体认来达成对复杂知识和技能的“娴熟”。

在复杂认知技能学习的微观层面，当代教学设计理论家冯曼利伯(van Merrienboer)教授与他的团队提出的掌握复杂认知技能理论及其“4C/ID”(Four Component Train and Instructional Design Model)教学设计模式②，被国际培训与教学技术界公认为是最有竞争力的教学设计理论之一。“4C/ID”模式假设复杂学习是一种综合性学习，其环境包含四个组成部分，即完整任务、相关知能(及时信息)、程序支持(支持信息)和专项练习。该模式对指导复杂学习设计、实现学习迁移等均有重要的现实价值。

许(Xu)等③基于“4C/ID”模式设计了教师培训课程，并发现在“4C/ID”指导下的设计教师培训课程可以提高教师“TPACK”七个子维度的水平及其综合水平；科斯塔(Costa)等④通过元分析面授和在线学习环境中使用“4C/ID”模型开发的教育项目效果，发现使用“4C/ID”模式设计的教育项目对学生学业成绩的影响效果较好，年级是影响效果的重要调节因素，并建议在高等院校学习环境中优先使用“4C/ID”模式作为教学设计模式。

当前“4C/ID”培训与教学设计模式主要用于开发涉及复杂知能的课程方案，比较侧重于分析和设计阶段，尤其关注认知任务分析技术，对开发阶段和实施阶段方面的探讨相对较少。

---

① 皮埃尔·布迪厄.《实践感》[M].蒋梓骅译.南京：译林出版社，2003.

② Van Merrienboer J.J.G., Clark R.E. & de Croock M. B. M. Blueprints for complex learning: The 4C/ID-Model [J]. Educational Technology Research and Development, 2002,50(2):39-61.

③ Xu W., Yao Y.J., Shen Z.Y. The design of 4c/id in teacher training course and its empirical research [C]//2020 Ninth International Conference of Educational Innovation through Technology (EITT), 2020.12:16-17.

④ Costa J.M., Miranda G.L., Melo M. Four-component instructional design (4C/ID) model: A meta-analysis on use and effect [J]. Learning Environments Research, 2022,25:445-463.

三、转化学习理论

转化学习(Transformative Learning)又称质变学习、嬗变学习,由杰克·麦基罗(Jack Mezirow)在1978年首次提出,经过四十多年的发展和实践检验,逐渐成为成人继续教育、终身学习、成人学习等领域中最有影响力的学习理论之一。

转化学习假定人们基于大量丰富的生活经验形成了固有的一种假设或期望结构,这种结构包含心智习惯、思维定式、意义观点等,固有结构会影响和决定人们对事物的认知和态度。当固有结构无法解释生活中新出现的问题时,人们会陷入"困境",个体此时对固有结构进行批判性反思、和他者开展理论讲述,使原有的固有结构具有包容性、开放性、辨识性、情感接受度,以适应当下的问题情境,并指导个人行动。这个过程即为转化学习。麦基罗称这种固有结构为"参考框架"(frame of reference),并认为对参考框架进行批判反思是转化学习的关键。转化学习在发展过程中,吸收了库恩的范式转换理论,强调范式对认识的重要作用,即在人们遇到新问题时,会自觉利用已有认知范式去解决新问题,但当旧范式无法解决新问题时,就会试图寻找和发展新范式;同时吸收了佛莱雷的意识觉醒理论,强调了在问题解决过程中的质疑、觉醒、自我批评意识;此外还吸收了建构主义思想,强调了对话、与环境相互作用对参考框架的改造作用。可见,转化学习体现了深度学习(deep learning)理念,它不只是停留于单纯的知识或技能学习,而是涉及对自我及世界认识方式的根本性改变,是一种改变人生观、价值观的学习。

麦基罗[①]曾指出,转化学习具有重要的实践意义,应该能够建立一系列成人教育实践基础,包括目标设定、需求评估、项目开发与指导。欧洲各国学者致力于教师专业行动能力模型的构建,包括德国吕纳堡大学在内的15所欧洲大学联合开发了《以可持续发展教育为核心的教师专业行动能力框架》,其培养理念的一大特点,即强调了教师个体对自身专业行动的批判性思考。转化学习以"参考框架"改变为核心,尊重教师的已有经验,强调"批判性反思"的"自为"式发展,重视反思的促进作用,关注新教学实践的出现及问题解决等。

然而,目前相关研究主要聚焦在转化学习要素、阶段、过程或理论构建等方

---

① Mezirow, J.D. Learning as transformation: Critical perspectives on a theory in progress [J]. The Jossey-Bass Higher and Adult Education Series, 2000,12(2):111-114.

面[①],对转化学习发生和运行的外部情境因素研究偏少,仍然缺乏适合教师专业发展场景的有效指导模型。

四、学习理论的启示

复杂学习和转化学习相关理论对混合教学胜任力发展研究与实践具有重要的启示意义。两种学习理论具有共同的显著特征。首先,两者均注重考察学习者在真实情境中对复杂知能的习得和运用。其次,两者面向整合性的学习任务和行为目标,关注基于经验的图式或参考框架的重构与转化、任务情境中的有效迁移。这些特征与前文分析的胜任力发展特点具有高度的契合性。

复杂学习和转化学习对胜任力发展模式构建的理论参照侧重点又有所不同。复杂学习强调如何协调和综合运用各种复杂认知技能来完成面向实践的学习任务,尤其是冯曼利伯等学者提出的复杂学习中的任务类型、知能关系,从要素视角为复杂学习任务分析与分解提供了重要参考。转化学习以“参考框架”改变为核心,尊重了教师的已有经验,强调“批判性反思”的“自为”式发展,重视理性对话反思的促进作用,关注新的教学实践的出现及问题解决等,从过程视角深刻地揭示了认知图式的转化过程及触发条件。

因此,本研究以转化学习为主要指导理论,吸纳复杂学习和胜任力相关理论,尝试构建教师混合教学胜任力发展模式。

第二节 认知类胜任力发展模式设计

一、胜任力发展:面向转化学习的设计

(一) 转化学习内涵

转化学习又被译为质变学习,或嬗变学习。汉语中“质变”意为事物的根本

① 汤杰英.成人质变学习理论视域下的学前教师培训[J].上海教育科研,2019(5):59—62.马颂歌.中国语境下的生存、批判、创造——质变学习的生态整合流派[J].现代远程教育研究,2018(3):19—29.蒋立兵,杨玖,黄一璜等.成人转化学习的触发条件与过程模型研究[J].教育发展研究,2018,38(9):56—63. Hoggan C., Kloubert, T., Transformative learning in theory and practice [J]. Adult Education Quarterly, 2020(70):295-307.

性变化,结合“transformative”原词含义,突出了从外在行为到内在思想、观念的本质改变。其创建者麦基罗将转化学习定义为:转变个体身上一些习以为常或者视为理所当然的认知图式,以使其更具包容性、开放性、辨识性和情感接受度的过程,在这个过程中将形成新的更合适的用以指导个体行动的信念。[①]

麦基罗等学者在发展转化学习理论过程中,吸收了库恩的范式转换理论、建构主义知识观与学习观、佛莱雷的意识觉醒理论思想,这些理论对转化学习的渗透体现在一些重要理论概念上,比如参考框架(Frame of Reference)、迷惘困境(Disorienting Dilemma)、观点转化(Perspective Transformation)、心智习惯(Habits of Mind)等。经过四十多年的深入发展,转化学习理论已具备丰厚的学术内涵,并在心理学、教育学、社会学等多学科理论的关照和支撑下,以及不断的实践探究与检验下,已成为成人教育领域的重要学习理论。

转化学习理论的核心观点认为,学习是原有参考系(Framework of Reference)发生改变的过程,以批判性反思为基本特征,强调用系统思考和实践思维来解决动态的复杂性。依据麦基罗等学者有关转化学习理论内涵的界定,可将其原理绘制成图 7-1。

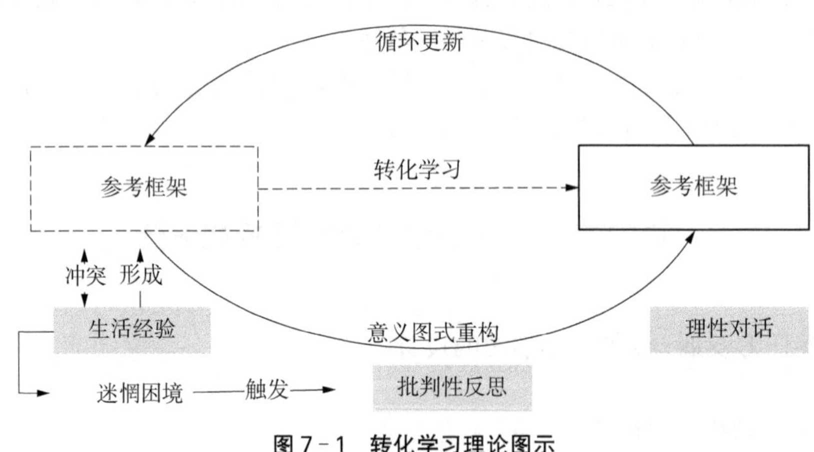

图 7-1 转化学习理论图示

图 7-1 演示了转化学习的基本理论原理。具体而言,大量的生活经验积累会形成和构建个人的参考框架,即个人理解人、事、物的固定观念结构(意义观

① Mezirow, J.D. Learning as transformation: Critical perspectives on a theory in progress [J]. The Jossey-Bass Higher and Adult Education Series, 2000,12(2):111-114.

点、心智习惯、思维定式),它赋予客观事物以主观解释,并影响个人的认知和行动,具有稳定性。参考框架可视为一个解释系统,当新的生活事例与既有参考框架产生矛盾时,会触发批评性反思等系列转化学习动作来完成个人认知图式重构,从而实现对既有参考系统的修正和更新,如此循环。

基于以上理解,本研究将教师的转化学习界定为:教师个人有关教学的参考框架与当下的教学情境产生冲突且无法使用固有的观念结构解决问题产生胜任困境时,通过质疑、批评性反思、理性对话来检视和修正原有意义观点,通过认知图式重构实现原有参考框架更新,以解决胜任困境适应新情境的过程。这里胜任困境意为工作过程无法达到教学绩效和职业幸福感要求而面临的风险。

(二) 转化学习理论的关键要素分析

1. 经验与困境

根据麦基罗的论证,转化学习扎根于生活经验,成人的过往经验是转化学习的主要题材。大量转化学习的案例证明了"经验"对"转化"所承载的触发意义,而且,转化学习强调在具体、可见的事实经验中寻找支持和促进"转化"认知的信息。通过行为事件访谈法构建的胜任力模型,可以为转化学习提供丰富、感性的事实经验。由于个人参考框架具有定式和稳定的特点,需要教师通过合适的方式介绍和引出与学习者相关却被忽略了的既往经验或情绪体验,唤醒不同经验间的比较和冲突,导向迷惘困境。

2. 批判性反思

批判性反思是转化学习发生的触发器,是转化学习的关键步骤。批判性反思指个体对原有的观点、假设结构进行分析和反省,是对认知的再认知。批判性反思一般包括若干前后相继的构成要素:困境、内容反思、过程反思、前提反思、发展新观点等。

3. 理性对话

转化学习本质上基于建构主义。麦基罗指出,转化学习是一种互动性的、情境性的、社会性的学习过程,主张在与他人交流经验、合作探究中求得问题的解决方式和产生新观点。通过与他者公开讨论,挑战自我信念,反思、借鉴和吸纳他者的理性视角,以矫正自身视角的局限性,不断完善个人参考框架。

以上三个核心要素,从转化学习发生的主客观条件来讲,批判性反思是个体主观活动,属于主观条件;经验冲突导致个体处于迷惘困境,理性对话是通过与他者互动过程中重构意义图式,这两者构成了批判性反思的客观条件。

(三) 转化学习理论的学习过程分析

转化学习的根本指向是学习者意义观点或参考框架的改变,这是由一系列过程来实现的。麦基罗通过质性研究的方法将访谈信息编码,归纳了转化学习经历的 10 个阶段。[①] 学者们根据转化学习的含义,也从不同视角研究了转化学习过程,如博纳特(Boehnert)提出了"可持续设计教育"的转化式学习 10 个阶段模式[②],并与教师行动研究相结合;珀金斯和萨洛蒙(Perkins & Salomon)[③]将转化学习分为觉察—选择—联结三个阶段,分别表示"发现真实情境中与已知知识的不一致"—"选择是否要解决这个问题"—"转化现有知识(观念)以解决这个问题"等三个过程。蒋立兵等[④]梳理和比较三种代表性的转化学习理论,并结合访谈具有转化学习经历的成人学习者,识别了转化学习过程中的共同要素,构建了触发事件、迷惘困境、批判性反思、激发求知欲、理性对话、实施行动、行为转换七个过程。

无论后来研究者们如何划分转化学习的过程阶段,都是基于麦基罗的转化学习 10 个阶段。在这 10 个阶段中,麦基罗实质上强调了在成人教育的转化学习中个体经验、批判性反思和理性对话三者的重要性。

针对麦基罗有关转化学习的 10 个阶段,结合混合教学胜任力的特征,笔者总结了基于转化学习的混合教学胜任力培训教学设计要点,如表 7-1 所示。

表 7-1 转化学习的阶段及其教学设计要领

转化学习 10 个阶段	教学设计要领
因自身认识局限产生迷惘困境	展示具体、直观的行为事件访谈法案例,激活教师教学经验
因困境产生挫败、挑战体验	展示成功案例,帮助参与者适当处理情绪反应
对自身固有预设(心智习惯、意义观点等)开始批判性分析	从概念模式、结构模式、因果模式帮助参与者澄清预设,解构原有经验

① Mezirow, J.D. Learning as transformation: Critical perspectives on a theory in progress [J]. The Jossey-Bass Higher and Adult Education Series, 2000, 12(2): 111-114.

② Boehnert, E. J. E. The Visual Communication of Ecological Literacy: Designing, Learning and Emergent Ecological Perception [D]. Brighton: University of Brighton, 2012.

③ Perkins D. N., Salomon G. J. E. P. Knowledge to go: A motivational and dispositional view of Transfer [J]. Education Psychologist, 2012, 47(3): 248-258.

④ 蒋立兵,杨玖,黄一璜等. 成人转化学习的触发条件与过程模型研究[J]. 教育发展研究, 2018, 38(9): 56—63.

续　表

转化学习 10 个阶段	教学设计要领
认识到不足及转化的可能	提供情境支持，设计胜任力发展目标
从角色、关系、行动等方面探索选择方案	基于发展目标，创设学习任务资源，构建学习共同体
为新方案制定行动路线	分解学习任务，设计胜任力发展路径
习得新知识和技能	组织学习，反思，批判，对话；图式重构
尝试进入和应用新方案	开展新的混合教学实践
在新方案中尝试构建胜任力和自信心	效果评估
将新方案重新融入日常教学生活	巩固、支持胜任力发展成果

二、基于转化学习的“5C6S”模式设计

根据上述转化学习有关结构和过程要素的核心观点，结合胜任力发展特点，设计和构建了基于转化学习的胜任力发展模式。该模式由五大核心要素、六个关键过程组成，简称为五要素六阶段模式（Five Components/Six Stages，5C6S），如图 7－2 所示。

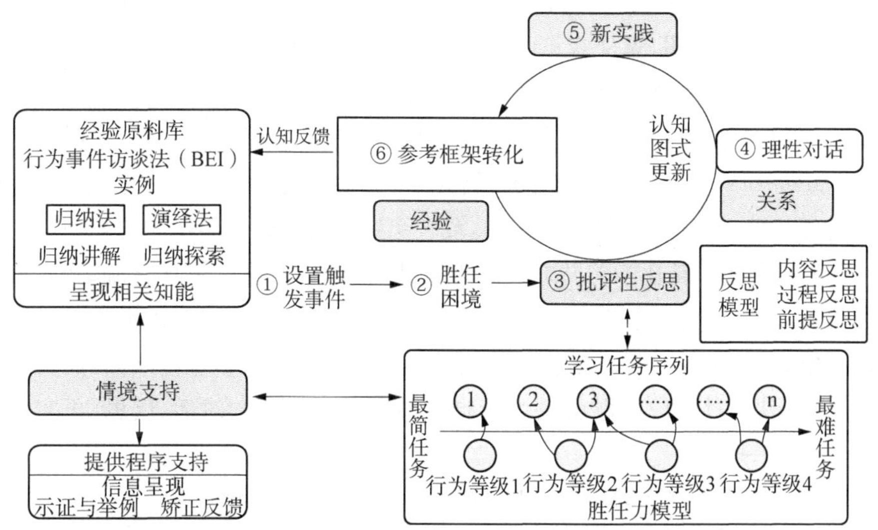

图 7－2　基于转化学习的混合教学胜任力发展模式（5C6S）设计

图 7 - 2 中的五个核心要素是指经验、批判性反思、关系、新实践、情境支持。六个关键阶段是指设置触发事件、胜任困境、批判性反思、理性对话、新实践、参考框架转化。下面对五要素和六阶段进行分析和阐述。

1. 五要素分析

(1) 经验。经验是转化学习发生的先决条件。这里的经验主要指教师的混合教学经验。在转化学习过程中，教师的既往经验需要被调动和激活，这是关键的一步，需要培训设计者通过情境信息支持提供相关行为事件访谈法案例来激活已有经验，并触发"胜任困境"，而后解构原有经验，为构建新的经验做准备。

(2) 批判性反思。以案例材料为参照，对自身基于大量丰富经验构建的参考框架进行分析和反思，是实现转化学习的关键要素。在上述模型中，将参与者的反思分为内容反思、过程反思和前提反思三类。内容反思是对某一问题的具体内容进行审视和检验，例如，这个问题的实质是什么。包含哪些具体内容。过程反思是对解决问题的策略过程进行审视和检验，例如，我应该采取什么样的策略和方法解决这个问题。前提反思，是对问题本身的质问和审视，是对原有视角和思维定式的反思，例如，为什么要解决这个问题，我预设了什么。在这三种反思中，前提反思是对问题发生前及自身固有期望结构的质问，不同于内容反思和过程反思仅仅针对具体情境中的事物，因而是最有可能引发参考框架调整和更新的。

(3) 关系。指通过理性讲述或对话所构建的关系。已有可持续导向的转化式学习案例研究证明，意义观点的重建有赖于"学习者准备就绪的状态和学习环境的特质"之间的互动关系。[①] 模型中的关系强调的是与他者公开讨论混合教学实践问题，并挑战自己的教学信念。这契合了混合教学团队开课的现实，正如泰勒(Edward W. Tayler)所认为的，转化学习"并不是一个独立的行动，而是建立在信任基础上的一种相互依赖的关系"，受到个人所处社会群体的影响。[②]

(4) 新实践。转化学习并非一个直线性的过程，而是一个具有流动性、循环性的过程，新实践是区别于上一轮或先前实践而言的。把新实践作为模式的一个核心要素，强调了混合教学胜任力发展不仅是停留在知识理论层面，而且必须基于真实问题情境，以问题解决为落脚点，在不断的实践、对话、反思、再实践的

---

① 汪明杰. 生态危机时代的学习范式转换[J]. 世界教育信息，2019，32(2)：5—9，39.

② Taylor E. W. An updaten of transformatie learning theory: A critical review of the empirical research (1999—2005)[J]. International Journal of Lifelony Education, 2007，26(2)：173 - 191.

行动性学习中获得混合教学"胜任感"。

(5) 情境支持。基于转化学习的混合教学胜任力发展是一种情境性的、互动性的、社会性的深度学习过程，其学习的发生需要外部条件的支持。在转化学习理论框架(图 7-1)中，并未对外部情境支持做过多论述，这也是当前众多关于转化学习阶段论研究所忽略的。但在"5C6S"模式中，借鉴前文所述复杂学习中有关技能任务的分类理论，构建了情境支持这一核心模块，使得基于转化学习的胜任力发展系统得以完整运行。

情境支持指在胜任力发展系统中提供与复杂学习任务序列相适配的情境化信息，使得转化学习得以触发和运行。

① 混合教学胜任力知能分类。胜任力发展是一项复杂学习，其培训与教学设计不仅要关注混合教学知能的协调与综合运用，同时也要考虑混合教学知能本身存在的差异。为了更加准确地界定混合教学业绩的表现差异，根据复杂学习的教学设计理论家冯曼利伯的研究①，将混合教学胜任力知能分为再生性和创生性知能(recurrent and non-recurrent constituent skills)两种类别。再生性知能是指常规的、付诸较少努力即可获得的知能，它可以经过反复练习后达到较高的自动化程度，正如其名，这种知能获得后，可以在今后相似的情境中被反复使用，而且无需或少需个人意识参与和控制，只要执行规则即可。创生性知能(也称非再生性知能)是指新颖的、需要付诸较大努力才习得的知能，其解决的问题情境是动态变化的，需要个体依据认知图式(认知策略)来决策解决问题的行为，并且需要对待解决的问题(心理模式)作出推理。创生性知能用来解决不确定的、动态的、综合性的教学领域业务，具有远迁移的特征。从层次水平来看，再生性知能和创生性知能都存在从低级到高级递进的发展关系，再生性知能一般也是创生性知能习得的基础。

在"5C6S"模式中，学习任务序列由混合教学胜任力模型转化而来，具体由胜任力特征项的行为等级转化而来。从任务的层次水平来看，具有从易到难、从简单到高级的递进关系。从任务类型来看，分为再生性和创生性学习任务。在冯曼利伯创建的针对复杂学习的"4C/ID"教学设计模式中，认为对再生性学习任务和创生性学习任务所提供的支持信息应该是不同的。本研究采用了这一观点，将支持信息分为"呈现相关知能"和"提供程序支持"两类。

---

① Van Merrienboer J. J. G., Clark E. R. & M. De Croock. Blueprints for complex learning: The 4C/ID-Model [J]. Educational Technology Research and Development, 2002, 50(2): 39-61.

② 呈现相关知能。“呈现相关知能”是面向学习任务中的创生性内容。针对创生性内容学习的教学方法主要是通过帮助学习者在新旧知识间建立联系，通过精细加工产生图式建构，促进学习者对学习内容的深层次理解。为了实现这一教学目标，呈现相关知能时可以运用不同的策略，一般有归纳策略和演绎策略。采用归纳策略时，学习者从教师提供的一个或多个案例中通过自主思考和讨论抽象出一般性的原理。归纳策略又可以分为归纳探索策略和归纳讲解策略。归纳探索，即参与者基于提供的案例，自主探究案例所反映的知能及其联系；归纳讲解，即案例所反映的知能及其关系是由教师来归纳和讲解的。从时间成本和效率的角度来讲，归纳讲解策略可以作为培训实操中的首选教学策略。

如前所述，混合教学胜任力模型主要基于行为事件访谈法构建，在访谈过程中，积累了大量的来自一线教师的成功与失败的经验事件，每个事件都按照“STAR”结构包含了事件的情境、任务、行动、结果，来自绩优组的案例可以演示一个混合教学专家解决具体困难的过程(例如解决混合学习投入低)，以及所采取的某个行动或者决策，从中能解析出案例所包含的意义观点、因果关系、思维模式等。此外，每一项胜任力特征的名称及含义都是通过对这些经验事件的归纳而萃取的，案例起到了在相关知能(如说明认知策略的含义与作用)与学习任务之间建立联系的纽带作用。因而，行为事件访谈法案例构成了“5C6S”模式中的经验原料库，案例分析是该模式呈现相关知能的主要方式。

呈现相关知能是贯穿整个转化学习过程的。具体包括：首先，完整呈现行为事件访谈法案例作为触发事件，激活参与者既往相似经验，并引发胜任困境。其次，通过提问、相互讨论，对案例的情境脉络、任务要求、关键行为及策略、因果关系、情绪体验等进行梳理和总结，通过教师讲解，揭示出知能本身的抽象性或者隐蔽性。再次，教师通过设置变式，引导学习者结合自身教学问题进行反思，并产生可能的解决方案。最后，通过新的混合教学实践后，获得认知反馈，与案例进行对照，对学习内容获得新的认知。

呈现相关知能的另一种策略，即演绎策略，要求学习者自上而下，从一般的、抽象的理论(知能含义及关系)出发，获得具体的一个或多个学习任务(案例)。在实操中，演绎策略可能会由于学习者缺乏相关的经验知识铺垫，实施起来会有一定的难度。因此，在该模式中，演绎策略只是建议作为在教学时间有限、学习者相关知能基础较好时的一种备选方案。

③ 提供程序支持。提供程序支持是面向学习任务中的再生性内容的。由于再生性内容在学习任务中是跨情境的，即面对不同的学习任务情境，其所需的

知能是相同或重复的，且一旦学习者掌握后一般就不再需要反复学习了。因此提供程序支持，就类似于学习者在操练过程中，以教师或者辅导者从旁辅导的方式呈现。在实用层面，提供程序支持一般遵循“即用即学、即学即用”原则，即在学习任务中涉及再生性内容时，即时直接呈现，比如在混合教学培训任务中，提供在线帮助文档、操作手册、核检工具等。在频次或效率层面，提供程序支持一般遵循“从辅到放”或“少教不教”策略，即在首次或前几次学习任务出现时提供，在后续任务中随着学习者越来越能胜任，减少或不再提供程序支持信息。

2. 六阶段分析

六个关键阶段包括设置触发事件、胜任困境、批判性反思、理性对话、新实践、参考框架转化，如图 7－3 所示。在六个过程中，在设置触发事件、批评性反思、理性对话三个阶段需要培训设计师分别通过行为事件访谈法的案例引入、归纳讲解（也可以采用归纳探索策略）、组织等方式提供外部支持；此外，在理性对话和新实践两个阶段还需要同伴通过互动或协作的方式参与。

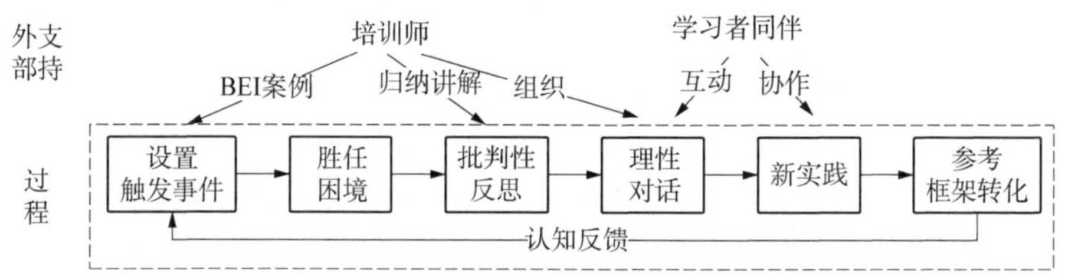

图 7－3　混合教学胜任力发展模式的过程分析

3. 模式特点

首先，“5C6S”模式的培训内容基于胜任力模型，倡导采用面向混合教学实践的完整任务序列（由易到难），基于真实案例学习，具有很强的情境性和实践性。其次，通过从具体的案例作出归纳和抽象成为学习过程的基本特色，反映了较浓的建构主义色彩。再次，“5C6S”模式强调真实参与、对话互动、发现和转化，是“在经验中学习”，而非“从经验中学习”，后者强调从经验中获得知识，而前者“在经验中学习”，需要心理模式的逐级式形成和建构。最后，在呈现新知能时提供了多种教学策略选择，首选是归纳型讲解策略，在研修时间充裕或者学习者有较丰富的经验时，更建议采用演绎策略。下面以认知类胜任力特征“双向反馈”为例开展实证研究以检验和优化该模式。

第三节 基于"5C6S"模式的胜任力发展实证研究

一、"双向反馈"发展方案设计

选取混合教学胜任力模型中的"双向反馈"作为发展对象并开展实证研究。"双向反馈"属于混合教学胜任力中非常重要的认知类胜任力特征,指教师设计和管理双向反馈过程,能够使学生接受反馈和再反馈,并促进学生反馈素养发展的知识和专业能力。知识包括混合教学情境中反馈的内涵、设计方法、原则等,能力包含基于学科活动中在同步/异步、线上/线下模式中设计反馈、构建师生双向反馈关系、实施有效反馈策略、培养学生反馈能力等实践能力。

约翰·哈蒂[①]指出:教师反馈是"提高学业表现最有力的单一影响因素"。在本研究中,"双向反馈"被证明是主讲教师和辅导教师都应具备的胜任力特征,且属于鉴别性胜任力特征;在胜任力模型验证部分,复回归分析和路径分析结果表明双向反馈对教学、认知、社会、调节存在均具有正向影响,且作为中介变量影响混合学习节奏调适对调节存在的影响。可见,双向反馈对混合教学绩效具有重要影响。近年来,随着在线和混合学习的发展,有关反馈的概念也发生了重要转变。反馈不再被简单地视为教师在特定时间点对学习者的一次或一种投入,而是转变为将反馈视为一个持续的过程。在这个过程中,教师和学习者双向影响,共同发挥作用。但在混合教学实践中,有证据表明,教师的反馈应用与先进的反馈。理念之间存在很大差距,要么未能把握反馈的深刻内涵,要么未能付诸实践[②]。这一点在本研究的行为事件访谈中也得到了证实,比如受访者会反复提及反馈设计或反馈时机不当、有效反馈与工作量之间存在矛盾、学生对反馈信息利用低下产生沮丧感等。

上述来自理论和实践的经验均表明,"双向反馈"胜任力特征的学习与获取

---

① 约翰·哈蒂. 可见的学习:最大程度地促进学习(教师版)[M]. 金莺莲,洪超,裴新宁译. 北京:教育科学出版社,2015.

② Carless D., Winstone N. E. Teacher feedback literacy and its interplay with student feedback literacy [J]. Teaching in Higher Education, 2020, 28:150-163. 董艳,罗泽兰,杨韵莹等. 教育信息化2.0时代视角下的教师反馈素养研究[J]. 电化教育研究,2021,42(8):35—42,58.

具有复杂性，其知能既包括再生性成分，也包括创生性成分。选取该胜任力特征开展实证研究以验证和修正“5C6S”模式，具有较好的代表性。

依据“5C6S”模式（图 7－2），胜任力发展方案设计主要包括“学习任务序列”和“情境支持”设计两部分。这两部分内容紧密相连，学习任务序列来自混合教学胜任力模型，根据学习任务和内容的分类，再分别设计相应的“提供程序支持”和“呈现相关知能”情境支持。借鉴冯曼利伯等人有关复杂学习设计的方法，并采用从“胜任力”到“学习任务”再到外部“情境支持”的逆向设计法，确定“双向反馈”模块发展方案的设计步骤，如图 7－4 所示。

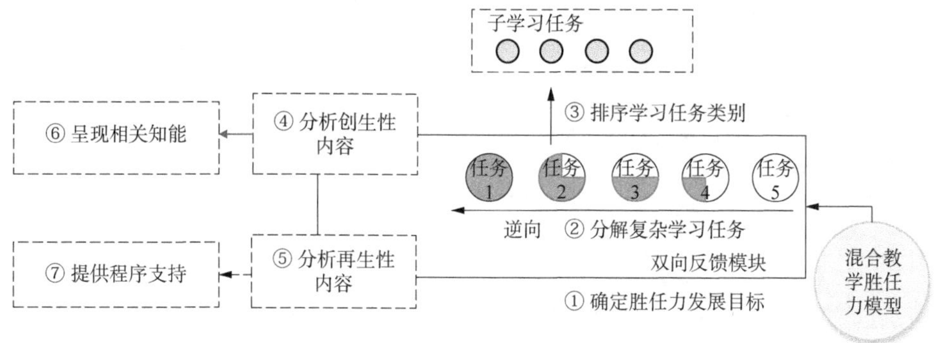

图 7－4　基于逆向法的胜任力发展方案设计步骤

二、学习任务序列与情境支持设计

（一）学习任务序列设计

从混合教学胜任力模型中选取“双向反馈”作为胜任力发展模块。首先，根据胜任力词典中“双向反馈”的定义和行为等级确定胜任力发展层次目标，即明确教师需要做什么以及他们需要具备哪些能力才能做好反馈。结合目标和词典中的胜任力行为等级描述，分解复杂学习任务。一个行为特征等级可以通过一个学习任务完成，复杂的行为等级也可以通过多个学习任务完成，同时，会存在多个学习任务服务于一个行为等级目标，即任务与行为等级可能会是多对多的关系。在分解学习任务时，按照逆序分解的方法，即从最复杂的行为等级开始，确定知能任务最复杂的学习任务 N，自繁至简分解该层任务需要包含的下一级任务，直至分解到最简单任务级别 1。表 7－2 是胜任力特征“双向反馈”的学习任务序列设计。

表 7-2 胜任力特征"双向反馈"的学习任务转化列表

<table>
<tr><th colspan="4">胜任力特征名称:双向反馈(Bi-directional Feedback, BdF)</th></tr>
<tr><th colspan="2">胜任力特征含义</th><th colspan="2">学习目标</th></tr>
<tr><td colspan="2">设计和管理双向反馈过程,维系反馈关系,能够使学生接受反馈和再反馈,并促进学生反馈素养发展的态度、知识和专业能力。态度包括克服挑战,努力为学生开发富有成效的反馈过程的意愿和意志力;知识包括混合教学情境中反馈的内涵、设计方法、原则等;能力包含设计适合学科内容的同步/异步、线上/线下反馈过程,构建师生双向反馈关系,实施有效反馈策略,评估反馈效果和反馈迭代,提供差异化个性化反馈,培养学生反馈能力等</td><td colspan="2">(1) 理解混合教学中的双向反馈的含义,设计反馈和管理过程的知识,反馈活动设计与实施的工具性及策略性知识
(2) 掌握结合学科内容来设计和实施反馈活动的流程、方法、技术,能构建支持性的反馈关系
(3) 对反馈进行评价和迭代,促进学生反馈素养的发展</td></tr>
<tr><th colspan="2">行为特征</th><th colspan="2">等级任务</th></tr>
<tr><td>G1
(探索)</td><td>具有混合教学情境下反馈教学的意识,理解混合教学中反馈的实质是师生双边互动过程,将反馈视为一个持续的过程;能够在课程中设计必要的反馈环境和环节,掌握基本的反馈技术工具;明确将反馈信息与要达到的标准相关联;理解反馈与评价的关系,能区分作为评分理由的信息和以反馈为目的的信息,利用形成性反馈强化学生对反馈功能的感知</td><td>任务 1</td><td>理解"双向反馈"含义,设计和实施基础性反馈活动。子任务 1.1:理解反馈是一个持续的对话过程,受师生双方的共同影响;子任务 1.2:设计反馈环节,掌握混合教学中反馈的基本工具;子任务 1.3:区分反馈与评价的关系</td></tr>
<tr><td>G2
(发展)</td><td>对反馈概念的理解能转化为合适的学习设计;设计对话式的反馈活动,将反馈嵌入单元内容或任务,设计相关联的评估任务序列,其中反馈信息、教学目标和评估活动能相互支持,为学生提供吸纳和利用反馈的机会。在线上和线下、同步和异步活动中合理安排反馈活动的顺序、时间、地点,使其影响最大化</td><td>任务 2</td><td>设计嵌入单元内容和任务序列的同步或异步反馈活动。子任务 2.1:反馈与任务序列、评估活动相互支持;子任务 2.2:反馈目标与模式(线上线下、同步异步)相契合</td></tr>
</table>

续 表

行为特征		等级任务	
G3（专业）	将反馈过程视为师生之间的共同作用，构建支持性的反馈关系。了解和选择适合学科内容的、学生接受和喜好的反馈形式，提供差异化、个性化的反馈；师生协商建立共同反馈责任，教师让渡部分权力，学生承担更多责任，调动学生参与，发挥互补作用；能有效管理反馈压力（如工作量与有效反馈间的矛盾）；提高反馈效率和质量，促进同伴反馈，引导“高足弟子传授”式反馈，把教师留给高阶问题和更有价值的专家式反馈。利用技术提高反馈的及时性、便捷性，以及加强反馈沟通的关系性，比如使用音视频反馈代替文本反馈来增强社会临场感；与课程团队其他成员分享、协作，为学生提供一致的反馈体验	任务 3	在设计和实施反馈中构建支持性的反馈关系。子任务 3.1：理解赋权和确立共同责任（面向主讲教师）；子任务 3.2：协商和选择合适的反馈形式（面向辅导教师）；子任务 3.3：利用技术驱动营造有临场感的反馈氛围（面向辅导教师）；子任务 3.4：团队协商，提供一致性和连续性的反馈体验（面向主讲教师和辅导教师）
G4（卓越）	能利用反馈提供学习支架，促进学生学习投入；有效评估反馈效果并纳入后续学习活动，对反馈活动迭代改进；通过对话式反馈，培养学生的反馈素养；以特定目标为导向实施有针对性的反馈活动	任务 4	对反馈进行评价和迭代。子任务 4.1：评估反馈效果，了解反馈是否起到支架作用、是否被利用到后续学习活动的改进；子任务 4.2：对反馈设计进行修正和迭代
		任务 5	以学习节奏调适为导向开展针对性反馈活动

* 说明：此表对认知类特征进行了任务转化。

在任务分解中，技术的使用是反馈所有维度的一个基本特征。技术驱动的反馈是混合教学中反馈实践的一个关键要素。但在任务列表中没有将其单独设为一个独立任务，主要考虑到反馈实践是需要教学法而不是技术来驱动的。

任务分解遵循与胜任力词典中的行为等级保持基本一致的原则，但由于胜任力按行为特征等级分类，而学习任务更适宜按内容主题分类，因而两者之间会存在少量偏差，但整体上，学习任务的设计基本要涵盖胜任力词典中的行为特征。比如对“卓越”等级中的“通过对话式反馈培养学生的反馈素养”行为，在行为事件访谈过程中，体现为教师通过设计反馈过程和反馈互动来促进学生的自我调节，让学生对反馈做出评价性判断，习惯于接受和生成反馈，并内化为学生反馈素养的一部分。这个过程散落在不同教师的多样化行为中，也体现在另外三个行为等级描述中，因而没有为此再设计专门的任务，而是通过前面的几项连续任务来综合完成该项行为的习得。

任务5：针对“以特定目标为导向实施有针对性的反馈活动”这一行为特征，设计了以学习节奏调适为导向的针对性反馈活动。主要考虑到“学习节奏调适”也是混合教学胜任力词典中的一项胜任力特征，且在第四章第二节中验证了“双向反馈”在“学习节奏调适”与“调节存在”中起到中介作用。因此，这种学习任务设计既保持了其内容来自胜任力特征的行为等级，又关联了其他胜任力特征，符合前文所述胜任力发展的“统合性”特点。

任务4：对反馈进行评价和迭代。形成性评价活动具有明确的序列关系（比如当前活动或评估建立在先前任务之上），对反馈效果进行评估，检验学生感知反馈和反馈使用意愿程度，也即学生是否将前面活动的反馈应用到后面的互动或作业中去，有助于教师调整反馈策略。在混合教学实践中，对反馈进行评估和改进往往是教师最容易忽略的。

任务3：在设计和实施反馈中构建支持性的反馈关系。反馈（包括肯定性与批评性）是容易引起情绪反应的（包括师生双方的、积极性和消极性的），反馈需要以一种基于客观的支持性、建设性的方式进行。任务3区分了主讲教师和辅助教师岗位序列在“双向反馈”胜任力上的差异，主讲教师偏重于在反馈设计中赋权和确立共同责任，而辅助教师偏重于反馈实施，具体包括协商和选择合适的反馈形式，利用技术驱动营造有临场感的反馈氛围等。

任务2：设计嵌入单元内容和任务序列的同步或异步反馈活动。反馈的形式通常是内嵌于任务序列，这项学习任务强调反馈与单元任务、评估活动序列等整体化设计，为学生提供吸纳和利用反馈的最大化机会。

任务1：理解“双向反馈”含义，设计和实施基础性反馈活动，包括理解反馈是一个随时间循环迭代的对话过程的概念，能初步区分反馈与评价等。

（二）情境支持设计

依据“5C6S”胜任力发展模式，情境支持设计包括“呈现相关知能”和“提供程序支持”两部分。其中呈现相关知能为创生性内容提供外部情境信息服务，提供程序支持为再生性内容提供外部情境信息服务。不同学习任务的情境支持程度是不同的，具体如表7-3所示。

表 7-3　学习任务的支持性信息

等级任务	任务内容	呈现相关知能程度	提供程序支持程度	任务序列
任务 1	理解“双向反馈”含义,设计和实施基础性反馈活动	低	满	简单
任务 2	设计嵌入单元内容和任务序列的同步或异步反馈活动	中	高	↓
任务 3	在设计和实施反馈中构建支持性的反馈关系	高	中	↓
任务 4	对反馈进行评价和迭代	高	低	↓
任务 5	以学习节奏调适为导向的针对性反馈活动	高	无	复杂

1. 呈现相关知能

呈现相关知能的情境支持的目的在于,帮助学习者(培训参与者)组织和形成混合教学中“双向反馈”知能体系的认知图式。在学习者应对创生性内容学习时,认知图式的构建主要由两部分组成:心理模式和认知策略。基于胜任力词典及参考相关文献,“双向反馈”胜任力认知图式中的心理模式和认知策略如图 7-5 所示。呈现相关知能,并在不同知能之间建立非任意的联系,使学习者快速高效形成心理模式,是情境支持的重点。下面从心理模式分析、心理模式构建的教学方法、认知策略分析三个方面阐述呈现相关知能部分的设计。

(1) 心理模式分析。心理模式是一个有关世界如何组织的表征系统,可以帮助人们描述、解释和预测事物。心理模式既可以是抽象的,也可以是具体的案例。根据对客体表征的逻辑差异,心理模式一般可以分为概念模式、结构模式、因果模式。混合教学中“双向反馈”胜任力的心理模式同时涉及了这三种模式。

概念模式是关于“反馈是什么”的表征,对客体、事件其本身内容、属性的描述和分类。比如,学习者要获得完整的“双向反馈”认知图式,首先要知道混合教学情境中双向反馈是什么、典型的反馈类型是什么、支持同步/异步反馈的工具有哪些等。

结构模式是关于“如何进行反馈”的表征,描述不同事物、行为、活动之间是如何相互关联的。这种关联具体体现在时间和空间两个维度。时间维度的关联,说明事物或行为是什么时候发生的,比如有效反馈在活动的什么时间出现最

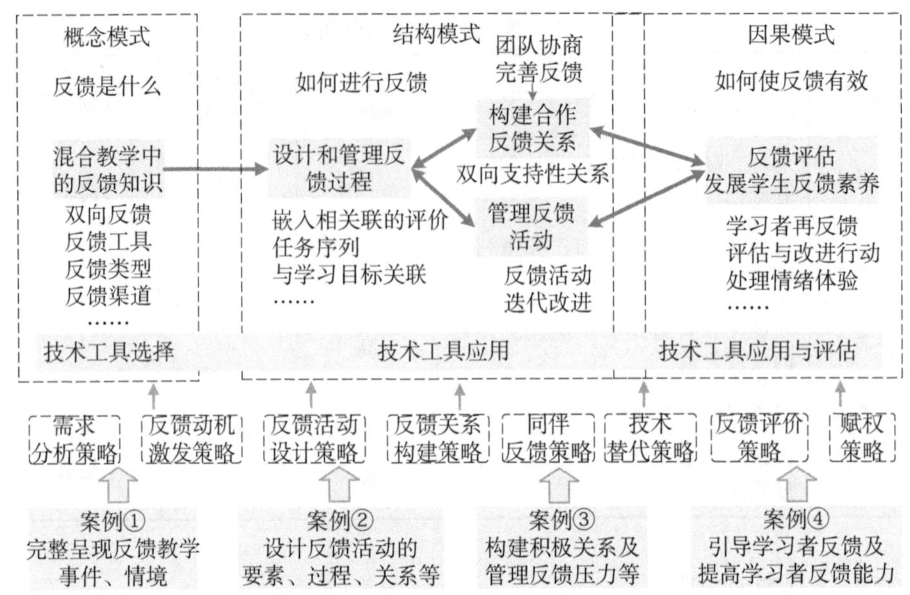

图 7-5 “双向反馈”胜任力的认知图式分析

有效，这种关联有助于理解和预测反馈。空间维度的关联，说明事物或行为是如何构建的，比如反馈是如何嵌入学习内容、评价任务的，反馈如何与教学目标相联系等，这种关联有助于理解和设计反馈。

因果模式是关于“如何使反馈有效”的表征，描述行为或要素之间是如何相互影响的。比如教师实施反馈后是如何引起学生再反馈的、教师的哪些反馈特征引起了学生的反馈评估并引发了改进行为等。因果模式分析有助于理解过程逻辑并作出教学决策。

（2）心理模式构建的教学方法。在帮助学习者快速有效地构建“双向反馈”胜任力的心理模式时，不同心理模式构建的教学方法会有差异。在本章第二节阐述“5C6S”模式时，提出了基于案例的归纳策略和演绎策略法。其中归纳策略在建立新旧知能的稳固性方面略胜一筹，但有一个参与者自主探究的过程；演绎策略对参与者的已有经验和知能水平要求较高。综合考虑，本研究采用归纳讲解为主，归纳探究为辅，以行为事件访谈中形成的 4 个案例为主线，在设置触发事件、批评性反思、理性对话三个阶段为培训参与者呈现相关知能。案例 1 对应概念模式，案例学习的任务是了解反馈相关概念、理念、情境等知识；案例 2 和案例 3 对应结构模式，案例学习的任务是设计混合学习反馈，构建支持性反馈关系；案例 4 对应因果模式，案例学习的任务是理解和掌握反馈过程及其对学习的影响。案例均包含：事件发生的情境（Situation）是什么（或问题是什么）；当时要完成的任务（Task）是什么；当事人采取了哪些关键行为和步骤（Action）；最后的结果（Result）是怎样的（影响是什么）等要素，表7-4为其中一个案例示例。

表7-4　案例3简版示例

案例3：支持性的双向反馈关系构建	
S（情境）	我认为最成功一件事情之一就是"掌控"了反馈。开展混合教学后，很明显地，我和学生的互动机会和频次大大增加了，比如在慕课平台的讨论、课堂的讨论、通过及时通信工具（班级群）的讨论……这意味着学习反馈的机会也大大增加了，但同时问题也来了，最大的问题就是，我跟学生的关系好像受到了挑战，似乎我和学生都承受了反馈带来的更多的压力。例如：反馈经常和评价伴随在一起，更频繁的反馈自然带来了更频繁的紧张关系和更强烈的负面情绪体验。也有同学抱怨我反馈得不够及时或反馈内容不够详尽，在线反馈不如面对面有效。此外，随时随地的反馈机会和便捷性极大增加了我的工作量，对学生负责和工作量成了不太好调和的矛盾……
T（任务）	在混合教学中，这些问题是不可回避的，就像我们不可能再回到以前的课堂教学。面对问题，与学生、同事一起，构建一种有效的、健康的、良性的反馈关系，提高反馈效率和质量，缓解反馈带给学生和我的压力，是我需要去探索的
A（行动）	回想起来，我们团队在以下五个方面进行探索并采取了行动。 1. 区分反馈与评价。评价与反馈有不同的目的，但它们往往是伴随出现的，甚至有时混合和纠缠在一起，这样会造成反馈和评分之间的紧张关系。为此，我们认为有意识地区分反馈与评价是有必要的，在有些活动中，尤其是基于形成性评价的活动中我会把反馈剥离开来，并给学生强调作为评分的信息和作为反馈的信息差异。在具体做法中，比如在讨论与反馈问题时，避免做定性或定量的评价，使学生不受分数或等级的干扰，尽量多设计和使用形成性反馈，在必要时才使用总结性反馈。 2. 构建支持性的反馈关系。我们具体做了以下几种尝试。 (1) 与学生共同协商反馈形式。例如要求学生提出自己需要或期待的特定的反馈形式，在这之前，我们做了一个小的调查，即学生最喜欢哪种反馈。结果还挺有收获，也挺有意思的。结果是这样，学生最喜欢的是一对一的反馈形式。他们认为在一对一的反馈环境中，可以提出自己的所有问题，即使这些问题有点愚蠢，也不会感到尴尬；且反馈关注点在如何解决问题本身，而不是仅仅指出这些问题。他们不喜欢小组反馈和期末的书面总结性反馈，认为在小组反馈时，反馈信息是针对整个小组，而不是针对个人的工作，个人很难展示自己的想法，有点不自在，会选择沉默寡言。但也有小部分同学表示小组反馈有益，可以让自己看到其他人是如何做的，获得作品设计思路，可以相互帮助，并能培养集体归属感。这也导致了我们后来在教学中慎用小组反馈，如果使用，也一般用在课程开展的初期阶段。在反馈的话语方式上，大多数同学认为讨论、辩论、提问和接受解释等即时性话语互动，比缺乏讨论机会的书面反馈更受欢迎，也即学生

续 表

案例 3：支持性的双向反馈关系构建	
	习惯于接受口头形成性反馈，他们认为即时性话语互动可以促进讨论，进一步提出问题，以及做出澄清。他们认为最无用的是终结性评价的书面反馈，同学们认为这类书面反馈与其他同学的内容类似，内容丰富程度也可能会不一致，并希望老师能列出具体的改进措施或行动要点，否则对帮助改进没什么用处。对此，为了提高学生在终结性评价的参与度，我们尝试提出了一些策略，比如先给出书面评语，学生对书面评语做出回应后，才能查看自己的成绩等。 此外，同学们都希望在反馈中加入更多的视觉内容，理由是这样他们就能更好地理解所提到的内容，教师也能更清楚地解释他们的想法，并帮助他们更好地记住反馈。他们提出的具体建议包括绘制草图、图片、截图和在图片上做标记。我采纳了这些很好的建议。截屏反馈的应用表明，虽然没有减少我的工作量，但在学会使用这项技术后，感觉我的反馈更有针对性了，能促进更有意义的反馈交流。 (2) 赋权和共同承担责任。更有意义的是，这次小小的调查给我了启发，改变了我的一些观念，我感受到学生是有好想法的，我们教师需要赋权，反馈中的双方关系(提供反馈和接受反馈方)需要减少权力差异，教师要逐渐放权，让学生在更自由、平等的氛围中参与反馈，并承担更多责任。我通过一次线下课堂的讨论环节，与同学们确立了反馈的共同责任意识和行为，即教师有责任让学生掌握对反馈信息采取有效行动的策略，而学生则有责任参与和使用反馈信息。伴随着放权的，是改变我们的观念，比如我们一般比学生更坚信，教师的反馈比学生的反馈更有用，教师应该处于反馈的核心等，其实这些观念在某些具体的混合教学情境下，不一定恰当。我认为改变和缩小这些不同的认识，对师生共同发展反馈是有益处的。 3. 适时使用延时反馈，鼓励学生参与反馈，减少自身反馈压力。混合教学的一大优点，就是可以延时反馈。这是一般在下班后我会使用的反馈方式：不及时给出反馈意见(非工作时间有时确实不方便给出长篇大论的反馈)，而是提出问题，让学生以新的方式思考自己的学习和评估自己的成果；这样做，及时回应了学生，另一个好处是增加学生的投入，因为过度的外部反馈，尤其是指令性反馈，比如“你应该这样做”的直接性反馈，可能会抑制学生内部反馈过程，抑制学生的自我反思。对于一些低水平的、重复性的反馈，我一般会使用在线课程的讨论区促进同伴反馈的方式解决。我所做的，只是为非正式的同伴反馈设计和提供反思支架或反馈量规，引导大家常说的“高足弟子传授”，而我将有限的精力和有限的反馈资源放在有争辩的核心概念或关键技能等方面。 4. 利用技术驱动和替代的反馈营造更有临场感的反馈氛围。利用技术不仅可以提高反馈的及时性、便捷性，还可以加强反馈沟通的关系性，比如我们发现，与书面反馈相比，使用音频反馈，语气语调等信息可以表达更细微的差别，包含更细腻的情感。而有些同学偏好使用视频反馈，他们认为这样可以增强学习的真实感和对话感，能提供更丰富的关系线索。然后在实操中，我个人比较少使用个人视频通话反馈，除非是小组会议，但会使用两三分钟的音频或视频取代长篇大论的书面反馈

续　表

案例 3:支持性的双向反馈关系构建	
	5. 与课程团队协商完善反馈,提供一致性和连续性的反馈体验。我们发现,同一学生(或同一问题)的反馈大多时候有连续性,我们课程团队共 3 人,都是主讲教师,为了提供及时和连续的反馈体验,我们讨论后实行了轮班制度,划分了不同的反馈与答疑时间段,这就需要我们配合得比较好,要经常对重要的反馈问题进行沟通和交流,比如对同一个学习任务的反馈,使用一致的评价量规,在给予学生书面性评价时,内容的丰富度尽可能一致等。 总之,经过 5 年多的混合教学实践,我们对反馈有了更深刻的认识,反馈是一个互动的、非线性的、情景化的过程,在这个过程中我们也慢慢掌握了有效反馈的一些技巧,事实证明,这些技巧是有用的
R(结果)	刚才在与您的访谈中,包括在与其他同行的交流中,我们都会把反馈描述为一种对话式,即反馈不是一次性的,而是跨越多个互动环节的,有时我们还会使用"循环"反馈的说法。教师的批评性反馈可能引起学生的不适,反馈需要以一种支持性、建设性的方式进行,但必须是基于客观、诚实的评价。当我们以一种基于同理心、信任关系来提供支持性反馈时,反馈过程和效果都会得到加强。这一点在我们课程中的表现是很明显的,我们发现更多学生利用反馈来改进自己的学习行为。对我自己而言,我对反馈带来的压力也得到了很好的释放。学生更乐于接受,同事间协调融洽。对于我们校长提倡的互动教学,我经历了从排斥到接受的过程,我感觉课程在互动中会自己向前走,混合课程的"灵活"让课程走向了"灵动"

注:本表在遵循受访者原意基础上做了整理和简化。

(3) 认知策略分析。在案例示范的过程中,提供的相关知能具有说明认知策略含义及作用的意义,同时案例中对认知策略的体现,可以使用解决问题的系统方法(SAPs)来完成,以说明在解决反馈教学问题中如何使用系统性思考、问题分解和循序渐进法制定计划和策略。"双向反馈"胜任力的认知策略包括需求分析、动机激发、同伴反馈、技术替代、教师赋权等。

2. 提供程序支持

"双向反馈"胜任力涉及的程序支持均包含在学习任务 1 中(提供程序支持程度为满级),涉及反馈工具使用规则(例如同步/异步情境下反馈工具的选择、评价量规使用规则)、信息采集操作技能(例如使用常见软件完成快速截屏技巧,包含区域截屏、全屏、滚动截屏,以及截屏上做标记和增加批注等)、交互软件操作技能(例如问答软件、视频软件、线下课堂及时反馈软件"Plickers"等)。有些再生性技能包含前提技能,比如使用评价量规作为反思支架促进学生同伴反馈,前提是需要具备设计有效量规的能力等。提供程序支持遵循"即学即用、即用即学"的原则,在相应的学习任务发生时,通过"链接"或"提示"的方式呈现,并使用

“先扶后放”，即在学习任务后期，呈现的频次逐渐减少。

表 7－5 以简化的文本形式描述了学习任务 3“在设计和实施反馈中构建支持性的反馈关系”的培训设计。该方案能简要说明“5C6S”模式的要义，包括学习任务、学习过程及其关联的情境支持。

表 7－5 “双向反馈”胜任力培训设计简要版示例 1（学习任务 3）

<table>
<tr><th>学习任务 3</th><th colspan="3">在设计和实施反馈中构建支持性的反馈关系</th></tr>
<tr><th rowspan="2">学习目标</th><th colspan="2">情境支持</th><th rowspan="2">学习过程
(6S)</th></tr>
<tr><th>呈现相关知能</th><th>提供程序支持</th></tr>
<tr><td rowspan="2">在混合教学中构建支持性的、共同承担责任的双向反馈关系，提高反馈效率和质量，有效管理和缓解反馈压力</td><td>案例示范：情境导入
富技术构建的混合教学空间极大增加了师生互动机会，也为反馈带来了诸多挑战和压力……提供具体事例</td><td rowspan="2"></td><td>设置触发事件</td></tr>
<tr><td>请参与者回忆相关的反馈教学经验</td><td>胜任困境</td></tr>
<tr><td>子任务 3.1：理解赋权和确立共同责任
向学习者提供案例，学习者观察一个专业型教师对反馈关系中的赋权及师生承担共同责任是如何理解和实践的，请学习者完成案例的反思；提炼观点（例如教师反馈比学生反馈更有用吗，学生反馈靠谱吗等）请学习者自主或合作探究形成结论</td><td>归纳探究
请学习者描述教师和学生共同承担责任的反馈过程是一个什么样子。
认知策略
呈现完成赋权任务中 SAPs 的 4 个阶段（1）辩论达共识，（2）列责任清单，（3）入学习契约，（4）执行监督</td><td>学习契约规则示例</td><td>批评性反思</td></tr>
<tr><td>子任务 3.2：协商和选择合适的反馈形式
向学习者提供案例，帮助学习者归纳一对一反馈、小组反馈、同伴反馈、作品评审反馈、终结性书面反馈等反馈形式，及每种反馈的优缺点，请学习者批评反思契合本学科本课程的反馈形式</td><td>归纳讲解
呈现反馈形式的结构概念
认知策略
呈现完成同伴反馈任务中系统方法（SAPs）的 4 个阶段：（1）确定反馈内容，（2）构建反思支架，（3）制定量规，（4）利用脚本工具使反馈结构化</td><td>同伴反馈评价量规设计和使用规则（示证与举例）</td><td>批评性反思
理性对话</td></tr>
</table>

续　表

学习任务 3	在设计和实施反馈中构建支持性的反馈关系		
学习目标	情境支持		学习过程(6S)
	呈现相关知能	提供程序支持	
子任务 3.3：利用技术驱动营造有临场感的反馈氛围 向学习者提供案例，请学习者反思混合教学中技术介入后反馈方式的替代性与效果差异，比如异步反馈可能会比同步反馈在时间有限的情况下为学生提供更多的思考和反思空间	归纳讲解 呈现技术增强反馈的因果概念。 认知策略 呈现完成延时反馈任务中系统方法(SAPs)的 3 个阶段：(1)分析症结，(2)异步提出新问题(作为反思支架)，(3)跟踪反馈效果	录屏软件操作(指引)	
子任务 3.4：团队协作，提供一致性和连续性的反馈体验 请学习者进行角色模拟，通过讨论形成课程团队协作要点	角色模拟 请模拟和分享教师自身从同行评议或学生课程评价中获得反馈的经验，模拟学生从不同教师获得反馈的一致性体验和情感体验		理性对话
教学行动 请根据自己的学科内容和教学情境，与同事、学生构建支持性的反馈关系			实践行动
效果评价	认知反馈 通过小结、同伴评论、小组讨论、评测、结果与示范案例进行对照等方式呈现评价效果，促进认知图式重构	情境化评测工具(指引)	参考框架转化

三、情境化评估工具设计

为了对胜任力发展模式与实践效果进行评价和完善，需要设计和开发情境化评估工具。本研究主要依据柯克帕特里克(Kirkpatrick)提出的四层次评估模型来设计评估工具。[①] 四层次模型是培训评估中影响最为广泛，也是最基础的评估方法，该模型从反应（Reaction）、学习（Learning）、行为（Behavior）、结果（Result）四个层面进行评估。对胜任力发展效果的评估参照这四个层面分别设计和开发情境化评估工具。

（一）研修者反应评估

反应评估是第一个层面的评估，主要评估参与者感知的有用性和满意程度，一般包括对培训项目整体印象、实施方法、内容设计、感知收获等方面。反应评估一般安排在培训过程中或培训结束时，评估结果可以作为改进研修项目设计、研修内容和方法等方面的参考。在本研究中，主要通过问卷调查的方式收集反应评估数据。根据“5C6R”胜任力发展目标，设计了反应评估调查表，如表 7－6 所示。

表 7－6　研修者反应评估调查表

本调查表用于收集你对本次培训课程的整体感知和反应。请在第 1—9 题后根据实际情况打√；请在第 10—12 题后进行简要回答。	
胜任力发展目标与任务	
1.	本次课程对胜任力发展目标阐述得如何？ （　）不清楚　（　）一般　（　）非常清楚
2.	你对需要完成的学习任务是否清楚？ （　）不清楚　（　）一般　（　）非常清楚
内容结构	
3.	学习任务在难易衔接设计上合理程度如何？ （　）不合理　（　）一般　（　）非常合理
4.	课程提供的案例材料丰富程度如何？ （　）很不丰富　（　）够用　（　）非常丰富
5.	课程提供案例的相关度如何？ （　）很不相关　（　）不确定　（　）很相关
过程方法	
6.	培训过程你的参与程度如何？

① Kirkpatrick D. L. Great ideas revisited. techniques for evaluating training programs. revisiting Kirkpatrick's Four-Level Model [J]. Training & Development, 1996, 50: 54－59.

续 表

本调查表用于收集你对本次培训课程的整体感知和反应。请在第 1—9 题后根据实际情况打√;请在第 10—12 题后进行简要回答。	
过程方法	
7.	培训过程中教师使用的方法是否恰当? ( )不恰当 ( )不确定 ( )很恰当
获得的胜任感	
8.	在本次培训主题方面,你认为获得的胜任感程度如何? ( )没有感觉 ( )一般 ( )非常强烈
9.	课程在帮助你更有效开展混合教学工作的价值如何? ( )没有用 ( )不确定 ( )非常有用
其他	
10.	你认为本次课程最有价值的部分是什么?
11.	你认为本次课程最没有价值的部分是什么?
12.	你对本次课程还有哪些其他建议?

(二) 研修者学习评估

学习评估是最常用的一种评价方式,主要测量研修者的学习获得程度,包括研修者对"双向反馈"胜任力的知识、能力、态度等内容的理解和掌握程度。学习评估测量可以以"高校教师混合教学胜任力词典"及"高校教师混合教学胜任力调查问卷"为蓝本,设计和开发相应的胜任力测量量表。

依据胜任力词典中"双方反馈"的定义和行为特征描述,同时在参考布德(Boud)[①]、董艳等人[②]有关教师反馈素养框架基础上,从胜任力行为特征维度(知识、专业能力、态度),并结合"双向反馈"胜任力内容维度(设计、关系、实施),设计"双向反馈"胜任力测量量表。

---

① Boud D., Dawson P. What feedback literate teachers do: an empirically-derived competency framework [J]. Assessment & Evaluation in Higher Education, 2021,48:158 - 171.

② 董艳,罗泽兰,杨韵莹等. 教育信息化 2.0 时代视角下的教师反馈素养研究[J]. 电化教育研究,2021,42(8):35—42,58.

表 7－7 基于胜任力词典的“双向反馈”胜任力测量量表设计框架

胜任力要素	设计维度	关系维度	实施维度
知识	理解双向反馈是基于师生双边、基于同步异步模式、迭代改进的设计理念和原理	理解反馈需要在一个基于客观评价的支持性关系中进行；师生在反馈关系中共同发挥作用	理解和掌握反馈活动实施过程中的反馈评价、赋权、技术替代、同伴反馈等策略性知识
专业能力	设计对话式的反馈活动，将反馈嵌入单元内容和评估任务序列，其中反馈信息、教学目标和评估活动能相互支持，使反馈效果最大化	让渡权力和共同承担责任；区分评价与反馈；利用技术构建具有临场感和亲和力的反馈体验；团队协作提供一致性反馈体验	运用有效反馈策略提高反馈效率和质量；对反馈效果评价和跟踪，促进反馈感知与转化
	嵌入反馈过程的技术选择与应用		
态度	克服挑战，努力为学生开发富有成效的反馈过程的意愿和意志力		

按照表 7－7 设计的双向反馈胜任力测量量表初稿有 15 个题项。对 86 位混合教学教师进行施测，对初测量表使用主成分分析法进行探索性因子分析，进行题项优化和信度分析。先验 KMO 值为 0.941，巴特利特球形检验结果达到显著性水平（$\chi^2=19\,821.12$，df=69，$p<0.001$），将因子载荷量低于 0.5 和交叉载荷高于 0.3 的题项删除后，形成了 12 个题项的正式量表，提取并命名为反馈设计理念（Design Concept of Feedback, DCF）、支持性关系构建（Supportive Relationship Building in Feedback, SRBF）、反馈策略应用（Feedback Strategy Application, FSA）、促进反馈感知与转化（Facilitating Perception and Transformation of Feedback, FPTF）四个子维度。每个子维度的内部一致性（Cronbach's α）系数介于 0.732 至 0.946 之间，总量表系数为 0.863，量表的测量数据内部一致性较高，具有较好的信度。

表 7－8 “双向反馈”胜任力测量量表探索性因子分析结果

维度与题项	因子载荷量			
	DCF	SRBF	FSA	FPTF
反馈设计理念（DCF）	特征值＝4.392，Cronbach's α＝0.932			
1	0.821			
2	0.839			
3	0.792			

续　表

维度与题项	因子载荷量			
	DCF	SRBF	FSA	FPTF
支持性关系构建(SRBF)	特征值＝5.160，Cronbach's α＝0.946			
4		0.863		
5		0.852		
6		0.804		
反馈策略应用(FSA)	特征值＝2.035，Cronbach's α＝0.829			
7			0.812	
8			0.745	
9			0.694	
促进感知与转化(FPTF)	特征值＝1.128，Cronbach's α＝0.732			
10				0.742
11				0.711
12				0.642
双向反馈胜任力(DdF)	Cronbach's α＝0.863			

量表的反馈设计理念维度题项包括：我认为在反馈活动中，教师处于核心地位并发挥主要作用(反向计分)；反馈不是一次性的，而是跨越多个互动环节的持续对话过程等。支持性关系构建维度题项包括：关于反馈活动中的各自责任，我与学生能达成共识并纳入学习契约；我在提供形成性反馈信息时避免给予定性或定量评价；我经常与课程团队老师分享反馈中遇到的问题等。反馈策略应用维度题项包括：我了解学生喜欢的反馈方式并在不同阶段有针对性地使用反馈方式；我会使用音视频或录屏等可视化形式代替文本反馈；在我的课程中同伴互评和反馈是一种重要、有效的反馈方式等。促进反馈感知与转化维度的题项包括：我会设计延时反馈，不是直接给出答案，而会提出一个新问题作为反思支架引导学生深入思考，我会跟踪反馈是否被学生利用到后续学习活动的改进等。

(三) 研修者行为评估

行为评估主要考察研修者的知识和能力运用程度。行为评估一般培训结束后的一段时间进行，由研修者同事、利益相关人(比如学生)观察他们的行为在培训前后是否发生变化，是否在教学中运用了培训中学到的知能。这个层次的评估内容可以是研修者的主观感觉、下属和同事对其培训前后行为变化的对比，以及参与人的自评。①

教学行为观察一般有定量观察[如佛兰德斯师生互动分析系统(FIAS)，顾小清等人开发的基于信息技术的互动编码分析系统(ITIAS)等]和定性观察两种方式。混合教学的一大特征就是灵活性，太过量化的数据难以获得线上和线下生动活泼的课堂上最真实的原始材料，相反，太过质性的数据存在主观性成分偏大且后期数据分析编码工作量大的问题。因此，在行为观察和评估部分，本研究采用定量和定性观察相结合的自评方式。自评从两个视角开展，即教师视角和学生视角，这样有利于对评估结果进行交叉验证。为此，设计和开发混合教学胜任力课堂观察与自评工具，分为教师版和学生版，用于同一门混合课程线上、线下课堂中教与学行为特征的观察与自我评价。

混合教学胜任力课堂观察与自评工具可被视为混合教学胜任力模型的配套工具，可按照胜任力特征项分类编制，观察内容依据来自该特征项的行为等级描述。该工具可单独用于指导自我观察与反思、同行评价，或作为反馈资源用于非评价性辅导等。在数据采集方式上，可以基于经验抽样法的伴随式采集，即在一次教与学事件结束后触发，而非整个课程结束后的一次性采集。这有利于研修者将观察结果及反思与微观、具体的教与学活动相联系，同时减少回顾性偏差。

以“双向反馈”胜任力为例，该主题的课堂观察与自评表设计要素如表 7-9 所示。

表 7-9 胜任力课堂观察与自评工具(双向反馈)设计要素

观察点序号	观察视角/观察者	
	教师	学生
1	对学生的问题进行了反馈	我得到了老师的反馈
2	在提供反馈信息时，没有跟评价信息(给予定性或定量)混为一谈	反馈信息关注于问题本身，对我解决问题有帮助
3	提供的反馈信息与教学目标(标准)相关联且保持一致	反馈信息帮助我更好地理解学习目标

① 甘露丹.乡村新任教师入职培训的实效性研究[D].重庆：西南大学，2022.

续　表

观察点序号	观察视角/观察者	
	教师	学生
4	学生在收到反馈后发生了再反馈（或多次反馈）	我对老师的反馈进行了判断和评价，并反馈给了教师
5	使用了技术提高反馈效率或效果	除了文本反馈，我得到了其他形式的反馈
6	引导或实施了同伴反馈	我获得了来自同学的反馈，或我给予了同学反馈
7	反馈是在轻松愉快的氛围中进行的	在反馈过程中我没有感受到压力
8	有学生吸纳了反馈信息并发生了改进行为	我认为老师的反馈信息有用并反思和改进了我的学习
9	是什么阻碍了你对上述问题的正面回答（回答“否”的问题）？	

注：教师视角为中性描述，可用于个人和他者观察。

在观察和自评表中，对第 1—8 项中每一项描述性句子的观察结果为“是”，则评为“1”分，共 8 分；并同时在每个问题的下方标记反馈发生的模式（同步/异步），也可以简要记录观察的证据。

（四）研修者结果评估

结果评估一般用于培训活动对上层结构（如组织）的绩效影响或贡献。对于某一项混合教学胜任力发展的结果评估，可以就上层相关利益者（比如学生、课程）的影响或贡献来进行评估。在前文中已论述混合教学胜任力模型是指向深度学习体验的，所以混合教学胜任力的发展应该对学习者的深度学习体验产生影响。换言之，深度学习体验可以作为结果评估的有力标准。深度学习体验以学习者为研究对象，其难处在于学习者的深度学习体验随着课程进展受到个体特质和外部情境诸多因素影响。其一，在实操中难以控制所有的干扰因素；其二，胜任力培训一般周期较长，不容易对同一批学生样本开展对照研究。如果以课程为研究对象，则能较好地控制干扰变量，提高检验效度。

在“双向反馈”的任务设计中，根据“卓越级”行为特征设计了两项学习任务，其中任务 5 为“以学习节奏调适为导向开展反馈活动”，是最复杂的任务，涵盖了子任务中的胜任力特征。该项学习任务具有明确的目标导向性,就是通过教师的反馈活动来调适学习节奏。在第四章第二节的实证研究中,论述了混合教学中学习节奏分化现象并提出了学习节奏可视化模型“RORC”;在第五章第二节实证研究中,论述了双向反馈作为学习支持要素通过学习节奏调适为中介对调节存在产生正向影响,也即师生的“双向反馈”行为可以促进“学习节奏调适”。这种影响可能通过多种方式来形成:教师对学生的学习进度督促反馈(比如教师通过监控发现学习进度滞后时,给予个性化反馈);教师对个人或小组的反馈与指导促进了学生的自我调节或共同调节,提高了学习投入,进而调适了学习节奏等。上述逻辑关系可以用图 7-6 来表示。

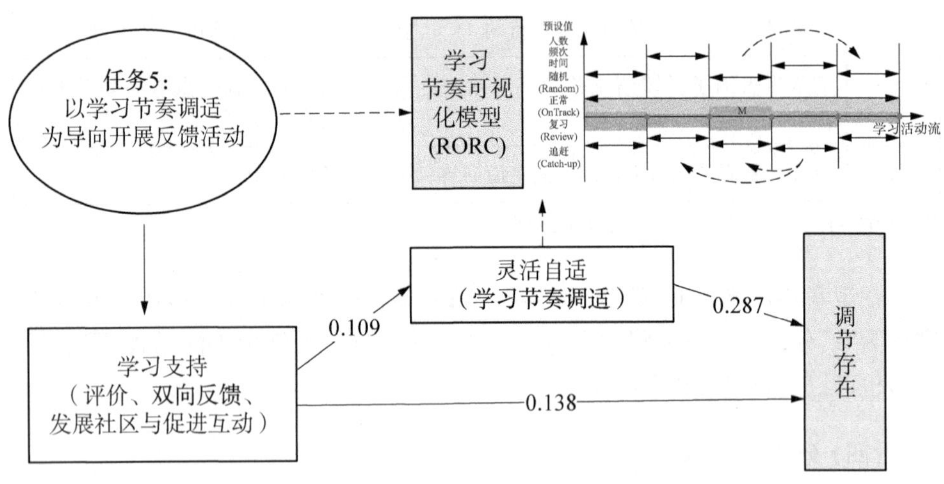

图 7-6 以学习节奏调适为导向的反馈任务效果评估

因此,使用学习节奏的改善作为“双向反馈”胜任力结果评价的标准,具体使用混合学习节奏可视化模型(RORC)的结果作为胜任力培训前后效果的对比工具。

一直以来,在企业培训实践中有一个误区,认为柯氏评估模型与培训教学设计、胜任力特征以及绩效管理没有关联,但柯克帕特里克通过把四层次评估模型和教学设计、胜任力特征、绩效管理相结合的系列研究发现,将它们联系在一起贯穿四个层次,可以增加评估模型的运用深度和效果。①

---

① Cahapay M. B. Kirkpatrick model: its limitations as used in higher education evaluation [J/OL]. International Journal of Assessment Tools in Education, 2021,8(1):135-144.

综上,本研究分别在四个层次设计和采用了四种情境化评估工具,在工具设计时采用量性研究和质性研究相结合,客观数据分析与主观自评相结合,从不同层次获得更全面的评估结果。

四、实施过程

(一) 研究对象

胜任力发展的研究对象为第三章案例课程"模拟电子技术"的跨校教学团队。该课程是由来自国内 3 所大学的 12 名教师联合开设的跨校混合课程。三个学校的教学团队构成分别如下:S 校为课程负责人(创始人)所在校,教学团队由 3 名主讲教师、2 名辅导教师共 5 人组成;G 校教学团队由 2 名主讲教师、1 名辅导教师共 3 人组成;SG 校教学团队由 3 名主讲教师、1 名辅导教师共 4 人组成。课程教学大纲和主要内容由 8 位教师集体备课(远程或见面研讨)确定,但每位教师可以对在线课程内容进行本土化修改,生成适合本校学生的校本课程,因此本研究中实际上有 3 门相似的混合课程。主讲教师主要负责课程的线上线下教学工作,辅导教师主要负责监控、管理、答疑互动等工作。培训项目依托 S 校教师教学发展中心的"培优工程"师资培训项目开展,12 位教师全部参与了"双向反馈"胜任力发展研修项目。

(二) 实施过程

胜任力发展培训的完整实施过程如图 7 - 7 所示,包括需求分析、设计和开发培训项目、开展培训与实践、效果评估四个主要阶段。

胜任力发展主题的选择、培训项目的设计与内容开发在前文已作论述。培训、研修者实践及评估在 2023 年春季开课期间开展,具体过程如下。

(1) 使用《双向反馈胜任力测量量表》对 12 位研修者进行前测,获得和了解研修者的双向反馈胜任力水平。

(2) 通过线上和线下混合方式开展为期 6 周的学习和培训,其中线上集中学习和研讨 5 周次(针对 5 个学习任务),线下研讨 2 周次(第一次和最后一次)。分别在第三周和第五周邀请研修者填写"研修者反应评估调查表",获得和了解研修者对培训项目的评价和改进意见;在培训和学习过程中,研修者将所学知能运用于混合教学实践,从反馈活动设计和实施两个层面改进教学反馈行为。

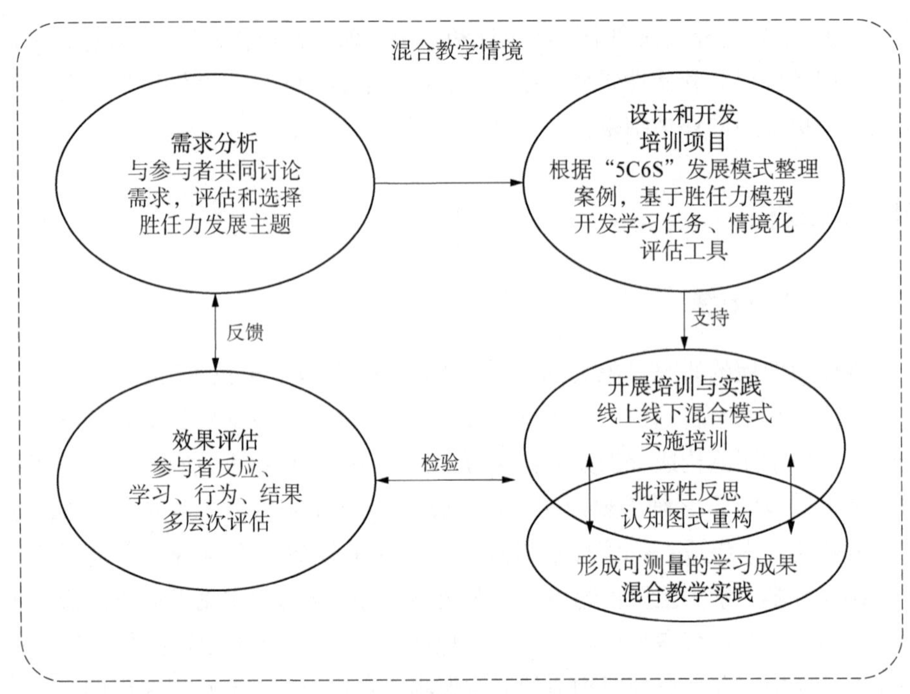

图 7－7　混合教学胜任力发展实施过程

(3) 完成全部 5 个学习任务后，邀请 12 位研修者再次填写《双向反馈胜任力测量量表》；在后续 1 个月的教学活动中，采用经验抽样法，邀请 12 位研修者，征集 80 位学生在每次学习活动结束后填写《胜任力课堂观察与自评表(双向反馈)》，获得和了解培训研修者的运用行为和程度。具体操作为：在线上课程每一章最后放置调查表链接，学生在学完本章时填写；线下课堂下课时由助教发送调查表链接到班级课程群，请学生在 30 分钟内完成填写。

(4) 在课程结束时，使用学习节奏可视化模型(RORC)分析学习节奏，与 2021—2022 年春秋季课程的学习节奏进行对比分析。使用同样的方法分析 2023 年春季课程的行为日志数据，包括用户基本信息、行为日志表、讨论区、评论、互评、成绩等数据。其中行为日志表记录了学员所有的点击流数据，包括用户 ID、每一次点击行为时间戳、访问的 URL(含指向的资源 ID、资源类型)、操作类型等。2023 年春季课程共有来自 3 所学校的 651 名学习者，清洗后有约 25.41 万条有效行为日志数据。由于前后两次学习节奏分析采用的都是三所学校的平均化数据，且在研究过程中课程内容和形式等没有大的调整，较好地控制了干扰因素，具有较好的稳定性，具有对照分析的价值。

五、效果测评与讨论

(一) 胜任力发展效果评估结果

1. 研修者反应评估

使用《研修者反应评估调查表》分别在研修过程中第三周、第五周采集的数据统计结果如图 7-8 所示。反应评估主要通过采集研修者的感知有用性和满意度为改进研修项目设计、过程实施等提供参考信息。反应评估调查表采用三点式量表,统计结果数据显示研修者在整体上对研修项目满意度比较高,第二轮数据表明随着研修内容的深入及调整,感知有用性和满意度有所提升。

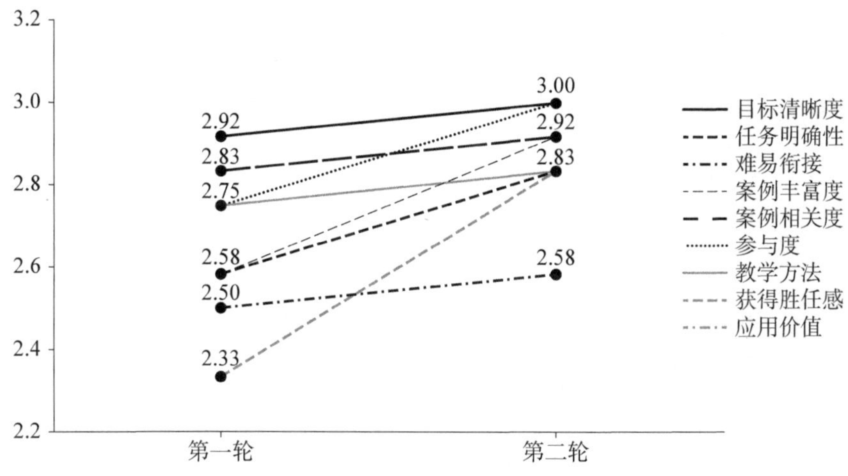

图 7-8 研修者两轮反应评估统计结果

在调查表的主观题部分,大多数研修者认为研修项目最有价值的部分是项目提供的混合教学真实案例及案例中归纳的混合教学分级能力,这些为他们在学习和讨论时提供了清晰的反思支架。如参与研修教师 C* H 表示,基于胜任力等级设计的学习任务,从“教无定法”、看似没有规律、灵活又繁杂的混合教学实践中提炼和总结了教师开展反馈教学所需的关键能力,学习目标很清晰,提高了培训的针对性和效率。

在对研修项目的改进建议方面,有参研教师表示,如果能把案例进行细分,比如按主讲教师和辅导教师细分,可能会更契合混合教学中的教师角色定位。

还有参研教师表示,在研修最后一个环节,即个人实践结果与示范案例进行对照时,增加小组点评或评议,在集体层面促进"共同"认知图式重构。

2. 研修者学习评估

通过《双向反馈胜任力测量量表》的前后测数据对比进行学习评估,主要考察研修者教研活动前后在反馈设计理念、策略运用、支持性关系构建、促进反馈感知和转化等维度的知识和能力掌握与应用的变化程度。本研究采用单因素单组实验设计,通过教研活动前后测量变量的变化衡量其效果,t 检验分析结果如表 7-10 所示。

表 7-10 学习评估 t 检验分析结果

维度	项	样本量	M	S.D.	差值 95% CI	t	p	效应值(Cohen's d)
反馈设计理念(DCF)	前测	12	3.13	0.20	−0.813~−0.170	−3.267	0.005**	1.334
	后测	12	3.63	0.48				
	总计	24	3.38	0.44				
反馈策略运用(FSA)	前测	12	2.99	0.24	−0.649~−0.034	−2.348	0.031*	0.958
	后测	12	3.33	0.44				
	总计	24	3.16	0.39				
支持性关系构建(SRBF)	前测	12	3.12	0.19	−0.590~−0.061	−2.609	0.019*	1.065
	后测	12	3.44	0.39				
	总计	24	3.28	0.34				
促进反馈感知与转化(DdF)	前测	12	3.09	0.48	−0.873~−0.077	−2.477	0.021*	1.011
	后测	12	3.57	0.46				
	总计	24	3.33	0.52				

注:* $p<0.05$,** $p<0.01$。

结果表明,经过为期 7 周的研修活动,研修者在双向反馈的 4 个维度的能力上都得到了显著提高($p<0.05$),且效应值(Cohen's d)均大于 0.8,表示效应值达到较大程度。4 个子维度的提升程度依次为"反馈设计理念""支持性关系构建""促进反馈感知与转化""反馈策略运用"。

因为在研修过程中,学习任务对"主讲讲师"和"辅导教师"进行了区分,所以进一步按这两个岗位序列进行了分组比较，考查两个组别在研修后的双向反馈水平是否存在差异，结果如表 7-11 所示。

表 7-11　分组评估 t 检验分析结果

维度	研修者（平均值±标准差）		t	p
	主讲教师（n=8）	辅导教师（n=4）		
反馈设计理念（DCF）	3.56±0.50	3.75±0.50	−0.616	0.552
反馈策略运用（FSA）	3.25±0.38	3.50±0.58	−0.913	0.383
支持性关系构建（SRBF）	3.51±0.46	3.31±0.13	1.112	0.296
促进反馈感知与转化（DdF）	3.41±0.50	3.88±0.14	−2.435	0.038*

注：* $p<0.05$，** $p<0.01$。

结果表明，主讲教师和辅导教师在“促进反馈感知与转化”这一个维度上产生了显著性差异（$p<0.05$），其余三个维度没有明显差异。“促进反馈感知与转化”得分高意味着教师更关注学生对反馈意见的判断、吸收、利用；教师表现为更多的反馈效果评估和跟踪等外显行为。在事后对辅导教师们的非正式访谈中也发现，辅导教师表示他们会花更多的时间持续地开展学习反馈互动，并关心他们的反馈是否被学生利用到后续的作业改进等。

3. *研修者行为评估*

《混合课堂胜任力观察与自评表（双向反馈）》伴随式采集 6 次数据，共回收教师观察与自评表 68 份，学生观察与自评表 358 份。为了方便比较和统计，参照《双向反馈胜任力测量量表》的维度并增加“技术应用”，将观察项分为五个维度：理念践行、反馈策略运用、反馈关系构建、技术应用、反馈感知与转化。反馈行为是双向的，教师与学生的反馈感知具有一致性，且可以作为交叉验证。为此，使用雷达图直观展示和比较师生在五个维度的反馈行为。对样本的每一项观察数据取平均值，并按五个维度划分对观察项数据进行归一化处理，处理后每个维度的均值范围为 0 至 4 区间。其中有一位教师研修者因《混合课堂胜任力观察与自评表（双向反馈）》只参与了 2 次填写，数据量过少而未列入统计。其余 11 位教师研修者的统计结果如图 7-9 所示。

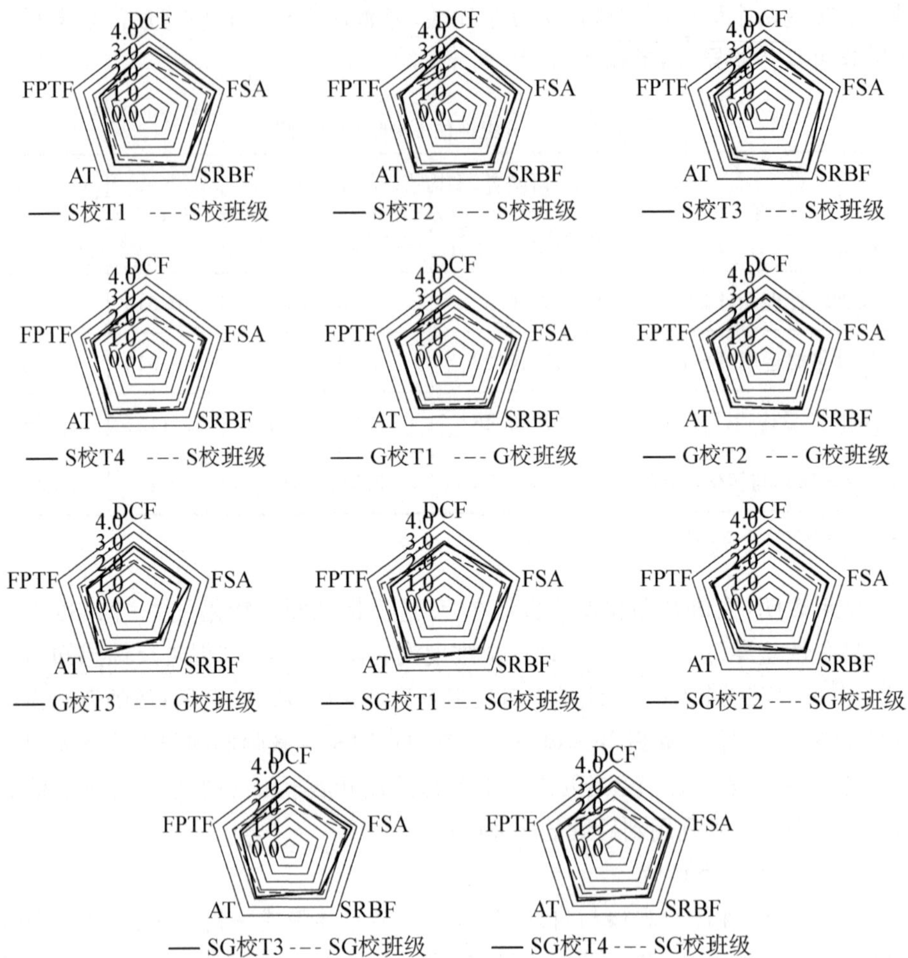

注：DCF 表示理念践行，FSA 表示反馈策略运用，SRBF 表示反馈关系构建，AT 表示技术应用，FPTF 表示促进反馈感知与转化。

图 7-9 教师样本及其所教班级学生样本“双向反馈”行为评估结果

量化评估结果如下。

(1) 从 11 个雷达图可知，教师样本与其所教班级学生样本在五个维度上的观察和自评结果具有基本一致性。但教师观察与自评得分普遍比学生高，11 份教师样本数据总均值为 3.078，358 份学生样本数据总均值为 2.861，整体上处于较高的行为频次。教师样本和学生样本数据呈现的一致性交叉验证了反馈行为自评的有效性和稳定性。

(2) 在“践行双向反馈理念”和“促进反馈感知和转化”两个维度，教师和学生的观察及自评结果的差异最大。教师样本在“践行双向反馈理念”维度的得分高于学生样本得分，说明教师对反馈理念的自我感知水平比较高，但学生端从反馈教学行为中感知到的理念得到了削弱，这可能说明了教师对“双向反馈”理念的把握与教学实践还存在差距，比如有关“双向反馈是基于师生双边持续性关系的持续对话”还需要在反馈教学实践中提供更多的可观察、可触摸的反馈行为，以提高学生对该理念的认知。

(3) 在“反馈关系构建”维度，教师与学生的观察和自评结果最为接近。这说明师生对在反馈过程中双方表现出的积极、支持、责任等亲社会行为的感知较为一致。

主观项回答情况如下。

在调查表的主观项部分，即第 9 题“是什么阻碍了你对上述问题的正面回答(回答‘否’的问题)”(该问题主要针对教师)，有 26 份被填写了回答，大致涉及三个方面。(1)较难顾及所有的反馈，表现特别好或特别差的学生需要从反馈中获得的支持类型是不同的，满足那些脱离课堂或被边缘化的学生的需求具有挑战性；少部分学生只想要非黑即白的答案，如何对这些学生持续反馈和对话，并从情感上进行支持也是一个巨大的挑战。(2)尽管反馈工作量与有效反馈之间的矛盾减缓了许多，但应对反馈需求的压力还是存在。(3)培训成果转化有时会受到转化氛围、管理者支持、同事支持等外部因素影响。

在培训结束后，对部分教师进行了非正式访谈，有教师表示，在持续约 1 个月的时间内填写观察和自评表，有利于自己及时对教学活动进行总结。这种总结是与微观的、具体的反馈教学行为相联系的，从侧面起到了促进反思的作用，也有利于巩固前期培训效果。

4. 研修者效果评估

在第六章第一节混合教学胜任力释义中，学习节奏调适被定义为：教师通过设计灵活的异步学习活动，赋予学生“自主弹性”的学习节奏，并设计和实施定期的同步学习活动，在关键节点干预和对齐学习节奏，调适“变奏曲”为“协奏曲”，以削弱学习投入分化，促成全员达成学习目标。本研究在第四章设计的学习节奏可视化模型(RORC)中将学习按正常学习(在轨)、随机学习、追赶学习、重复学习四类进行统计和展示，能较好地呈现整个课程的学习节奏样貌。

对案例课程的学习行为日志数据使用学习节奏可视化模型(RORC)分析,结果如图 7-10、7-11 所示,其中 a 为 2021—2022 年春秋季两个学期课程取平均值(608 人)的参与人数及行为频次统计结果,b 为 2023 年春季课程(651 人)的参与人数及行为频次统计结果。

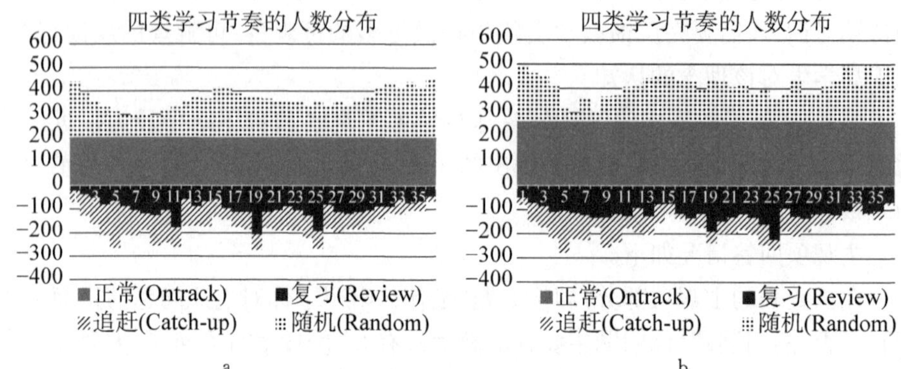

图 7-10 学习节奏可视化模型(RORC)—参与人数分析

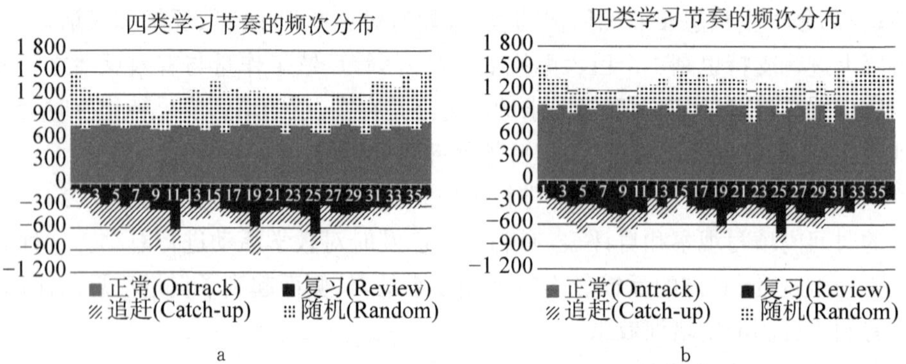

图 7-11 学习节奏可视化模型(RORC)—行为频次分析

(1) 学习参与人数与频次的整体分析

从图 7-10 和图 7-11 可知,样本 b 的学习节奏有一定的改善,比如“正常学习”人数明显增多,而追赶人数明显减少。因两个样本容量大小不同,进一步采用四类人员的百分占比进行统计比较,结果如表 7-12 所示。

表 7-12　学习节奏人数统计与比较结果

样本	正常学习		随机学习		追赶学习		复习	
	人数(占比)	频次(占比)	人数(占比)	频次(占比)	人数(占比)	频次(占比)	人数(占比)	频次(占比)
样本 a 608 人 62184 人次	206 (33.8%)	27448 (44.1%)	161 (26.4%)	15857 (25.5%)	142 (23.4%)	7515 (12.1%)	95 (15.8%)	11362 (18.2%)
样本 b 651 人 67658 人次	265 (40.7%)	34298 (50.7%)	144 (22.1%)	12577 (18.5%)	82 (12.6%)	5921 (8.8%)	116 (17.8%)	14862 22.0%

注:人数取均值;由于每个活动(资源)存在学生缺席或被重复参与,四类人数总和不等于学生总人数;a 为 2021—2022 年春秋季课程(数据取均值),b 为 2023 年春季课程。

样本 a 和样本 b 的平均频次相当(分别为 102.27 和 103.9),表明整体上学生的平均学习频次大体相当,但在四类学习节奏上有所优化。具体表现为:正常学习(每次活动在截止日期前完成)和复习人数占比分别提高了约 7%和 2%,随机学习(某一次活动在截止日期前完成)和追赶学习(进度滞后于预设)的人数有所减少,尤其是追赶学习人数减少了约 10%,这表明学习节奏调适效果较为明显。

(二) 讨论与启示

1. “5C6S”模式对认知类胜任力特征的发展具有一定的普适性

高校混合教学胜任力发展模式(5C6S)基于以下思路构建:在转化学习三个核心要素,即个体经验、批判反思和理性讲述的基础上,吸收复杂学习的发生机理,增加促使上述三个核心要素运行的外部“情境支持”,并通过新的实践来实现学习者认知图式的重构。本研究基于柯氏评估模型四层次,分别设计了 4 种情境化评估工具,整体而言,这些工具交叉验证了“5C6S”模式及其研修项目的有效性。这也说明了“5C6S”模式对发展混合教学认知类胜任力具有一定的普适性。混合教学胜任力囊括了认知类和非认知类胜任力特征,本研究尽管只选取了认知类胜任力特征“双向反馈”为例进行了实证研究,但在“5C6S”模型应用中,较完整地提炼了“基于逆向法的胜任力发展方案设计步骤”,并在胜任力转化为学习任务、胜任力认知图式分析、案例梳理、胜任力培训设计等方面给出了具体示例。这些步骤或示例对胜任力模型中的其他认知类特征项同样具有适应性。同时，在今后的研究和实践中，还需要从研修人数、课程类型等方面扩大样本容量，进一步检验“5C6S”模式，并对其进行完善和迭代。

2. “5C6S”模式应用的启发与建议

(1) “5C6S”模式应用的重点在于设计“学习任务序列”和“情境支持”。

其一，逆向设计学习任务序列。学习任务序列设计，即使用逆向法，以混合教学胜任力模型中的特征项（行为等级）为蓝本，经历“确定发展目标”“分解复杂学习任务形成子任务”“任务排序”等步骤获得。在分解复杂学习任务的过程中，一项重要工作就是要分析任务中哪些是创生性内容、哪些是再生性内容，为设计“情境支持”提供依据。

其二，精心设计“情境支持”。尽管“情境支持”是胜任力发展的外部条件，但情境支持是研修项目设计的关键，它决定能否启动转化学习过程，也是转化能否成功的重要外部因素。“情境支持”是依据复杂学习任务分解中的创生性内容和再生性内容，分别设计“提供程序支持”和“呈现相关知能”。建议将重点放在“呈现相关知能”部分，其中精心设计案例和情境导入等，是触发个体已有经验、产生胜任困境的引线；触发归纳讲解或归纳探索等策略的批判性反思的引线；角色模拟与议题讨论等是理性对话和关系构建的引线。呈现相关知能的目的在于促进学习者快速高效地构建心理模式，建议在设计案例时，按照心理模式类型进行分类设计，这可能会增加研修项目的工作量，但对提高研究效果非常有帮助。在本研究中，针对“概念模式”“结构模式”“因果模式”分类设计了 4 个“双向反馈”胜任力案例，实践表明，案例的丰富性和针对性在“反应评估”中受到了研修者们的好评。

(2) 在“5C6S”模式的实施过程中，不仅关注“从实践中来”，更要强调“到实践中去”。

正如知识是在一定的情境下产生的，也必须回到具体的情境中去还原其意义，基于行为事件访谈和基于学习分析构建的混合教学胜任力模型，来源于一线教师的真实教学情境，也必须到具体的混合教学情境中去还原其意义。在“5C6S”模式中，“新的实践”既是 5 大核心要素之一，“实践行动”也是 6 个阶段之一，都强调了“实践”在混合教学发展中的意义。这在实质上强调了混合教学胜任力发展必须基于真实问题情境，以问题解决为落脚点，在不断的实践、对话、反思、再实践的行动性学习中获得混合教学“胜任感”。胜任力模型本身从实践中来，这确保了“5C6S”模式在实施过程的前四个阶段中，“学习任务序列”“案例示范”“对话内容”等“从实践中来”，但在“5C6S”模式的后两个阶段，即“实践行动”和“参考框架转化”,有赖于对研修项目的精心设计,例如可以从以下几个方面来优化设计,即将理性对话延伸至实践行动环节;设计多样情境化评估工具为实践环节提供反思支架(如有研修参与者认为伴随式采集工具“课堂观察与自评表”对巩固成果和反思应用具有帮助),加强认知反馈形成研修闭环(如有部分研修参与者提出,强化自身实践结果与培训前示范案例的对照,并增加集体点评与对话环节)。再优化后的研修活动证明,以集体活动形式加强认知反馈,不仅能促进个人认知图式和参考框架转化,也有利于促进“共同”认知图式的重构,为进一步培育混合教学文化酿成共识。

第八章 混合教学胜任力发展：面向非认知特征“复原力”的模式设计

同样面对复杂灵活的混合学习环境及其必须承担的“隐性负担”，缘何一些教师不堪压力，效能低下，产生倦怠体验？而另外一些教师却“越挫越勇”，在逆境中能成功应对，维持混合教学动机和承诺，并获得高水平的教学质量和职业幸福感？本书第三章第三节基于资源保护理论视角识别了一种重要的非认知类胜任特征——教师自我调节，并论述了其核心构成要素复原力（个人获得和利用心理、社会、文化和物质资源以成功适应逆境的能力和过程）对教学绩效和职业幸福感的重要影响。本章围绕研究问题二“混合教学胜任力发展模式构建”的子问题4“非认知类胜任特征的有效发展模式是什么”展开研究。以数字时代混合教学取得成功的关键变量复原力发展为例，本章构建了混合教学中复原力发展模式（RRRiBT），并开展实践研究，对模式进行了评估验证、改进。

第一节 教师复原力学术概念梳理

一、复原力与教师复原力

教师复原力源自心理学“复原力”（resilience）一词，在教育心理学中常被译为“弹性”“韧性”等。随着积极心理学的发展，学界有关复原力的概念呈现了多种不同的观点，大致有：“能力说”，即个体在逆境中能适当调适的能力；“特质说”，即逆境中表现出来的个人行为倾向和人格因素；“过程说”，即个人与环境事件相互作用的动态过程；“结果说”，即克服逆境获得良好发展的结果；“综合说”，即复原力是能力、过程和结果的综合。从“能力说”到“综合说”，表明复原力从“心理构建”概念到“社会构建”概念的发展经历。心理建构的观点更加强调复原力与个人特质和能力相关，而社会构建的观点认为，个人存在于多个动态的背景层次中，有必要关注三个“相互交织的分析层次”——个人、人际和文化。① 这种观点逐渐成为主流，并影响了当前复原力的概念化和研究方式。比如安格尔(Ungar)认为复原力是个人获得维持幸福感的心理、社会、文化和物质资源的能力，以及他们以文化上有意义的方式协商提供这些资源的能力。

相比普通意义上的复原力，教师复原力研究还处于起步阶段，曼斯菲尔德(Mansfield)②认为，复原力是指教师利用个人和环境资源的能力，并使用适应性策略来克服和调整，从而产生积极的结果。近年来，在学术研究界和各国政府文件中，教师复原力开始得到更多的关注，澳大利亚教学和学校领导力研究所(Australian Institute for Teaching and School Leadership, AITSL)制定的澳大利亚教师职业标准中，教师被要求具有学术技能和非学术教学素质，包括人际和沟通技巧、动机、自我效能和复原力。但是，当前教师教育项目侧重于为教师准备基于课堂的教学实践，这些课程中缺少教学领域中有关“社会、情感、动机”等需求的内容。已有研究表明，复原力在宏观层面上对教师教育产生不同的积极结果，在微观层面上对教师和学生产生不同的积极结果。更具体地说，它可以最大限度地减少教师的压力和倦怠，提高他们的承诺、工作满意度、幸福感、教学质量、工作乐趣、动力、专业认同、保留、代理、自我效能等。③ 相应地，教师的复原力也会影响学生的参与度、积极性和学业成绩。④

二、数字化教学环境下教师复原力研究概述

随着新一代信息技术对教学的深度渗透和改变，教师的专业能力结构也发生了变化，除了掌握整合技术的学科教学知识(TPACK)，还同时要“应对教育的

① Tudge J. R., Hogan D. M., Tammeveski P., et al. Social change, socio-economic status, and the development of self-direction in children: a comparison of russia, estonia, and the United States [EB/OL]. (1997-04)[2023-04-12] https://files.eric.ed.gov/fulltext/ED417019.pdf.

② Mansfield C. F., Papatraianou L. H., Mcdonough S., et al. Building resilience in times of uncertainty and complexity: teacher educator perceptions of pre-service teacher resilience [J]. Teacher Education in and for Uncertain Times, 2018, 5: 83-98.

③ Doney P. A. Fostering resilience: a necessary skill for teacher retention [J]. Journal of Science Teacher Education, 2013, 24(4): 645-664.

④ Liu Y., Zhao L., Su Y-S. The impact of teacher competence in online teaching on perceived online learning outcomes during the covid-19 outbreak: a moderated-mediation model of teacher resilience and age [J]. International Journal of Environmental Research and Public Health, 2022, 19: 6282.

逆境和挑战”。数字化教学环境下的教师复原力研究逐渐开始得到关注，尤其是在从新冠肺炎大流行初期的“紧急的线上教学”转变为“常态化的混合教学”这一时代背景下，教师复原力发展的相关研究得到进一步加强。

当前数字化教学环境下的教师复原力研究大致可分为三类。

(一) 数字化教学背景下技术压力(负担)、教师复原力与教学绩效的关系分析

在数字化教学时代，随着技术嵌入教育教学活动的程度加深，教师承受了更大的技术压力并影响教师复原力已成共识，这种影响对教学绩效产生了重要影响。如 Liu 等人①基于新冠肺炎大流行期间 159 203 名参与者的数据分析了教师复原力与学习绩效的关系，研究结果表明，教师的抗压能力与教师感知的在线学习绩效呈正相关，教师在进行在线教学前应加强自身的教学能力和抗压能力。冯仰存等②对数字化转型背景下教师技术压力与教学创新动力、工作绩效之间的关系进行了实证研究，并得出结论，即技术压力会阻碍教师的教学创新及其工作绩效，教学创新行为在技术压力与工作绩效之间起部分中介效应。此外，还有研究分析了数字时代复原力对教师职业幸福感的影响，低复原力与焦虑、职业倦怠高度相关等③，上述相关性研究初步揭示并凸显了复原力在线上和线下融合教学的时代、未来人工智能时代的教师专业发展中应占有一席之地。

(二) 数字化教学时代教师复原力影响因素深层分析

为了了解技术时代教师工作负担问题和原因，万昆等人④从规模化在线教学的视角分析了独自备课、在线批改作业、在线教学、学习新知识、新技术使用等因素对教师工作负担和复原力造成的影响，并反映出教师在线教学胜任能力不

---

① Liu Y., Zhao L., Su Y-S. R., et al. The impact of teacher competence in online teaching on perceived online learning outcomes during the covid - 19 outbreak: a moderated-mediation model of teacher resilience and age [J]. International Journal of Environmental Research and Public Health, 2022,19: 6282.

② 冯仰存，吴佳琦，陈得军. 数字化转型下技术压力对教师工作绩效的影响——基于教学创新行为与不同思维的中介调节效应分析[J]. 现代教育技术，2023,33(5):15—24.

③ Hohensee E., Weber K. E. Teacher trainees' well-being — The role of personal resources [J]. International Journal of Environmental Research and Public Health, 2022,19(14):8821.

④ 万昆，赵健. 技术时代教师工作负担的实证研究——基于规模化在线教学的分析视角[J]. 教育学术月刊，2022,356(3):88—96.

足较难适应规模化在线教学，理解技术与教师工作负担的关系，对线上线下融合教学时代教师复原力发展具有启发意义。赵健[①]基于罗萨(Rosa)的社会加速批判理论，分析了信息技术与教师负担的关系，认为信息技术的发展将造成教师负担短期减轻、长期增加的必然趋势。在混合教学实践中，教师需要熟悉更多的学习平台、处理和组织更丰富宽泛的教学资源、掌握各类工具与学生随时随地互动和答疑、评价更多数字化形态的学生作品等。教师除了承担为掌握上述新技能而不断增加工作时间的“显性负担”，还需要承担花费更多的精力来探索技术本身蕴含的教学新期待的“隐性负担”，比如线上线下最佳协同的学习设计重构、基于数据分析的学习内容定制和学习体验的个性化组织、促进学习投入的学习支持等。布迪厄认为在不同的场域之中，场域结构与场域环境对行动主体的发展具有深远影响。[②] 在混合教学场域中，上述“隐性负担”是教师面临的更大的挑战，也是影响混合教学教师复原力孕育、生成、发展的重要场域环境。

（三）数字化教学情境下的教师复原力发展

教师复原力的特质并非与生俱来的，而是能够通过后天学习培养的。尽管这个观点已在学界取得共识，但在当前很多国家和地区的教师教育项目中，往往忽略了教师社会情感方面的准备。澳大利亚作为全球较早开展教师复原力发展理论和实践研究的国家，在这方面取得了较丰富的成果，并在世界范围内产生了积极的影响，如曼斯菲尔德等人[③]构建了包含专业、情感、社会、动机四维度多方面的教师复原力分析框架，并开展了职前教师复原力培训项目，将四维框架相关内容贯穿在整个培训项目之中，实践证明了该项目能够有效帮助教师发展复原力。郅庭瑾等[④]分析了在教育数字化转型背景下，教师面临技术焦虑、技术异化等风险因子对复原力的负面影响，并提出从政策引导支持、提升教师数字素养、制定教师减负清单、优化智能教育装备等方面纾解教师负担，促进教师复原力发展。

---

① 赵健. 技术时代的教师负担：理解教育数字化转型的一个新视角[J]. 教育研究，2021，42(11)：151—159.

② 布迪厄，华康德. 实践与反思——反思社会学导引[M]. 李猛，李康译. 北京：中央编译出版社，1998.

③ Mansfield C. F., Papatraianou L. H., Mcdonough S., et al. Building resilience in times of uncertainty and complexity: Teacher educator perceptions of pre-service teacher resilience [J]. Teacher Education In and For Uncertain Times, 2018, 5: 83 - 98.

④ 郅庭瑾，王亚男. 教育数字化转型背景下教师负担的风险分析与纾解策略[J]. 教师发展研究，2023，7(1)：15—19.

三、复原力发展模式与干预研究现状

诸多研究表明复原力是可以培养和发展的。为了揭示复原力发展过程,学者们先后提出了一些具有代表性的复原力模式,下面对其中 4 个模式的特征进行了总结,以期对混合教学教师复原力发展模式构建提供参考和借鉴。

(一) 帕特森和凯莱赫(Patterson & Kelleher)的线性模式①

这是早期具有代表性的简单线性模式。该模式主要由 5 个线性过程组成。始于"遭遇逆境"并对逆境本身和预期结果的解释,接着个人通过评估"复原能量(个人价值、个人效能、个人能量)"以采用"获得复原能量的行动",达到"成功的结果",并增强"复原能量"。线性模式描述了复原力发展的一般性过程,只考虑了理想状态,也缺乏对个体与环境交互作用机制的揭示。

(二) 台湾林伟文的创意教师复原力模式②

该模式属于复杂线性模式,始于"教学逆境",通过社会支持、教学热情、创造力、复原力发展经验四个方面的调节作用来发展复原力,达到"创意教学"的目的。社会支持、教学热情、创造力、复原力发展经验四个方面呈循环支持状态。

(三) 曼斯菲尔德等人的教师教育复原力模式(Building Resilience in Teacher Education, BRiTE)③

该模式包括个人资源、环境资源、策略、结果四要素,并对这些因素进行了主题分组,形成了专注于社会、情感、动机和专业方面的复原力培训主题。该模式强调了个人与环境的交互关系,主张采用全面、系统的观点来看待复杂动态的复原力结构。该模式可以被视为教师教育中建立复原力的综合框架。曼斯菲尔德团队在澳大利亚教师教育实践中,基于该模式开发了一个在线资源,截至 2020

---

① Patterson J. K., Kelleher P. Resilient school leaders — Strategies for turning adversity into achievement [J]. Association for Supervision & Curriculum Development, 2005(11):175.

② 林伟文.中小学教师复原力与创意教学之研究(Ⅱ)[C].台北教育大学国民教育学系,国际会议论文,2016.

③ Mansfield C.F., Beltman S. et al. Building resilience in teacher education: An evidenced informed framework [J]. Teaching & Teacher Education, 2016,54:77-87.

年 1 月底,已有来自澳大利亚、美国、英国、加拿大的 14000 余名职前或在职教师参与并完成了部分或全部培训模块。

(四) 哈舍(Hascher)等人的整合教育中的幸福感和复原力模式(Aligning Wellbeing and Resilience in Education, AWaRE)①

基于“教师复原力支持教师幸福感的维持和发展”这一核心观点,哈舍等人提出了“整合教育中的幸福感和复原力”模式。该模式将复原力过程内嵌于环境挑战、个人挑战及资源中,在这个过程中,教师个人目的是恢复、保持和发展他们的幸福感。该模式也强调了个人与环境的相互作用,但侧重于复原力过程中个人的作用。具体而言,模式以教师幸福感作为起点和终点,当对教师幸福感或健康产生负面影响的“事件”产生时,复原力过程就会被激活,目的在于重新建立幸福感。在这个过程中,会经历“事件评估”“选择和使用策略”“影响评估”等,在“影响评估”结果为积极和中性时,会终止复原力过程;在结果为负面时,这一过程将继续转向“选择和使用策略”,不断循环。正如该研究团队所强调的:AWaRE 模式有助于澄清教师职业幸福感和教师复原力之间的关系,该模式只是一个起点,鼓励未来的研究更详细地调查这种关系,并进一步通过实证研究测试和验证该模式。

通过综述和分析近二十年关于教师复原力发展的国内外文献,发现教师复原力研究从最初的心理学路径逐渐转向强调关系构建的社会学探索。文献中对教师复原力的定义各不相同,但基本上已达成以下共识:(1)教师复原力是一个复杂、动态的过程。(2)由个人与环境相互作用组成。(3)复原力不是与生俱来的,是可以培养的。(4)复原力对教学表现、职业承诺、职业幸福感具有正面影响。(5)数字化教学环境下教师复原力日益受到关注和重视,但还处于研究和实践的起步阶段。在积极心理学领域或常规课堂教学领域中已提出复原力发展模式或框架,揭示了教师复原力发展的一般性结构、要素或流程,但数字化教学情境中教师复原力发展还具有自身特征和规律,如何基于已有研究成果,构建混合教学情境下教师复原力发展模式并设计培训流程,对高校教师专业发展理论及实践具有重要意义。

① Hascher T., Beltman S., Mansfield C. F. Teacher wellbeing and resilience: Towards an integrative model [J]. Educational Research, 2021, 63: 416 - 439.

第二节 混合教学教师复原力发展模式构建

一、基于扎根理论构建复原力发展模式(RRRiBT)

(一) 混合教学教师复原力概念界定

基于复原力已有研究成果,结合混合教学特征,本研究将混合教学中教师复原力界定为:教师个人获得和利用心理、社会、文化、物质、技术等资源,并使用适应性策略,以成功适应混合教学中逆境的能力和过程。根据资源保护理论(COR),复原力是一个多层面因素构成的生态系统,由个人资源和工作资源的相互作用形成,并允许教师从消极的压力源和教学的创伤性事件中复原。这为构建面向数字化时代的混合教学教师复原力发展模式提供了理论指导。

基于"COR"理论,混合教学情境下教师复原力发展模式构建的原则如下。

第一,在结构上,复原力发展是多要素生态系统,应综合考虑个人资源、环境资源、策略、结果等要素,以及要素间的动态作用关系。

第二,在发展上,资源增益与损失以及增益或损失螺旋的存在,应充分考虑资源的交叉转移机制,能反映教师经验、情感和资源在社会和组织背景下的转移关系及过程,能反映复原力是随着时间推移而发展,表现为特定环境下的动态发展过程。

(二) 基于扎根理论的复原力发展模式构建过程

基于上述原则,本研究整体上采用扎根理论的研究方法构建复原力发展模式。通过访谈经历逆境却表现优异、在混合教学实践中获得较高教学质量(学生评价)和感知较强职业幸福感的教师,对访谈内容进行"类属—核心类属—关联类属"三级编码,并从中归纳复原力发展的要素及逻辑,构建混合教学教师复原力发展理论模式。

在资料收集上,主要采取结构化文档法和半结构化访谈法。文档收集来自教学发展工作坊提交的工作日志。邀请每位老师选择一件他们混合教学工作中的逆境事件,记录事件发生之时起的处置细节,包括事件起因、事件影响、解决方法(策略)与过程、处置结果、实际效果(影响)、个人感受等。最终共收集到 18 份日志，为了解教师遭遇和处置逆境事件的实践样态提供了较丰富的依据。访谈法主要是依据教师如何克服混合教学逆境等内容编制访谈提纲，并通过对另外11位教师开展半结构化访谈，及时整理成文字，形成共计29份资料文本。

1. 一级编码

首先对教师提交的工作日志材料按贴标签、形成类属、分析类属的属性与维度步骤进行编码，发现类属。在这个过程中，形成了逆境事件、评估影响、激活资源、适应性策略等4个类属；接着，将这4个类属与教师访谈资料进行梳理和比较，增补了关系构建、事件影响、评估结果3个新类属，最终得到了7个类属及类属的维度和属性，见表8-1所示。

表8-1　混合教学逆境事件内容一级编码

序号	开放编码（概念化，形成类属）	类属的维度	类属的属性
1	逆境事件	影响教学质量	高、低
		职业幸福感	强、弱
2	评估影响	正面	大、小
		负面	大、小
3	激活资源	个人资源	多、少
		工作资源	多、少
4	关系构建	师生关系	强、弱
		师师关系	强、弱
5	适应性策略	刻意性	成功、失败
		适切性	成功、失败
6	评估结果	心理结果	情绪、压力等 信念、动机等
		行动结果	专业技能 社会网络
7	事件影响	适用	资源增益
		适用不良	资源损失

2. 二级编码

在一级编码的基础上寻找"核心类属"。"核心类属"具有统领性，能够提纲挈领地将大部分研究结果囊括在一个比较宽泛合理的理论范围之内。“核心类属”是形成混合教学教师复原力发展理论的基础，通过它来梳理和厘定各类属关系，形成具有逻辑关系的扎根理论框架。

在本研究中，先采用教育叙事的方式对教师面对逆境的故事进行概述，再进行概念化。

（1）教育叙事。在混合教学实践中，无论学科门类，无论青、中、老年教师，都会遭遇各种逆境事件，这些事件或许会影响教学质量，或许给教师带来压力和焦虑，进而影响职业幸福感，比如学生学习投入低于教学设计预设投入、在线讨论区互动不足、同伴互评有效反馈低下、学习节奏滞后等。混合教学的灵活性、教学新范式新期待所带来的“隐性负担”，对教师能力和资源要求带来了新的挑战。

面对不同的逆境挑战，老师们会有不同的表现。但总体来看，教师们处置逆境事件具有一些基本特征。老师们一般会考量该事件对教学的影响及可控性，如果具有较大的负面影响，一些老师则觉得焦虑、害怕、有压力以及带来负面情绪；不过，绝大多数老师都能对事件评估后调用各种资源来处置：有的老师能积极调整心态，凭借自身对教学改革的动机或教学效能感或同理心去分析和克服问题与困难；有的老师会寻求外部支持，比如同事的帮助、领导的支持和认可，或参加有关混合教学培训来提升专业能力等。老师们表示，相比常规课堂教学，这是一个新的工作投入或资源投入的过程。在这个过程中，老师们表示，逆境事件带来压力和负担的释放和消失，在与同事、领导、学生等互动中表现得尤为明显。甚至有老师表示，从沮丧的事件中恢复到良好心态，感觉并不仅仅在个人内部，而是更在个人与外部互动的过程中感知集体的力量、有意义的社区支持，它们像一个缓冲地带，有助于帮他们快速恢复。有趣的是，有的老师表示，当他们拥有的工作资源（如工作自主性、绩效回报、感知的晋升机会、领导和同事的支持、混合教学法知识等）越丰富，他们面对逆境事件时拥有的心态越积极，也更愿意在逆境中尝试更多的教学改革方法。以上无论调用自身资源还是工作资源，都可以视作老师们面对逆境采取的适用性处置策略。

无论采用何种适用性策略，都会产生相应的处置结果，老师们会自觉或不自觉地对结果进行评估。或者从心理层面考量：逆境事件带来的心理压力或负担是否解除了？对混合教学的动机更足了吗？混合教学期望或目标更清晰了吗？或者从行为层面：混合教学技能得到发展或加强了吗？构建了更有利于混合教学的支持性社会网络了吗？等等。无疑，得到正面或肯定性评估结果的老师们表示他们的工作资源得到了进一步丰富和强化，帮助他们维持了职业承诺和工作满意度,更有利于对下一次逆境事件的投入和处置,进入新的循环;少部分得到负面或否定性评估结果的老师们则表现为满意度和情绪低下,甚至疲惫、倦怠体验,需要调整或采取新的策略,进入新的循环。值得深思的是,同样对面逆境事件,究竟是什么让老师们进入了两种不同的循环或螺旋?

(2) 概念化。获得和利用心理、社会、文化、物质、技术等资源,使用适应性策略,从混合教学逆境事件中复原,是构建复原力发展框架的研究初衷。从老师们的陈述中,更引人注目的现象是:不同的适用性策略使得老师们走向不同的循环或螺旋。而最能解释这一现象的是"关系构建"和个人与环境的"相互作用",正如大部分老师表达了"从沮丧或困境中恢复,不仅在个人内部,更在个人与外部互动的过程中"这一观点。在逆境事件处置中,"关系构建与相互作用"对复原力发展起到了关键作用。因此,本研究将其视为核心类属。核心类属可隐喻为太阳型类属,其他类属可隐喻为行星型类属,行星围绕太阳运行,即所有其他类属围绕核心类属发生关联。

3. 三级编码

在明确了核心类属后,进一步对所有的类属进行关联,界定要素和要素间的逻辑关系,形成理论,这也是三级编码的任务。从总体上看,根据前面教育叙事的逻辑和提炼的类属概念,本研究构建了混合教学教师复原力发展模式,如图 8-1 所示。

构建该模式的一个关键假设是,教师的复原力被理解为"双向的个人-环境关系构建及交互结果",在该模式中,资源(Resource)、关系(Relation)是复原力(Resilience)发展的核心,强调个体互动和社会关系构建,探究个体与社会之间的内在逻辑,因此,该模式也可以称为基于资源关系的复原力模式(Resource Relation Resilience Model in Blended Teaching,RRRiBT)。

二、"RRRiBT"模式的结构与要素分析

(一)"RRRiBT"模式结构分析

该模式是建立在社会生态理论和个体—环境资源及其关系结构上的综合模式。模式始于混合教学中的逆境事件,经历评估事件、激活资源、选择和执行策略、评估结果等环节循环,止于混合教学绩效和专业幸福感提升。围绕复原力发展,资源和关系是模式中的核心概念。

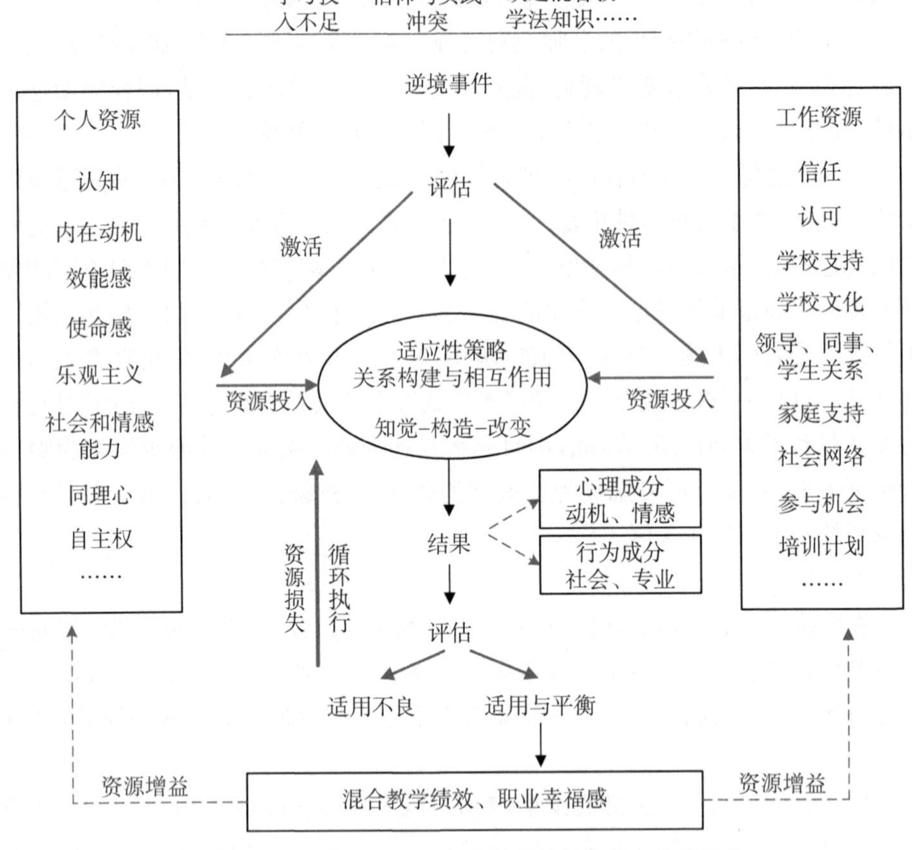

图 8-1　基于资源关系的混合教学教师复原力发展模式

1. 资源(Resource)

该框架能够识别支持复原力的个人或工作资源。基于文献梳理和访谈内容分析，在混合教学实践中，教师一般拥有工作资源（如绩效反馈、工作自主性、感知的晋升机会、领导和同事的支持等）和个人资源（如自主、能力、关系等），这些资源的丰富性是教师愿意开展混合教学创新及承担风险的基础，当他们评估自己的资源库是丰富的和受支持的时候，他们愿意进行资源投资。在混合教学实践中，教师遭遇逆境事件并对其进行评估后，会根据评估结果激活个人资源和工作资源，并采取适应性的策略促进资源投入以克服逆境。就应对结果而言，如果适应成功，则会再次获得资源，或者进入资源增益螺旋；如果适应不良，则会损失资源，或者进入资源损失螺旋。这是一个资源循环和寻求平衡的过程。复原力发展，就是要从资源损失螺旋转为增益螺旋。

2. 关系(Relationship)

本研究认为，双向的个人-工作(情境)资源交互作用构建的关系，对复原力发展具有重要作用。虽然资源对复原力很重要，但模式的重点不是资源本身，而是个人与工作资源的关系构建。“有复原力的人”这一描述或说法有可能会使我们陷入“复原力是一个人的特质”误区，尽管复原力是个人在其教学行为和生活中表现出来的。但事实上已有研究表明，复原力不是与生俱来的，而是教师与复杂工作环境相互作用的结果，只是互动过程受到个人素质的影响。[①] 曼斯菲尔德[②]通过对澳大利亚和南非的一项跨国比较研究表明，各种关系具有集体力量，可以有意义地支持社区凝聚力，有助于缓冲系统风险，支持教师的复原过程。具体而言，教师个人在关系中相互联系，也与环境中的资源相联系，复原力是通过系统关系的调动而发生的。因此，本研究认为，复原力不在个人内部，而是处于人与环境的交接处，将复原力视为教师使用“各种复原力策略”克服逆境和挑战的过程。“RRRiBT”模式反映了教师复原力是如何被个人和环境的资源和挑战所塑造的实质过程。

同时，本研究提出的关系型复原力，是将复原力视为一种集体结构或集体责任，在集体(如教学共同体、课程团队)经历资源损失或匮乏时，会经历集体压力、集体评估、集体回应。这种观点有利于支持和增强教师复原力，也是一种集体责任的意识，强调了机构和组织在发展教师复原力方面可以发挥重要作用。

3. 复原力(Resilience)

“RRRiBT”模式描述了复原力是能力、过程，也是结果：个人应对逆境和挑战，利用个人和环境资源的能力；个人资源和工作资源建立关系并相互作用的过程；并使个人产生职业承诺、职业幸福感和成长的结果。

为了提高“RRRiBT”发展模式的可操作性和实用性，根据表 8-1 的编码结果，在教师采取行动后的结果评估中区分了复原力的心理和行为成分。心理成分包含动机、情感两个维度，它使人们在面临逆境时能够拥有积极态度和毅力，以及保持心理健康和幸福；行为成分包含社会、专业两个维度，它使人们能够在

① Mansfield C.F. Cultivating teacher resilience: International approaches, applications and impact [J]. Frontiers Psychology, 2020(12):3-10.

② Mansfield C.F., Papatraianou L.H., Mcdonough S., et al. Building resilience in times of uncertainty and complexity: teacher educator perceptions of pre-service teacher resilience [J]. Teacher Education In and For Uncertain Times, 2018, 5:83-98.

工作中保持高效,专注于相关的任务和目标并加以执行。

基于上述心理和行为成分,在内容结构上,构建了一个包含情感、动机、社会、专业 4 个子维度的复原力框架。情感维度侧重于教师的情绪管理、压力处置等,动机维度侧重于信念、热情、期望和目标等,社会维度侧重于人际关系、寻求帮助、支持网络等,专业侧重于自我反思、准备组织、有效教学技能等。

(二)"RRRiBT"模式要素分析

"RRRiBT"模式包含逆境事件、个人资源、工作资源、策略、成果五大关键要素。为了更合理地设计混合教学教师复原力培训模块,通过文献分析、混合教学教师关键行为事件访谈内容分析两种方式梳理了上述五大要素各自包含的主要内容。

1. 文献分析

以"在标题/或摘要/或关键词中包括'教师复原力'、发表时间在 2013—2023 年之间"为条件,在"Web of Science"、"知网"数据库中进行检索,并通过摘要阅读后筛选出论述复原力结构或要素(影响因素)、复原力发展策略与结果等高度相关文献,共得到 32 篇。按照本研究提出的"RRRiBT"模式中的五大要素,对这 32 篇文献的内容贴上标签并整理到相应表格,并对同类项进行合并。在这 32 篇文献中,27 篇讨论了工作资源,23 篇讨论了个人资源,19 篇讨论了复原力策略,26 篇提及了复原力结果。部分结果如表 8 - 2 所示。

其中,艾因斯沃斯(Ainsworth)等人①的实证研究引人注目,其结论认为,在预测教师的适应性时,与环境有关的因素占主导地位,而不是个人特征。这一发现具有重要的理论意义,为复原力的社会生态学观点提供了强有力的支持。鉴于情境对教师复原力发展的突出影响,启示我们在研究教师复原力发展时应遵循去中心化原则,即避免把个人放在理解复原力的中心位置;相反,我们应该首先关注情境和工作资源,关注个人与情境的互动方式,然后再关注个人特征。类似相关研究结论为本研究中混合教学教师复原力发展活动设计给予了重要启发。

2. 访谈内容分析

文献分析结果更倾向于提供了一个具有教师复原力共性特征的全貌图,为

① Ainsworth S., Oldfield J. Quantifying teacher resilience: Context matters [J]. Teaching and Teacher Education, 2019, 82:117 - 128.

突出和强化混合教学情境，从“RRRiBT”模式五要素视角，再次对混合教学教师复原力发展模式构建过程中收集的29份资料文本进行了分析，对那些不在文献分析结果中的要素进行了补充。因为教师在混合教学过程中经历的逆境事件多种多样、各不相同，在此重点梳理了后四个关键要素。最终梳理的“RRRiBT”模式要素如表8－2所示。

表8－2　“RRRiBT”模式要素梳理

<table>
<tr><th>逆境事件</th><th>个人资源</th><th>工作资源</th><th>策略</th><th>成果</th></tr>
<tr><td rowspan="14">*互动不足
*工作量大
学生学习投入不足
*线上学习节奏参差不齐
缺乏混合教学法知识
数字化教学技能缺乏</td><td>*动机</td><td>领导和同事支持</td><td>*专业学习</td><td>教学表现</td></tr>
<tr><td>*自我效能感</td><td></td><td>目标设定</td><td>职业幸福感</td></tr>
<tr><td>社会和情感能力</td><td>同事关系与协作</td><td>反思</td><td>学生成绩</td></tr>
<tr><td>情绪智力
目标感</td><td>教学文化</td><td>沟通</td><td>职业承诺
*专业认同</td></tr>
<tr><td>创造力
*混合教学信念与价值观</td><td>组织战略
共同愿景和目标</td><td>问题解决
*集体行动</td><td>工作满意度
低倦怠
*专业发展</td></tr>
<tr><td>责任心
*使命感</td><td>*激励机制</td><td>寻求帮助</td><td>学习投入</td></tr>
<tr><td>学习技能</td><td>信任</td><td>工作与生活平衡</td><td>责任</td></tr>
<tr><td>*职业目标</td><td>认可与归属感
参与性决策</td><td>情绪调节</td><td>积极参与</td></tr>
<tr><td>同理心
*强调与学生的关系</td><td>社会网络</td><td>*时间管理</td><td>享受
*工作乐趣</td></tr>
<tr><td>主动性</td><td>协作</td><td>与同行协作</td><td>激情</td></tr>
<tr><td>反思力</td><td>*培训计划</td><td></td><td>*自我信念</td></tr>
<tr><td>信念冲突</td><td>*工作量</td><td></td><td></td></tr>
</table>

注：此表内容为文献梳理和访谈分析结果，其中*表示来自访谈内容分析。

第三节 混合教学教师复原力发展实证研究

基于"RRRiBT"模式,本节设计混合教学教师复原力干预和培训模块。通过对复原力的讨论和概念化、真实教学案例展示、应对策略讨论与实践,在情感、动机、社会、专业四个复原力维度,重塑处置技能以及适应性行为和思维方式,旨在帮助教师产生自我调节和应对行为,在混合教学实践中促进复原力发展。

一、复原力发展活动路径设计

基于前面的文献评述,本研究认为:教师复原力的生成和发展是一个个体与环境、实践与理论之间不断交互和相互推动的过程。一方面,这是教师借助特定媒介(关键事件、个案等)直接获取复原力知识,渗透内化的过程;另一方面,这也是教师从集体参与、专家引领、同伴互助、批判性反馈、实践与反思,从而达到组合外化的过程。因此在复原力发展活动设计中,需要嵌入和强调"行为"和"结果"要素。

基于这一认识,结合"RRRiBT"模式,提出了"自主学习—互动讨论—实践反思"混合教学教师复原力研修流程,具体如图 8-2 所示。

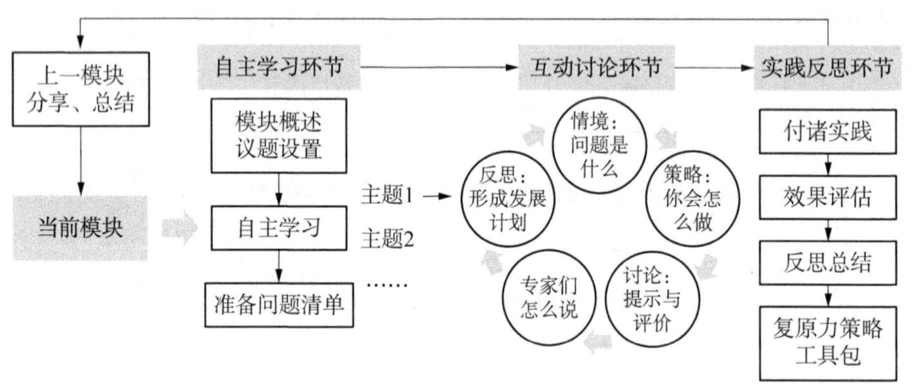

图 8-2 基于"RRRiBT"模式的复原力研修流程

基于"RRRiBT"模式的复原力培训具有以下要点:

第一,教师专业学习是学习者与环境互动的产物,学习是在立足于混合教学文化背景下通过参与者之间的社会互动发生的。

第二，理论与实践具有一致性，实践是学习的来源。以基于案例的学习为主，参与者提供了真实情景的混合教学案例，通过个人或联合思考，结合个人实践及教学信仰，形成概念工具并在实践中应用。

第三，不同学校、不同学科、不同教龄的教师都参与其中，这种互惠伙伴关系增加了培训计划的可信度。

二、复原力发展活动内容设计

（一）模块内容设计依据

活动内容直接决定混合教学教师复原力发展效果，活动内容不宜过多以及过于宽泛，因此，在活动内容的选取和设计上主要基于以下三点进行综合考量。

第一，根据文献研究结论，有关合作、解决问题、管理压力、效能建设等方面的教师教育课程在培养教师应对职业挑战方面可以发挥关键作用。[①]

第二，根据"RRRiBT"复原力发展模式，以其内容结构（情感、动机、社会、专业）和要素（逆境事件、个人资源、工作资源、策略、成果）作为参照。

第三，根据第三章第一节中对影响混合教学质量的三个核心维度的梳理总结。

最终选取以下六大模块作为混合教学教师复原力发展模块：复原力概念化、资源与关系构建，压力管理、职业幸福感、混合教学管理与学习节奏、学习支持服务。

后两个模块是混合教学与常规教学最具代表性的差异之处，这也是前文阐述的给教师带来颇具挑战的"隐性负担"，亦是混合教学教师较容易遭遇逆境，导致压力和倦怠的"专业"实践领域。

（二）模块活动设计原则

每个模块活动的设计遵循以下原则。

1. *互动性*

强调在自主学习和反思的基础上学员之间的协同构建。

2. *与混合教学密切相关*

讨论素材均来自教师真实的混合教学实践。

---

① Silva J. C., Pipa J., Renner C., et al. Enhancing teacher resilience through face-to-face training: insights from the Entree project [M]. Wosnitza M., Peixoto F., Beltman S., et al. Resilience in Education. Cham: Springer, 2018.

3. 个性化

提交自身的逆境事件参与讨论与反思,形成自己的教学策略。

4. 产出导向

强调最终走向实践,在逆境事件处置中形成和丰富个人复原力策略工具包。

每个模块的内容,除了主持人引导环节的核心概念内容,其余内容均为生成性内容,即参与发展的教师在个人案例、观点或互动讨论中生成。

表 8-3 至表 8-8 是六大模块的内容提纲。

表 8-3 复原力概念化模块

模块名称	复原力概念化
时间	2 小时(1 次)
发展目标	(1) 通过从能力、过程、结果等视角讨论,形成对复原力的概念化总结,形成对复原力多层结构与动态发展特征的共识 (2) 建立复原力与混合教学成功的两个核心标准——教学质量、职业幸福感的关系 (3) 了解混合教学中复原力的影响因素(风险与保护因子),探讨在混合教学情境中如何使自己变得更有复原力,形成初步的个人复原力策略工具包
主题内容	问题导入:混合教学教师在其岗位上面临哪些挑战? 高复原力教师有哪些特点? (1) 参与者各自表达对复原力的认知(混合教学显性与隐性负担,复原力表征) (2) 引导参与者讨论复原力的特征,概念化复原力,形成共识 (3) 实证案例分析与讨论:复原力与混合教学质量的关系;复原力与混合教学教师职业幸福感的关系 (4) 基于形成共识的复原力概念,讨论复原力影响因素 (5) 反思个人混合教学实践,形成个人复原力策略工具包

表 8-4 资源与关系构建模块

模块名称	资源与关系构建
时间	2 小时(1 次)
发展目标	(1) 了解资源保护理论及其 4 大原则 (2) 理解个人资源与工作资源互动及关系构建对复原力的核心作用 (3) 确定通过关系构建形成集体能力感和共同价值观 (4) 发展和维持积极的关系,培养建立同行协作、互相增权、共有愿景、团队式计划的混合教学文化

续　表

模块名称	资源与关系构建
主题内容	问题导入：在混合教学情境中，促进教师复原力的资源有哪些？ (1) 识别混合教学中的个人资源(自主、能力、信念等)与工作资源(绩效反馈、工作自主性、感知的晋升机会、领导和同事的支持、组织文化等) (2) 讨论混合教学中的师生关系、生生关系、师师关系的新特征 (3) 从个体关系层面，讨论社会支持网络的构建，及其从情感支持、认知支持、行为支持维度帮助教师应对混合教学挑战的作用 (4) 从组织关系层面，讨论高校作为教师的组织资源系统，社会性情感支持(亲密支持、尊重支持、网络整合等)、工具性支持(成就、权利和影响、自主权等)对复原力的作用 (5) 反思个人混合教学实践，更新个人复原力策略工具包

表 8-5　压力治理模块

模块名称	混合教学压力治理
时间	2 小时(1 次)
发展目标	(1) 了解压力的定义及相关概念 (2) 通过讨论对混合教学的压力之源形成共识 (3) 了解应对策略，处理线上教学、线下教学的压力
主题内容	问题导入：相比常规课堂教学，混合教学压力之源是什么？ (1) 参与者以教育叙事的方式描述混合教学中感知的压力(事件、现象、分类) (2) 讨论反馈压力：工作量与有效反馈之间的矛盾 (3) 讨论混合教学中的压力源 (4) 压力治理：应对、策略、健康、平衡 (5) 反思个人混合教学实践，更新个人复原力策略工具包

表 8-6　职业幸福感模块

模块名称	混合教学幸福感
时间	2 小时(1 次)
发展目标	问题导入：在混合教学实践中，个人感知的职业幸福感是提高了还是降低了？并进行归因分析。 (1) 了解职业幸福感的认知心理和情绪情感维度 (2) 了解从混合教学现实困境中对职业幸福感进行归因 (3) 了解多维度激发职业幸福感的策略

续 表

模块名称	混合教学幸福感
主题内容	(1) 参与者叙述对职业幸福感的认识、表征 (2) 参与者个人感知的职业幸福感分享 (3) 从认知心理(教师专业身份认同感、混合教学满意感、需求满足感、工作自主感、自我实现感等)和情绪情感(人际交往和谐感、混合教学情境舒适感、工作愉悦感、归属感等)两个层面分析教师的心理幸福感和主观幸福感 (4) 引导对职业幸福感的归因分析 (5) 引导讨论提升职业幸福感的策略 (6) 反思个人混合教学的实践困境,更新个人复原力策略工具包

表 8-7 混合教学管理与学习节奏模块

模块名称	混合教学管理与学习节奏
时间	4 小时(2 次)
发展目标	(1) 理解学习节奏与学习投入的关系:学习节奏是学习投入在时间上的投影 (2) 了解学习节奏对学习成绩的影响 (3) 了解探究社区有关教学存在理论,并提炼有效混合教学管理、良性学习节奏构建的策略
主题内容	问题导入:混合教学旨在通过系统设计实现线上线下的最佳协同,为学习者创建真正高度参与的个性化学习体验,教师在混合教学管理和促成和谐学习节奏方面,有哪些策略? (1) 比较混合教学和常规课堂教学,分析教学管理、学习节奏的差异 (2) 基于探究社区理论,讨论教学存在中教学管理的内涵、内容、教师行为 (3) 基于学习投入理论,讨论学习节奏类型及其对学习成绩的影响 (4) 讨论构建线上"自定步调(独奏曲)"与线下"协奏曲"相结合的学习节奏中教师的角色、行为 (5) 讨论上述教师行为对提高教学质量和感知幸福的影响 (6) 反思个人混合教学的实践困境,更新个人复原力策略工具包

表 8-8 学习支持服务模块

模块名称	混合学习支持服务模块
时间	2 小时(1 次)
发展目标	(1) 了解探究社区理论下混合教学中学习支持的内涵、维度、内容 (2) 了解如何在作为工作投入的学习支持与复原力之间取得良好平衡

续 表

模块名称	混合学习支持服务模块
主题内容	问题导入：在混合教学中为学习者创建真正高度参与的个性化学习体验，教师支持尤为重要。如何在资源投入（作为工作投入的学习支持）与资源保护（复原力）之间取得良好平衡呢？ （1）参与者叙述混合教学中学习支持的内容、案例及其与教学绩效、职业幸福感之间的关系 （2）基于教学存在理论框架，形成混合教学中学习支持的内容框架共识 （3）探讨知识性支持、工具性支持、社交性支持、情感性支持与学生学习满意度、教师教学满意度的关系 （4）探讨在资源投入（作为工作投入的学习支持）与资源保护（复原力）之间取得良好平衡、缓解压力和倦怠的策略 （5）反思个人学习支持实践，更新个人复原力策略工具包

三、模块培训实施过程

（一）参与者情况

1. 样本

从本书第三章第三节自我调节类型实证研究的 161 名教师样本中，选取了 24 位教师，发送了复原力发展研究邀请，并介绍了该研究计划的概况、主要目标、实施周期及参与要求。随后，共 21 位教师接受邀请并参与该计划。21 位教师中，14 位来自研究者本人所在学校，另有 7 人来自校外。在前期测试中复原力得分较低的教师有 14 位，“疲惫倦怠型”和“激进失衡型”约各占一半。样本具体情况如表 8－9 所示。

表 8－9 参与样本统计

自我调节类型（人数）		混合教学教龄（人数）		课程所在学科
A“积极稳健型”	（3）	1 年以下	（5）	哲学、艺术学、文学、化学、计算机科学、语言学、土木工程、电子与通信工程、教育学、心理学
B“平淡自适型”	（4）	2 年以下	（12）	
C“疲惫倦怠型”	（6）	3—5 年	（3）	
D“激进失衡型”	（8）	5 年以上	（1）	

2. 共识与责任

在活动前通过传递一些观点达成复原力发展共识，并履行相关责任。一是复原力的生成和发展是在个体与环境、实践与理论之间不断交互、相互推动的过程，参与者在整个培训过程中至少结合自身实践完整处理一个逆境事件。二是复原力发展是教师借助特定媒介（关键事件、个案等）来获取复原力知识，渗透内化的过程，参与者须在活动中共享并提交自己经历的关键事件或案例。三是复原力发展是一个集体参与、专家引领、同伴互助、批判性反馈与反思的过程，参与者须在活动中充分参与讨论与互动。

（二）培训方式与工具

培训由 6 次线上活动和 1 次面对面活动组成，共 7 周。在线交流环节，鼓励教师通过个人或共同的反思来工作和讨论他们自己的信念、实践、经验，目的在于发展同行之间的关系、合作及团队工作技能。

工具有复原力策略工具包，使用纸条范作为工具包，管理和共享个人复原力策略，形成个人的策略包。以及教师复原力自我反思与诊断工具（Teacher Resilience Reflection and Diagnostic Tool, TRRD）。为了给参与活动的混合教学教师提供一个在线自我诊断工具，以“RRRiBT”模式为理论框架，参考沃斯尼察（Wosnitza）等人[①]开发的多维教师复原力量表（MTRS, 26 个题项），设计和开发了一个复原力反思与诊断工具“TRRD”。“TRRD”主要测量“RRRiBT”模式中的四个内容维度：专业、情感、社会、动机，并与六大培训模块建立联系。参与者通过使用“TRRD”来反思他们的抗压能力，并根据结果来确定哪里需要具体的支持，然后可以通过相应的在线学习模块来解决。参与者在整个活动周期中可按需自主参与诊断，以获得个性化的反馈。

参与者在线提交测试后，“TRRD”工具会生成个人与所有工作坊学员数据的比较图，具体以箱线图方式呈现，但任何个人的数据对其他人均是不可见的。“TRRD”工具部分界面如图 8 - 3 所示。

---

① Wosnitza M., Pixoto F., Beltman S., et al. Resilience in Education: Concepts, Contexts and Connections [EB/OL]. (2018 - 06 - 22)[2023 - 04 - 07] https://link.springer.com/content/pdf/bfm:978-3-319-76690-4/1.pdf.

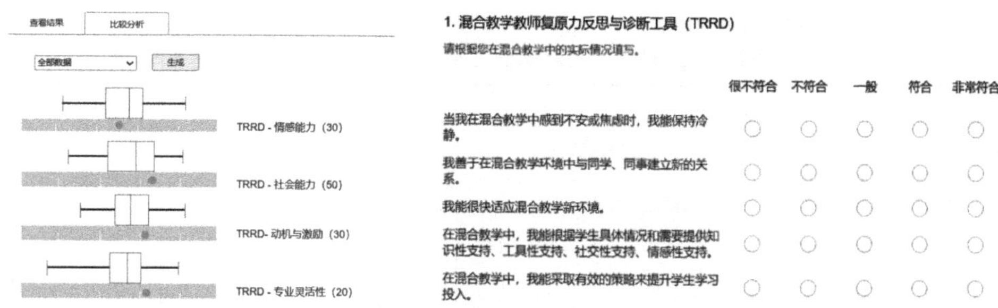

图 8－3　教师复原力反思与诊断(TRRD)工具界面

第四节　"RRRiBT"模式检验与改进

本节采用定量分析和定性分析相结合，评估复原力发展项目的效果和检验"RRRiBT"模式的有效性。

一、基于"TRRD"工具的定量分析

1. 数据获取

(1) 定量分析。在定量分析中，解释变量为"RRRiBT"复原力发展模式，因变量为教师复原力水平，采用"TRRD"工具收集因变量数据。为进行纵向比较，在图 8－4 中的两个时间点分别对参与工作坊的 21 位教师(命名为干预组)进行测量；同时，为进行横向比较，在参与自我调节类型实证研究的 161 名教师样本中邀请了 20 位未参与工作坊的教师，作为对照组，同样在图 8－4 中的两个时间点附近完成测量。

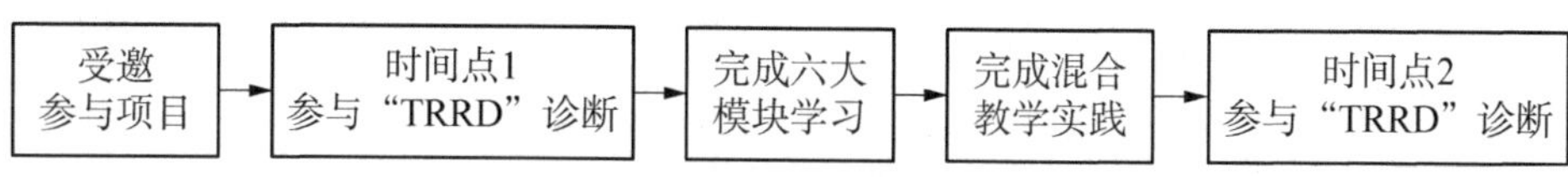

图 8－4　复原力发展评估时间线示例

2. 数据分析与结果

(1) 定量分析。干预组在两个时间点的复原力水平数据的描述性统计分析

如表 8-10 所示。

表 8-10 干预组在时间点 1 和时间点 2 复原力发展的均值、标准差和信度

序号	复原力结构维度	题项数量	题项示例	时间点 1			时间点 2		
				M	S.D.	α	M	S.D.	α
1	专业(TSP)	6	我对混合教学过程组织良好	24.4	1.8	0.81	26.7	2.4	0.86
2	动机(TRM)	10	当我在混合教学中出错时,我视之为学习机会	39.2	4.2	0.86	43.7	5.2	0.92
3	情感(TRE)	6	我对开展混合教学充满热情	23.5	2.9	0.79	27.2	3.2	0.88
4	社会(TRS)	4	我当对某些事情不确定时,我会向同事寻求帮助	15.7	3.1	0.78	17.8	2.1	0.81

为了比较干预组前后测的复原力是否存在明显差异,以及干预组和对照组是否存在明显差异,使用单因素方差分析对两组进行了组内和组间比较。表 8-11 为总体复原力水平比较,表 8-12 为在四个子维度上的比较。

表 8-11 两组的复原力总体水平比较

组别	阶段	均值	组内			组间		
			t	p	Cohen's d	F	p	Cohen's d
干预组(n=21)	前测	8.42	−3.370	0.003*	0.87	4.327	0.008**	0.94
	后测	11.75						
对照组(n=20)	前测	8.50	−1.272	0.062	0.41			
	后测	9.25						

注:* $p<0.05$,** $p<0.01$。

表 8-12 两组的复原力子维度水平比较

维度	干预组(n=21)					对照组(n=20)							
复原力结构维度	前测 M(S. D.)	后测 M(S. D.)	组内			前测 M(S. D.)	后测 M(S. D.)	组内			组间		
			Cohen's d	F	p			Cohen's d	F	p	Cohen's d	F	p
专业(TSP)	24.4 (1.81)	26.7 (2.41)	0.43	3.750	0.031*	25.1 (2.12)	26.4 (1.49)	0.69	8.01	0.042*	0.25	5.50	0.079
动机(TRM)	39.2 (4.22)	43.7 (5.22)	0.33	4.375	0.020*	38.8 (3.55)	39.1 (5.28)	0.24	5.43	0.294	0.50	7.30	0.017*
情感(TRE)	23.5 (2.93)	27.2 (3.23)	0.81	8.155	0.013*	24.2 (1.24)	24.8 (2.26)	0.47	3.60	0.267	0.65	7.57	0.029*
社会(TRS)	15.7 (3.12)	17.8 (2.14)	0.11	4.152	0.009**	16.6 (4.65)	15.8 (2.38)	0.30	4.70	1.455	0.83	5.47	0.009**

注：* $p<0.05$，** $p<0.01$。

二、基于访谈编码的定性分析

对参与工作坊的部分教师开展半结构化访谈。主要访谈内容包括：(1)对本次工作坊的整体感受和满意度；(2)在“RRRiBT”模式中专业、社会、动机、情感四个维度的收获如何；(3)对“RRRiBT”模式及培训设计有何改进建议。每人的访谈时长约为 30 分钟，共有 12 人接受了访谈，共转录得到 12 份访谈文本。

对 12 份受访者访谈文本进行编码，并以“RRRiBT”模式四大结构维度及项目目标框架为依据统计编码频次，检验教师复原力发展效果与目标框架的适配度，结果如表 8－13 所示。

表 8－13 “RRRiBT”项目中参与者复原力发展效果编码

<table>
<tr><th>结构维度</th><th>“RRRiBT”目标</th><th>编码</th><th>频次</th><th>受访者访谈内容(摘录)</th></tr>
<tr><td rowspan="5">专业</td><td rowspan="3">混合教学管理与学习节奏</td><td>增加学习投入</td><td>18</td><td rowspan="15">教师 Y：在这期工作坊中，我利用所提供的“RORC”模型分析了我课程的学习节奏，发现学生学习时长投入普遍低于我预设时长，“Catch-up”区域显示约 40％的学习者群体性进度滞后于教学进度，线上学习节奏的不一致严重影响了互评的开展及其效果……我进行了在线课程知识点的认知负荷分析后，优化了课程设计、课程指南，并在一次线下课中与同学们共同制定了“学习契约”并严格执行。在 2 周后情况有所好转，学习节奏由之前的“变奏曲”慢慢变成“协奏曲”。学生在一周的日期内可自定步调学习，在下一周的线下课必须完成所有规定任务，保证线下课知识准备的“对齐”。这可能就是混合学习的灵活性所在吧。我的引导也的确起到效果了，同学们的学习投入明显增加了……我感觉自己对混合课程的把控感也增强了，与同学们建立了一种新的关系，之前的焦虑感也慢慢消失了。(资料代码：F* L2－20230521－1)
教师 H：这次活动帮助我获得了积极的反馈，并批评性地分析了我的混合教学问题。我总结了必须进一步打磨的内容，并制定了一系列目标……这次交流使我感觉进入了一个知识共享的混合教学共同体……(资料代码：R* S2－20230523－1)</td></tr>
<tr><td>自定步调与协调一致</td><td>11</td></tr>
<tr><td>自我能力信念</td><td>9</td></tr>
<tr><td rowspan="2">混合学习支持</td><td>促进对话</td><td>21</td></tr>
<tr><td>有效指导</td><td>12</td></tr>
<tr><td rowspan="3">情感</td><td rowspan="3">职业幸福感</td><td>工作满意度</td><td>13</td></tr>
<tr><td>低倦怠</td><td>8</td></tr>
<tr><td>低情绪耗竭</td><td>6</td></tr>
<tr><td rowspan="4">动机</td><td rowspan="4">压力管理</td><td>压力之源</td><td>25</td></tr>
<tr><td>情感导向的应对策略</td><td>9</td></tr>
<tr><td>挑战转化为机遇</td><td>11</td></tr>
<tr><td>激活资源</td><td>19</td></tr>
<tr><td rowspan="3">社会</td><td rowspan="3">资源与关系构建</td><td>沟通促进有效关系</td><td>16</td></tr>
<tr><td>关系重构</td><td>15</td></tr>
<tr><td>支持性网络</td><td>18</td></tr>
</table>

三、讨论与模式改进

（一）对结果的讨论

1. “RRRiBT”模式及其培训方案对混合教学教师复原力发展具有积极促进效果

总体而言，基于“RRRiBT”模式构建的复原力发展工作坊活动提供了一个与同事、同行交流思想和经验的环境，并通过积极的互动、高度重视关系的关键作用，对教师保持复原力起到了较好的促进作用。

从定量分析结果来看，干预组（21 位活动参与者）复原力总体水平的前后测（表 8－11）呈现显著性差异（$p<0.05$）；干预组与对照组的组间比较也呈现显著性差异（$p<0.01$），且 Cohen's d 为 0.94（大于 0.8），效应值为大。在专业、动机、情感、社会子维度上，除了“专业”子维度外，两个组别在其余三个子维度上呈现了显著差异。这表明，自变量“RRRiBT”复原力发展模式对混合教学教师复原力发展具有积极影响。

从定性分析结果来看，参与者访谈本文编码落入“RRRiBT”发展目标区域的总频次为 211 次，平均频次为 14.1 次。这表明，参与者通过六次线上线下活动，其复原力发展结果与预期目标具有较高的适配度。正如教师 H*F 所言：“研究者和实践者之间的知识共享可以成为教师专业学习和实践创新的源泉。培训计划中提出的学习活动成为我们接触到的新的输入，引导我们在理论与实践联系的基础上重新思考自己的混合教学日常实践。花时间思考个人实践有助于我们建立更强的韧性、专业认同感、职业承诺。通过培训，我们的知识和信念发生了改变，在混合教学实践中表现为更积极的教学管理策略的使用以及对学生需求更好的理解。”教师 JF 认为，从活动过程及大家的表现来看，老师们的积极性和满意度都有所提高，他们对自己的角色有了新的热情和乐趣。

总之，定量分析和定性分析结果均表明了在数字时代混合教学中教师压力和负担治理的必要性，复原力作为一种非认知特征，是混合教学教师压力和负担治理的核心内容。通过调查参与者对整个方案感知有用性的看法表明，本研究提出的“RRRiBT”模式对发展混合教学教师复原力具有可行性。

2. 关系构建对混合教学环境中复原力发展起到关键作用

在本研究中，参与者呈现了其混合教学实践中经历的一系列挑战（共 51 条陈述）。在这些挑战中，参与者均体验到了消极或积极的情绪，且大多数参与者谈到了引起消极或积极情绪的原因，大致可以归纳为三个方面：与学生的消极（或积极）互动、不利的组织条件（或积极的工作条件）、消极（或积极）的自我反思。

参与者使用了哪种应对策略来处理消极体验呢？在分析访谈文本和日记数据时，发现建立关系在混合教学环境中复原力发展起到了关键作用。这验证了曼斯菲尔德等人的观点[①]，即以人为本的思维方式支持复原力发展。这种对建立关系以支持复原力发展的重要性反映在整个学习日志中。例如面对“学生缺乏参与和动机、试图以最低的投入来通过课程”“混合教学工作量太大、缺乏健全的混合教学绩效评价”“我蹩脚的信息技术能力难以确保线上线下的流畅融合”等消极体验，大多数参与者通过“寻求帮助”“与学生共建学习契约”“加入知识共享的混合教学共同体”“建立共有愿景与相互增权”等关系策略来应对，并最终获得积极的情绪体验。

反映在“RRRiBT”模式中，参与者面对逆境事件时，会激活个人资源和工作资源，并建立两者间的联系。这些来自混合教学实践的证据均表明，复原力来自连接感而不仅仅是个人力量，受到教师工作和生活所处的多层次关系中的信任强度的影响。本研究结果进一步证实了关系在积极适应过程中的核心地位。而复原力的这种关系模式将基于相互授权和关系重构的重要性置于复原力发展过程的核心位置，为我们提供了一种情景化的方式来理解数字化时代混合教学情境下教师的复原力。

3. 构建“教学存在”是混合教学中教师的基础性专业能力，对新手教师复原力发展尤为重要

模块五“混合教学管理与学习节奏”和模块六“学习支持服务”属于复原力四个子维度之一的“专业”相关专题，其本质在于提高教师在混合教学中构建“教学存在”的能力，具体表现为混合课程设计与管理、学习支持（促进对话、直接指导）服务能力，对普遍提高教师复原力，尤其是对于混合教学初期教师而言具有重要意义。通过对参与教师的访谈发现，在掌握了混合教学管理（包括学习节奏管理）和学习支持相关策略后，其压力明显减小，且感知的教学满意度明显提高。

如教师 LJ 表示：“从传统课堂教学转为混合教学的不适应，最主要表现在对学生学习进度、时间投入、学习节奏的不可把控性。不像传统课堂教学，我的教

---

① Mansfield C. F. Cultivating teacher resilience: International approaches, applications and impact [J]. Frontiers Psychology, 2020(12):3-10.

学时间等于学生的学习时间，我讲的教学内容等于学生的学习内容，我觉得自己能清楚学生状况，但混合学习的灵活性，尤其是在线学习部分的灵活性需要我具有不同于传统课堂教学的教学管理和学习支持能力，很多刚开展混合教学的教师都会在这方面受挫……”而教师 L* H 表示混合教学提供了机遇，“在学习支持方面，不能以教师为中心，要转向同伴，引导‘高足弟子传授’，这样做之后我感觉自己轻松多了，担心和焦虑得到了释放，并愿意进一步尝试一些新的做法”。

根据谢(Shea)等学者①的研究结论，混合教学中教师构建的“教学存在”能促进“社会存在”发展。“社会存在”创建了一个有意义的在线探究学习环境，主要包括三个子范畴：情感反应、交互式响应和凝聚力反应，其本质为生生、师生信任关系构建的过程。正如前所述，“关系”策略是复原力发展的关键。

4. *混合教学增强了数字技术在教学中的应用张力，给教师来了技术压力和挑战，参与技术支持的集体的、共享的专业学习能发展教师元胜任力和复原力*

在混合教学实践中，随着数字技术对教学活动嵌入程度的加深，技术压力成为教师开展混合教学或数字化教学的新挑战。技术压力是指个人因无法适应新技术而形成的技术认知和社会需求适应性障碍。② 混合教学模式在事实上增强了信息技术在教学中的应用张力，在学习方式、互动工具、评价改革等系统性变革中信息技术的强制性应用与教师不会用或用不好之间的矛盾，势必给教师带来压力。已有研究表明，技术压力已经成为教师的主要压力来源，并会抑制教师的数字化教学创新行为，降低教师工作满意度和工作绩效等。③

技术压力具有工具和心理属性，相应地，教师可以通过发展“TPACK”能力和采用心理调适策略来发展复原力对抗技术压力。从“RRRiBT”模式过程和实践效果来看，参与技术支持的集体、共享的专业学习是消解技术压力的有效路径。在本研究中，通过构建在线学习培训模块、提供“RORC”学习分析技术模

---

① Niu L., Wang X., Wallace M. P., et al. Digital learning of English as a foreign language among university students: How are approaches to learning linked to digital competence and technostress? [J]. Journal of Computer Assisted Learning, 2022, 38:1332-1346.

② Shea P., Bidjerano T. Learning presence: Towards a theory of self-efficacy, self-regulation, and the development of a communities of inquiry in online and blended learning environments [J]. Computers & Education, 2010, 55(4):1721-1731.

③ 冯仰存，吴佳琦，陈得军. 数字化转型下技术压力对教师工作绩效的影响——基于教学创新行为与不同思维的中介调节效应分析[J]. 现代教育技术，2023，33(5)：15—24. Wu D., Zhou C., Liang X., et al. Integrating technology into teaching: Factors influencing rural teachers' innovative behavior [J]. Education and Information Technologies, 2022, 27:5325-5348.

型、复原力反思与诊断工具“TRRD”、复原力工具包、线上线下互动活动等构建了一个“真实”“在场”的混合学习社区。正如在访谈中有部分教师所表示的：我们很需要集体的、共享的专业学习，在这个过程中，可以将自己视为学习者，除了掌握一定的信息技术，更重要的是通过自我反思、集体反思构建何时使用技术、恰当使用技术的心智模式，从而减少盲目的技术焦虑。这表明，反思学习作为一种元胜任力要素，对强化复原力具有积极影响。

教师 SQ 认为：“这次工作坊本身就是一个混合学习场景，通过六次学习和讨论，大家相互之间发展了积极的、支持性的、共有愿景的学习共同体，这种效果应该在我的课程中得到复制。”这也表明，教学是一种持续的感知行为，当参与真实情境的教学研究时，教师找到了审视自己和他人信念与实践的空间，使他们能够重新思考并尝试在混合教学环境中实施和重塑教学方式。

（二）改进建议与模式完善

1. 对“RRRiBT”模式的改进建议

在工作坊全部结束之后，通过座谈的方式收集了教师对本次培训尤其是“RRRiBT”模式的改进建议，对收集建议梳理和提炼后，主要有以下三个方面。

（1）区分“恢复”与“成长”。有部分教师提出，每次逆境事件后的评估结果并不是“非此即彼”，也即“适用与平衡”（获得职业幸福感及高教学质量）或“适用不良”，而是有一种中间状态，它仅仅是从一种焦虑事件中得到“恢复”，这种“恢复”，从资源保护理论的角度而言，既未造成“资源损失”，也未造成“资源增益”。对此，对源头即逆境事件，应该区分为“威胁”或“挑战”，这两者的区别在于，“挑战”评估的重点在于固有收益或成长潜力的实现；“威胁”并不包含挑战中的积极因素，意味着暂时的下降之后回到积极的水平。相应地，在“RRRiBT”模式的逻辑中，应该增加对逆境事件评估结果的分类，并设置参照点，以增加模式与教学实践的吻合度。

（2）逆境事件及外部环境区分为微观、中观、宏观层次，可为复原力发展提供更细粒度的指导。复原力发展是个体与外部环境相互作用的动态过程，在复原力发展中起着举足轻重的作用，微、中、宏观的层次划分，既符合生态学理论，又能在实操中为外部资源的调用提供细粒度定位，例如中观层面上更接近个人且可获得性的资源——支持网络。

（3）环境在复原力概念中的矛盾性及其转化观。部分教师提出，在“RRRiBT”模式中，环境资源一般被认为是处置逆境事件、发展复原力的促进因素，但在混合教学实践中发现，我们忽略了环境资源本身也可能是逆境事件，或者可以转换为逆境事件。换言之，环境资源可能会促成不利情况或事件的产生，从而影响复原力发展过程。比如就个人资源中的“混合教学信念”而言，一般情况下它是促使教师面对挫折和困难时坚守教学改革的动力，但教学信念与外部环境“组织战略”发生冲突时（即信念冲突），本身就可能成为一种逆境事件。相应地，“RRRiBT”模式中应标识逆境事件与环境资源的转化关系。

2. “RRRiBT”模式的完善

根据上述三个方面的改进建议，对图 8-1 中的“RRRiBT”模式在结果评估分类、环境资源的层次划分、资源与逆境转化性等三个方面进行了修正，最终的“RRRiBT”模式如图 8-5 所示。

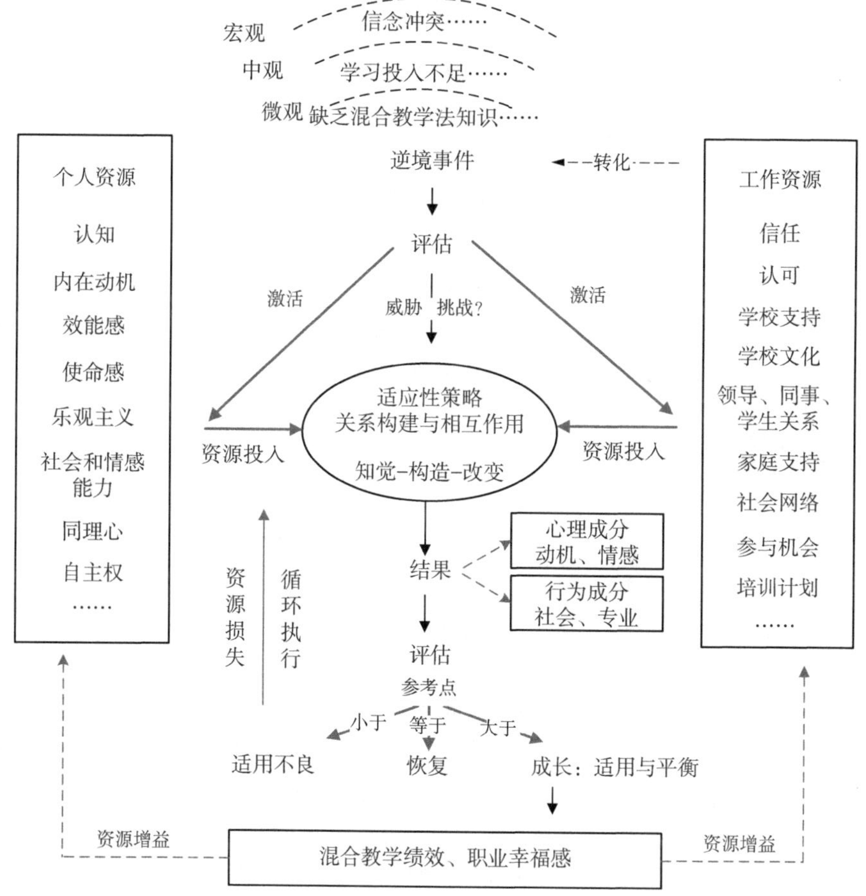

图 8-5 改进的“RRRiBT”混合教学教师复原力模式

以参与工作坊的教师 Y 为例，针对“学生学习投入低于教学设计预期、在线学习节奏参差不齐”这一逆境事件，教师 Y 经历了对事件评估（定性为挑战性压力）、激活个人资源和工作资源并在两种资源互动过程中构建关系、拟定应对策略、执行策略、从心理和行为两个层面评估策略效果，以及基于参考点进行事件处置评估等二次循环过程，如图 8-6 所示。从资源保护理论视角看，第一轮的资源投入（制定更清晰的课程指南）失败后，焦虑、挫败等消极情绪会加重，造成进一步的资源损失；根据“资源补偿策略”（利用获得的额外资源补偿损失的资源）原则，教师 Y

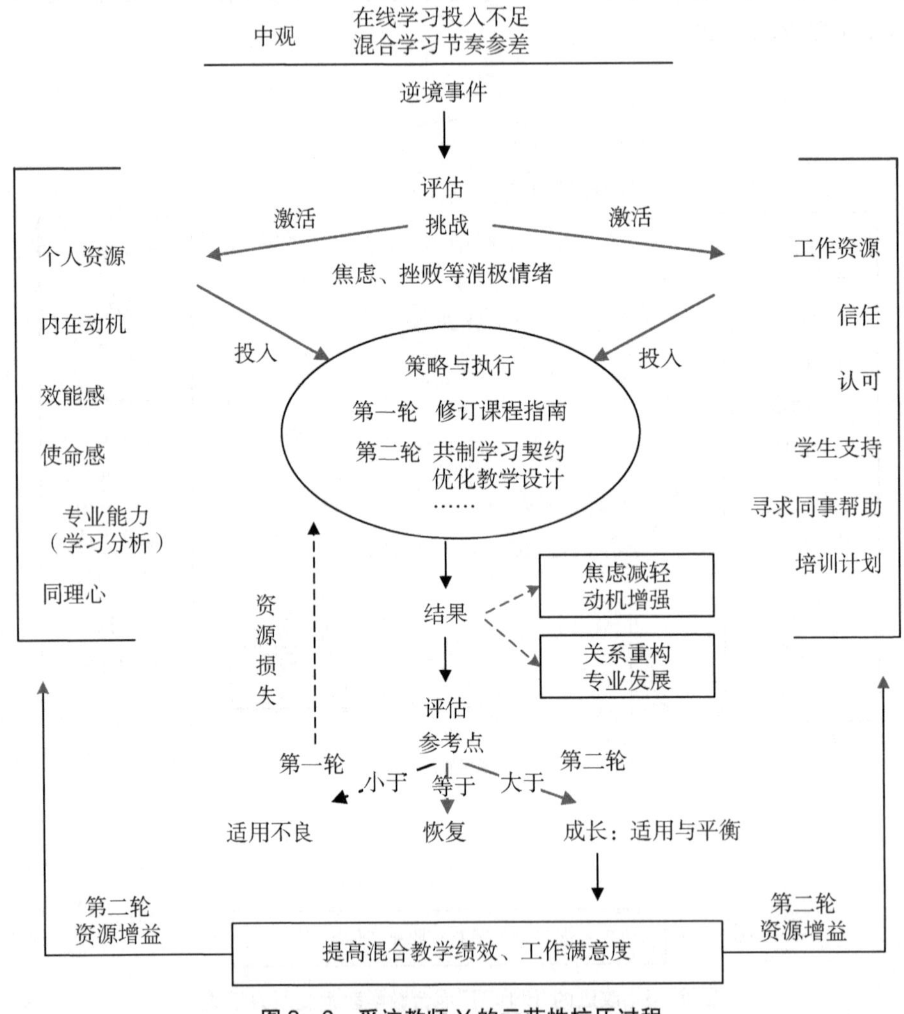

图 8-6 受访教师 Y 的示范性抗压过程

接着进行第二轮的资源投入，重点通过与学生共同制订学习契约并执行、寻求同事帮助优化教学设计后，获得成功并扭转资源损失为资源增益，个人效能感（个人资源）和支持性关系网络（工作资源）得到强化，完成了复原力发展的过程。

第五节　纵向视角下教师自我调节类型转化

一、自我调节类型转化样本

在第三章第三节中，基于资源保护理论，使用类型学方法识别了教师应对混合教学挑战的四种自我调节类型：“积极稳健型”“平淡自得型”“疲惫倦怠型”“激进失衡型”。横截面数据反映的是教师个体自我调节类型的短时状态评估，并不代表“自我调节”或“压力类型”的最终分类。那么，在开展基于“RRRiBT”的复原力发展后，教师的复原力及自我调节类型是否会发生转化呢？具体的转化情况又如何呢？对教师样本进行了追踪测试，从纵向数据分析在未干预和一定干预下的教师自我调节类型转化及特征，以期为混合教学教师胜任力发展提供更详尽的经验数据支持。

教师样本来自第三章第三节中参加自我调节实证研究的混合教学教师，161位教师之前全部参加了“AVEM”测试（包括复原力子维度）。其中21位教师受邀参加了“RRRiBT”项目，在为期6周的“RRRiBT”项目结束后，邀请这21位教师（干预组）参与第二次“AVEM”测试，并同时对剩余的140位教师发送第二次“AVEM”测试邀请，92位教师（对照组）接受邀请并有效完成测试。教师自我调节类型转化样本及比较情况如图8-7所示。

二、自我调节类型转化分析

（一）对照组教师自我调节类型转化分析

对照组92个样本的第一次“AVEM”测试结果为：“积极稳健型”为35人，“平淡自得型”为16人，“疲惫倦怠型”为14人，“激进失衡型”为27人。四象限分布如图8-8所示，如前文所分析，其主要分布在第一象限和第四象限。

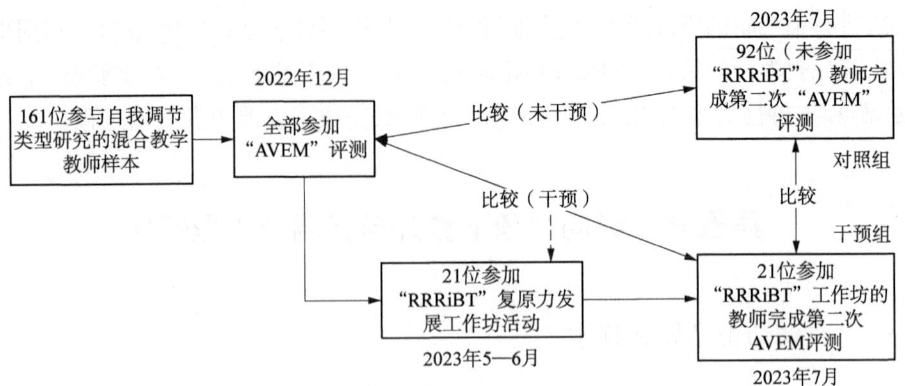

图 8-7 教师自我调节类型转化比较的样本分布

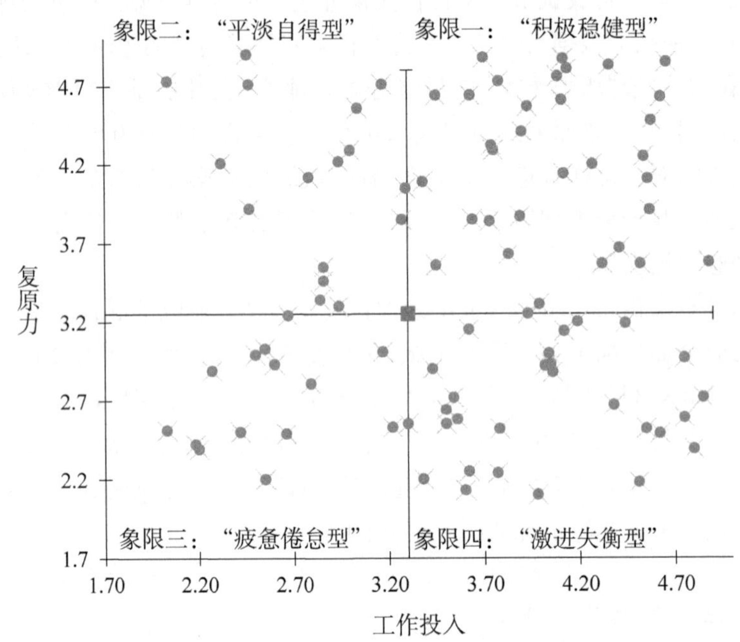

图 8-8 对照组第一次"AVEM"测试自我调节类型象限分布

对照组第二次"AVEM"测试(与第一次测试时隔 6 个月)结果为："积极稳健型"为 32 人，"平淡自得型"为 22 人，"疲惫倦怠型"为 18 人，"激进失衡型"为 20 人。为了更清晰地了解不同类型间的转化关系，通过教师编码(C_001，C_002……)梳理了每一个样本的转化情况，结果如图 8-9 所示。图 8-9 是第二次“AVEM”测试结果的四象限分布情况，同时标识了样本在不同象限的转化情况。从图 8－9 中可知，共有 17 个样本发生了变化，转化率接近 19%；图中箭头越粗，表示向该区域转化的人数或百分比越高；括号内第 1 个数字表示第一次测试属于该象限的人数，第 2 个数字表示第二次测试后属于该象限的人数。

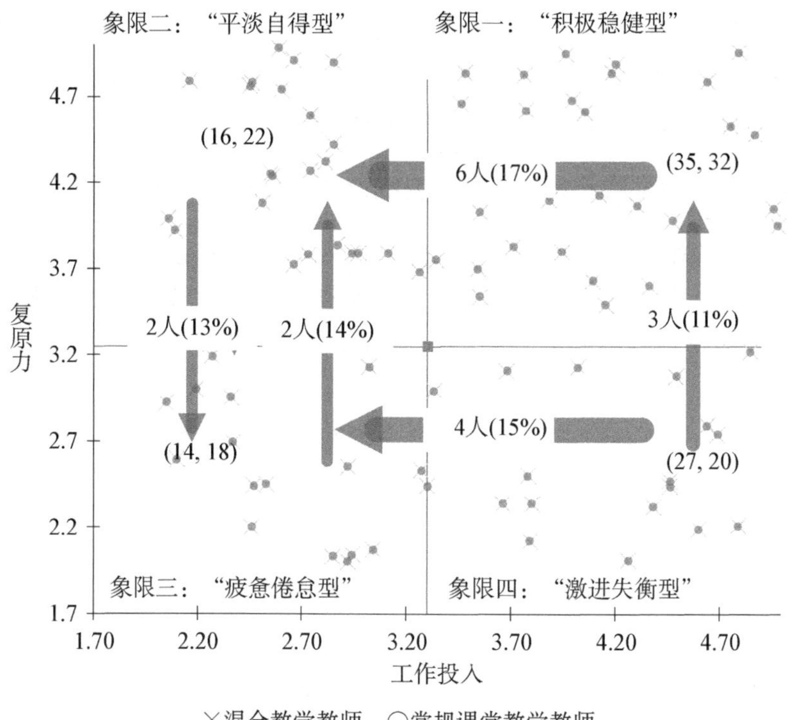

图 8－9 对照组样本两次“AVEM”测试的自我调节类型转化关系

在未采用干预措施的情况下，混合教学教师复原力发展及其自我调节类型具有以下两个特点。

其一，“平淡自得型”区域流转样本数量最多，可以视为活跃区域，或视为教师在不同类型转化中更具过渡性的区域。其中“积极稳健型”教师流入最多，根据本书第三章第四节对各类型的定义，可能的原因为教师在熟练掌握和完全适应混合教学后，其工作投入会随着熟练度有所下降，但仍然保持高复原力。

其二，“激进失衡型”要么转向“疲惫倦怠型”，要么转向“积极稳健型”。根据本书第三章第三节对激进失衡型教师的分析，他们是由应对混合教学挑战的结果分化而来，尚未完全掌握和适应混合教学，表现了较低的复原力，职业奉献与回报失衡，且多为混合教学新手教师(1 年左右)。本次纵向分析发现，时隔半年后，这个群体又发生了分化，一部分人掌握混合教学法和发展复原力，适应了混合教学，从而转化为“积极稳健型”；一部分人在投入大量的时间、精力等来支持工作后，长期缺乏资源收益(认可的评价、自我效能、信任、支持、教学质量等)或出现长期的资源损失(损失螺旋)，甚至资源枯竭进而转化为“疲惫倦怠型”。这表明最初风险型的自我调节类型并没有随着时间的推移而得到改善，也意味着在没有干预的情况下，复原力极有可能会继续恶化。

(二) 复原力发展干预下的教师自我调节类型转化分析

干预组 21 个样本的第一次“AVEM”测试结果为：“积极稳健型”为 7 人，“平淡自得型”为 4 人，“疲惫倦怠型”为 3 人，“激进失衡型”为 7 人。四象限分布图 8 - 10 所示，同样地，其主要分布在第一象限和第四象限。

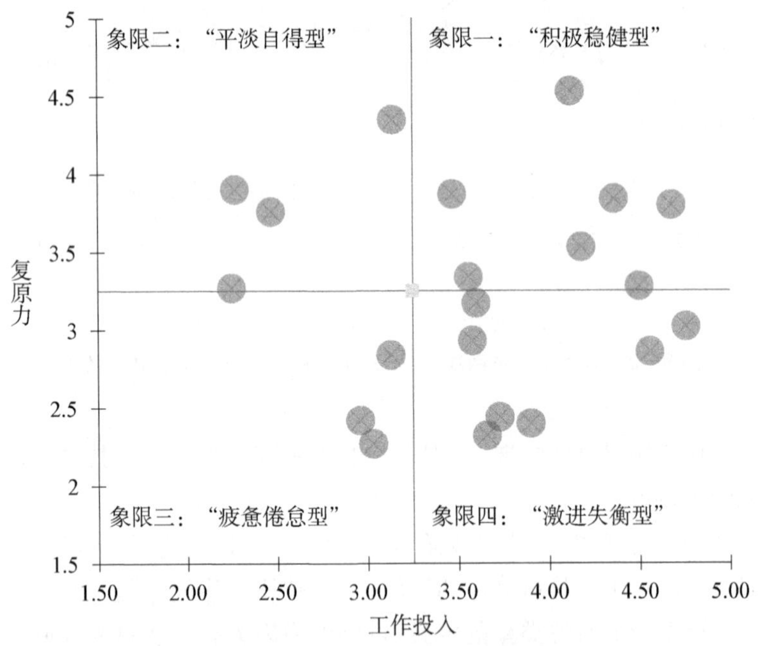

图 8 - 10　干预组第一次“AVEM”测试自我调节类型象限分布

干预组第二次“AVEM”测试（与第一次测试时隔也是6个月）结果为：“积极稳健型”为11人，“平淡自得型”为7人，“疲惫倦怠型”为0人，“激进失衡型”为3人。使用同样的方法梳理了每一个样本的转化情况，结果如图8-11所示。从图8-11中可知，共有12个样本发生了转化，转化率接近57%。

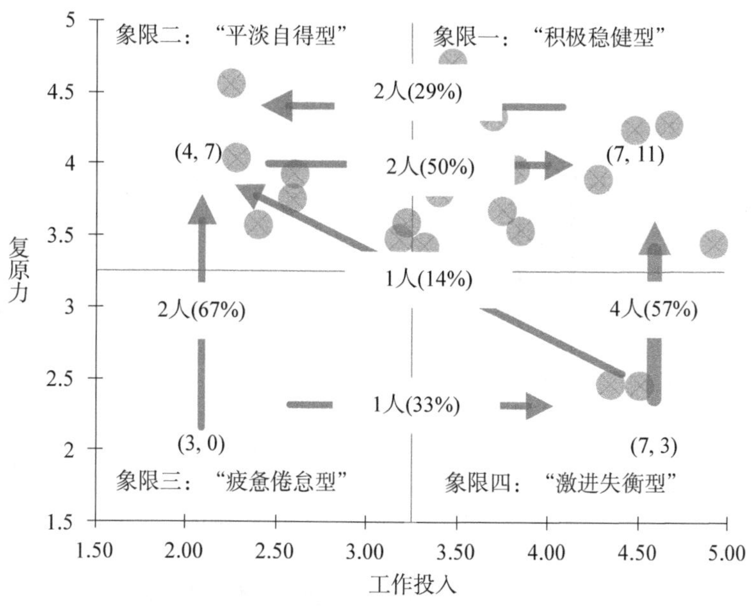

图8-11 干预组样本两次“AVEM”测试的自我调节类型转化关系

在参加“RRRiBT”复原力发展项目的情况下，混合教学教师复原力发展及其自我调节类型呈现了与对照组不同的特点。

其一，转化的类型增多且更活跃。在对照组的基础上，新出现了由“平淡自得型”转化为“积极稳健型”，“疲惫倦怠型”转化为“平淡自得型”，“激进失衡型”转化为“平淡自得型”三种新转化，且转化的百分比明显高于对照组。

其二，风险型自我调节类型（“疲惫倦怠型”和“激进失衡型”）样本明显减少。在本书第三章第三节中分析了“疲惫倦怠型”和“激进失衡型”的特征并将其归为风险型，其共同特点是复原力低。而在采取干预措施后，这两种类型的样本分别有67%和57%转化为“平淡自得型”和“积极稳健型”，这表明了本研究中基于“RRRiBT”干预的有效性。

图 8 - 12 整合了对照组和干预组样本的自我调节类型转化情况，其中黑色箭头表示对照组样本的转化方向及转化率，灰色箭头表示干预组样本的转化方向及转化率。

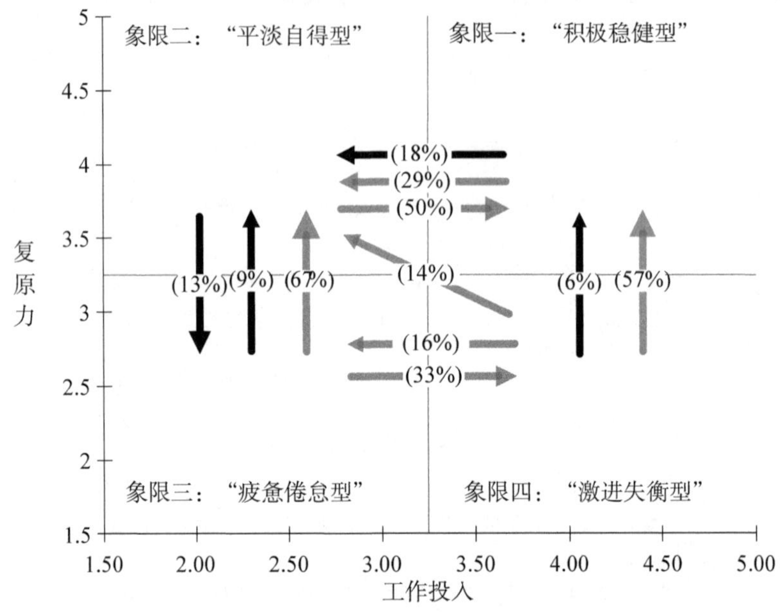

图 8 - 12　对照组和干预组样本自我调节类型转化率比较

复原力发展是混合教学胜任力发展的重要内容。本节通过定量、定性、混合法等一系列方法对复原力发展和自我调节类型进行了横断面和纵向研究，试图描述“数字时代的混合教学教师复原力景观”。

在理论层面，概述了数字化教学情境下教师复原力发展研究现状、典型发展模式。基于探索性访谈法及扎根理论构建了“RRRiBT”复原力发展模式。该模式的核心是复原力理解为“双向的个人—环境关系构建及交互结果”。在该模式中，资源（Resource）、关系（Relation）是复原力（Resilience）发展的核心，强调个体互动和社会关系构建，探究个体与社会之间的内在逻辑。

在实践层面，基于柯克帕特里克（Kirkpatrick）的四层次评估模型，设计了复原力发展活动路径；基于“RRRiBT”模式设计了复原力发展活动内容（六大模块）；开展了 21 个样本教师参与的研修活动，并从定量分析和定性分析两方面对“RRRiBT”模式进行了检验和完善，结果表明“RRRiBT”模式对发展混合教学教师复原力具有有效性。

复原力是决定自我调节类型的两个核心要素之一，“AVEM”评估的是教师自我调节类型的短时状态，为此，本节接着在纵向视角下分析了教师的自我调节类型转化。结果表明，对照组的风险型自我调节类型并没有随着时间的推移而得到改善，即在没有干预的情况下，复原力极有可能会继续恶化；而对照组转化的类型增多且更活跃，转化为“平淡自得型”和“积极稳健型”，转化率均超过50％，这也表明了“RRRiBT”模式对促进混合教学教师自我调节类型转换具有重要意义。

在“RRRiBT”复原力发展模式中，复原力过程被认为是在混合教学情境中维持、恢复和发展教学质量和职业幸福感的关键。“RRRiBT”作为一个描述性框架，从社会生态结构视角，反映了复原力发展的动态过程、影响因子及其相互关系，从而为混合教学教师复原力发展实践提供指导。

第九章 情境胜任力与持续专业学习发展

本研究构建的混合教学胜任力模型是以适应情境为首要目的,反映了教师根据所嵌入的具体情境而策略性采取相应教学行为的实践现象。或者说,该模型为一个情境性、生成性的混合教学胜任力模型。在人工智能等新技术所带来的灵活、变动不居的混合教学实践中,强调情境胜任力,有利于避免面临胜任困境时将混合教学专业实践机械化地简化为“规范化”和“非规范化”的对立。情境胜任力体现了知识与情境的动态耦合特征,启发教师在专业学习与发展中应具备与情境互动的实践意识,有利于破除工业社会技术理性视角下的“缺陷—培训—掌握”模式弊端,为基于胜任力模型的教师教学发展提供模式借鉴和理论指导,进而推动践行“教师持续专业学习与发展”理念。基于以上认识,本章对整个研究的主要结论进行了回顾和讨论。

第一节 情境胜任力

一、混合教学胜任力的情境性与生成性框架

本研究中的混合教学胜任力模型主要是基于一线教师和专家素材构建,在研究数据的收集过程中,研究者没有直接询问他们认为优秀的混合教学教师最理想的特征是什么,而是询问面对混合教学困境他们做了什么。因而,该胜任力模型是以适应情境为首要目的的,反映了教师根据所嵌入的情境而策略性地采取相应教学行为的实践现象。或者说,本研究所构建的是一个情境性、生成性的混合教学胜任力模型。

情境胜任力探析了在完美“应然”和不完美“实然”之间,教师是如何在混合

教学实践中构建自己的教学行为的，它萃取的不是教师理想化的最佳实践观点，而是他们在混合教学具体环境条件下的专家角色实践状态。脱离情境因素而抽象出的胜任力模型，或许符合社会期许的美好特征，但可能缺乏实践价值。情境胜任力的生成逻辑是情境互动，即受访者（教师）采用有效的专业实践来调和教学理想和教学情境，以接近或实现混合教学价值诉求。此外，在胜任力模型构建过程中，将受访者个人经历和成长经验置于特定的混合教学情境下，通过研究者和受访者的话语构建，试图审视受访者所思所想，并做实用抽象，以实现普遍与特殊之间的反思平衡，使得胜任力模型能兼顾原则一般性与情境敏感性。这种平衡和兼顾能使情境胜任力有效实践，并有可能突破教学理论与教学实践的鸿沟，促进教学发展。

同时，混合教学胜任力模型又是生成性的。维纳特（Weinert）等学者认为，胜任力在理论构建上是由诸多要素全面整合而成的一个复杂系统，包括智力、认知技能、领域知识和策略、例行程序、动机倾向、意志控制系统、个人价值取向、社会行为等。[①] 这个系统共同明确了满足某一特定专业职位要求的前提条件，可简述为“成功应对特定要求的个人能力”。本研究提出的混合教学胜任力框架描述了教学胜任力是个人素质特征、岗位要求、组织环境三者的交集，具有动态性，当某种能力特征与教师的专业行为，特别是成功教学之间存在经验性联系时，将该能力特征纳入胜任力模型就是合理的。本研究中，对“自我调节”胜任力的取舍，就是一个典型的例子。混合教学胜任力情境性和生成性框架如图 9－1 所示。

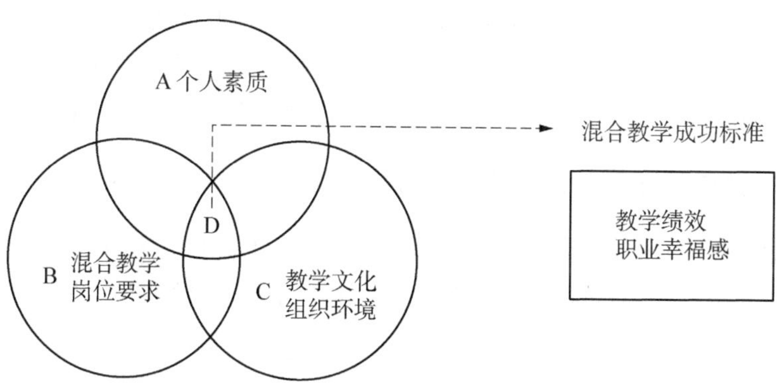

图 9－1　混合教学胜任力情境性和生成性框架

① Weinert F.E. Concept of competence: A conceptual clarification [M]//Rychen D.S., Salganik L.H. Defining and Selecting Key Competencies. Ashland: Hogrefe & Huber Publishers, 2001:45－65.

二、关于胜任力特征的若干讨论

(一) 关于“主讲教师”和“辅导教师”岗位序列的胜任力特征讨论

主讲教师岗位涵盖了 29 项全部胜任力特征,其中基准性胜任力特征 13 项,鉴别性胜任力特征 16 项;辅导教师岗位涵盖了 22 项胜任力特征,其中基准性胜任力特征 8 项,鉴别性胜任力特征 14 项。若将主讲教师岗位胜任力特征集合记为 A,辅导教师岗位胜任力集合记为 B,则 A 和 B 为包含关系,B 包含于 A,即 B⊆A。这说明混合教学对两个岗位所要求的能力的确存在差异,但主讲教师所需能力覆盖了辅导教师能力,即辅导教师岗位没有出现独特性或主讲教师不可替代的胜任力特征。目前在教学胜任力诸多研究中,进一步细分岗位序列的相关研究很少。周榕[①]对远程教育中主讲教师和辅导教师胜任力进行了区分研究,发现辅导教师具有“监控与支持”“咨询与建议”两项独有的岗位胜任力,但该研究没有区分基准性胜任力和鉴别性胜任力。而在本研究中,与之相关的“质量监控”是主讲教师的基准性胜任力,是辅导教师的鉴别性胜任力;而与之相关的学习支持是作为主概念出现,包含了 3 项具体胜任力特征,分属于两个岗位的基础性或鉴别性胜任力。

尽管两个岗位的胜任力特征是包含而非交集关系,但两个岗位序列在基准性和鉴别性胜任力层面上还是形成了鲜明的对比。比如“发展社区和促进互动”“质量监控”“社会认知与关系”等是主讲教师岗位的基准性胜任力特征,但在辅导教师岗位,它们是鉴别性胜任力特征,即对优秀辅导教师具有鉴别和区分作用。这也说明了相比传统课堂教学,混合教学实践中的岗位序列能力更为细分化和专业化。

(二) 关于认知与非认知胜任力特征的讨论

所构建的混合教学胜任力模型,除了 23 项认知类胜任力特征,还有 6 项重要的非认知类胜任力特征。在教学数字化转型背景下,教师非认知能力对教学绩效及职业幸福感产生的作用日益明显,但目前相比知识、技能等认知能力,教师心理、信念、社会能力等非认知能力还未得到足够的重视和充分的研究。前文通过对相关文献的梳理发现,当前在线或混合教学胜任力主要围绕“TPACK”知

---

① 周榕.高校教师远程教学胜任力模型构建的实证研究[J].电化教育研究,2012,33(11):86—92.

识、技能等认知特征构建并强调教师在这些方面的投入①,对非认知类胜任特征只是作为统计项出现,很少被深入阐释。

事实上,混合教学作为一种富技术教学环境,已有研究表明,技术压力(或技术负担)已成为教师的主要压力来源之一,并可能会抑制教师的数字化教学创新行为,降低教师工作满意度,甚至产生倦怠。② 由于技术压力同时具有工具和心理属性,应对技术压力除了需要发展认知能力(比如发展"TPACK"能力)外,还需要采用适当的心理调适策略。本研究有关教师自我调节的研究结果也证明了这一点,即认知胜任特征及强烈的职业奉献不足以让教师在混合教学实践中获得成功。自我信念(关于混合教学教师所知、所想、所信的)、复原力(利用个人和环境资源、采取适应性策略克服逆境产生积极结果)等也是成功开展混合教学等的关键胜任力特征。

昆特等③学者呼吁在对教师专业胜任力的研究中加强对信念、动机取向等非认知成分的研究和实践。赵健等④学者提出应培养教师成为超越工具属性的适应性专家,呼吁在教育数字化转型的实践境脉中进一步界定数字胜任力新内涵。本研究有关非认知胜任特征的研究正是对这类呼吁的回应,相关研究结论有助于超越教师胜任力囿于认知特征构建的传统,从而构建囊括认知类和非认知类特征的更全面的胜任力模型,有利于改变目前倚重培养教师教学技能的局面,提倡在教学的社会和情感方面重视教师的专业学习和发展。

(三) 关于"技术"胜任力与"数字劳动"的讨论

混合教学作为一种富技术教学范式,从行为事件访谈和教学行为数据中萃

---

① 邱燕楠,李政涛. 从"在线教学胜任力"到"双线混融教学胜任力"[J]. 中国远程教育,2020,41(7):7—15,76. 王晶心,王胜清,陈文广. 基于 TPACK 的高校教师混合式教学胜任力模型研究[J]. 中国远程教育,2022(8):26—34. 郭婉璐,冯晓英,孙洪涛等. "互联网+"时代的教师混合式教学胜任力框架构建及指标体系研究——基于回溯定性建模法[J]. 现代远距离教育,2022(5):59—69.

② 冯仰存,吴佳琦,陈得军. 数字化转型下技术压力对教师工作绩效的影响——基于教学创新行为与不同思维的中介调节效应分析[J]. 现代教育技术,2023,33(5):15—24. Wu D., Zhou C., Liang X., et al. Integrating technology into teaching: Factors influencing rural teachers' innovative behavior [J]. Education and Information Technologies, 2022,27:5325 - 5348.

③ Kunter M., Baumert J., Blum W., et al. Cognitive activation in the mathematics classroom and professional competence of teachers: results from the COACTIV Project [M]//Andrea P., Patricia W. Mathematics Teacher Education. New York: Springer, 2013.

④ 赵健. 技术时代的教师负担:理解教育数字化转型的一个新视角[J]. 教育研究,2021,42(11):151—159.

取的“技术”类胜任力特征隐匿不彰。从胜任力特征项的数量来看，“技术”核心概念下的条目偏少，在对教师的行为事件访谈中只萃取到“数字技术”一个主概念，且该主概念下仅有“数字化教学”和“数据素养”两项胜任力特征。然而，在诸多其他胜任力特征的含义表述中，均有对数字技术的应用要求，比如“循证评价”“双向反馈”“学习节奏调适”“社会认知与关系”等，也就是说，信息技术或数字技术相关的能力要求被整合或隐匿到其他胜任力中了。这与数智时代数字技术带来的新型劳动形式——数字劳动(Digital Labor)有关。在教育数字化转型不断深入的背景下，教师劳动的条件、表现形式、性质等被注入了更多的数字化基因，并融合到混合教学生态系统之中，推动着传统课堂教学劳动的“数字”转型，并催生了数字劳动。

与赵君忠①、郑旭东②、普勒姆(Pulham)③等学者有关胜任力研究中强调信息技术(ICT)的独特性和重要性不同，本研究中萃取到的“数字化教学”能力均属于主讲教师和辅导教师的基准性胜任力而非鉴别性胜任力，这恰恰说明了大量与数字技术相关的正式或非正式、显性或隐性劳动已成为普遍现象，这种现象也揭示了教师的数字劳动者身份。

以“社会情感力”胜任力概念为例，社会情感力，简而言之是指教师在混合教学中准确理解学生行为意图，与学生积极互动，表现出共情、团结、合作等亲社会行为，以建立和维持支持性教学关系的能力。这种能力正是通过数字劳动过程来体现的，比如在在线虚拟教学空间中，师生被抽象化为由数字符号构成的虚拟身份，教师需要掌握如何通过数字媒介和载体来传达丰富的情感，营造教学临场感，利用数字技术在线上和线下教学互动中表现出对学生的情感关怀，提高学生的归属感、联结感、社会临场感，赋予教学活动持续生成的意蕴。

(四) 关于胜任力特征项权重与教师角色的讨论

本研究通过层次分析法对 29 项胜任力特征按权重进行了排序，从排序结果来看，混合教学胜任力模型突出了知识场活性、混合式学科教学法知识、系统设计、认知激活、循证评价、双向反馈、发展社区与促进互动、社会情感力、适应性教

---

① 赵忠君，郑晴，张伟伟. 智慧学习环境下高校教师胜任力模型构建的实证研究[J]. 中国电化教育，2019(02)：43—50，65.

② 郑旭东. 面向我国中小学教师的数字胜任力模型构建及应用研究[D]. 上海：华东师范大学，2019.

③ Pulhame E., Graham C.R. Comparing K-12 online and blended teaching competencies: A literature review [J]. Distance Education, 2018, 39: 411-432.

学、学习节奏调适、人机协同、反思与迭代、成就动机、自我信念与自我调节等特征项，这与前期 31 份访谈文本编码分析中的平均等级得分统计结果大体一致。通过赋予权重和排序，进一步勾勒了数字化教学转型背景下的混合教学能力谱系，有利于凸显和聚焦核心的、关键的胜任力特征。这些核心的、关键的胜任力特征项与混合教学核心价值诉求紧密相关，并反映了混合教学教师作为“终身学习者、学习设计者、学习促进者、学习组织者”的四种角色定位，比如知识场活性等明确了教师作为终身学习者的角色；系统设计、认知激活等明确了教师作为学习设计者的角色；循证评价、双向反馈、发展社区与促进互动等明确了教师作为学习促进者的角色；学习节奏调适、反思与迭代等明确了教师作为学习组织者的角色。

赫尔波恩（Heilporn）[①]通过对系列混合教学策略有效性验证的研究，指出了教师作为学习设计者、支持者的角色定位。利马（Lima）等学者[②]通过比较混合和非混合情境下的学生学习投入及学业表现，也指出了混合学习的核心要素不是 ICT 工具和环境，而是教师的教学实践，且其独特价值在于混合学习方案设计、组织实施、评估等。本研究基于本土实践得出了相似的结论，并通过胜任力模型及胜任力特征项进一步廓清了混合教学情境下教师角色的内涵及其外在教学行为表现。

第二节　教师持续专业学习与发展

一、胜任力发展：结果视角转向过程视角

本研究提出情境胜任力的观点，有利于摆脱教师发展落入僵化标准的窠臼，启发研究者将教学领域胜任力的探索从“结果视角”转向“过程视角”，在人工智能等新技术所带来的灵活、变动不居的混合教学实践环境中分析和发展教学胜任力。在实践中，强调情境胜任力，也有利于避免面临胜任困境时将混合教学专

---

① Heilporn G., Lakhal S., Bélisle M. Examining effects of instructional strategies on student engagement in blended online courses [J]. Journal of Computer Assisted Learning, 2022, 38: 1657 - 1673.

② Lima F. D. B., Lautert S. L., Gomes A. S. Contrasting levels of student engagement in blended and non-blended learning scenarios [J]. Computers & Education, 2021, 172: 104241.

业实践机械化地简化为“规范化”与“非规范化”的对立。由于教学工作的复杂性，教学实践本身没有一成不变的规范(结构、程序)。

情境胜任力观点与“教师持续专业学习与发展”思想一脉相承。戴杰思(Christopher Day)等学者认为，教师教育研究经历了从“教师专业发展”(teacher professional development, PD)向“教师专业学习”(teacher professional learning, PL)，再向“持续专业学习与发展”(Continuing Professional Learning and Development, CPLD)的范式转向。[①] 教师专业发展是对教师职业的规范与标准化，是工业社会技术理性的产物，其理论假设是“教师在技能和知识上存在缺陷”，需要通过一次或若干次培训让教师掌握规范化的知识与技能。这种“缺陷—培训—掌握”模式遮蔽了教师在职业生活中作为完整人的存在，仅仅将教师作为专业人，倾向于将复杂学习分解为一系列简单技能训练，忽视了教师学习过程的多样性和丰富性的鲜活事实。针对专业发展思想的弊端，学界先后提出了教师专业学习、持续专业学习与发展等思想，其内涵也愈加丰富，其核心理念在于对教师学习本质的重视和认知，承认教师学习经历的主体性和过程动态的变化性，以及对变化的接受和承诺。学习是有机的、渐进的、持续的，学习是一个对过去或现有思想和实践的替代或更新过程。每一位教师的学习也是不同的，这往往取决于该学习对解决教师面临的具体“胜任困境”是否有帮助，以及是否能直接或间接地改进教学绩效。

情境胜任力体现了知识与情境的动态耦合特征，启发教师在专业学习与发展中应具备与情境互动的实践意识，这一点在本研究中的胜任力发展“5C6S”模式、“RRRiBT”模式构建中得到了较好的贯彻。

(一) 两种模式的共同点

“5C6S”模式和“RRRiBT”模式均承袭了胜任力模型从经验和实践中来这一特征，均体现并强调了“经验”。比如，“5C6S”模式把“经验”作为“5C”中的首个要素，认为混合教学经验是教师转化学习发生的先决条件，对“转化”承载着触发意义，是导向和解决胜任困境的第一步。“RRRiBT”模式的五个关键要素中，第一个是教学经验中的“逆境事件”，是激活个人和工作资源、引发复原力发展的起点。

---

① 谢萍，刘芊，王馨薇. 教师持续专业学习与发展：内涵，条件与评估——专访英国诺丁汉大学荣休教授戴杰思[J]. 教师发展研究，2022，6(1)：13—22.

尽管两种模式都强调“经验”，但两种模式的核心理念都是“在经验中学习”，而非“从经验中学习”。“从经验中学习”是一种狭隘的学习形式，强调从经验中获得具化的知识；而“在经验中学习”强调的是认知图式的逐级形成和不断重构。比如“5C6S”模式强调真实参与、对话互动，在实践中和经验学习中实现认知图式的重构，进而实现个人参考系统的更新和转化；“RRRiBT”模式将“成果”作为复原力发展的最后一个关键要素，从心理成分和行为成分两个层面克服逆境事件，最终产生职业承诺、职业幸福感和成长的结果。

“5C6S”模式和“RRRiBT”模式吸收了科尔布（Kolb）①、费尔德曼（Feldman）②有关学习圈模式中胜任力发展的阶段划分及螺旋式发展的优点，同时进一步强调并实现了与“胜任力模型”的对接，具体表现为利用胜任力模型、胜任力词典、胜任力案例为胜任力发展提供“情境支持”，包括学习任务序列、经验原料库、情境化评估工具等。比如在“5C6S”模式中设计了基于胜任力模型的情境支持模块，从心理模式和认知策略层面提供外部情境信息来引导和促进认知图式的转化。加强“胜任力模型”与“胜任力发展模式”的联系，有利于破除当前教学胜任力研究“重建模而轻发展”的局面，形成教师混合教学胜任力研究中理论逻辑与实践逻辑的辩证统一。

（二）两种模式的方法论价值

教学胜任力发展具有“情境化”特点，“5C6S”模式和“RRRiBT”模式高度体现了这一特点。但必须要注意到，教师专业学习同时又具有去情境化的特征，即在高度情境化的情况下也可以归纳出一般的规律或流程来。学习的情境化与去情境化这个看似矛盾的问题其实在两个模式中得到了较好的解决。无论是采用演绎法构建的“5C6S”模式，还是采用归纳法构建的“RRRiBT”模式，都试图对胜任力发展的特征、深层机理和关系逻辑等进行分析和挖掘，从关键要素和核心流程（阶段）两个视角构建混合教学胜任力发展的一般性、普适性模式。例如“5C6S”模式，在个体经验、批判反思和理性对话三个核心要素基础上，吸收复杂学习的发生机理，增加促使上述三个核心要素运行的外部“情境支持”，并通过新的实践来实现认知图式重构和复杂问题解决。尽管在实证环节“5C6S”模式只

---

① Forray J. M., Leigh J. S. A., Goodnight J. E., et al. Teaching Methods and the Kolb Learning Cycle, in Educating for Responsible Management [M]. London: Routledge, 2017.

② Feldman D. C. The Multiple Socialization of Organization Members [J/OL]. The Academy of Management Review, 1981, 6(2): 309 - 318.

应用于“双向反馈”胜任力发展，但对发展混合教学“认知类”胜任力具有一定的普适性。而“RRRiBT”模式是基于教育叙事和概念化编码，从社会生态结构视角构建的一个描述性框架，将基于相互授权和关系重构的重要性置于复原力发展过程的核心位置，反映了复原力发展的动态过程、影响因子及其相互关系，为我们提供了一种情境化的方式来理解数字时代混合教学情境下教师的复原力。

因此可以说，这两个模式提供的不仅仅是发展某种胜任力特征的方法或流程，而是期望能提供一种更宽广意义上的方法论指导，这也是本研究试图达成的价值所在。

二、关于数智时代的教师负担治理

在数智时代，混合教学教师除了要承担因掌握各种智能技术工具而带来的“显性负担”外，从长期看还需要承担混合教学新范式所蕴含的“隐性负担”，比如花更多的精力来参与随时随地的互动和答疑，探索线上线下最佳协同的学习设计重构，提供促进学习投入的学习支持等。教师如果不能很好地应对这些挑战，可能导致工作压力增加、满意度降低，甚至工作倦怠，最终影响教师的职业幸福感。本研究在第三章第三节中有关教师自我调节类型的研究表明，低复原力与低教学绩效、低职业幸福感显著相关，发展和提高教师复原力是混合教学教师负担治理的关键。

资源保护理论作为一种动机和压力理论，其中有关资源的增损动态转化、增益（损失）螺旋、交叉转移机制等原则，揭示了复原力是可以预测和干预的，能为数字化转型背景下的教师负担治理提供新的方法论指导。具体可从以下三个方面开展：一是资源损失的首要原则与组织支持。资源损失的显著性原则认为，对个人来说损失和获益的心理效应并不相同，客观上的损失比等量获益的心理效用更大。因此，高校作为教师的组织资源系统，可以从社会性情感支持（亲密支持、尊重支持、网络整合等）、工具性支持（绩效反馈、成就、权利和影响、自主权等）两个方面提高教师感知的组织支持，创造为个人提供资源的环境条件，从而创造和发展复原力。二是资源交叉模型的转移原则与组织文化。资源交叉模型认为积极的个人经验、情感和资源可以通过移情传递建立积极的、强复原力的组织文化，避免“感知的集体倦怠”。因此，发展共同的混合教学价值观、丰富社会支持等有助于形成积极的文化氛围，加强团体成员之间的合作和互助，并培养组织承诺，这种氛围可以在压力期为教师提供支持来缓冲压力的影响。比如建立协同开课、互相增权、共有愿景、团队式计划的教师教学发展文化;定期举办混合教学主题沙龙、校本教研活动等建立知识共享的混合教学共同体等帮助教师应对混合教学挑战。三是资源增益的关键作用与差异化施策。对"疲惫倦怠型"教师而言,长期的资源损失导致资源枯竭可能会使个体选择防御性策略,即不投入积极的应对努力,以保存他们的资源储备。此种情况下,教师也可能采取补偿性努力,但因努力具有"递减的边际效用"致使效果甚微。此时在个体内部,需要降低目标,重新规划结果以停止资源损失,认知重塑被认为是一种有效的减压机制。对于"过度参与型"教师而言,其在投入大量的时间、精力、失去机会等来支持工作后,缺乏资源收益,出现了投入—回报的失衡。此种情况下,适时给予外部支持,比如适当的激励、宽容的氛围、发展性的培训等资源支持,有利于防止其因短时的资源损失演变为长期的资源损失,甚至资源枯竭进而转化为"疲惫倦息型"。

以上方法论为复原力发展模式的构建提供了理论参考,并最终催生了基于资源关系的混合教学教师复原力发展模式("RRRiBT")的构建与应用。

第三节　研究反思与展望

一、研究反思

本研究聚焦教师混合教学胜任力发展这一核心问题,综合使用教育叙事和实证逻辑的方法构建了囊括认知和非认知特征、主讲教师和辅导教师岗位序列的胜任力模型;针对认知类胜任力和非认知类胜任力发展的各自特征,分别提出了两种胜任力发展模式,并通过实践对其进行了检验和优化。在达成以上研究目标的过程中,本研究在三个方面做出了贡献。

(一) 构建混合教学胜任力模型是对教师专业发展的一种分化和创新研究,深化对数智时代教师教学能力内涵的认识

其一,混合教学不仅仅是技术与教学的简单叠加,而是两者的融合性创新。本研究在教育学关注教学质量的研究传统和组织心理学关注职业幸福感的研究传统中纳入对成功教师的研究,挖掘和萃取深层次行为特征集合,并构建混合教学胜任力模型,有利于破除"教育+信息技术"狭隘思维中单纯技术工具论指导

下教师教学能力发展的局限，是在新一代智能技术驱动下学习环境走向混合、智能、灵活的趋势下，基于真实教学问题、教学行为进行研究和反思有效混合教学的本质，尝试对与之相适应的高校教师教学能力的核心要素、行为特征等关键问题做出创新性的回应；也是在教育数字化转型背景下，对高校教师学习与专业发展的一种分化研究，是对教师教学发展理论的创新。

其二，胜任力模型构建与验证方法创新。目前有关教师胜任力模型的构建主要采用行为事件访谈法①，该方法具有成本低、时效快等优点。但它是基于教育叙事的质性研究方法，在研究者与受访者及访谈文本进行互动、阐释性理解和意义建构的过程中不可避免地存在主观性，且其效度受代表性访谈样本、受访者有故事且能讲故事、建模公信力等条件制约②，在单独使用时存在诸多局限性。为此，本研究提出了基于学习分析的胜任力特征优化方法和框架，在研究框架中提出了关键胜任力的教学行为假设，具体从混合学习节奏分析模型、学习行为链分析、促进学习投入的教学行为等基于数据开展循证研究，实证研究结论为胜任力特征的修订提供了翔实的资料，修正和丰富后的胜任力模型具有更高的效度和可解释性。

此外，在胜任力模型验证上，在已有研究常用的内部验证（内容效度、构想效度验证）的基础上，创新使用了外部变量验证（也称效标关联效度验证）方法。具体使用改进的探究社区模型中四个存在所表征的深度学习为效标变量，对预测变量（胜任力模型）和效标变量（样本量为 5 602）进行解释性复回归分析，回归模型整体解释变异量达到显著水平，验证了构建的胜任力模型与混合教学核心价值诉求——深度学习的关联程度高，证明了模型有效。采用效标关联效度验证，丰富了高校教师胜任力模型的验证方法。

其三，关注非认知胜任力特征，提出复合型胜任力特征“自我调节”，并纵向研究其转化情况，为教育数字化转型背景下数字劳动中的负担治理提供新的视角。

既往研究中多以教学质量为导向研究胜任力，往往忽略了以职业幸福感为导向的胜任力研究，对胜任力要素中的非认知特征缺乏深入的探讨，尤其对双重影响教学质量和职业幸福感的非认知因素缺乏挖掘。本研究深入研究了教师对

① 刘力为. 高等职业学校辅导员胜任力模型构建与提升策略研究[D]. 长春：东北师范大学，2022. 李永瑞，葛爽，王蔺茜. BEI 建构胜任力模型的局限性与改进措施[J]. 中国人力资源开发，2014(24)：44—49.

② 田俊. 中小学教师在线教学胜任力模型构建及实证研究[D]. 武汉：华中师范大学，2021.

混合教学的应对模式和经验，使用类型学方法识别了 4 种自我调节类型，并验证了自我调节类型与教学绩效和职业幸福感均存在显著相关，是一种重要的非认知类胜任力特征。自我调节不同于任何其他胜任力特征，它是一个复合胜任力特征项目，统合了职业承诺（抱负、投入、责任心、服务意识）与复原力特征及其关系，描述了教师应对混合教学挑战的典型行为模式和经验，比多个独立、零散的胜任力特征项更具有实践指导意义。

本研究对自我调节进行了追踪研究。纵向数据结果表明，教师复原力发展可以促进自我调节类型的正向转化（风险型转化为"平淡自得型"和"积极稳健型"）；低复原力与低教学绩效、低职业幸福感显著相关，因此，发展提高教师复原力是混合教学教师压力治理的核心。资源保护理论是一种动机和压力理论，其中有关资源的增损动态转化、增益（损失）螺旋、交叉转移机制等原则，揭示了复原力是可以预测和干预的；具体可从组织支持、组织文化、差异化资源增益等方面采取干预措施。以上研究结论为教育数字化转型背景下教师数字劳动中的负担治理提供了新的视角。

（二）基于混合教学境脉扩展探究社区（COI）模型，并建立胜任力模型与探究社区模型的关联，为预测和评估混合式学习环境中学习者深度学习体验提供了新的框架

其一，针对 Shea、Archibald 等学者们关于探究社区三种存在未能充分解释学习经验，尤其是对认知存在仍有未知成分的批评意见①，本研究基于班杜拉的社会认知理论和经验抽样法的多层次分析，论证了调节学习［包含自我调节（SRL）和共同调节（CoRL）］对混合学习绩效的重要影响，论述了将"调节存在"纳入探究社区模型并作为第四种存在的合理性和必要性。研究中界定了"调节存在"的概念：学习者在混合学习环境特征的指导和约束下，通过自我调节、共同调节等调节行为和策略，构建对认知、动机和行为的监测、调节和评价反思。"调节存在"可以被理解为由计划、表现、意志控制和自我反思组成，帮助学习者以结构化、条理化的方式获取知识，并影响学习体验和学习成果。融入"调节存在"后由 4 种存在构建的探究社区模型，为更好地预测和评估混合式学习环境中学习

① Shea P., Bidjerano T. Community of inquiry as a theoretical framework to foster "epistemic engagement" and "cognitive presence" in online education [J]. Computers & Education, 2009, 52(3): 543 - 553. Archibald D. Fostering the development of cognitive presence: Initial findings using the community of inquiry survey instrument [J]. The Internet and Higher Education, 2010, 13(1): 73 - 74.

者深度学习体验提供了新的框架。

其二，尝试建立胜任力模型与扩展探究社区模型的联系，强化了混合教学胜任力面向调节学习能力培养的重要任务和发展路向。

帕帕尼科劳（Papanikolaou）等学者[①]在设计基于技术增强（TEL）学习的职前教师培训框架时，研究了教师能力框架“TPACK”和“COI”框架要素间的联系，除了认知存在与“TPACK”呈中等程度的线性相关，其他各要素间的皮尔逊相关系数相对较小，两框架各要素间的影响关系尚不明朗。

本研究受帕帕尼科劳等学者的启发，在验证胜任力模型时使用解释性复回归分析和路径分析进一步验证了若干胜任力特征与四种存在之间的路径影响关系。这一方面使得教师创建四种存在所需要重点发展的胜任力特征项有了更明确的指向；另一方面，调节存在作为“COI”模型中一种新的、重要的存在，既强化了教师利用混合教学情境培养学习者调节学习能力的重要性，也明确了教师胜任力的发展路向。自我调节（SRL）是学习者在其目标和学习环境特征的指导和约束下，监测、调节和控制自己的认知、动机和行为，对混合学习中的自主学习具有重要影响；共同调节（CoRL）涉及动机、目标设定和评价的人际过程，是在与其他参与者的关系中，以及在社会机会和支持的情境中引发的，对混合学习中的合作学习具有重要影响。两个模型间建立联系为教师如何利用混合学习情境中“绝对丰富的互动”[②]来培养学生的调节能力，进而为实现 Reeve 等人期待的使学生从“被动和顺从导向的学习参与形式”转向更“真实和行动导向的参与形式”[③]提供了启发。

（三）基于演绎法和归纳法分别构建了两种胜任力发展模式，丰富和发展基于胜任力模型的教师专业学习与发展理论

基于胜任力模型的教师教学发展具有“面向绩效和问题导向性、工作场所学习的情境性、学习过程的复杂性、学习结果的迁移转化性”特征，本研究紧扣这些特征，使用演绎法和归纳法分别构建了面向认知类胜任力特征和非认知类胜任

① Papanikolaou K., Makri K., Roussos P. Learning design as a vehicle for developing TPACK in blended teacher training on technology enhanced learning [J]. International Journal of Educational Technology in Higher Education, 2017, 14(1): 34.

② Boelens R. Studying Blended Learning Designs for Hands-on Adult Learners [D]. Belgium: Ghent University, 2018.

③ Reeve J., Shin S. How teachers can support students' agentic engagement [J]. Theory into Practice, 2020, 59: 150 - 161.

力特征的两种发展模式，并通过实践对其进行了验证和优化。本研究提供了情境胜任力观点，两种模式均受到了情境胜任力观点的关照，有利于破除工业社会技术理性视角下的“缺陷—培训—掌握”模式弊端，为基于胜任力模型的教师教学发展提供模式借鉴和理论指导，践行并丰富“教师持续专业学习与发展”理念。

二、研究展望

在使用学习分析的方法对胜任力模型进行丰富和优化的研究中，囿于精力所限，只对“学习设计”和“学习支持”两大主概念下的若干胜任力特征进行了实证研究，今后可继续对其他鉴别性胜任力特征按类似方法加以深入研究，在混合教学情境中不断丰富和发展胜任力模型。

对扩展探究社区模型中四个存在间的关系，以及扩展探究社区模型与混合教学胜任力模型的关系研究有待深入。探究社区理论模型以协作建构学习和批判反思对话为理念，直指有意义、深度的学习体验，为在线学习和混合学习研究提供了独特的视角和理论，模型本身也在随着教学情境的变化而不断发展。本研究基于混合教学境脉，初步提出调节存在，并论述了其对混合学习的重要影响，但对于调节存在与其他三个存在的逻辑关系、相互影响还缺乏更深入的研究。未来可在更大样本范围内设计纵向研究，基于更丰富的实证研究数据揭示四个存在间的关系，以及教师能力与探究社区关联发展的情况。

在研究内容二有关胜任力发展研修项目中，受条件所限，参与研修项目的研究样本数量有限，所提出的“5C6S”模式和“RRRiBT”模式有待在更大样本容量（比如跨区域研修教师、跨学科和课程）、在不同教学文化背景中进一步检验其有效性，并进行优化和迭代。两种模型的有效应用离不开情境化支持和评估工具，今后可进一步完善和丰富。

附　录

附录一　专业术语表

中文表述	英文表述及缩写
在线学习	Online Learning, OL
课堂面授教学	Classroom Instruction, CI
行为事件访谈	Behavioral Event Interview, BEI
学习分析	Learning Analysis, LA
德尔菲-层次分析法	Delphi-Analytic Hierarchy Process, Delphi-AHP
探究社区	Community of Inquiry, COI
胜任力培训/发展	Competency-based Training/Development, CBT/D
学习节奏可视化模型	Random-OnTrack-Review-Catch-up, RORC
经验抽样法	Experience Sampling Method, ESM
工作行为与经验模式诊断工具	Arbeitsbezogenes Verhaltens- und Erlebensmuster, AVEM
自我调节学习	Self-Regulated Learning, SRL
共同调节学习	Co-Regulated Learning, CoRL
调节存在	Regulating Presence, RP
参考框架	Frame of Reference, FR
五要素六阶段模式	Five-Component/Six Stages, 5C6S
基于资源关系复原力发展模式	Resource Relation Resilience Model in Blended Teaching, RRRiBT
教师复原力自我反思与诊断工具	Teacher Resilience Reflection and Diagnostic Tool, TRRD
资源保护理论	Conservation of Resources, COR
持续专业学习与发展	Continuing Professional Learning and Development, CPLD
密集纵向法	Intensive Longitudinal Method, ILM

附录二 混合教学胜任力模型

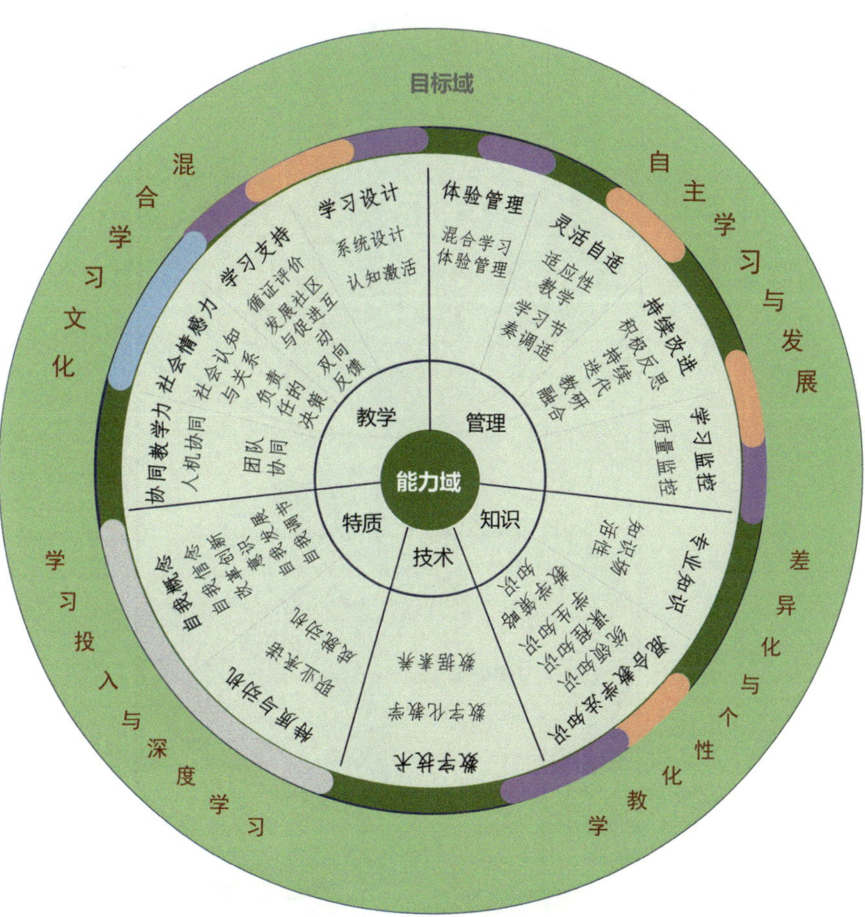

附录三 胜任力模型、扩展探究社区、教师角色映射关系图

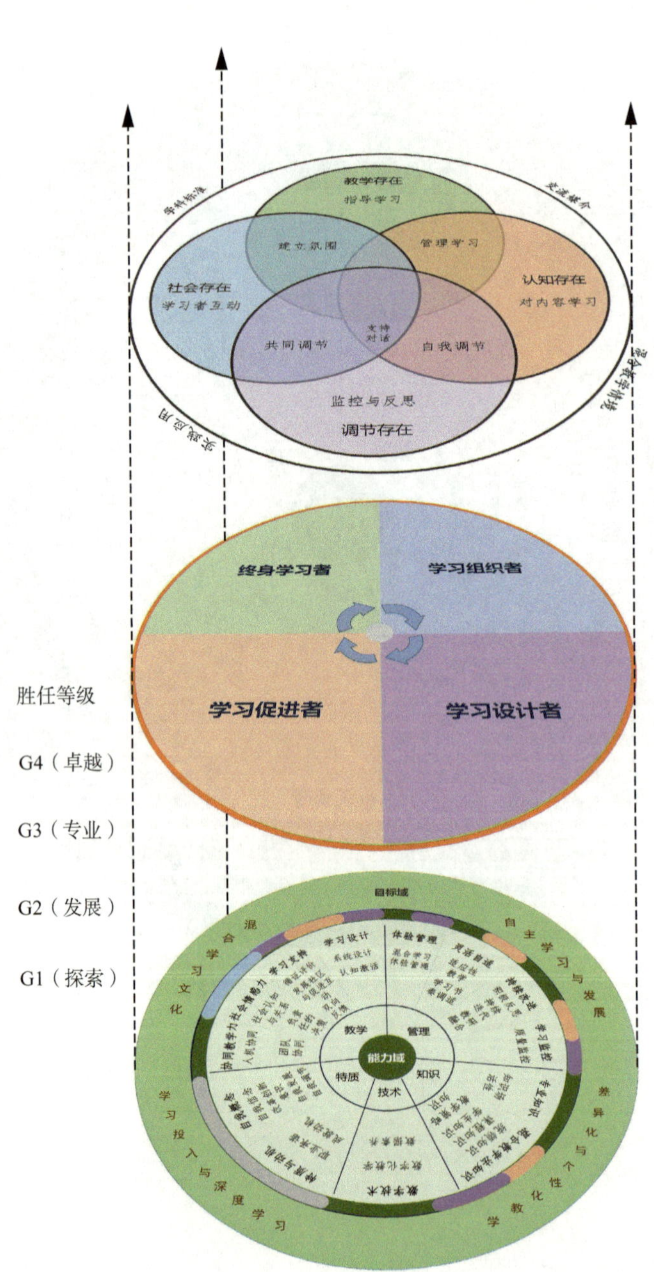

主要参考文献

一、中文文献

[1] 布迪厄,华康德.实践与反思——反思社会学导引[M].李猛,李康译.北京:中央编译出版社,1998.

[2] 曹园园.智慧学习环境下 SPOC 混合教学胜任力模型研究[J].杭州电子科技大学学报(社会科学版),2021,17(3):68-72.

[3] 陈向明.从一个到全体——质的研究结果的推论问题[J].教育研究与实验,2000(2):1-8,72.

[4] 陈向明.扎根理论在中国教育研究中的运用探索[J].北京大学教育评论,2015,13(1):2-15,188.

[5] 崔慧丽,朱宁波.高校教师教书育人楷模的角色类型和胜任力特征分析[J].当代教育科学,2020(3):29-33.

[6] D.兰迪·加里森等.高校教学中的混合式学习:框架、原则和指导[M].丁妍等译.上海:复旦大学出版社.2019.

[7] 第斯多惠.德国教师培养指南[M].袁一安译.北京:人民教育出版社,2001.

[8] 董艳,罗泽兰,杨韵莹等.教育信息化 2.0 时代视角下的教师反馈素养研究[J].电化教育研究,2021,42(8):35-42,58.

[9] 范建丽,张新平.大数据+智能时代的教师数智胜任力模型研究[J].远程教育杂志,2022,40(4):65-74.

[10] 风笑天.社会学研究方法(第四版)[M].北京:中国人民大学出版社,2013.

[11] 冯晓英,郭婉瑢,宋佳欣.教师混合式教学能力发展模型:原则、准备与策略[J].开放教育研究,2021,27(5):53-62.

[12] 冯晓英,吴怡君,庞晓阳等.混合式教学改革:教师准备好了吗——教师混合式教学改革发展框架及准备度研究[J].中国电化教育,2021(1):110-117.

[13] 冯仰存,吴佳琦,陈得军.数字化转型下技术压力对教师工作绩效的影响——基于教学创新行为与不同思维的中介调节效应分析[J].现代教育技术,2023,33(5):15-24.

[14] 甘露丹.乡村新任教师入职培训的实效性研究[D].重庆:西南大学,2022.

[15] 郭春才.信息化教育环境下教师胜任力研究[J].中国远程教育,2012(9):65-69.

[16] 郭婉瑢,冯晓英,孙洪涛等."互联网+"时代的教师混合式教学胜任力框架构建及指标体系研究——基于回溯定性建模法[J].现代远距离教育,2022(5):59-69.

[17] 韩锡斌,马婧,程建钢.高校混合教学推动策略下师生群体行为关系分析[J].电化教育研究,2017,38(12):37-43.

[18] 韩锡斌，王玉萍，张铁道等. 远程、混合与在线学习驱动下的大学教育变革——国际在线教育研究报告《迎接数字大学》深度解读[J]. 现代远程教育研究，2015(5)：3－11，18.
[19] 郝宁，吴庆麟. 创造力与能力、专长及胜任力关系评述[J]. 心理科学，2005(2)：501－504.
[20] 郝永林. 研究型大学教师教学胜任力建模——基于 41 份文本分析的理论构建[J]. 高教探索，2015(8)：76－81.
[21] 郝永林. 研究型大学教师教学胜任力建模——基于 41 份文本分析的理论构建[J]. 高教探索，2015(8)：76－81.
[22] 郝兆杰，潘林. 高校教师翻转课堂教学胜任力模型构建研究——兼及“人工智能＋”背景下的教学新思考[J]. 远程教育杂志，2017，35(6)：66－75.
[23] 何克抗. 从 Blending Learning 看教育技术理论的新发展(上)[J]. 电化教育研究，2004(3)：1－6.
[24] 何齐宗，熊思鹏. 高校教师教学胜任力模型构建研究[J]. 高等教育研究，2015，36(7)：60－67.
[25] 黄月，韩锡斌，程建钢. 混合教学改革的阶段性特征与实施效果偏差分析[J]. 现代远程教育研究，2017(5)：69－77.
[26] 蒋立兵，杨玖，黄一璜等. 成人转化学习的触发条件与过程模型研究[J]. 教育发展研究，2018，38(9)：56－63.
[27] 拉潘塔，博图里，古德伊尔等. 正确处理技术、教学法和新常态三者关系：后新冠疫情时代高等教育的挑战[J]. 中国远程教育，2022(3)：26－41，77.
[28] 兰国帅，钟秋菊，吕彩杰等. 探究社区量表中文版的编制——基于探索性和验证性因素分析[J]. 开放教育研究，2018，24(3)：68－76.
[29] 李广，盖阔. 中小学教师职业幸福感调查[J]. 教育研究，2022，43(2)：13－28.
[30] 李克东，赵建华. 混合学习的原理与应用模式[J]. 电化教育研究，2004(7)：1－6.
[31] 李爽，陈丽. 中国远程教育专业人员能力模型研究[J]. 中国电化教育，2004(3)：62－68.
[32] 李晓杰. 新时代高校辅导员核心素养培育研究[D]. 哈尔滨：哈尔滨师范大学，2020.
[33] 李永瑞，葛爽，王蔺茜. BEI 建构胜任力模型的局限性与改进措施[J]. 中国人力资源开发，2014(24)：44－49.
[34] 廖宏建，刘外喜. 高校 SPOC 有效学习影响因素实证分析[J]. 电化教育研究，2017，38(5)：64－70.
[35] 廖宏建，张倩苇. 高校混合教学就绪指数构建与评估应用[J]. 电化教育研究，2019，40(3)：59－67.
[36] 廖宏建，张倩苇. 高校教师 SPOC 混合教学胜任力模型——基于行为事件访谈研究[J]. 开放教育研究，2017，23(5)：84－93.
[37] 刘力为. 高等职业学校辅导员胜任力模型构建与提升策略研究[D]. 长春：东北师范大学，2022.
[38] 柳海民，郑星媛. 教师职业幸福感：基本构成、现实困境和提升策略[J]. 现代教育管理，2021，378(9)：74－80.
[39] 马颂歌. 中国语境下的生存、批判、创造——质变学习的生态整合流派[J]. 现代远程教育研究，2018(3)：19－29.
[40] 迈克尔・桑基，张永胜，肖俊洪. 以教学创新引领技术应用[J]. 中国远程教育，2020(5)：46－53，77.
[41] 莫寰. 女性创业胜任力的阶段特征及其与成长绩效的关系研究[D]. 杭州：浙江大学，2013.
[42] 牛端，张敏强. 高校教师胜任力特征模型的构建与验证[J]. 心理科学，2012，35(5)：

1240 - 1246.
[43] 帕克·帕尔默.教学勇气:漫步教师心灵[M].吴国珍,余巍等译.上海:华东师范大学出版社,2005.
[44] 皮埃尔·布迪厄.《实践感》[M].蒋梓骅译.南京:译林出版社,2003.
[45] 邱燕楠,李政涛.从"在线教学胜任力"到"双线混融教学胜任力"[J].中国远程教育,2020,41(7):7 - 15,76.
[46] 时勘.胜任力特征模型的理论与实践探索的新进展[C]//中国心理学会.第十二届全国心理学学术大会论文摘要集,2009:692.
[47] 史天琪.情境胜任力的生成机制[D].厦门:厦门大学,2020.
[48] 汤杰英.成人质变学习理论视域下的学前教师培训[J].上海教育科研,2019(5):59 - 62.
[49] 田俊.中小学教师在线教学胜任力模型构建及实证研究[D].武汉:华中师范大学,2021.
[50] 托尼·贝茨.数字化时代的教学:教与学设计指南[M].刘永权,武丽娜译.北京:国家开放大学出版社,2016.
[51] 万昆,赵健.技术时代教师工作负担的实证研究——基于规模化在线教学的分析视角[J].教育学术月刊,2022,356(3):88 - 96.
[52] 汪明杰.生态危机时代的学习范式转换[J].世界教育信息,2019,32(2):5 - 9,39.
[53] 王贺立.幼儿园园长胜任力:模型构建、作用及促进因素[D].长春:东北师范大学,2022.
[54] 王晶心,王胜清,陈文广.基于 TPACK 的高校教师混合式教学胜任力模型研究[J].中国远程教育,2022(8):26 - 34.
[55] 王靖,陈卫东.具身认知视角下的混合式学习本质再审视[J].远程教育杂志,2016,34(5):68 - 74.
[56] 王兮.教师社会情感能力培养谈片[J].教育研究与评论,2023(6):17 - 20.
[57] 翁伟斌.教师培训走向何方——对教师培训的审视[J].上海师范大学学报(哲学社会科学版),2020,49(3):73 - 82.
[58] 吴量,詹浩洋.中文版教师自我效能感量表(TSE)(简版)的信度和效度研究[J].心理技术与应用,2017,5(11):672 - 679.
[59] 吴明隆.问卷统计分析实务——SPSS 操作与应用[M].重庆:重庆大学出版社,2016.
[60] 谢萍,刘芊,王馨薇.教师持续专业学习与发展:内涵,条件与评估——专访英国诺丁汉大学荣休教授戴杰思[J].教师发展研究,2022,6(1):13 - 22.
[61] 熊思鹏,何齐宗.高校青年教师教学胜任力的调查与思考[J].教育研究,2016,37(11):126 - 132.
[62] 徐继红.高校教师教学能力结构模型研究[D].长春:东北师范大学,2013.
[63] 许环环.从管理到治理:中小学教师培训制度建构的转向[J].当代教育科学,2022(8):88 - 95.
[64] 许慧,黄亚梅,李福华等.认知情绪调节对中学教师职业幸福感的影响:心理资本的中介作用[J].教育理论与实践,2020,40(29):25 - 27.
[65] 严尧.高校教师胜任力模型的构建与初探[J].价值工程,2013,32(5):277 - 278.
[66] 颜正恕.高校教师慕课教学胜任力模型构建研究[J].开放教育研究,2015,21(6):104 - 111.
[67] 叶仁敏,Hagtvet K.成就动机的测量与分析[J].心理发展与教育,1992(2):14 - 16.
[68] 殷蕾.转化学习理论视角下教师培训的困境与出路[J].中国教育学刊,2018(10):87 - 91.
[69] 约翰·哈蒂.可见的学习:最大程度地促进学习(教师版)[M].金莺莲,洪超,裴新宁译.北京:教育科学出版社,2015.

[70] 张晶. 基层党政领导干部胜任特征模型及其与工作绩效的关系[D]. 北京：中国人民大学，2007.

[71] 张倩苇，张敏，杨春霞. 高校教师混合式教学准备度现状、挑战与建议[J]. 电化教育研究，2022,43(1):46-53.

[72] 张艳丽，张海，王以宁. 高校教师智能教育教学胜任力模型的构建[J]. 佳木斯大学社会科学学报，2021,39(5):181-183.

[73] 赵冬臣，范良火. 什么是教师知识发展的最有用来源——对 27 项教师知识来源实证研究的元分析[J]. 湖南师范大学教育科学学报，2020,19(6):68-76.

[74] 赵建民，张玲玉. 高校教师对混合式教学接受度的实证研究——基于 DTPB 与 TTF 整合的视角[J]. 现代教育技术，2017,27(10):67-73.

[75] 赵健. 技术时代的教师负担：理解教育数字化转型的一个新视角[J]. 教育研究，2021,42(11):151-159.

[76] 赵忠君，郑晴，张伟伟. 智慧学习环境下高校教师胜任力模型构建的实证研究[J]. 中国电化教育，2019(02):43-50,65.

[77] 郑旭东. 面向我国中小学教师的数字胜任力模型构建及应用研究[D]. 上海：华东师范大学，2019.

[78] 郅庭瑾，王亚男. 教育数字化转型背景下教师负担的风险分析与纾解策略[J]. 教师发展研究，2023,7(1):15-19.

[79] 周榕. 高校教师远程教学胜任力模型构建的实证研究[J]. 电化教育研究，2012,33(11):86-92.

[80] 周榕. 高校教师远程教学胜任力培训设计模型构建——基于复杂学习的视角[J]. 电化教育研究，2017,38(6):116-122.

[81] 周榕. 高校教师远程教学胜任力评估体系构建——基于灰色系统方法[J]. 电化教育研究，2014,35(4):112-120.

二、英文文献

[1] Ainsworth S. A., Oldfield J. Quantifying teacher resilience: Context matters [J]. Teaching and Teacher Education, 2019,82:117-128.

[2] Akyol Z., Garrison D. R. The development of a community of inquiry over time in an online course: understanding the progression and integration of social, cognitive and teaching presence [J]. Journal of Asynchronous Learning Networks, 2008,12:3-22.

[3] Alan B. Determining generic teacher competencies: a measurable and observable teacher competency framework [J]. International Journal of Psychology Educational Studies, 2022,9(02):308-331.

[4] Ali A. D., Hanna W. K. Predicting students' achievement in a hybrid environment through self-regulated learning, log data, and course engagement: A data mining approach [J]. Journal of Educational Computing Research, 2021,60(4):960-985.

[5] Ally M. Competency profile of the digital and online teacher in future education [J]. The International Review of Research in Open and Distributed Learning, 2019(20):302-318.

[6] Andrade H. L., Brookhart S. M., Yu E. C. Classroom assessment as coregulated learning: A systematic review [J]. Frontiers in Education, 2021,6:751168.

[7] Anggawirya A. M., Prihandoko L. A., Rahman F. Teacher's role on teaching english during pandemic in a blended classroom [C]//Proceedings of the International Joined

Conference on Social Science. Amsterdam: Atlantis Press, 2021.

[8] Antwi-Boampong A. Towards a faculty blended learning adoption model for higher education [J]. Education and Information Technologies, 2020,25(3):1639 - 1662.

[9] Archambault L. M., Crippen K. J. Examining TPACK among K - 12 online distance educators in the United States [J]. Contemporary Issues in Technology and Teacher Education, 2009,9(1):71 - 88.

[10] Archibald D. Fostering the development of cognitive presence: Initial findings using the community of inquiry survey instrument [J]. The Internet and Higher Education, 2010, 13(1):73 - 74.

[11] Arrosagaray M. V., GonzáLez-Peiteado M., Pino-Juste M., et al. A comparative study of Spanish adult students' attitudes to ICT in classroom, blended and distance language learning modes [J]. Computers & Education, 2019,134:31 - 40.

[12] Aspden L., Helm P. Making the connection in a blended learning environment [J]. Educational Media International, 2004,41:245 - 252.

[13] Bandura A. Regulation of cognitive processes through perceived self-efficacy [J]. Developmental Psychology, 1989,25(5):729 - 735.

[14] Barbour M. K., Siko J. P., Gross E. A., Waddell K. Virtually unprepared: examining the preparation of K - 12 online teachers [EB/OL]. (2014 - 12 - 05)[2023 - 03 - 09] https://www.igi-global.com/gateway/chapter/88148.

[15] Barnard L., Lan W. Y., To Y. M., et al. Measuring self-regulation in online and blended learning environments [J]. Internet and Higher Education, 2009,12:1 - 6.

[16] Bernard R. M., Borokhovski E., Schmid R. F., et al. A meta-analysis of blended learning and technology use in higher education: From the general to the applied [J]. Journal of Computing in Higher Education, 2014,26:87 - 122.

[17] Bersin J. The Blended Learning Book: Best Practices, Proven Methodologies, and Lessons Learned [M]. San Francisco: Jossey-Bass/Pfeiffer, 2004.

[18] Blau I., Inbal-Shamir T. Re-designed flipped learning model in an academic course: The role of co-creation and co-regulation [J]. Computers & Education, 2017,115:69 - 81.

[19] Boehnert, E. J. E. The Visual Communication of Ecological Literacy: Designing, Learning and Emergent Ecological Perception [D]. Brighton: University of Brighton, 2012.

[20] Boelens R. Studying Blended Learning Designs for Hands-on Adult Learners [D]. Belgium: Ghent University, 2018.

[21] Boelens R., Wever B. D., Voet M. Four key challenges to the design of blended learning: A systematic literature review [J]. Educational Research Review, 2017,22:1 - 18.

[22] Bond M., Bedenlier S. Facilitating student engagement through educational technology: towards a conceptual framework [J]. Journal of Interactive Media in Education, 2019,1: 1 - 14.

[23] Bonk C. J., Graham C. R., Cross J., et al. The Handbook of Blended Learning: Global Perspectives, Local Designs [M]. Pfeiffer & Company, 2005.

[24] Boud D., Dawson P. What feedback literate teachers do: An empirically-derived competency framework [J]. Assessment & Evaluation in Higher Education, 2021,48:158 - 171.

[25] Boud D., Dawson P. What feedback literate teachers do: An empirically-derived competency framework [J]. Assessment & Evaluation in Higher Education, 2021,48(2):158 - 171.

[26] Broadbent J., Poon W. Y. L. Self-regulated learning strategies & academic achievement in online higher education learning environments: A systematic review [J]. The Internet and Higher Education, 2015,27:1-13.
[27] Cahapay M. B. Kirkpatrick model: its limitations as used in higher education evaluation [J]. International Journal of Assessment Tools in Education, 2021,8:135-144.
[28] Carless D., Winstone N. E. Teacher feedback literacy and its interplay with student feedback literacy [J]. Teaching in Higher Education, 2020,28:150-163.
[29] Chaker R., Impedovo M. A. The moderating effect of social capital on coregulated learning for MOOC achievement [J]. Education and Information Technologies, 2020,26: 899-919.
[30] Charmaz K., Thornberg R. The pursuit of quality in grounded theory [J]. Qualitative Research in Psychology, 2020,(18):305-327.
[31] Christine R. European framework for the digital competence of educators: DigCompEdu [EB/OL].(2017-10-12)[2023-03-10] https://econpapers.repec.org/paper/iptiptwpa/jrc107466.htm.
[32] Corbin J., Strauss A. Basics of Qualitative Research: Techniques and Procedures for Developing Grounded Theory (4th Edition) [M]. Los Angeles: SAGE, 2015.
[33] Costa J. M., Miranda G. L., Melo M. Four-component instructional design (4C/ID) model: A meta-analysis on use and effect [J]. Learning Environments Research, 2022, 25:445-463.
[34] Crawford R., Jenkins L. S. Blended learning and team teaching: Adapting pedagogy in response to the changing digital tertiary environment [J]. Australasian Journal of Educational Technology, 2016,33:51-72.
[35] Csíkszentmihályi M. If we are so rich, why aren't we happy? [J]. American Psychologist, 1999,54:821-837.
[36] Doney P. A. Fostering resilience: a necessary skill for teacher retention [J]. Journal of Science Teacher Education, 2013,24(4):645-664.
[37] Ebner M. 2022 Educause Horizon Report | Teaching and Learning Edition [R], 2022.
[38] Eggers J. H., Oostdam R., Voogt J. Self-regulation strategies in blended learning environments in higher education: A systematic review [J]. Australasian Journal of Educational Technology, 2021,37(6):175-192.
[39] Ellis R. A., Pardo A., Han F. Quality in blended learning environments-significant differences in how students approach learning collaborations [J]. Computers & Education, 2016,102:90-102.
[40] Eraut M. Informal learning in the workplace [J]. Studies in Continuing Education, 2004 (2):247-273.
[41] Falloon G. From digital literacy to digital competence: The teacher digital competency (TDC) framework [J]. Educational Technology Research and Development, 2020, 68 (3):2449-2472.
[42] Feldman A. Joiff and the importance of competency-based training [J]. Industrial Fire Journal, 2006(9):87-88.
[43] Forray J. M., Leigh J. S. A., Goodnight J. E., et al. Teaching Methods and the Kolb Learning Cycle, in Educating for Responsible Management [M]. London: Routledge, 2017.
[44] Fredricks J., Blumenfeld P., Paris A. H. School engagement: Potential of the concept,

state of the evidence [J]. Review of Educational Research, 2004,74:109 - 159.

[45] Fredricks J., Parr A. K., Amemiya J., et al. What matters for urban adolescents' engagement and disengagement in school: a mixed-methods study [J]. Journal of Adolescent Research, 2019,34:491 - 527.

[46] Friesen N. Report: Defining blended learning [EB/OL]. (2012 - 9 - 11)[2023 - 04 - 12] http://learningspaces.org/papers/Defining_Blended_Learning_NF.pdf.

[47] Garrison D. R., Akyol Z. Toward the development of a metacognition construct for communities of inquiry [J]. Internet and Higher Education, 2013,24:66 - 71.

[48] Garrison D. R., Anderson T., Archer W. Critical thinking and computer conferencing: A model and tool to assess cognitive presence [J]. American Journal of Distance Education, 2001,15(1):7 - 23.

[49] Garrison D. R, Anderson T., Archer W. The first decade of the community of inquiry framework: A retrospective [J]. Internet Higher Education, 2010,13:5 - 9.

[50] Garrison D. R. Online community of inquiry review: Social, cognitive, and teaching presence issues [J]. Online Learning, 2007,11(1):61 - 72.

[51] Garrison D. R., Vaughan N. D. Blended Learning in Higher Education: Framework, Principles, and Guidelines [M]. San Francisco: Wiley & Sons, 2008.

[52] Ginns P., Ellis R. A. Quality in blended learning: Exploring the relationships between on-line and face-to-face teaching and learning [J]. Internet and Higher Education, 2007, 10:53 - 64.

[53] Graham, C. R., Borup J., Pulham E., & Larsen R. K - 12 blended teaching readiness: phasel instrument development [EB/OL]. (2018 - 08 - 23)[2023 - 03 - 23] https://www.tandfonline.com/doi/abs/10.1080/15391523.2019.1586601.

[54] Graham C. R., Woodfield W., Harrison J. B. A framework for institutional adoption and implementation of blended learning in higher education [J]. Internet and Higher Education, 2013,18(3):4 - 14.

[55] Guthrie H. Competence and competency-based training: what the literature says [J]. National Centre for Vocational Education Research, 2009:1 - 32.

[56] Guttman E., Eisikovits Z., Maluccio A. N. Enriching social work supervision from the competence perspective [J]. Journal of Social Work Education, 1988,24(3):278 - 288.

[57] Hackman J. R., Oldham G. R. Development of the job diagnostic survey [J]. Journal of Applied psychology, 1975,60(2):159 - 171.

[58] Halverson L. R, Graham C. R. Learner engagement in blended learning environments: A conceptual framework [J]. Online Learning, 2019,23:145 - 178.

[59] Han F., Vaculíková J., Juklová K. The relations between Czech undergraduates' motivation and emotion in self-regulated learning, learning engagement, and academic success in blended course designs: Consistency between theory-driven and data-driven approaches [J]. Frontiers in Psychology, 2022,13:1001202.

[60] Hascher T., Beltman S., Mansfield C. F. Teacher wellbeing and resilience: Towards an integrative model [J]. Educational Research, 2021,63:416 - 439.

[61] Hascher T., Beltman S. & Mansfield C. Teacher wellbeing and resilience: towards an integrative model [J]. Educational Research, 2021,63(4):416 - 439.

[62] Hascher T., Waber J. Teacher well-being: A systematic review of the research literature from the year 2000 - 2019 [J]. Educational Research Review, 2021,34:100411.

[63] Heilporn G., Lakhal S., Bélisle M. Examining effects of instructional strategies on student engagement in blended online courses [J]. Journal of Computer Assisted Learning, 2022, 38: 1657 - 1673.

[64] Henrie C. R., Bodily R., Manwaring K. C., et al. Exploring intensive longitudinal measures of student engagement in blended learning [J]. The International Review of Research in Open and Distributed Learning, 2015, 16: 131 - 155.

[65] Herring, M. C., Koehler, M. J., & Mishra, P. Handbook of Technological Pedagogical Content Knowledge (TPACK) for Educators [M] (2nd edition). New York: Routledge, 2016.

[66] Hobfoll S. E. Conservation of resources theory: Its implication for stress, health, and resilience [M]//FOLKMAN S. The Oxford Handbook of Stress, Health, and Coping. Oxford: Oxford University Press, 2011: 127 - 147.

[67] Hobfoll S. E., Halbesleben J., Neveu J-P., et al. Conservation of resources in the organizational context: The reality of resources and their consequences [J]. Annual Review of Organizational Psychology and Organizational Behavior, 2018, 5(1): 103 - 128.

[68] Hoggan C., Kloubert T. Transformative learning in theory and practice [J]. Adult Education Quarterly, 2020(70): 295 - 307.

[69] Hohensee E., Weber K. E. Teacher trainees' well-being — the role of personal resources [J]. International Journal of Environmental Research and Public Health, 2022, 19(14): 8821.

[70] Holzberger D., Maurer C., Kunina-Habenicht O., et al. Ready to teach? A profile analysis of cognitive and motivational-affective teacher characteristics at the end of pre-service teacher education and the long-term effects on occupational well-being [J]. Teaching and Teacher Education, 2021, 100: 10328.

[71] Hsieh M. Y., Usak M. High education radical transformation era: how teachers' competency can enhance the students' employability? [J]. Revista De Cercetare Si Interventie Sociala, 2020, 68: 95 - 112.

[72] International society for technology in education. ISTE standards for educators [EB/OL]. (2018 - 01) [2023 - 02] https:/www. iste. orgresources/product? id = 4027&format-Book&name=ISTE+Standards+for+Educators.

[73] Jennings P. A., Greenberg M. T. The prosocial classroom: Teacher social and emotional competence in relation to student and classroom outcomes [J]. Review of Educational Research, 2009, 79: 491 - 525.

[74] Järvelä S., Hadwin A. F., Malmberg J., et al. Contemporary Perspectives of Regulated Learning in Collaboration [M]. New York: Routledge, 2018.

[75] Järvelä S., Malmberg J., Koivuniemi M. Recognizing socially shared regulation by using the temporal sequences of online chat and logs in CSCL [J]. Learning and Instruction, 2016, 42(04): 1 - 11.

[76] Kaendler C., Wiedmann M., Leuders T., et al. Monitoring student interaction during collaborative learning: Design and evaluation of a training program for pre-service teachers [J]. Psychology Learning & Teaching, 2016, 15(1): 44 - 64.

[77] Kaendler C., Wiedmann M., Rummel N., et al. Teacher competencies for the implementation of collaborative learning in the classroom: A framework and research review [J]. Educational Psychology Review, 2015, 27(3): 505 - 536.

[78] Kaplan J., De Montalembert M., Laurent P., Fenouillet F. Erica-an instrument to

measure individual and collective regulation of learning [J]. European Review of Applied Psychology, 2017,67(2):79-89.

[79] Kharkivska A. The competency-based approach as methodology of professional training of future teachers in the conditions of education informatization [J]. Problems of Engineer-pedagogical Education, 2020(67):27-35.

[80] Kieschke U., Schaarschmidt U. Professional commitment and health among teachers in Germany: A typological approach [J]. Learning and Instruction, 2008,18(5):429-437.

[81] Kilis S., Yıldırım Z. Investigation of community of inquiry framework in regard to self-regulation, metacognition and motivation [J]. Computers & Education, 2018, 126: 53-64.

[82] Kim K-J., Bonk C. J., Oh E. J. The present and future state of blended learning in workplace learning settings in the United States [J]. Performance Improvement, 2008, 47:5-16.

[83] Kirkpatrick D. L. Great ideas revisited. techniques for evaluating training programs. revisiting Kirkpatrick's four-level model [J]. Training & Development, 1996, 50: 54-59.

[84] Kunter M., Baumert J., Blum W., et al. Cognitive activation in the mathematics classroom and professional competence of teachers: results from the COACTIV Project [M]//Andrea P., Patricia W. Mathematics Teacher Education. New York: Springer, 2013.

[85] LaDuca A. The structure of competence in health professions [J]. Evaluation & the Health Professions, 1980,3:253-288.

[86] Lam J. Y. Autonomy presence in the extended community of inquiry [J]. International Journal of Continuing Education and Lifelong Learning, 2015,8(1):39-61.

[87] Landeta J. Current validity of the Delphi method in social sciences [J]. Technological Forecasting and Social Change, 2006,73:467-482.

[88] Leiter M., Maslach C., Jackson S. Maslach burnout inventory™: manual 4th edition [DB/OL]. (2019-11-10) [2023] https://www.mindgarden.com/117-maslach-burnout-inventory-mbi.

[89] Lima F. D.B., Lautert S.L., Gomes A.S. Contrasting levels of student engagement in blended and non-blended learning scenarios [J]. Computers & Education, 2021,172:104241.

[90] Lim C. P., Chai C. S. Teachers' pedagogical beliefs and their planning and conduct of computer-mediated classroom lessons [J]. British Journal of Educational Technology, 2008,39(5):807-828.

[91] Lim C.P., Wang L. Blended learning for quality higher education: Selected case studies on implementation from Asia-Pacific [EB/OL]. (2017-9-25)[2023-06-10] http://unesdoc.unesco.org/images/0024/002468/246851E.pdf.

[92] Liu Y., Zhao L., Su Y-Sjijoe R., et al. The impact of teacher competence in online teaching on perceived online learning outcomes during the covid-19 outbreak: a moderated-mediation model of teacher resilience and age [J]. International Journal of Environmental Research and Public Health, 2022,19:6282.

[93] Ludwikowska K. Teacher competence inventory: An empirical study on future-oriented competences of the teaching profession in higher education in India [J]. Education+Training, 2019.

[94] Mansfield, Caroline F., Beltman, et. al. Building resilience in teacher education: An evidenced informed framework [J]. Teaching & Teacher Education, 2016, 54:77 - 87.

[95] Mansfield C. F. Cultivating teacher resilience: International approaches, applications and impact [J]. Frontiers Psychology, 2020(12):3 - 10.

[96] Mansfield C. F., Papatraianou L. H., Mcdonough S., et al. Building resilience in times of uncertainty and complexity: Teacher educator perceptions of pre-service teacher resilience [J]. Teacher Education in and for Uncertain Times, 2018, 5:83 - 98.

[97] Mantra I. B. N., Suwandi I. N., Sukanadi N., et al. Teachers' competences in dealing with instructional constraints to develop higher quality of learning [J]. International Journal of Social sciences, 2019, 2(1):44 - 48.

[98] Manwaring K. C., Larsen R., Graham C. R., et al. Investigating student engagement in blended learning settings using experience sampling and structural equation modeling [J]. Internet and Higher Education, 2017, 35:21 - 33.

[99] Martin A. J., Mansour M., Malmberg L. What factors influence students' real-time motivation and engagement? An experience sampling study of high school students using mobile technology [J]. Educational Psychology, 2020, 40(9):1113 - 1135.

[100] Martono F., Salam U. Students' learning in asynchronous discussion forums: a meta-analysis [J]. International Journal of Information and Communication Technology Education, 2017, 13:48 - 60.

[101] McClelland, D. C. Identifying competencies with behavioral-event interviews [J]. Psychological Science (Wiley-Blackwell), 1998, 9:331 - 339.

[102] McClelland D. C. Testing for competence rather than for "intelligence" [J]. The American Psychologist, 1973, 28(1):1 - 14.

[103] Mezirow, J. D. Learning as transformation: Critical perspectives on a theory in progress [J]. The Jossey-Bass Higher and Adult Education Series, 2000, 12(2):111 - 114.

[104] Nath A., Yadav K., Chagnon N., et al. Competency based medical education (CBME) in CCFP (EM) programs [J]. Canadian Journal of Emergency Medicine, 2022, 24(6):599 - 605.

[105] Ndihokubwayo K., Mugabo R. L., Byusa E., et al. Training strategies used in straightening competence-based curriculum in Rwanda [J]. Education Policy, Management and Quality, 2019, 11(2):77 - 87.

[106] Niekerk J. V., Webb P. The effectiveness of brain-compatible blended learning material in the teaching of programming logic [J]. Computers & Education, 2016, 103:16 - 27.

[107] Niu L., Wang X., Wallace M. P., et al. Digital learning of English as a foreign language among university students: How are approaches to learning linked to digital competence and technostress? [J]. Journal of Computer Assisted Learning, 2022, 38: 1332 - 1346.

[108] Nurwakhidah A., Suganda A. D. Capacity building in an effort of improving blended learning-based teacher' competence during COVID - 19 pandemic [J]. Tarbawi: Journal Keilmuan Manajemen Pendidikan, 2022, 8(1):121 - 128.

[109] Nylund-Gibson K., Grimm R. P., Masyn K. E. Prediction from latent classes: A demonstration of different approaches to include distal outcomes in mixture models [J]. Structural Equation Modeling: A Multidisciplinary Journal, 2019, 26(6):967 - 985.

[110] Oliver K. M., Stallings D. T. Preparing teachers for emerging blended learning environments

[J]. The Journal of Technology and Teacher Education, 2014,22:57 - 81.
[111] Papamitsion Z. K., Economides A. A. Exploring autonomous learning capacity from a self-regulated learning perspective using learning analytics [J]. British Journal of Educational Technology, 2019,50:3138 - 3155.
[112] Papanikolaou K., Makri K., Roussos P. Learning design as a vehicle for developing TPACK in blended teacher training on technology enhanced learning [J]. International Journal of Educational Technology in Higher Education, 2017,14(1):34.
[113] Park J. H., Cooc N., Leekhjem A., et al. Relationships between teacher influence in managerial and instruction-related decision-making, job satisfaction, and professional commitment: A multivariate multilevel model [J]. Educational Management Administration & Leadership, 2020,51:116 - 137.
[114] Patterson J. L., Kelleher. P. Resilient school leaders——Strategies for turning adversity into achievement [J]. Association for Supervision & Curriculum Development, 2005(11):170.
[115] Pekrun R. Emotions as drivers of learning and cognitive development [M]. New York: Springer Science+Business Media, 2011.
[116] Perkins D. N., Salomon G. Knowledge to go: A motivational and dispositional view of transfer [J]. Educational Psychologist, 2012,47(3):248 - 258.
[117] Pintrich P. R. The role of goal orientation in self-regulated learning [J]. Handbook of Self-Regulation, 2000:451 - 502.
[118] Porter W. W., Graham C., Rspping K. Blended learning in higher education: institutional adoption and implementation [J]. Computers & Education, 2014,75(3):185 - 195.
[119] Powell A. K., Rabbitt B., Kennedy K. iNACOL blended learning teacher competency framework [DB/OL]. (2014 - 10) [2023 - 02] https://aurora-institute. org/resource/inacol-blended-learning-teacher-competency-framework/.
[120] Pulham E., Graham C. R. Comparing K - 12 online and blended teaching competencies: A literature review [J]. Distance Education, 2018,39:411 - 432.
[121] Rasheed R. A., Kamsin A., Abdullah N. A. B. Challenges in the online component of blended learning: A systematic review [J]. Computers & Education, 2020, 144:103701.
[122] Raudenbush S. W., Bryk A. S. Hierarchical Linear Models: Applications and Data Analysis Methods (2nd ed.) [M]. New York: Sage, 2002.
[123] Reeve J., Shin S. How teachers can support students' agentic engagement [J]. Theory Into Practice, 2020,59:150 - 161.
[124] Reeve J., Shin S. How teachers can support students' agentic engagement [J]. Theory Into Practice, 2020,59:150 - 161.
[125] Rocconi L. M., Liu X., Pike G. R. The impact of person-environment fit on grades, perceived gains, and satisfaction: An application of Holland's theory [J]. Higher Education, 2020:1 - 18.
[126] Ryan R. M., Deci E. L. Intrinsic and extrinsic motivation from a self-determination theory perspective: Definitions, theory, practices, and future directions [J]. Contemporary Educational Psychology, 2020. 61:1 - 11.
[127] Saqr M., López-Pernas S. The longitudinal trajectories of online engagement over a full program [J]. Computers &Education, 2021,175:104325.

[128] Senko C., Miles K. Pursuing their own learning agenda: How mastery-oriented students jeopardize their class performance [J]. Contemporary Educational Psychology, 2008, 33: 561 - 583.

[129] Sharma L., Shree S. Exploring the online and blended modes of learning for post - COVID - 19: a study of higher education institutions [J]. Eduction Sciences, 2023, 13 (2):142 - 153.

[130] Shea P., Bidjerano T. Community of inquiry as a theoretical framework to foster "epistemic engagement" and "cognitive presence" in online education [J]. Computers & Education, 2009, 52(3):543 - 553.

[131] Shea P., Bidjerano T. Learning presence: Towards a theory of self-efficacy, self-regulation, and the development of a communities of inquiry in online and blended learning environments [J]. Computers & Education, 2010, 55(4):1721 - 1731.

[132] Shernof D.J., Ruzek E.A., Sannella A.J., et al. Student engagement as a general factor of classroom experience: associations with student practices and educational outcomes in a university gateway course [J]. Frontiers in Psychology, 2017, 8:1 - 22.

[133] Shi K., Wang X.C. A research of psycho-simulation training on modern operators [C]. Proceedings of the Second Afro-asian Psychological Congress. Beijing: Peking University Press, 1993:156 - 159.

[134] Shi Y., Tong M., Long T. Investigating relationships among blended synchronous learning environments, students' motivation, and cognitive engagement: A mixed methods study [J]. Computers & Education, 2021, 168:104193.

[135] Silva J.C., Pipa J., Renner C., et al. enhancing teacher resilience through face-to-face training: insights from the ENTREE project. In: Wosnitza M, Peixoto F, Beltman S., Mansfield C.F. (eds) Resilience in Education [M]. Cham: Springer, 2008.

[136] Skinner E.A., Pitzer J.R. Developmental dynamics of student engagement, coping, and everyday resilience [M]//Christenson S.L., Reschly A.L., Wylie C. Handbook of Research on Student Engagement. Boston, MA: Springer US, 2012:21 - 44.

[137] Spencer L.M., McClelland D.C., Spencer S. Competency Assessment Methods: History and State of the Art [M]. Boston: Hay-McBer Research Press, 1994.

[138] Stacey E., Gerbic P. Success factors for blended learning [C]//Conference of the Australasian Society for Computers in Learning in Tertiary Education. Deakin University: ASCILITE, 2008.

[139] Stanto G. "Curriculum implication" in J.W. Burke [M]//Competency Based Education Learning. London: The Falmer Press, 1989.

[140] Sudarmo S. Review of online discussion board to improve academic achievement in pandemic time learning [J]. Tapis Jurnal Penelitian Ilmiah, 2020, 4(2):183 - 191.

[141] Sukhbaatar O., Usagawa T., Choimaa L. An artificial neural network based early prediction of failure-prone students in blended learning course [J]. International Journal of Emerging Technologies in Learning, 2019, 14(19):77 - 92.

[142] Tigelaar D., Dolmans D., Wolfhagen I., et al. The development and validation of a framework for teaching competencies in higher education [J]. Higher Education, 2004, 48(2):253 - 268.

[143] Trantham P.S., Sikorski J., Ayala R.J., Doll B. An item response theory and Rasch analysis of the NUDKS: a data literacy scale [J]. Educational Assessment, Evaluation

and Accountability, 2021,34:113 - 135.

[144] Tudge J. R., Hogan D. M., Tammeveski P., et al. Social change, socio-economic status, and the development of self-direction in children: a comparison of russia, estonia, and the United States [EB/OL]. (1997 - 04) [2023 - 04 - 12] https://files.eric.ed.gov/fulltext/ED417019.pdf.

[145] Unesco. Unesco ICT Competency Standards for Teachers [EB/OL]. (2019 - 12 - 11) [2023] https://unesdoc.unesco.org/ark:/48223/pf0000156210?PosInSet=2&queryId=9f711d5b-e60f-4bab-85de-d89fb2ca8546.pdf.

[146] Van Merrienboer J. J. G., Clark R. E., de Croock. Blueprints for complex learning: The 4C/ID-Model [J]. Educational Technology Research and Development, 2002, 50 (2):39 - 61.

[147] Vanslambrouck S., Zhu C., Pynoo B., et al. An in-depth analysis of adult students in blended environments: Do they regulate their learning in an 'old school' way? [J]. Computers & Education, 2019,128:75 - 87.

[148] Vollet J. W., Kindermann T. A., Skinner E. A. In peer matters, teachers matter: peer group influences on students' engagement depend on teacher involvement [J]. Journal of Educational Psychology, 2017,109:635 - 52.

[149] Voorhees R. A. Competency-based learning models: a necessary future [J]. New Directions for Institutional Research, 2001(110):5 - 13.

[150] Wang Y. Effects of teaching presence on learning engagement in online courses [J]. Distance Education, 2022,43(1):139 - 156.

[151] Weibenfels M., Klopp E., Perels F. Changes in teacher burnout and self-efficacy during the COVID - 19 pandemic: interrelations and e-learning variables related to change [J]. Frontiers in Education, 2022,6(1):1 - 9.

[152] Weinert F. E. Concept of competence: A conceptual clarification [M]//Rychen D. S., Salganik L. H. Defining and Selecting Key Competencies. Ashland: Hogrefe & Huber Publishers, 2001:45 - 65.

[153] Wosnitza M., Peixoto F., Beltman S., et al. Resilience in education: concepts, contexts and connections [EB/OL]. (2018 - 06 - 22) [2023 - 04 - 07] https://link.springer.com/content/pdf/bfm:978-3-319-76690-4/1.pdf.

[154] Wu D., Zhou C., Liang X., et al. Integrating technology into teaching: Factors influencing rural teachers' innovative behavior [J]. Education and Information Technologies, 2022,27:5325 - 5348.

[155] Xu W., Yao Y. J., Shen Z. Y. The design of 4c/id in teacher training course and its empirical research [C]//2020 Ninth International Conference of Educational Innovation through Technology (EITT). 2020.12:16 - 17.

[156] Yang B. Toward a holistic theory of knowledge and adult learning [J]. Human Resource Development Review, 2003,2:106 - 129.

[157] Zhang Z., Judith A., Burry-Stock. Classroom assessment practices and teachers'self-perceived assessment skills [J]. Applied Measurement in Education, 2003,16(4):323 - 342.

[158] Zhao S., Song J. What kind of support do teachers really need in a blended learning context? [J]. Australasian Journal of Educational Technology, 2021,37(4):116 - 129.

后 记

立秋时节，办公室窗外的紫薇花褪去最后一抹红，挂出了串串小果实。在孤寂和清欢中，我终于完成了“混合教学胜任力模型构建与发展”这项研究工作。本书是广东省教育科学规划重点课题、广东省教育教学改革课题、广州市哲学社会科学规划课题(2023GZYB72)等项目的集大成之作，历时6年之久。幸运的是，在这个过程中我得到了许多人的无私帮助，是他们让我的研究过程充满了色彩与张力。

我要向华南师范大学张倩苇教授表示最诚挚的谢意。张老师在研究的选题、构思、实施、写作等过程中都给予了我很大的帮助。她的耐心指导和鼓励鞭策使我不断克服惰性和工作上的繁忙，并为顺利完成这项研究画上了圆满句号。

我要向华南师范大学焦建利教授表示最诚挚的谢意。焦老师学识渊博，严谨又不失风趣，且时刻保持学术敏锐力与学术活力，不经意间的一句“我在你身上看到了我年轻时的样子……”促使我不断反思、策顽磨钝、勃然奋励。

我要向本研究的参与者们表示最诚挚的谢意。有一批混合教学教师欣然接受了我的访谈邀请，包括深圳大学费跃农老师，北京大学朱郑州老师，清华大学杨芳老师，复旦大学蒋玉龙老师，国家开放大学韩艳辉老师，西安交通大学魏琳老师，南方医科大学黄泳、陈瑜、陈泽璇等老师，华南师范大学贾义敏、尹睿等老师，广州大学哈迎飞、吴九占、燕乐纬、刘瑾等老师，台湾云林科技大学刘威德老师，重庆第二师范学院宋钰老师……是他们，为本研究提供了鲜活的教育叙事案例，是他们背后的学生为本研究提供了样本数据。在如沐春风的访谈对话中，我从他们身上看到了情怀与智慧、劳苦与收获、坚守与成长。尤其是费跃农教授、吴九占教授、哈迎飞教授等课程团队不厌其烦地多次配合我开展追踪研究并获得有效实证数据，为我试图揭开成功混合教学的“黑盒”给予了极大支持。此外还要感谢广州大学教师发展中心王洪涛老师、上海交通大学苏永康老师、深圳大学教务部孙忠梅老师等，是他们为本研究牵线搭桥，调动资源，我才有机会开展较大范围的实证研究，感谢他们。我相信许多年之后，会有一种公正而深刻的声音来为我们今天的努力做出评价！

我要向帮助过我的专家学者们表示最诚挚的谢意。感谢北京大学汪琼教授，北京师范大学董艳教授，南京师范大学张一春教授，华南师范大学张学波教授、吴鹏泽教授、钟柏昌教授、詹泽慧教授、谢幼如教授、许骏教授、陈品德教授、李志厚教授，广州大学曹卫真教授、杜玉霞教授、王孟成教授、杨琳博士、杨玉宝博士、和丹丹博士、方岚博士……他们适时的点拨或鼓励，让我在迷茫时豁然开朗；他们孜孜求真意，缓缓立功名，成为我学术研究的重要领路人。

特别感谢广州大学"大数据/认知科学与智慧教育交叉创新平台"及平台负责人马凤岐教授、苏启敏教授的支持，是他们的鼓励和资助使得本研究成果能顺利付梓；特别感谢复旦大学出版社的关春巧等老师，感谢他们提供的细致而有建设性的修改意见，以及在整个出版过程中给予的支持和帮助。也特别感谢我的研究生王慧敏、林乔茵参与校稿工作。

我要向背后默默支持我的家人们表示最诚挚的谢意。特别感谢我的爱人曲哲女士和凌梓小朋友，他们默默承受了我作为丈夫和父亲的经常性"缺席"。凌梓小朋友在懵懂幼儿时经常哭嚷着"我要删掉你电脑里的文章！"现在他开始用稚嫩的声音督促我："你写了多少字了？要记得多写1万字，因为你还要修改删掉一些呀……"这稳稳的幸福，让我觉得一切付出都值得。

杜牧有诗云："晓迎秋露一枝新，不占园中最上春"，它是对窗外紫薇的写照。在此，我借用它赞誉在学术道路上帮助过我的师者和学者们，感谢与他们相遇，感谢他们用谦逊品格和高洁风骨给我带来的真挚感情和无限感动。

草草数语，不尽万一，谨以怀恩致谢，亦是鞭策自勉。

2024年8月10日

于广州大学图书馆副楼307室

图书在版编目(CIP)数据
数智时代混合教学胜任力:模型与发展/廖宏建著.
上海:复旦大学出版社,2024.9. --ISBN 978-7-309-17541-7
Ⅰ.G642
中国国家版本馆 CIP 数据核字第 20247NW468 号

数智时代混合教学胜任力:模型与发展
廖宏建 著
责任编辑/关春巧

复旦大学出版社有限公司出版发行
上海市国权路 579 号 邮编:200433
网址:fupnet@fudanpress.com http://www.fudanpress.com
门市零售:86-21-65102580 团体订购:86-21-65104505
出版部电话:86-21-65642845
苏州市古得堡数码印刷有限公司

开本 787 毫米×960 毫米 1/16 印张 20.5 字数 357 千字
2024 年 9 月第 1 版
2024 年 9 月第 1 版第 1 次印刷

ISBN 978-7-309-17541-7/G·2612
定价:80.00 元